河南省现代公共文化服务体系建设发展报告 2016

河南省公共文化研究中心　编
时明德　主编

國家圖書館出版社
National Library of China Publishing House

图书在版编目(CIP)数据

河南省现代公共文化服务体系建设发展报告. 2016/河南省公共文化研究中心编;时明德主编. -- 北京 : 国家图书馆出版社, 2017.6
ISBN 978-7-5013-6087-1

Ⅰ.①河… Ⅱ.①河… ②时… Ⅲ.①公共管理—文化工作—研究报告—河南—2016 Ⅳ.①G127.61

中国版本图书馆 CIP 数据核字(2017)第 070609 号

书　　名　河南省现代公共文化服务体系建设发展报告 2016
著　　者　河南省公共文化研究中心　编
　　　　　时明德　主编
责任编辑　张　颀　王炳乾

出　　版　国家图书馆出版社(100034　北京市西城区文津街 7 号)
　　　　　(原书目文献出版社　北京图书馆出版社)
发　　行　010-66114536　66126153　66151313　66175620
　　　　　66121706(传真)　66126156(门市部)
E-mail　nlcpress@ nlc. cn(邮购)
Website　www. nlcpress. com ——→投稿中心
经　　销　新华书店
印　　装　北京鲁汇荣彩印刷有限公司
版　　次　2017 年 6 月第 1 版　2017 年 6 月第 1 次印刷

开　　本　710×1000(毫米)　1/16
印　　张　32. 5
字　　数　460千字

书　　号　ISBN 978-7-5013-6087-1
定　　价　80. 00 元

《河南省现代公共文化服务体系建设发展报告》

编　委　会

主　　任：时明德　康　洁

副 主 任：赵海彦　崔玉山　李　虎

编　　委：蒯大申　阮　可　陈关超　马艳霞　王静毅
安连朋　朱　丹　邵飞飞　张小莉　冯　雪
李华伟　张顺周　肖　静　邹慧君　胡泽平
赵雨皓　柳春光　翟小会

本书主编：时明德

副 主 编：马艳霞　李华伟

序　言

党的十八大以来，党和政府高度重视公共文化服务体系建设工作。党的十八届三中全会明确提出了构建现代公共文化服务体系的战略任务。2015年，中共中央办公厅、国务院办公厅印发了《关于加快构建现代公共文化服务体系的意见》；2016年年底，全国人大常委会审议通过了《中华人民共和国公共文化服务保障法》。省委、省政府先后出台了《关于加快构建现代公共文化服务体系的实施意见》《关于做好政府向社会力量购买公共文化服务工作实施意见》等重要文件，为全省现代公共文化服务体系建设提供了坚实的政策保障。

当前，我省公共文化建设投入稳步增长，公共文化服务效能明显提高，公共文化服务体系建设成效显著，特别是公共文化资源通过项目扶持不断向基层和贫困地区倾斜，公共文化服务城乡和区域差别日趋缩小，公共文化服务流动化、数字化和社会化不断拓展。但也毋庸讳言，我省公共文化服务水平与当前经济社会发展和人民群众日益增长的精神文化需求相比、与广大人民群众的期待相比、与“加快构筑全国重要的文化高地”的目标相比，还有不小的差距。社会各界和人民群众高度关注现代公共文化服务建设问题，公共文化服务体系建设任重而道远。

2016年年初，河南省文化厅依托洛阳师范学院雄厚的师资力量，在洛阳师范学院设立了河南省公共文化研究中心。中心成立以来，在全省开展了大规模的公共文化调研活动，并形成了高质量的调研报告，为全省公共文化研究和建设工作奠定了坚实的基础。此次编纂的《河南省现代公共文化服务体系建设发展报告2016》既有对我省构建现代公共文化服务体系总体态势的分析、对我省公共文化服务供给侧和需求侧的调查报告，也有对国家和我省出台的公共文化政策和法律的解读，还有我省近年来公共文化服务典型案例分析，全面、客观地反映了我省公共文化建设现状，对全省公共文化面临的问题和发展趋势进行了分析，对于政府决策、理论研究和交流学习具有很强的参考价值。

《河南省现代公共文化服务体系建设发展报告 2016》的发布，是我省公共文化服务理论研究方面的一件大事，是我省公共文化研究向系统化、科学化迈出的一大步。该书的出版能为全省文化工作者以及社会各界所有关注关心公共文化服务建设的单位和个人提供有效的帮助。也希望大家多提宝贵意见，促进我们把工作做得更好，从而为人民群众提供更多更好的公共文化服务，为提高全体人民的思想道德素养和科学文化素质做出更大贡献。

杨丽萍

2017 年 3 月 19 日

目　录

地方实践

总报告

河南省现代公共文化服务体系建设的总体态势分析

时明德*

加快河南省现代公共文化服务体系建设是河南省十三五规划期间的重要任务，是打造文化自信的重要举措。2016年以来，在河南省委、省政府的领导和推动下，公共文化设施逐步完善，公共文化服务丰富多彩，公共文化服务效能稳步提升。未来将朝着健全公共文化服务体系、完善制度规范、提升服务效能、促进三区建设、开拓“互联网+公共文化服务”的方向，实现河南省公共文化服务的跨越式发展。

一、河南省现代公共文化服务体系建设成就

截至2015年年末，河南省共拥有公共图书馆158个，群艺馆19个，文化馆205个，文化站2328个，博物馆248个，艺术表演团体824个，艺术场馆150个。公共文化机构总量比2014年末增加了266个，涨幅为7.2%；从业人员50357人，比2014年末增加了6962人，涨幅为16%。

2015年以来，全省各级公共文化主管部门、公共文化机构全面贯彻落实《河南省关于加快构建现代公共文化服务体系建设的实施意见》的政策规定，改革创新，艰苦奋进，在公共文化机构、公共文化产品与服务、公共文

* 时明德，河南省公共文化研究中心主任，洛阳师范学院党委书记，国家教育部本科教学工作水平评估专家，国家教育部中学教师培养教学指导委员会委员，河南省学位委员会管理学科组专家成员。

化均等化、社会化、数字化上取得了新成就。

（一）公共文化管理水平逐步提高

1. 制度建设取得成效

为贯彻落实中共中央办公厅、国务院办公厅印发的《加快现代公共文化服务体系建设的意见》，河南省于 2015 年年底出台了《关于加快构建现代公共文化服务体系建设的实施意见》，并颁布了基本公共文化服务实施标准。出台《河南省“十三五”时期贫困地区公共文化服务体系建设实施方案》，推动“三山一滩”和贫困地区、少数民族聚居地区、革命老区建设完善的公共文化服务体系。出台《关于做好政府向社会力量购买公共文化服务工作的实施意见》，规范和引导各级地方政府开展政府购买公共文化服务工作。出台《河南省人民政府办公厅关于推进基层综合性文化服务中心建设的实施方案》，从制度上打通“最后一公里”，切实保障民众的基本文化权益。

2. 公共文化财政投入稳步增加

据统计，2015 年全省文化事业费 206034 万元，比 2014 年的 173942 万元增长了 18.4%。从 2010—2015 年文化事业费的数据看，全省公共文化服务经费投入稳步增加（见图 1）。文化事业费占财政支出的比重为 0.3%，比 2014 年增长了 0.01%，且在 2010—2015 年的全国排名中提升 3 名。从中部六省的文化事业费水平来看，河南位居第二（见图 2）；在文化事业费占财政支出的比重上，河南位居第四。

2015 年河南省人均文化事业费 21.97 元，比 2014 年的 18.43 元增长了 19.2%，是 2010 年的 2.17 倍（见图 3）。总体来看，河南省人均文化事业费的增长速度较快，与河南省人均 GDP 增长率相比，2011、2012 年人均文化事业费的增长率超过了人均 GDP 的增长率，2013、2014 年略低于人均 GDP 的增长率，2015 年远超人均 GDP 的增长率（见图 4）。

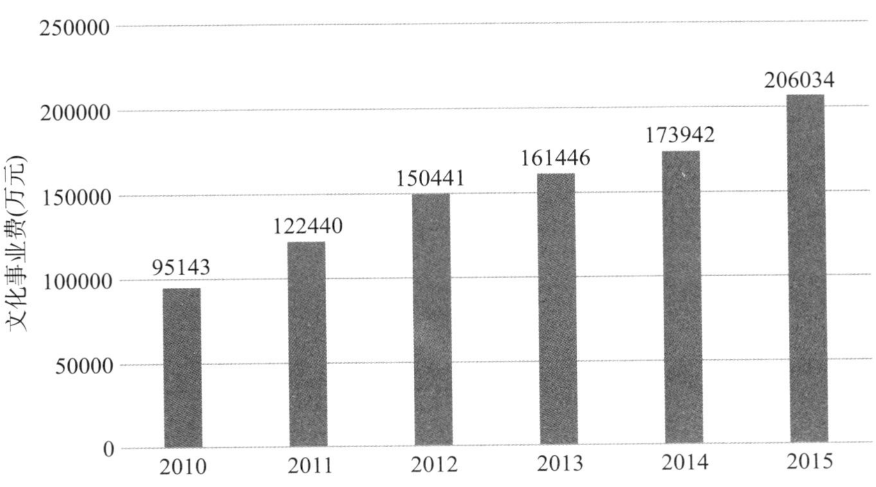

图 1　2010—2015 年河南省文化事业费①

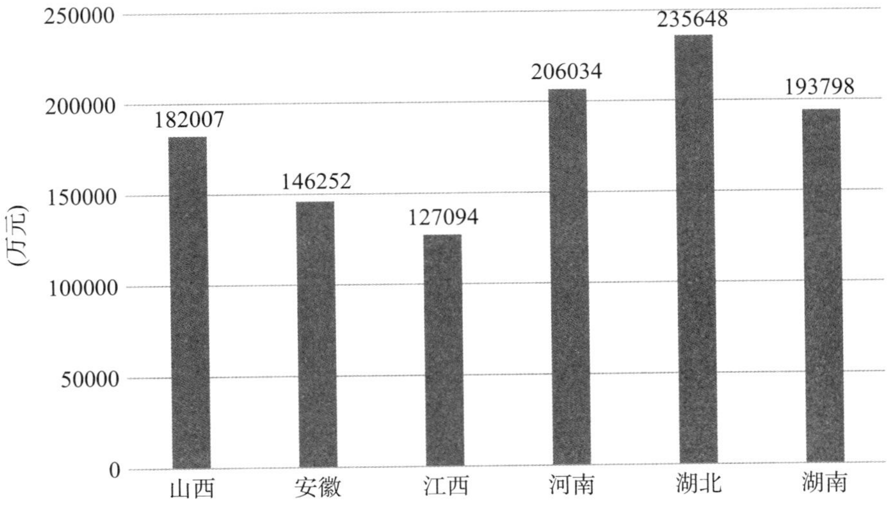

图 2　2015 年中部六省文化事业费情况

① 如无特别说明，以下各图表数据均来源于历年《中国文化文物统计年鉴》。

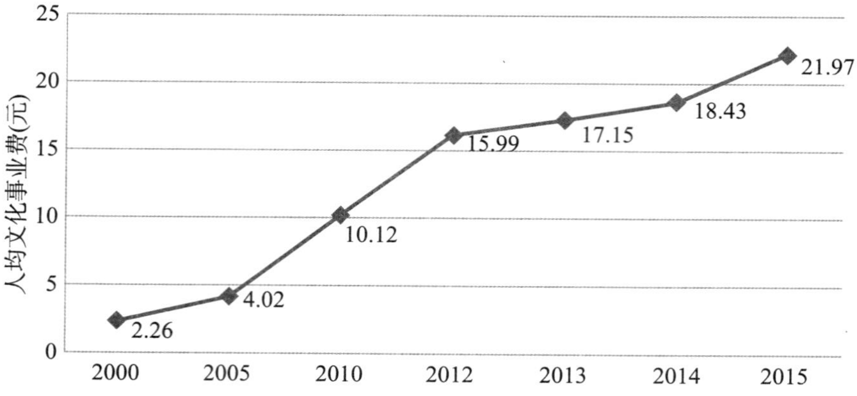

图 3　河南省 2000—2015 人均文化事业费

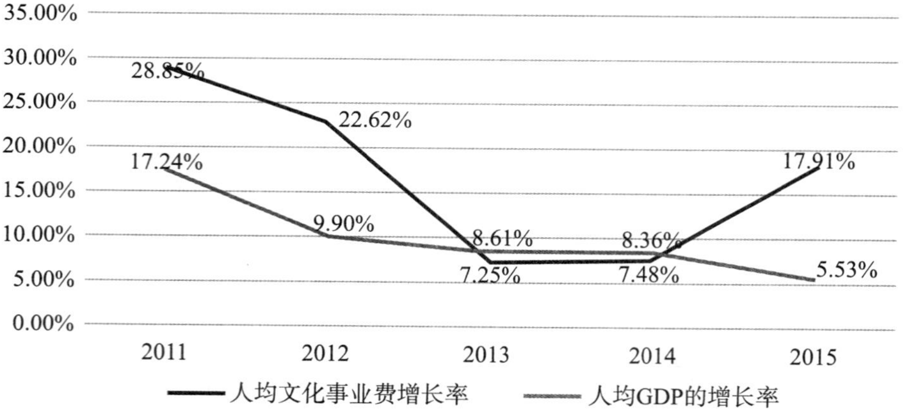

图 4　河南省 2011—2015 年人均文化事业费增长率与人均 GDP 增长率

各公共文化机构获得的财政拨款情况如下，艺术表演团体 43653 万元，艺术表演场馆 4778. 8 万元，图书馆 33274. 8 万元，群众文化 57791. 4 万元，文物科研机构 13367. 7 万元，文物保护管理机构 33383. 5 万元，博物馆 51621. 4 万元，其他文物机构 37120. 9 万元。从财政资源的分配情况来看，群众文化机构获得的财政拨款最多，其次是博物馆、艺术表演团体、文物保护管理机构、图书馆、艺术表演场馆。其原因在于群众文化机构的数量最多,是基层群众开展文化生活的最主要场所。

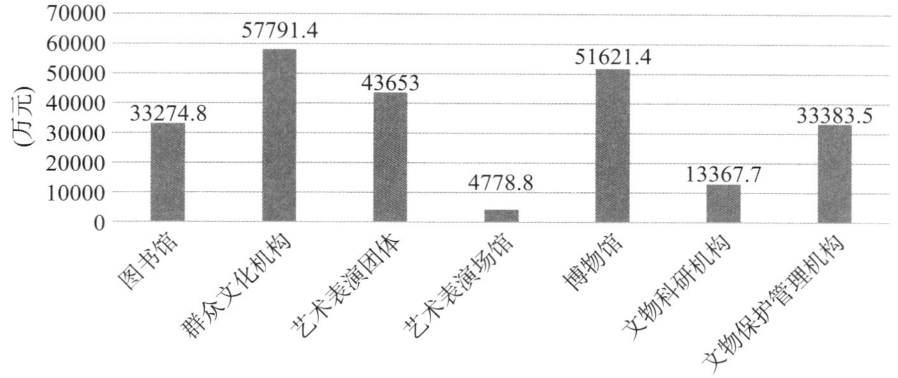

图 5　2015 年河南省公共文化财政拨款分配

3. 文化服务队伍力量壮大

2015 年河南省各类公共文化机构的从业人员达到 32128 人,比 2014 年增长了 16.1%,其中公共图书馆 2949 人,群艺馆 542 人,文化馆 2972 人,文化站 7453 人,博物馆 6126 人,艺术表演团体 26668 人,艺术表演场馆 3692 人。艺术表演团体的从业人员最多,其中执行事业会计制度的艺术表演团体的从业人员 8062 人,执行企业会计制度的艺术表演团体从业人员 18606 人。

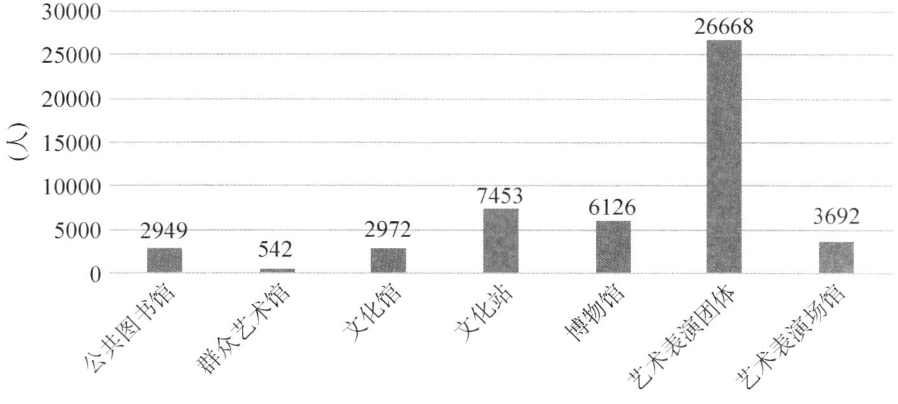

图 6　2015 年河南省主要公共文化机构从业人员数

基层文化队伍培训稳步推进。2016 年下半年，举办全省首批“阳光工程”农村文化志愿者培训班。11 月，在洛阳市举办了全省公共图书馆长培训班，邀请国家公共文化服务体系建设相关领导、专家讲解现代公共图书馆管理、公共图书馆数字化建设、古籍保护、公共图书馆服务效能等内容，提升学员专业理论水平。12 月，在郑州举办了未成年人阅读服务培训工作会。开展首批全省乡镇综合文化站长轮训工作，首批参加轮训 150 余人。通过各类培训活动，有效提升了全省公共文化从业人员，尤其是基层文化干部队伍的整体素质。

（二）公共文化示范工程建设取得新进展

1. 示范区建设成就显著

全省目前已建成两个国家级公共文化服务体系示范区。2013 年郑州市作为河南省唯一示范区创建城市成功通过验收。2016 年洛阳市以优异成绩，通过文化部、财政部验收，继郑州之后成为我省第二个国家级公共文化服务体系建设示范区。另外，济源市获得第三批公共文化示范区创建资格。洛阳市涧西区、焦作市解放区等 24 个县（市、区）获得省级公共文化服务体系示范区创建资格，各地将创建工作作为推动当地文化发展的重要途径，在公共文化资金投入、设施建设、改革创新上重点推进，推动当地公共文化服务体系快速发展。

2. 示范项目建设再上新台阶

漯河市“幸福漯河健康舞”、信阳市“关爱留守儿童、信阳市平桥区农村公共图书馆一体化建设”通过第二批国家级公共文化示范项目验收。平顶山市“文化客厅”公益课堂，安阳市政府—高校—社区“321”公共文化共建项目取得国家级公共文化示范项目创建资格。开封市“欢乐周末”项目、郑州市“天中讲坛”等 24 个项目获省级公共文化服务体系示范项目资格。示范项目的创建成功对于全省各级地方政府加强制度创新，优化服务形式起到引导和激励作用。

3. 乡村示范活动有序开展

为大力推进乡村基层公共文化设施建设和服务,河南省以点带面,通过开展示范乡村、文化能人的评选活动,推动广大农村地区公共文化的发展。河南省文化厅组织开展了“河南省民间文化艺术之乡”“河南省特色文化村(社区)”“百佳民间文化能人”评选命名工作,59 个县(市、区)、乡镇(街道)被命名为 2015—2017 年度“河南省民间文化艺术之乡”;100 个村(社区)被命名为“河南省特色文化村(社区)”;89 位民间文艺工作者被命名为 2015—2016 年度“河南省百佳民间文化能人”。

(三)公共文化服务效能持续提升

1. 公共图书馆事业稳步发展

截至 2015 年年底,河南省共有公共图书馆 158 个,阅览座席 4.2 万个,每万人公共图书馆建筑面积 57.9 平方米。公共图书馆获得财政拨款 33275 万元,人均购书经费 0.439 元,图书经费占总支出的比重为 13%。图书总藏量 2472 万册,新购图书 124 万册,人均馆藏图书量 0.26 册。公共图书馆总流通人次达到 2233 万人次,图书外借册次达到 1676 万册次。公共图书馆从业人员 2949 人,专业技术人才 1581 人,正高级、副高级、中级职称所占比重分别为 1.1%、9.8%、47.7%。近 6 年公共图书馆的发展情况见表 1。

表 1　2010—2015 年河南省公共图书馆发展的基本情况

项目＼年份	2010	2011	2012	2013	2014	2015
机构数(个)	142	152	156	157	157	158
座席数(万个)	2.4	3	3.2	4	4.1	4.2
每万人图书馆建筑面积(平方米)	34.5	44.9	45.7	56.8	57.8	57.9

续表

项目＼年份	2010	2011	2012	2013	2014	2015
从业人员数(人)	2762	2839	2867	2889	2934	2949
总拨款(万元)	12252	16911	22181	30279	27240	33275
购书费支出占总支出比重(%)	10.8	11.2	8.7	10.4	7.7	13
人均购书经费(元)	0.154	0.197	0.201	0.339	0.234	0.439
总藏量(万册件)	1837	2045	2145	2218	2312	2472
人均馆藏图书量(册)	0.2	0.22	0.23	0.24	0.25	0.26
总流通人次(万人次)	1026	1334	1638	1785	1968	2233
图书外借册次(万册次)	915	1214	1378	1465	1569	1676

近6年来,图书馆机构数、从业人员、每万人图书馆建筑面积保持着相对稳定、缓慢增长的状态。与之相比较,图书馆总拨款、购书费占总支出的比重、人均购书费、总藏书量和外借册次等指标则有较为明显的增长。公共图书馆财政拨款在2010—2015年间波动较大,2013年为30279万元;2014年出现明显下降,拨款为27240万元;2015年又有明显上升趋势,达到33275万元,比2014年增长了64.4%(见图7)。公共图书馆财政拨款占公共文化事业费的比重在2015年达到13%,比2014年的7.7%上涨了5.3%(见图8)。在人均购书经费指标上,河南省在2013年、2015年有较大的增长,2015年达到0.439元,涨幅为87.6%(见图9)。

2015年,公共图书馆总藏量达到2472万册件,比2014年增长了6.9%;人均馆藏图书0.26册,比2014年增加了0.01册。公共图书馆总流通人次2015年达到2233万人次,比2014年增长了13.5%,涨幅较大(见图10)。

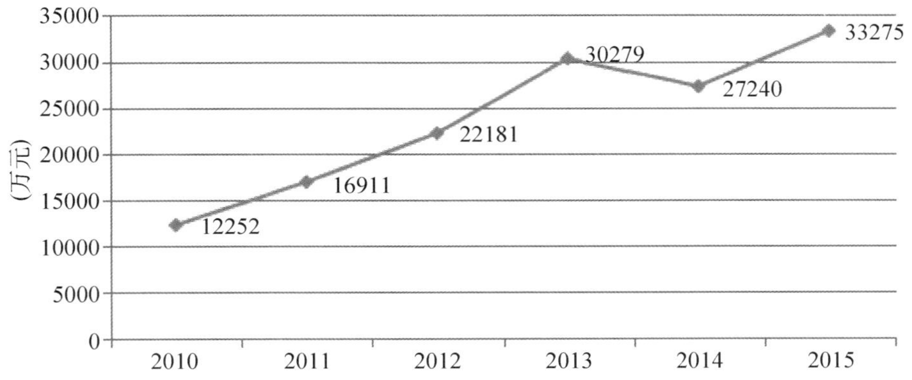

图 7　2010—2015 年河南省公共图书馆总拨款

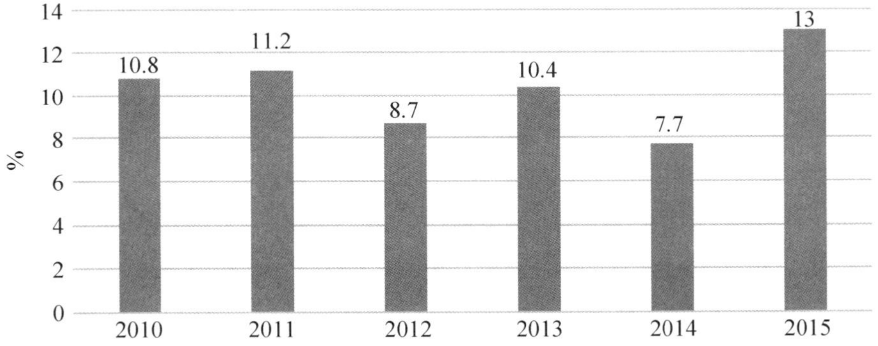

图 8　2010—2015 河南省公共图书馆占总支出的比重

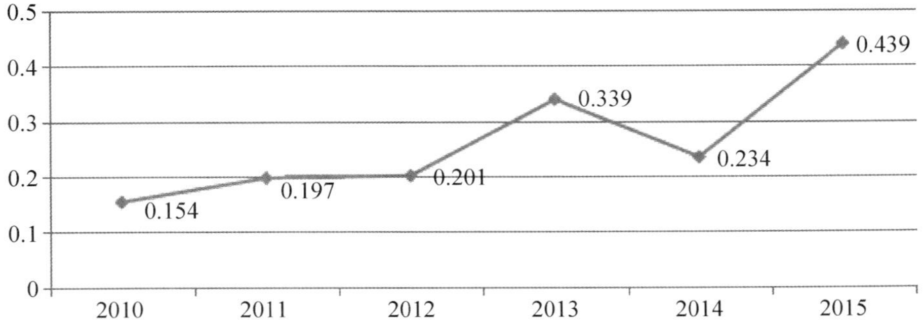

图 9　2010—2015 河南省人均购书经费

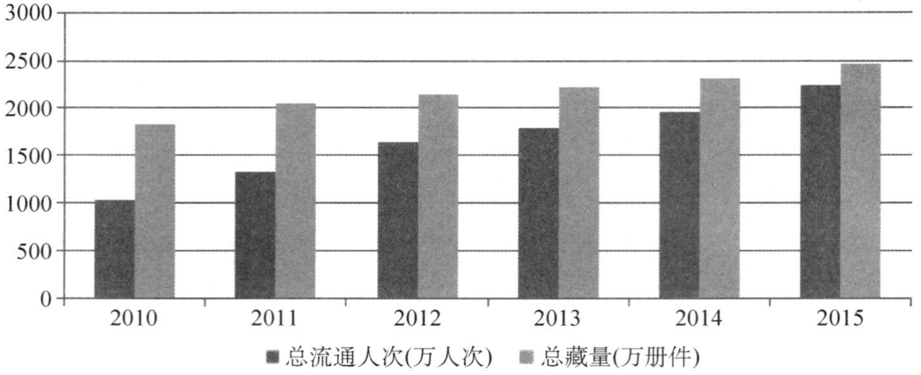

图 10　2010—2015 年公共图书馆总流通人次与总藏量

2. 艺术表演成果丰硕

2015 年，河南省艺术表演团体机构 824 个，财政拨款 38672 万元，从业人员 26668 人，演出 35.62 万场次，国内演出 35.60 万场次，国内演出的观众人次达到 19415.69 万人次。其中执行事业会计制度的艺术表演团体有 160 个，从业人员 8062 人，演出 4.24 万场次，观看演出的观众达到 5125 万人次，执行企业会计制度的艺术表演团体有 664 个，从业人员 18606 人。文化部门所属的艺术表演场馆 140 个，执行事业会计制度艺术表演场馆的财政拨款 4459 万元，演出 0.9 万场，观众人次 212 万人次。

(1)艺术创作成果显著。全年推出新创剧(节)目 70 余部，豫剧《张伯行》、话剧《焦裕禄》《老街》、歌剧《蔡文姬》《八月桂花开》、舞剧《关公》等一批优秀剧目搬上舞台，豫剧《焦裕禄》《玄奘》《魏敬夫人》、京剧《红灯记》、话剧《老汤》、交响合唱《朝阳沟》等一批精品剧目完善加工，其中部分文艺精品剧目获得国家奖项，彰显河南文艺影响力的大步提升。

(2)河南文化海外交流不断加强。河南省文化厅组织 11 个艺术团组，赴 12 个国家和地区的 15 个城市，开展系列对外文化交流活动。为服务“一带一路”战略，组织河南民间艺术、豫剧、少林功夫、太极拳、杂技等赴马耳他、塞舌尔、津巴布韦、马拉维、埃及、阿尔巴尼亚、加拿大、德国、新加坡等国家进行文化交流活动。深化与台港澳文化交流，持续实施两岸豫剧人才培养计划，与台北历史博物馆共同举办“盛世风华——两岸唐三彩交流展”，与台湾佛光山共同举办“全民三好　两岸绘美”儿童画大赛，邀请台湾“春之声”交响乐团来豫交流演出，成功举办港澳视觉艺术双年展、“河南文艺采风行——2016 内地与港澳文化青年交流活动”等活动。

3. 群众文化丰富多彩

2015 年，河南省群众文化机构共 2533 个，其中文化馆 205 个，乡镇（街道）综合文化站 2328 个，从业人员 10967 人，比上年末增加了 89 人。专业技术人员 2447 人，占 22.5%；高级职称 168 人，占 1.5%；中级职称 755 人，占 6.9%。实际使用房屋建筑面积 134.999 万平方米，业务用房面积 98.543 万平方米，占 73%。每万人拥有群众文化设施建筑面积 142.4 平方米，比上年末增加了 1.1 平方米。流动舞台车 55 辆，利用流动舞台车演出 56 场次，服务群众 57 万人次。

（1）群众文化活动成效显著。2015 年，全省群众文化机构组织文艺活动 48646 次，比上年增长了 4119 次；服务群众 1778.401 万人次。组织训练 24281 班次，比上年增加了 2653 次；服务群众 171.4 万人次，比上年增加了 17.9 万次。举办展览 9008 个，参观群众 545.453 万人次，公益讲座 1425 个，参加群众 26.928 万人次。从 2010—2015 年群众文化机构的相关统计数据来看，河南省在群众文化活动上财政投资力度加大成效显著，在组织的文艺活动、举办的训练班次、培训的人次都有较大幅度地增长（见表 2）。

表 2　河南省 2010—2015 年群众文化机构基本情况

项目＼年份	2010	2011	2012	2013	2014	2015
群众文化机构数（个）	2466	2506	2514	2527	2523	2533
文化馆机构数（个）	202	203	205	205	205	205
乡镇（街道）综合文化站机构数（个）	2264	2303	2309	2322	2318	2328

续表

项目 \ 年份	2010	2011	2012	2013	2014	2015
财政拨款（万元）	26726	48223	45600	48094	51802	57791
从业人员数（人）	10500	10779	10843	10908	10878	10967
组织文艺活动次数（次）	35713	33398	38639	41410	44527	48646
举办训练班次（次）	11837	15985	19207	19783	21628	24281
培训人次（人次）	83.1	124.8	137	140.5	153.5	171.4
每万人拥有建筑面积（平方米）	94.7	127.3	130.4	135.8	141.3	142.4

群众文化机构的财政拨款增长率、组织活动增长率和培训人次增长率三项指标在2011—2013年间波动较大，其中财政拨款增长率在2012年大幅大跌，随后又逐步上升；培训人次增长率在2011—2013年间呈下跌之势，2013年后有所回升，但整体增速缓慢（见图11）。

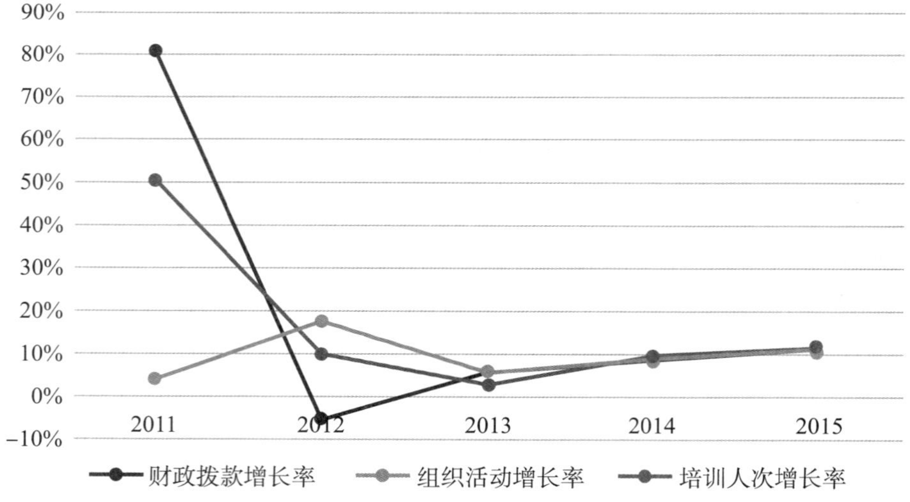

图11　2011—2015年群众文化机构财政拨款的增长率与组织活动、培训人次增长率

（2）文化品牌活动的影响逐步扩大。2016年河南省共举办群众文化活动品牌节庆活动215个，其中省级1个，地市级45个，县市级169个。2016年共组织“中原文化大舞台”“舞台艺术送农民”“高雅艺术进校园”等各类公益惠民演出1.9万场，举办“春满中原”“百城万场”“全民阅读”“出彩河南人——第二届河南省优秀群众文艺精品展演”“河南省首届广场舞大赛”等系列群众文化活动4万多场。举办“华夏之韵”全国合唱比赛，举办全省农民艺术优秀精品展举办全省优秀摄影作品展，与中国合唱协会、洛阳市人民政府共同组织举办“华夏之韵”合唱展演活动。举办2016年河南省文化科技卫生“三下乡”“河南省群星艺术团”“河南省公益无限艺术团”走进巩义市鲁庄镇、走进尉氏县大营乡枣朱村、走进郑州双汇、走进郑州女子监狱、走进西华县龙池头村小学等地的公益演出近200场。举办各类阅读推广活动，通过书画展、摄影展、地方文献展、主题讲座、非物质文化遗产手工展示和体验活动、图书馆志愿者活动等，扩大了公共图书馆的影响力和辐射力，推动了“全民阅读”活动的深入开展。

4. 文物与遗产保护工作进展良好

（1）文物机构建筑面积和从业人员持续增加。2015年，河南省共有文物机构数544个，省级机构9个，地市级机构125个，县级机构410个，获得财政补助收入137549.9万元，比上年增长了19.3%，实际拥有产权面积98.32万平方米。文物机构从业人员达到12102人，比上年末增长了2%，其中专业技术人才2750人，比上年末增长了9.2%。专业技术人员中正高级职称126人，比上年末增长了41.6%；副高级职称349人，比上年末增长了9.7%；中级职称1140人，比上年末增长了5.6%。登记注册志愿者有3119人，比上年末增长了36.8%。

（2）文物机构服务能力逐步提升。全省文物机构共有文物藏品2101398件，比上年末增长了2.8%，其中一级品2461件，二级品17257件，三级品294458件，新增藏品53977件。文物机构安排的基本陈列553个；

举办的临时展览 553 个，比上年少了 28 个；参观人次 5791.98 万人次，比上年增长了 4.6%。全省博物馆有 248 个，从业人员 6126 人，在全国均排第四；藏品有 928893 件，在全国排第十一；获得财政补助收入 53669.8 万元；基本陈列 530 个，临时展览 543 个，在全国排第五位；总参观人次达到 4727.55 万次，在全国排第四。文物商店有 6 个，库存文物 198299 件/套，从业人员 110 人。

（3）非遗工作进展良好。河南省文化厅组织登封市文化馆和内乡县衙博物馆作为两个社区配合文化部，参与申报“二十四节气”项目。宝丰说唱文化生态保护区入选国家级文化生态保护实验区。开展全省传统美术抢救保护工程，基本完成四级传统美术代表性项目档案整理、实物征集、书籍出版、拍摄记录等工作，共整理出纸质档案资料 3 套共 2448 份、数据库资料 14.3GB、图片 2435 幅，完成非遗项目拍摄和传承人口述史采访项目 250 项、实地采访 306 名传承人、访谈录音 300 余小时、视频素材约 30T、图片素材约 2T，共收集传统美术相关实物、作品、工具达 26824 件。开展了传统村落非物质文化遗产资源调查，在省级以上传统村落中有非遗项目 603 项，传承人 1201 人。截至 2016 年年底，非物质文化遗产名录中国家级有 86 项，省级项目有 238 项，国家级传承人 102 人，省级传承人 641。举办传统技艺类、传统美术类非物质文化遗产代表性传承人培训活动，举办河南坠子代表性传承人培训活动，举办非物质文化遗产抢救性记录工作规范培训活动。举办全省古籍保护培训班，提升古籍保护工作管理人员能力和水平，推进全省古籍保护工作。

（四）公共文化服务标准化不断推进

颁布河南省基本公共文化服务实施标准。基本公共文化服务的标准化是国家公共文化服务体系建设的主要目标，也是河南省公共文化服务体系建设的重要任务。在《国家基本公共文化服务指标标准》指导下，河南省结合省情进一步细化了实施标准，出台了《河南省基本公共文化服务实施标准（2015—2020年）》。实施标准从公共文化设施网络、公共文化服务活动、公共文化保障和公共文化反馈评价四个方面，共提出70条实施标准，规范各级地方公共文化服务体系建设。

颁布基层综合文化服务中心建设标准。出台了河南省基层综合文化服务中心建设标准，从建筑面积、功能设置、经费保障、活动要求、队伍建设、活动安全六个方面，对乡镇（街道）、行政村、社区做出相应的规定，其中乡镇街道、社区各有9条建设标准，行政村有10条建设标准。为确保政策的有效实施，在永城组织召开全省基层公共文化服务体系建设现场会，推进基层综合文化服务中心建设。

（五）公共文化服务均等化平稳实施

逐步加强特殊群体的公共文化服务。全省公共图书馆中共有少儿文献175.4万册，比上年末增长了22.5%；少儿阅览座席11541个，比上年末增长了3.6%；盲人阅览座席1171个，比上年末增长了8.8%；盲文读物2.16万册，比上年末增长了5.4%。全省群众文化机构中馆办老年大学42个；专为老年人组织的专场文艺活动1590次，比上年末增长了11.1%，为未成年组织的专长文艺活动1136次，比上年末增长了16.6%，为残障人士组织专场327次，比上年末增长了10.5%；为农民工组织专场769次，比上年末增长了20.2%。

城乡文化共享逐步推进。在图书馆流动服务中，图书借阅册次达到103.29万册次，书刊借阅读者达到66.43万人次。群众文化机构拥有流动舞台车33辆，流动演出1300万场次，服务观众74.85万人次。艺术表演团体在农村演出30.37万场次，占总演出的85.3%；服务农村观众9345.29万人次，占总观众人次的48.1%。其中公有制艺术表演团体拥有流动舞台车172辆，流动演出2.91万场次，服务观众3166.05万人次。

（六）公共文化服务社会化稳步发展

非公有制艺术表演团体发展迅速。2015年，全省共有非公有制艺术表演团体653个，比上年末增长了53.6%；从业人员17593人，比上年末增长了60.4%；国内演出31.14万场次，比上年末增长了92.1%；农村演出26.46万场次，比上年末增长了210%；服务农村观众4617.25万人次，比上年末增长了44.6%。

志愿服务稳步前进。2015年群众文化机构有志愿服务队伍653个，志愿者22446人。接受群众文化机构业务指导的群众业余文艺团队23916个，比上年末增长了12.4%；业余团队成员99196人。图书馆志愿者队伍125个，志愿者904人。文物业登记注册志愿者3119人，其中博物馆登记注册志愿者2387人。

政府购买公共文化服务开拓了新领域。2016年开展的购买项目共有118个广场文化活动、22个图书阅读活动、20家非遗传习所、84家民营文艺表演团体、15家民办博物馆得到了政府扶持。

（七）公共文化服务数字化有序开展

文化共享工程建设有序推进。包括省级分中心、市级支中心、县级支中心、乡镇（街道）、村（社区）基层服务点的五级网络体系已经基本建成。目前已建成1个省级分中心、15个市级分中心、159个县级支中心、1896个乡镇（街道）综合文化站、309个街道文化中心、1301个社区文化活动室、47533个村级基层服务点，基本建成资源适用、服务便捷、覆盖城乡的数字文化服务体系，基本实现了"村村通"目标。截至2015年，省分中心整合约4500GB的资源，内容包括种植养殖、农村致富、保健养生、戏剧曲艺、专家讲座等，通过IPTV模式，覆盖全省4.8万个行政村及30万个乡镇（社区）用户。面向农村实用人才、农民工、少年儿童、城镇居民的培训开展了共计

1161149 人次。

公共电子阅览室建设快速推进。按照文化部公共电子阅览室建设配置标准，结合共享工程基层服务点，以中央财政支持资金，分批进行建设，目前已建成乡镇、街道、社区公共电子阅览室站点 2733 个。

数字图书馆推广工程逐步推进。2012 年以来全省市级以上图书馆（含少儿图书馆）分三批，省馆按 300 万元标准、市级图书馆按 150 万元标准，以文化部发布的配置参数，进行了硬件平台的搭建工作。目前河南省图书馆已与国家数字图书馆通过 VPN 建成虚拟网络，并有 155M 光纤专线相连，已具备管理和服务全省虚拟网络的能力。鹤壁市图书馆已经进行了 VPN 虚拟专用网的连接，其他省辖市正在紧锣密鼓地推进数字图书馆虚拟网建设。

二、河南省现代公共文化服务体系建设的发展态势

“十二五”期间，河南省公共文化建设投入稳步增长，公共文化服务效能明显提高，人民群众精神文化生活不断改善，公共文化服务体系建设成效显著。但与河南省当前经济社会发展水平和人民群众日益增长的精神文化需求相比，与全国基本建成公共文化服务体系的目标要求相比，河南省公共文化服务体系建设水平仍待提高。“十三五”期间，加快构建现代公共文化服务体系，是河南省全面建成小康社会、建设文化强省、建设文明河南的重大任务和重要内容。

（一）健全河南省公共文化服务体系的制度规范

1. 法律政策体系

首先，宣传与落实已颁布的有关公共文化服务的法律、行政法规、行政规章及河南省地方性法规，打造河南省公共文化服务法制宣传、推广、执行

等系列活动项目。河南省各级党委、政府、文化部门及省市县乡村五级公共文化服务机构要分批、分层、分阶段地开展法律政策的宣传、学习、执行落实等活动。进一步贯彻《公共文化服务保障法》《关于加快构建现代公共文化服务体系建设的意见》(中办发〔2015〕2 号)、《关于推进基层综合性文化服务中心建设的指导意见》(国办发〔2015〕74 号)、《关于做好政府向社会力量购买公共文化服务工作的意见》(国办发〔2015〕37 号)、《“十三五”时期贫困地区公共文化服务体系建设规划纲要》(文公共发〔2015〕24 号)《贫困地区百县万村综合文化服务中心示范工程方案》(中宣发〔2015〕44 号);河南省委、省政府《关于加快构建现代公共文化服务体系建设的实施意见》(豫办〔2015〕48 号),《关于做好政府向社会力量购买公共文化服务工作的实施意见》(豫政办〔2016〕68 号)、《河南省“十三五”时期贫困地区公共文化服务体系建设实施方案》(豫文公共〔2016〕50 号)等文件精神,健全河南省公共文化服务的法律政策体系,推进公共文化服务法治化建设,做到依法按章开展公共文化服务。其次,加强地方文化立法。推动公共文化服务专项领域的立法工作,出台河南省实施细则。配合文化部作好《公共图书馆法》相关立法工作,贯彻落实《文化馆管理办法》《各级公共图书馆业务规范》《各级文化馆业务规范》,根据文化部《“十三五”时期繁荣群众文艺发展规划》《文化志愿服务管理办法》《“十三五”时期全国基层文化队伍培训规划》《文化部“十三五”时期公共数字文化建设规划》等,制定河南省文化志愿服务管理条例、基层文化队伍培训工作方案、公共数字文化建设工作方案等实施细则。再次,促使各项公共文化法律政策落到实处。通过普法宣传、专题研讨、公共文化供给等方式,引导社会文化企业、民间文化团体、基层人民群众知法、学法、守法,把公共文化服务相关法律、行政法规、行政规章及河南省地方性法规执行落地。

2. 领导协调机制

2015 年 3 月河南省成立了以省委常委、宣传部长赵素萍为组长、原副省长张广智为副组长、省政府办公厅等 21 家单位负责同志为成员的“河南省公共文化服务体系建设协调领导小组”,2016 年全省已有 13 个省辖市、5 个直管县成立了本地区协调领导小组,各级领导小组在整合文化资源、构建大文化格局上发挥了重要作用。下一步要健全河南省 18 个省辖市(含 1 个省直管市)、10 个直管县,特别是河南省 21 个县级市、87 个县、50 个市辖区这一层级的基层公共文化服务体系的协调机制建设,在全省内构建完成省、市、县(区)三级公共文化服务体系建设协调领导小组的组织机制。市、县(区)党委、政府参照中央和省里做法,将构建公共文化服务体系纳入本级党委、政府重要议事日程,切实加强组织领导;完善协调领导小组工作制度,并结合实际制定实施方案、规划或专项行动计划,明确任务表、路线图和责任清单,形成一级抓一级、层层抓落实的良好工作局面。

3. 运行管理机制

首先,推进公共文化机构法人治理结构改革。河南省内的省市县三级公共图书馆、博物馆、文化馆等公共文化机构要启动并逐步推进法人治理结构改革,吸纳有关方面代表、专业人士和公众参与管理,组建理事会、搭建管理层、制定机构章程,完善公共文化机构内部管理机制。其次,建立馆际联盟。建立省市县三级公共图书馆、博物馆、文化馆、科技馆等公共文化机构协作联盟,既加强专项馆的上下纵向协作,也推进同一级别各馆的横向平台搭建,提升河南省公共文化机构的协作运行机制,推进公共文化机构互联互通、共建共享。再次,开展总分馆建设。积极探索市县文化馆、图书馆总分馆制建设,在条件成熟的地区试点推行上下联通、服务优质、有效覆盖的市县级文化馆、图书馆总分馆制;建立健全以“市县文化馆、图书馆为总馆,乡镇(街道)综合文化站为分馆,村(社区)公共文化综合服务中心为支点”的总分馆体系,实现资源共建共享,服务上下联动,解决农村、基层资源和服务总量不足、质量不高的问题。

4. 反馈评估机制

建立公共文化服务考评体系。出台《河南省现代公共文化服务体系建设绩效考核办法》,完善公共文化服务评价工作机制,对全省各级党委、政府推进公共文化服务体系建设情况进行绩效考核,作为考核评价领导班子和领导干部政绩及文明城市建设的重要内容;建立公共文化机构绩效考评制度,考评结果作为确定预算、收入分配与负责人奖惩的重要依据。完善公共文化服务质量检测体系,研究制定公众满意度指标,建立有公众参与的公共文化设施使用效能考核评价制度,广泛采用社会群众评估、第三方组织独立评估等方式,增强公共文化服务评价的客观性和科学性。

(二)完善河南省公共文化服务设施网络

1. 标准化公共文化设施的规范化管理

首先,公共文化设施维护与安全管理工作。对照河南省《基本公共文化服务实施标准》(2015—2020 年)确定的 5 大类、20 项、70 条标准要求,对已经达到标准的"省市级 6 馆"设施设备(公共图书馆、文化馆、博物馆、美术馆、科技馆、工人文化宫)、"县级 2 馆"设施设备(公共图书馆、文化馆),加强公共文化设施经常性维护管理和安全管理工作,保障公共文化设施的正常使用和运转。其次,公共文化设施的资源整合工作。有条件的市设立少儿图书馆、妇女儿童活动中心、青少年宫、老年人活动中心等,有条件的县设立博物馆、美术馆、科技馆、工人文化宫、少儿图书馆、妇女儿童活动中心、青少年宫等;把省市县各级工会、共青团、妇联、科协等部门拥有可以提供公共文化服务的各类设施纳入公共文化服务设施体系之内,盘活存量资源、提高综合效能;逐步将行业博物馆及有条件的民办博物馆纳入免费开放范围,鼓励和支持机关、学校、企业事业单位的文化体育设施向公众开放。再次,公共文化设施的使用效益提升工作。建立健全"省市级 6 馆""县级 2 馆"的管理制度和服务规范,建立公共文化设施资产统计报告制度、公共文化服务设施免费或优惠开放制度、公共文化服务开展情况的年报制度等，不断提高其服务水平和设施使用效益。

2. 未达标的地区实现公共文化设施建设全面覆盖

首先，推动公共文化设施还未达到河南省《基本公共文化服务实施标准》(2015—2020 年)的各个县，加快“县 2 馆”的开建、改建、扩建、合建、租赁工作，以及广电设施、体育设施及辅助设施的添置。其次，全面推进基层综合性文化服务中心建设。加强乡镇(街道)综合文化站、村级(社区)综合文化服务中心建设；把城乡一体化示范区、产业聚集区、商务中心区、特色商业区公共文化设施建设纳入基层公共文化服务内容，根据产业特点、职工规模、人流分布和功能布局，统筹安排公共文化设施建设项目；依托村(社区)城乡社区综合服务设施、文化活动室、闲置中小学、新建住宅小区公共服务实施以及其他城乡综合公共服务设施，在产权明确、保证服务的基础上，集中建设集宣传文化、党员教育、科学普及、普法教育、体育健身等功能于一体的基层综合性文化服务中心；加强基层综合性文化服务中心建、管、用，促进基层公共文化资源有效整合和统筹利用，提升公共文化服务能力。

3. 公共文化设施重点示范项目建设

首先，打造 15 分钟文化体育生活圈。整合利用闲置学校等现有城乡公共设施，依托城乡社区综合服务设施，加强城市社区和农村文化体育设施建设，在城区和有条件的乡村逐步构建 15 分钟文化体育生活圈。其次，大力开展流动服务和数字服务，打通公共文化服务“最后一公里”。有条件的地方为县级以上公共文化机构配置舞台车、交通车、图书车等流动服务车辆，建立公共文化服务城乡联动机制。再次，53 个贫困县的公共文化设施大提升。特别要贯彻落实中宣部等四部委《贫困地区百县万村综合文化服务中心示范工程方案》、文化部等七部委《“十三五”时期贫困地区公共文化服务体系建设规划纲要》精神，积极争取支持，使河南省 53 个贫困县的文化设施有一个大的提升，推动《河南省“十三五”时期贫困地区公共文化服务体系建设实施方案》的执行落实。

（三）提升河南省公共文化服务效能

1. 丰富公共文化服务产品

首先，依法依规提供公共文化服务目录。设区的市级、县级地方人民政府根据国家基本公共文化服务指导标准和河南省《基本公共文化服务实施标准》（2015—2020 年），制定公布本行政区域公共文化服务目录并组织实施。其次，推广河南优秀传统文化产品，扩大非物质文化遗产的传承与传播。加强中原文化、河洛文化、豫剧、地方戏曲、嵩山少林、陈氏太极等传统文化的推广工作；开展优秀文化遗产、高雅艺术进校园、进社区，推进送戏、送书、送电影下乡等项目和优秀出版物推荐活动；遵循《河南省非物质文化遗产保护条例》，县级以上人民政府及其文化主管部门根据需要，为非物质文化遗产代表性项目的代表性传承人和保护单位开展传承、传播活动提供必要的场所、经费资助，支持其参与社会公益性活动。再次，扶持通俗文化与群众自娱文化。继续举办"出彩河南人""春满中原""百城万场"广场文化活动，通过全民参与、普遍开展、层层选拔的方式，集中开展全省乡村群众文化精品展演活动，推进全民艺术普及，打造乡村特色文化。此外，培育河南公共文化服务品牌。打造、宣传和推广一批在全国有影响力、在全省有示范性和推广价值的系列河南公共文化品牌，如邓州市"文化茶馆"、周口市"一元剧场"、漯河市"幸福漯河健康舞"、平顶山市"文化客厅"、安阳市"政府—高校—社区'321'公共文化共建项目"等；开展特色民间文艺活动，组织好 2017—2019 年度"中国民间文化艺术之乡"推选工作，加强对已命名的"中国民间文化艺术之乡""河南省民间文化艺术之乡"后续管理，引导其开展地方特色文艺活动，树立地方文化品牌，丰富群众文化活动；开展"全民阅读"活动，推动全民阅读进家庭、进社区、进校园、进农村、进企业、进机关，加快建设"书香河南"。

2. 拓展公共文化服务平台

首先,完善省市县乡村五级政府公共文化服务平台。省市县人民政府文化部门、新闻出版广电主管部门根据其职责负责本行政区域内的公共文化服务工作,省市县人民政府其他有关部门在各自职责范围内负责相关公共文化服务工作,基层公共文化服务中心加强对公共文化服务的统筹协调,推动实现共建共享。其次,打造公共文化服务的社会合作平台。鼓励和引导社会力量参与公共文化服务,培育规范文化类社会组织;健全政府购买,鼓励社会力量举办各类文化会展活动,鼓励在商业演出和商业电影放映中安排低价场次或门票,鼓励出版适应群众购买能力的图书报刊,鼓励网络文化运营商、经营性文化设施、非物质文化遗产传习场所和传统民俗文化活动场所等向公众提供优惠或免费的公益性文化服务。再次,引导与管理公共文化服务的群众自治平台。利用村民自治(社区治理)平台,积极开展全民艺术普及、全民健身、全民科普和群众性法治文化活动,实施基层特色文化品牌建设项目,吸引更多群众参与文化活动,组织开展群众性节目民俗活动和形式多样的群众性文化团队,引导广场文化活动健康规范有序开展。

3. 提高公共文化服务水平

首先是畅通群众文化需求反馈渠道。利用省市县乡村五级政府公共文化服务平台和现代技术建立丰富立体、高效便捷的民意表达途径,对人民群众的文化需求信息进行分析汇总,为提高公共文化服务供给的针对性提供数据支撑;特别是建立针对老年人、未成年人、残疾人、农民工和农村留守妇女儿童等群体的文化需求反馈渠道。其次,提高公共文化服务提供主体的供给水平。健全省市县公共文化机构的服务标准、服务流程,完善管理制度,不断提高服务水平;整合面向基层的各级各类公共文化资源,以基层公共文化综合服务中心为终端,把在不同部门、分散孤立、用途单一的基层公共文化资源进行有机结合,实现人、财、物统筹使用;整合文化信息资源共享工程、公共电子阅览室、数字图书馆推广工程、农村数字电影放映、农家书屋、城乡电子阅报屏、农民体育健身工程等项目资源，提供公共文化“一站式”服务；推进政府向社会力量购买公共文化服务，鼓励社会力量参与公共文化建设，引导各类企业、社会组织和个人等社会力量提供公共文化产品和服务，探索公共文化设施社会化运营，形成政府、市场、社会共同参与的多元供给；鼓励群众参与建设管理，提高群众参与率、受益率和满意度。再次，创新公共文化服务模式。根据河南省公共文化服务目录科学设置“菜单”，采取“订单”服务方式，实现供需有效对接和动态调整。

（四）促进贫困地区、少数民族聚居地区、革命老区公共文化服务标准化、均等化

河南省贫困地区覆盖有 26 个集中连片特殊困难县、12 个国家级扶贫开发工作重点县和 15 个省级扶贫开发工作重点县；全省居民有汉、回、蒙古、满等 55 个民族成分；河南革命老区分布于 85 个县（市、区）的 682 个乡镇。针对贫困地区、少数民族聚居地区、革命老区公共文化服务体系落后现状，各级党委、政府要贯彻落实国家和省“十三五”时期贫困地区公共文化服务体系建设有关文件精神，按照全省扶贫工作统一部署，开展文化精准扶贫，推动贫困地区公共文化服务体系建设。

1. 政策规划指引

依据《“十三五”时期贫困地区公共文化服务体系建设规划纲要》（文公共发〔2015〕24 号）、《贫困地区百县万村综合文化服务中心示范工程方案》（中宣发〔2015〕44 号）和《河南省推进基层综合性文化服务中心建设实施方案》（豫政办〔2016〕113 号）、《河南省“十三五”时期贫困地区公共文化服务体系建设实施方案》（豫文公共〔2016〕50 号）等文件精神，编制河南省“三山一滩”和贫困地区、少数民族聚居地区、革命老区公共文化服务体系建设发展规划，力争到 2020 年河南省贫困地区、少数民族聚居地区、革命老区的基本公共文化服务主要指标接近全国平均水平。省文化行政部门会同

有关部门对本省贫困地区县乡村三级公共文化设施、服务资源、人才队伍等基本情况进行专项调查,逐项测算服务和资源缺口,列出公共文化建设项目清单,明确突出矛盾和问题。继续组织好贫困地区百县万村综合文化服务中心示范点的选取申报,对已被选取的示范点,加强组织领导、资金人员保障和督查指导,明确各级党委、政府以及“村两委”的职责。

2. 资源重点倾斜

首先,资金方面。落实对国家安排的公益性文化建设项目取消县及县以下和连片特困地区地级市资金配套的政策,加大省财政转移支付资金对贫困地区公共文化建设的支持力度,中央补助基层的公共文化服务体系建设专项资金,在确保专项任务完成和资金用途不变的前提下,可按规定由县级财政部门会同文化行政部门统筹使用。其次,设施方面。加快完善贫困地区、少数民族聚居地区、革命老区公共文化设施网络,推动贫困县县级公共文化设施全面达到国家标准,积极开展基层综合性文化服务中心建设,加大广播电视服务网络覆盖。再次,人才方面。深入实施贫困地区、少数民族聚居地区、革命老区人才支持计划文化工作者专项项计划,结合我省实施的职业技能扶贫攻坚“雨露计划”,做好贫困地区文化工作者和乡土文化人才的培训培育。

3. 发展动力培育

围绕文艺演出、读书看报、广播电视、电影放映、文体活动、展览展示、教育培训等方面,制定县域基本公共文化服务项目供给目录,设置具体服务项目,明确服务种类、内容和数量要求,提升服务质量和效率;结合乡土文化特色和群众实际文化需求,丰富公共文化服务内容;通过文化帮扶、农民素质教育网络培训、科学素质行动,积极推动群众脱贫致富。充分挖掘、开发、利用贫困地区民族民间文化资源和非物质文化遗产,在促进地方特色文化保护和传承的同时,带动当地经济发展,增强贫困地区、少数民族聚居地区、革命老区的自我发展能力。

(五)实现“互联网+”公共文化服务体系的跨越式发展

云计算、大数据和移动互联网是当今信息技术的三大热门主题。河南省公共文化服务体系建设要充分利用这一新技术弥补短板、突破瓶颈、实现跨越式发展,积极推动云计算、大数据等现代科技在公共文化服务中的应用,推动“互联网+公共文化服务”发展模式,搭建数字文化服务网络和互动交流平台,逐步形成标准统一、互联互通的公共数字文化服务网络,让群众享受丰富、高效、便捷的公共文化产品和服务。

1. 健全公共数字文化服务网络

首先,融入国家公共文化数字平台和打造省级公共数字文化服务管理平台。按照全国公共文化发展中心提出的“云、网、端”一体化公共数字体系的建设思路,把河南省优秀的公共文化资源汇入国家公共文化数字平台和省级公共文化数字服务管理平台,实现全国区域内的“互联互通”。其次,把市县二级公共文化服务资源、信息、数据融入地级市云平台。结合“宽带中原”“智慧城市”等全省重大信息工程建设,在地级市建立云平台的过程中纳入市县二级公共文化服务机构、设施的图谱、品牌活动的数字产品等。再次,加快推进市县二级公共文化机构数字化建设。统筹实施市县数字图书馆、数字文化馆、智慧博物馆建设以及文化资源共享工程、公共电子阅览室建设等,推动县级以上公共文化机构建立网站、开通微信公众号和官方微博。更为重要的是,加强乡镇(街道)综合文化站、村(社区)综合文化服务中心的数字文化设施设备的到位、运营、维护。统筹推进农村数字电影放映、数字农家书屋、城乡电子阅报屏等项目,加快推进数字文化资源在基层中应用,实现一站式服务。

2. 提升公共文化服务现代传播能力

灵活运用宽带互联网、移动互联网、广播电视网、卫星网络等手段,拓宽公共文化资源传输渠道。在文化共享工程和公共电子阅览室原有服务模式基础上，将全媒体、多终端新型公共数字文化服务融入文化共享工程各级站点，嵌入具备条件的社会公共场所，在公共文化场所（如图书馆、文化馆、博物馆、科技馆、乡镇综合文化站、村综合文化服务中心等）以及其他具备条件的公共场所（如广场、车站、机场等）设置公共数字文化接入点，提供免费无线网络接入服务，方便基层群众通过手机、平板电脑等智能终端下载、访问公共文化特色资源与应用；大力推进“三网融合”，促进高清电视、互动电视、网络电视、手机电视等新业务的发展，推广数字智能终端、移动终端等新型载体；加强广播电视台、发射台（站）、监测台（站）建设，积极推进直播卫星和地面数字电视覆盖建设，努力实现广播电视户户通；在边远山区和人口稀少地区建设小型无线服务器，扩大无线传播覆盖面积，畅通无线传播渠道，推动数字文化资源“进村入户”。

3. 创新公共文化数字资源供给

广泛动员社会力量参与建设，将河南优秀文化资源制作成公共数字文化产品，通过互联网广泛传播，弘扬河南优秀文化；支持文化行政部门、公共文化机构、科研院所、高等院校、高科技企业等合作开展公共文化服务体系制度设计和关键技术研究，开展文化专用设备、软件、系统的研发应用；与社会企事业单位、经营场所等开展合作，实现嵌入式公共数字文化服务；鼓励和引导社会力量、社会资本参与公共数字文化建设，探索与商业化云平台、网络传播媒体、移动应用终端运营商等合作公共数字服务。

三、河南省现代公共文化服务体系建设的对策建议

（一）更新理念，资源共享，推进基本公共文化服务均等化

1. 树立统筹城乡公共文化服务的发展理念

在公共文化的建构过程中，城市文化和农村文化体现着不同的特点、发

挥着不同的作用,我们必须充分认识统筹城乡文化事业和文化产业发展的重要性和紧迫性,将统筹城乡公共文化事业发展的理念贯穿于文化管理的各个方面。在文化设施的布局上,要加强城乡之间的各种资源的共享和互补,做好城市和农村的文化协调工作,实现城市文化设施与农村基层文化设施双管齐下的均衡发展。在文化经费的投入上,要创新统筹城乡的发展体制和投入机制,在政策和投入等方面向农村倾斜,并鼓励其他社会力量的投资与扶助,从根本上改变政府"重城市轻农村,重管理轻服务"的不合理状况。实行城市带动战略,建立城乡互动,共同发展的统筹机制,以城市辐射带动城镇和农村,逐步构建资源、服务、单位、人员之间的交流和合作新机制。

2. 大力促进公共文化资源的城乡流动

要促进公共文化资源的城乡流动,就要强化规划引领,不断拓展文化空间,大力促进城市对农村文化服务的扶持和帮助,形成文化"增长极",以强带弱,以强补弱,以此提升文化建设的效率,促进区域联合发展。在农村,也要尝试突破村与村之间的"文化边界",实现区域文化的合作共赢。地方各级政府要积极创新基本公共文化服务形式,扩大服务范围,提高服务效能。加快建设"流动图书馆""流动博物馆""流动演出网"等基本公共文化流动服务网,使各种文化服务资源循环流动,实现地域间基本公共文化资源共享。此外,以县级文化馆、图书馆为中心推进总分馆制建设,是对现行"一级政府负责建设一级图书馆(文化馆)"的体制予以突破,有助于实现城乡资源共享。加强对农家书屋的综合管理,实现城乡公共文化服务资源互联互通。推进城乡"结对子、种文化",加强城市对农村文化建设的帮扶,形成常态化工作机制。

3. 推动贫困地区公共文化服务体系建设

河南是传统农业大省,目前有国家级贫困县 38 个、省级贫困县 15 个,涉及 6492 个贫困村、430 万人口,脱贫攻坚任务极为艰巨。为贯彻落实党中央、国务院关于脱贫攻坚的总体部署，我省出台《“十三五”贫困地区公共文化服务体系建设规划纲要》，按照全省扶贫工作统一部署，开展文化精准扶贫，推动贫困地区公共文化服务体系建设，从而促使贫富地区公共文化服务均等化的实现。

①通过推动贫困县公共文化设施全面达到国家标准、开展贫困县基层综合文化服务中心建设、在贫困县扩大广播电视服务网络覆盖、在贫困县配备流动文化服务设施设备等举措，加快完善贫困县公共文化设施网络；②通过以贫困县为单位全面落实国家指导标准和地方实施标准、丰富贫困县公共文化服务内容、加强贫困县基层文化人才扶持、切实保障贫困县特殊群体基本文化权益等举措，全面推进贫困县基本公共文化服务标准化建设；③通过创新贫困县公共文化服务供给方式、大力支持群众自主参与公共文化、推进政府向社会力量购买公共文化服务、鼓励社会力量参与公共文化建设等举措，有效增强贫困县公共文化发展活力；④通过提高贫困县公共文化机构服务能力、加大贫困县基层公共文化资源整合力度、在贫困县创建“按需点单”的公共文化服务模式等举措，切实提高贫困县公共文化服务效能；⑤通过畅通贫困县公共数字文化资源传输渠道、加强贫困县公共数字文化资源供给配送、提升贫困县公共文化机构数字化水平、提高贫困县新闻出版广播电视现代传播能力等举措，大力推进贫困县公共数字文化建设；⑥通过加强贫困县基层公共文化人才队伍建设、加强全省公共文化基地建设、加强贫困县基层文化队伍培训、大力培育贫困县乡土文化人才、加大贫困县文化人才培养力度等举措，加强贫困县公共文化人才队伍建设；⑦通过深入开展文体志愿服务帮扶工作、建立健全文化结对帮扶工作机制、广泛动员企业和社会各界参与文化帮扶等举措，大力开展对贫困县的文化帮扶工作；⑧通过积极为群众脱贫致富创造有利条件、大力促进贫困县地方特色文化保护和发展、深入推进贫困县生态文化建设等举措，积极推动贫困县群众脱贫致富。

4. 保障特殊群体基本文化权益

弱势群体的需求是否得到较好的满足，是衡量社会文明程度和政府管理水平的标尺之一。政府要将老年人、未成年人、残疾人、农民工、农村留守妇女儿童、生活困难群众等弱势群体作为公共文化服务的重点对象，为弱势群体建多功能、多载体、多元化、全开放、全免费的公共文化共享空间，并给予他们均等的公共文化服务。

以公共图书馆为例，公共图书馆应当为弱势群体设立相应的阅读区域：如设立视障人士阅览区并安装盲人专用电脑软件，提供盲文点字显示器、助视器、盲人象棋等设备；为老年读者专门开辟图书角，为防止长时间的阅读造成老年读者眼部疲劳，在书籍的选择上以纸质图书和视听资料兼备为宜；除了在公共图书馆为少年儿童建立个性化阅览区域外，还应推动各地规划独立建制的少儿图书馆，同时加快社区服务网点建设，为小读者们提供舒适便捷的阅读环境，为儿童提供“无门槛的学校”；为方便残疾人读者到馆，台阶处应设计有坡形通道，洗手间应配备扶手，并为视障读者提供必要的语音提示和盲文标识等温馨细致的贴心设备服务。

（二）落实政策，优化机制，推进基本公共文化服务社会化

1. 加大政策执行力度

根据河南省《关于做好政府向社会力量购买公共文化服务工作的实施意见》的规定：到 2020 年，在全省基本建立比较完善的政府向社会力量购买公共文化服务的体系，形成与经济社会发展水平相适应、与人民群众精神文化和体育健身需求相符合的公共文化资源配置机制和供给机制。具体措施如下：

①明确购买公共文化服务的主体为承担提供公共文化与体育服务的各级行政机关；②选定具备提供公共文化服务能力且符合法定登记条件的企业、社会组织、事业单位等为承接主体；③明确符合先进文化前进方向、积极

健康向上的、适合采取市场化方式提供的、社会力量能够承担的公共文化服务为购买内容；④结合我省经济社会发展水平、公共文化服务需求状况和财政预算情况制定购买目录；⑤完善方式灵活、程序规范、标准明确、结果评价、动态调整的购买机制；⑥列入财政预算，提供资金保障；⑦建立健全内外结合的监管机制，完善事前、事中、事后监管体系；⑧健全由购买主体、公共文化服务对象以及第三方参与的综合评审机制，加强绩效评价，建立长效跟踪机制。

2. 培育和规范文化类社会组织

根据有关经验，文化类社会组织在文化治理体系中可以发挥“第三部门”的作用，它与政府、市场所承担的公共文化服务职能相辅相成，在资源动员、服务提供、活动实施、运营管理等方面具有专业化的能力和独特的作用，是政府以社会化机制和方式提供公共文化服务的主要依靠力量之一。

培育和规范文化类社会组织，是实现政府将适合由社会组织提供的公共文化服务事项交由社会组织承担的前提条件。首先，需要宣传普及文化类社会组织在现代公共文化服务体系建设中的功能和作用，在全社会培育以组织化形态、专业化能力服务于现代公共文化服务体系建设的理念和意识；其次，简化文化类社会组织的登记手续；再次，开辟文化类社会组织的资金来源渠道；最后，加强政府监管和社会监督，引导和指导文化类社会组织依法依规承接、提供公共文化服务。

3. 有序推进文化志愿服务

政策保障和激励是社会组织、公民等志愿群体或个人参与公共文化服务供给的基本保障。首先，建立志愿参与的政策保障体系，使志愿供给有章可循、有制可依。对志愿参与主体的权益进行保障，对志愿参与的范围进行明确，对志愿参与的程序进行优化以及对志愿参与的方式做出明确规定等，能够促进志愿参与的有序扩大；其次，建立志愿供给的激励制度，有利于促进公共文化服务供给的社会化发展，提升志愿组织和个人的参与积极性。

激励制度应该包括准入激励、财政补助和社会融资激励、审批政策激励、监督管理政策激励等方面,从志愿供给的各个环节对其进行激励。

4. 全面优化管理机制

(1)优化基层公共文化管理机制。根据《河南省推进基层综合性文化服务中心建设实施方案》,到 2020 年,全省范围内的乡镇(街道)和村(社区)普遍建成集宣传文化、党员教育、科学普及、普法教育、体育健身等功能于一体,资源充足、设备齐全、服务规范、保障有力、群众满意度较高的基层综合性公共文化设施和场所,使基层综合性文化服务中心成为文化建设的重要阵地和提供公共服务的综合平台。主要举措有:依据地区经济发展条件,通过合理规划布局、盘活存量、调整置换、集中利用等方式,加强基层综合性文化服务设施建设;开展宣传教育、加强组织引导、创新服务方式和手段,通过“订单”服务与群众自创相结合的方式,丰富基层公共文化服务的内容;建立健全管理制度、精准定位主体责任、拓宽社会供给渠道,形成以政府为主导、社会力量积极参与的基层公共文化运行管理机制。

(2)建立并完善绩效考评机制。建立并完善地方基本公共文化服务综合评价机制,将基本公共文化服务的评价结果直接纳入政府的政绩考核,能够起到监督激励政府部门的作用。建立科学的绩效考评体系需要注意以下几点:

首先,建立科学的指标体系。公共文化服务指标体系的建立应以保障广大人民群众实现基本文化权利为核心,以政府公共文化发展战略为导向,结合公共产品和服务的提供来进行,设计出评估的模式和主要观测点,确保评估的全面准确。评判一个指标体系是否标准有效,核心就是要看这个体系能否客观地反映公共文化服务的真实情况。应当通过场馆(设施)设置、建设标准、场馆及设施建设、乡镇(街道)综合文化站建设、行政村(社区)基层综合文化服务中心建设、文化信息资源共享工程建设等指标考评公共文化设施网络建设情况;通过对场馆阵地服务、基本活动项目、特殊群体服务、流动服务、数字服务、广播电视服务等指标考评公共文化服务的供给情况；通过对组织支撑、财政保障、队伍建设、人才培训等指标考评公共文化制度保障情况；通过社会评价指标考评公共文化反馈评估情况。其次，确定评估主体。评估主体的选择直接决定着评估结果是否具有公正性和有效性。在现阶段，我国政府绩效评估运行过程中，评估主体存在着单一化、缺乏代表性等问题，严重影响了评估结论的可信度和认可度，使得许多评估流于形式。因此，在公共文化服务绩效评估过程中，要扩大评估主体范围，尤其是将公众这一接受公共文化服务的群体纳入评估主体的范围中。最后，加强评估结果的反馈与运用。评估结果的运用是促进绩效评估功能发挥，推动绩效评估体系不断完善、发展的重要环节。评估结果主要分为阶段性评估结果、总体性评估结果。在总体评估结束后，务必将评估结果予以反馈和运用，使公共服务水平不断得到提升。

(3)推进文化事业单位的法人治理结构改革。建立法人治理结构，是发达国家和地区公益性文化机构的普遍做法。党的十八届三中全会通过的《中共中央关于全面深化改革若干重大问题的决定》提出，要“明确不同文化事业单位功能定位，建立法人治理结构，完善绩效考核机制。推动公共图书馆、博物馆、文化馆、科技馆等组建理事会，吸纳有关方面代表、专业人士、各界群众参与管理。”这说明，建立以理事会制度为核心的法人治理结构，已经成为我国公益性文化事业单位管理机制改革的方向。在推进文化事业单位法人治理结构改革的过程中，应采取如下举措：

首先，建立健全事业单位法人决策监督机构，通过建立理事会等决策监督机构，促进管办分离。在理事会的构成上，要遵循“三方”原则，确保政府方、事业单位方、服务对象方都有代表。其次，落实文化事业管理法人自主权。通过制定相关的法律法规和其他规范性文件，对文化事业单位的权限进行划分，明确文化事业单位法人的各项权利和责任，使决策层、执行层和监督层相互制约、相互协调。最后，加强配套制度建设。为了更好地推行文化事业单位的法人治理结构改革,需要通过制定年度报告、信息公开、绩效评价、责任追究等方面的配套制度予以完善。

(三)传承经典,鼓励创新,加强公共文化产品和服务供给

1. 保护和传承中华优秀传统文化

河南省是我国的非物质文化遗产大省,具有非常丰富的非物质文化遗产。据统计,民间文化有 18 项,包括“七仙女”传说和“梁祝”传说等;民间美术约 15 项,如朱仙镇的木版年画等;此外还有民间音乐、舞蹈等,这些民间的非物质文化遗产大部分已经列入国家级非物质文化遗产。非物质文化遗产是我国重要的文化和道德资源,是中华优秀传统文化的重要组成部分,对非物质文化遗产进行保护显得尤为重要。具体举措如下:①突出政府主导地位,整合各种社会资源。运用文化及相关部门的管理和服务职能,发挥地方高校、社会团体组织等在非遗保护与传承等方面的作用。②强化宣传工作力度,提升全民保护意识。利用图书馆、文化馆等公共文化机构以及传统媒体和新媒体加大宣传力度;采取展览展示展演、论坛讲座咨询等多种形式,以群众喜闻乐见的方式来普及非遗保护知识。③发挥传承人的作用,推动非遗保护工作的可持续发展。通过对传承人设立专门的扶助与奖励政策,充分发挥代表性传承人的领军作用和传承作用。

2. 鼓励创造优秀公共文化产品

近年来,我省打造、宣传和推广了一批在全国有影响力、在全省有示范性和推广价值的系列河南公共文化品牌,包括“春满中原”“百城万场”“出彩河南人”“幸福河南”等系列文化活动。但是,政府提供的公共文化产品针对性有待增强,不能满足不同群体不同阶层百姓的现实需求。政府可以通过购买公共文化服务有效公共文化产品供给单一的问题,将民间的文化形式纳入公共文化服务的购买范畴。此外,还应抓住符合时代特色的重大题材,创作出更多反映群众心声的文艺作品,推出一批有特色、有影响力的精品文化去感染群众、鼓舞群众、教育群众。

（四）加大投入，培养人才，做好公共文化服务体系保障

1. 强化资金保障

（1）适当提高公共文化服务财政支出比重。对于一个地区来说，公共文化服务财政保障的总体标准需要综合考虑该地区的经济社会发展水平以及公共文化服务建设情况。从总体情况来看，2015 年我省文化事业费占财政支出的比重低于全国平均水平；人均文化事业费远低于全国平均水平。从区域结构来看，我省各市文化事业费的投入总量呈现区域不均衡态势。其中，中、西部地区投入较多；东、南部地区投入较少；北部地区受人口规模影响较大，文化事业费的投入总量较少，但人均投入不少。我省应在保障基本公共服务支出规模增长的同时，适当提高公共文化服务支出所占的比重，满足公民对于公共文化服务日益增长的需求。此外，根据图书馆省辖市综合排名可以得知：在控制人口的情况下，图书馆的综合得分与人均 GDP 呈正相关关系。因此，政府应当在增加整体投入的基础上着力向经济落后区域的倾斜。

（2）明确各级政府基本公共文化服务建设的财政责任。我国现行的财政体制是“中央—省级—市级—县级—乡级”五级政府五级财政，明确各级政府在基本公共文化服务建设中的财政责任，是目前公共文化服务建设中亟须解决的问题。河南属于中部地区，国家财政对公共文化的财政支持采取的办法是中央和地方分担比例各占 50%。从地方政府的财政投入责任分配来看，省、市、县三级财政都要重视对公共文化服务的投入，提高公共文化服务支出占财政支出的比例，切实保证公共文化建设必要的投入经费。根据以上数据，农村基层文化设施建设比较薄弱，河南省政府要加大对它的投入力度，而省市县级重大公共文化设施建设、公益性文化活动经费则应以同级财政为主，按照全国统一部署和建设规划要求，参照国家的补助标准，

由省、市、县按比例分担投入。

(3)拓宽基本公共文化服务筹资渠道。目前河南省基本公共文化服务建设的保障资金主要依靠政府税收,这种单一的筹资方式给政府财政带来了巨大的压力,迫切需要在政府财政主导的同时,进一步拓宽公共文化服务筹资渠道,形成多元化的公共文化服务筹资方式。政府要通过完善政策激励机制,引导、鼓励个人和企业通过捐赠活动参与公共文化建设;通过采取政府采购、项目补贴、定向资助、贷款贴息等措施,创新投入方式。

同时,在确定公共文化服务项目的投入方式时要充分考虑其性质及社会力量提供的意愿和能力。对于涉及国家文化形象、国家文化安全的纯公共文化产品,应该由政府财政进行投入;对于虽具有一定的公共性,但同时具有竞争性和排他性,且可以在一定程度上实现盈利的准公共文化产品,对其中社会力量有能力但不愿意提供的,应当采取政府采购的方式;对其中社会力量有能力也有意愿提供的,应该由社会力量提供,政府财政给予一定的奖励。

2. 加强基层文化队伍建设

公共文化服务体系的构建离不开优秀人才的智力支持和能力支撑,好的人力资本对于公共文化服务的发展意义重大。目前河南公共文化服务人才较其他领域来说较为匮乏,人才在城乡间、区域间分布不均,因此加强公共文化服务人才队伍的建设,保证优秀的公共文化人才资本显得尤为重要。

(1)通过制定编制标准充实专业文化人才队伍。积极争取地方党委、政府支持,推动落实公益性文化事业单位、乡镇(街道)综合文化站(中心)、城镇社区、行政村文化工作人员编制配备的有关要求,进一步充实河南省公共文化服务专业人才队伍。特别是推进村级文化协管员队伍建设,力争20%的行政村(社区)建立由财政资金补助的村级文化协管员队伍。充分利用《河南省农村“六大员”管理办法》对村级文化协管员的配备、职责、补助、管理等相关规定,把河南省5万名村级文化协管员队伍建设好。

(2)通过激励机制吸引培养优秀专业文化人才。统筹协调、优化结构、广开渠道、加大力度,培养和造就一批复合型、高层次、具有战略思维眼光的文化人才,是当前文化人才队伍建设的当务之急。要采取多渠道、分层次、有计划的人才培养、引进方式,可以采取如下措施:通过实施高层次文化人才工程,建立完善相关激励机制,使公共文化服务领域成为各类优秀人才的向往之地;建立健全人才培养开发、选拔任用、评价考核、激励保障等机制作为政策措施和制度保障,加强对于公共文化人员的培养及规范化管理。此外,对于基层文化人才的培养需要打破常规,因地制宜,创新人才培养方式。

(3)通过培训机制提升公共文化队伍的服务能力。地方各级政府要以建立培训机制为抓手,提升公共文化队伍服务能力。具体措施如下:出台《河南省公共文化队伍培训工作方案》,建立公共文化管理服务队伍培训机制,设立公共文化队伍培训基地,加强培训师资队伍建设,创新培训方式,采取示范性培训、巡讲等多种方式,开展培训工作;继续开展乡镇(街道)综合文化站长轮训工作,加大培训力度,创新培训方式,全面提高公共文化服务人员的专业素质。

(五)运用技术,创新方式,推进公共文化服务与科技融合发展

当前,我省公共文化服务存在互联网化程度低、服务平台不完善、服务模式不合理等问题。应当加大文化科技创新力度,借助“互联网+”思维,加快推进公共文化服务数字化建设,切实满足社会大众对数字文化的多样化需求,使数字文化建设成果可以切实融入社会群众日常的生活、工作和学习之中,真正实现公共文化服务广覆盖、高效能。

推进公共文化服务与科技融合发展,主要依靠政策保障、园区建设、产品创新、企业扶持、激励机制等方式开展。具体措施如下:①建立健全政策保障机制,加强对文化与科技融合的组织与引导;②通过与科技管理部门联合,推动形成产业链完备的“文化与科技融合”示范园区;③加强对具有中

国特色文化的产品开发，推出文化与科技融合的新产品、新服务和新品牌；④扶持“文化与科技融合”的企业，充分发挥企业在技术应用、产品推广中的作用；⑤建立奖励机制，通过对企业、产品的评比促进“文化与科技融合”。

专题报告

河南省基层现代公共文化服务供给侧调查报告

翟小会　张顺周　肖　静　胡泽平　朱　丹*

近年来,党中央、国务院对公共文化服务体系建设工作高度重视。2015年1月,中共中央办公厅、国务院办公厅联合印发了《关于加快构建现代公共文化服务体系的意见》(中办发〔2015〕2号)。《意见》明确指出:“构建现代公共文化服务体系是保障和改善民生的重要举措,是全面深化文化体制改革、促进文化事业繁荣发展的必然要求,是弘扬社会主义核心价值观、建设社会主义文化强国的重大任务。”河南省委省政府积极响应中央政策,迅速做出工作部署,并于2015年11月23日印发《关于加快构建现代公共文化服务体系的实施意见》(豫办48号),文件中明确指出河南省现代公共文化服务体系建设中存在的问题,并指出了今后的发展目标。

公共文化服务体系建设是政府主导、社会参与、全民共享共建的一项系统工程,最终目标是要满足人民群众的基本公共文化需求,保障人民群众的基本文化权益,实现社会公平。促进城乡基本公共文化服务均等化已纳入国民经济和社会发展总体规划。河南省城镇化率相对较低,县级以下人口占全省人口比例较大,县乡村又是公共文化服务的薄弱环节,基层公共文化服务的优劣多寡直接影响全省公共文化服务工作。为把握基层公共文化服务供给状况,分析政府在基层公共文化服务供给过程中的设施建设、服务活动、人员保障情况,河南

* 翟小会,洛阳师范学院讲师,研究方向:政府绩效评估;张顺周,洛阳师范学院讲师,研究方向:经济史与政治经济;肖静,洛阳师范学院讲师,研究方向:政府治理与公共文化;胡泽平,洛阳师范学院讲师,研究方向:政府绩效管理;朱丹,洛阳师范学院讲师,研究方向:政府治理与公共文化。

省公共文化研究中心在全省范围内展开了一次抽样调查，具体情况报告如下。

一、调查目的与意义

在河南省委、省政府的高度重视下，我省公共文化服务体系建设快速推进，公共文化服务设施网络基本建立，服务效能不断提升，呈现出良好发展态势。但与国家基层公共文化服务体系建设的均等化、标准化、社会化和数字化目标要求相比，我省基层公共文化服务体系建设水平仍然有待提高。为把握基层公共文化服务供给的总体情况，真实、准确地反映供给水平，增强各地市对本地区基层公共文化服务体系建设情况的认识和了解，调动各地市积极性，推动地市间基层公共文化服务体系建设均衡发展，特展开此次调查。

二、调查方案设计

（一）公共文化服务指标体系设计及指标分值计算

1. 公共文化服务指标体系设计

指标体系的构建是进行调查研究的前提和基础，它可以使抽象的研究对象按照某种特征分解成具体可行、可操作化的调查指标，并对指标体系中每一指标赋予相应权重。指标体系的建立为后期问卷设计和数据分析提供基础性支持，对于整个研究框架的确定有重要影响。本次调查所谓“基层”包含了县、乡、村 3 级，所调查的基层公共文化服务机构分别是县级文化馆和图书馆、乡镇（街道）综合乡镇综合文化站和村级（社区）农村（社区）综合性文化活动中心。这些机构承担了基层公共文化服务的主要功能。市辖的各区、街道和社区不在这次调查范围之内。

河南基层公共文化服务供给侧调研的指标设计依据是《国家基本公共文化服务指导标准(2015—2020 年)》,河南省两办《关于加快构建现代公共文化服务体系的实施意见》(豫办 48 号),《河南省公共文化服务体系示范区项目评审标准》,并在试调查的基础上对指标体系结构和内容进行了修改完善。由于调查涉及县(市)、乡镇(街道)、行政村(社区)三个层级,县公共图书馆、县文化馆、乡镇综合文化站和农村综合文化服务中心在公共文化服务供给中的职责功能有较大差别,因此根据调研需求设计了四套指标体系。

指标体系设计中遵循的基本原则是:目的性、系统性、代表性、科学性和可操作性。以政府政策为依据,以促进公共文化服务体系建设为导向,每套指标体系尽量做到结构完整,逻辑严谨。单个指标间没有交叉包含关系,都可以转化成问题进行测量,获得量化数据。问卷设计时,各测量指标答案的数量与指标赋值直接挂钩。本次问卷调查中,大部分问题设计了四个或五个答案,而且呈现逐层递进关系。比如:图书馆建筑面积指标测量时设计了四个答案:①小于 800 平方米②800—1200 平方米③1200—1600 平方米④1600 平方米以上,指标赋值时根据答案的数量和层次关系确定最高分值为 4 分。

表 1　县公共图书馆指标体系

县公共图书馆指标体系		
一级指标	二级指标	三级指标
图书馆建设	硬件设施	建筑面积*
		阅览席位数量*
		供读者使用的计算机数量*
		残疾人无障碍设施配置
		安全检查设施配置
	软件配置	总藏书量*
		年新增图书册数*
		配备刊物种类*
		配备报纸种类*
		电子资源总量*

续表

县公共图书馆指标体系		
一级指标	二级指标	三级指标
服务活动	馆内基本服务	免费借阅服务*
		免费开放时间*
		年举办各类馆内服务活动次数*
		图书年借阅量*
		年到馆读者数量*
	流动服务	年均下基层次数*
		馆外流动服务图书借阅量*
工作人员	工作人员数量	在编人员数量
		政府购买工作人员数量
	工作人员质量	工作人员学历层次*
		工作人员年培训天数*

注:* 表示该指标是核心指标。

县公共图书馆指标体系中有 3 个一级指标,6 个二级指标,21 个三级指标。其中大部分是图书馆馆内软硬件设施建设和服务类指标,少量馆外流动服务指标。建设指标与服务指标中的核心指标都是 7 个。

表 2　县文化馆指标体系

县文化馆指标体系		
一级指标	二级指标	三级指标
文化馆建设	文化馆设施	建筑面积*
		活动用房使用面积*
		群众活动用房类型*
		残疾人无障碍设施
		安全检查设施
		接入信息资源共享平台*
		配置阅报栏或电子阅报屏
		流动服务车配置*

续表

县文化馆指标体系		
一级指标	二级指标	三级指标
服务活动	馆内基本服务	基本服务项目*
		免费开放时间*
		年培训及讲座次数*
		阅报栏信息服务
	组织群众文体活动	年组织群众文体活动次数*
		年组织文化展览次数*
		年组织非遗宣传次数*
	流动服务	送文艺演出类型*
		送戏曲到基层场次*
		流动车服务活动*
工作人员	人员数量	在编人员数量
	文化程度	工作人员学历层次*
	人员培训	工作人员年培训天数*

注：* 表示该指标是核心指标。

县文化馆指标体系中有3个一级指标，10个二级指标，21个三级指标。总体来看服务类指标多于设施类指标，其中设施类核心指标5个，服务类核心指标9个。文化馆调查中，服务活动是调查的重点方向。服务指标中馆内服务指标4个，馆外服务（群众文体活动+流动服务）指标6个，相比较于图书馆馆内服务突出的现象，文化馆馆外服务则更为重要。

表 3　乡镇综合文化站指标体系

乡镇综合文化站指标体系		
一级指标	二级指标	三级指标
乡镇综合文化站建设	站内建设	建筑面积*
		乡镇综合文化站功能分区*
		文化活动设备配备*
		残疾人无障碍设施
		安全检查设施
	图书室建设	是否配备图书报刊资料
		图书总册数
		年新增图书册数*
		报刊种类
	电子阅览室建设	是否配备电子阅览室
		数字化服务*
	阅报栏或电子阅报屏	是否配置阅报栏或电子阅报屏
	体育设施或场地	体育设施类型*
		体育场地种类*
服务活动	站内服务	服务项目*
		各类服务项目的服务频次*
		开放时间*
		是否提供免费借阅服务*
		接待读者数量*
		阅报栏信息服务
	群众文体活动	举办体育文化节*
工作人员	人员数量	在编人员数量
	人员培训	年培训天数*

注：* 表示该指标是核心指标。

乡镇综合文化站指标体系中有 3 个一级指标，6 个二级指标，24 个三级指标。其中大部分是乡镇综合文化站建设和站内服务指标，少量群众文体活动指标。乡镇综合文化站本身建设水平和服务活动是其主要业务，也是调研的重要内容。

表4　农村综合文化活动中心指标体系

农村综合文化活动中心指标体系		
一级指标	二级指标	三级指标
综合文化活动中心建设	农村（社区）综合性文化活动中心建设	是否建立农村（社区）综合性文化活动中心*
		农村（社区）综合性文化活动中心配备报纸和刊物的种类
	农家书屋建设	是否有农家书屋
		农家书屋建筑面积*
		农家书屋图书总册数*
	电子阅览室设置	是否有电子阅览室
		是否接入文化信息资源共享平台*
	文体活动广场建设	是否有文体活动广场
		占地面积*
		是否配置阅报栏或电子阅报屏
		是否有文体活动器材
		文体活动器材种类*
服务活动	农村（社区）综合性文化活动中心服务	农村（社区）综合性文化活动中心基本服务项目*
		文化讲座类型和频次*
	农家书屋服务	农家书屋开放时间*
		农家书屋是否免费借阅*
		农家书屋图书借阅量*
	电子阅览室服务	电子阅览室开放时间
	文体服务	年组织群众文体活动次数*
	流动文化车服务	是否到过该村（社区）*
		服务活动类型*
		服务频率*
工作人员	人员数量	农村（社区）综合性文化活动中心专职工作人员数量
	人员培训	工作人员每年参加培训天数*

注：* 表示该指标是核心指标。

行政村（社区）综合文化服务中心指标体系中有3个一级指标，12个二级指标，29个三级指标。乡镇综合文化站和综合文化服务中心指标体系中的三级指标数量都比较多,突出了本次“基层”调研的特点。其中 13 个建设指标,14 个服务活动指标,它们反映了基层接受的来自上级单位的文化服务。

2. 指标分值计算

(1)各省辖市单项指标平均得分用简单算术平均数方法计算,具体计算公式如下:

$$\text{省辖市单项指标平均得分} = \frac{\sum_{i=1}^{n} x_i}{n}$$

x_i:代表抽中的各图书馆、文化馆、乡镇综合文化站、农家书屋单项指标得分。

n:代表抽中的图书馆、文化馆、乡镇综合文化站或农家书屋数量。

举例:洛阳市乡镇综合文化站(样本)建筑面积得分计算方法如下:

$$\text{洛阳市乡镇文化站建筑面积平均得分} = \frac{X_{\text{文化站}1} + X_{\text{文化站}2} + \cdots\cdots + X_{\text{文化站}n}}{n}$$

(2)各省辖市一级指标总分是用各单项指标平均分加总后计算的,计算公式如下:

$$\text{省辖市一级指标总分} = \overline{X_{\text{指标}1}} + \overline{X_{\text{指标}2}} + \cdots\cdots \overline{X_{\text{指标}n}}$$

举例:洛阳市乡镇综合文化站(样本)设施建设总分计算方法如下:

$$\text{洛阳市乡镇文化站设施建设总分} = \overline{X_{\text{指标}1}} + \overline{X_{\text{指标}2}} + \cdots\cdots \overline{X_{\text{指标}n}}$$

(二)抽样设计

随着我国社会经济发展,抽样调查已经成为一种重要的政府统计工作方法,在整个调查方法体系它也占据着越来越重要的地位。抽样设计是整个抽样工作的整体方案设计和全盘考虑,是抽样调查中最重要的一个环节。

此次抽样的总体是河南省县级及以下文化单位工作人员，样本规模1500人。抽样分四个阶段进行：第一阶段从河南省108个县名单中用分层抽样法抽取60个县（市）；第二阶段从抽中的60个县的乡镇名单中抽取300个乡镇。第三阶段从抽中的300个乡镇的行政村（社区）名单中抽取1500个行政村（社区）。第四阶段采取现场抽样的方式在抽中的每个行政等级中抽取1—2名调查对象，要求调查对象是该单位的文化工作负责人或核心工作人员。为保证调查的信度和效度，我们针对每类调查对象设计了相应的调查问卷。

表5　三阶段抽样方法及样本

抽样框	抽样方法	样本量
第一阶段抽样框：河南省108个县（市）名单	按比例分层抽样	60个县（市）
第二阶段抽样框：抽中县的所有乡镇（街道）名单	系统抽样法（用excel工具）	300个乡镇
第三阶段抽样框：抽中乡镇（街道）的所有村庄（社区）名单	PPS抽样法与随机数表法结合（用excel工具）	1500个行政村（社区）

表6　三阶段样本与调查对象及调查工具的对接

调查范围	调查单位	调查对象	调查工具
抽中的60个县（市）	县文化馆、县图书馆	县文化馆、图书馆领导或工作人员	《图书馆公共文化服务供给状况调查问卷》《文化馆公共文化服务供给状况调查问卷》
抽中的300个乡镇（街道）	乡镇（街道）乡镇综合文化站	乡镇（街道）乡镇综合文化站站长或工作人员	《乡镇综合文化站公共文化服务供给状况调查问卷》
抽中的1500个村庄（社区）	村文化中心	村委会领导或村文化中心管理人员	《农村（社区）农村（社区）综合性文化活动中心公共文化服务供给状况调查问卷》

表7 各地市三阶段样本量分布

地市名称	县（市）样本量（60个）	乡镇（街道）样本量（300个）	农村（社区）样本量（1500个）
郑州市	2	7	50
开封市	3	18	75
洛阳市	5	23	125
平顶山市	4	22	100
安阳市	3	14	75
鹤壁市	1	6	25
新乡市	4	19	100
焦作市	4	14	100
濮阳市	2	8	50
许昌市	4	25	100
漯河市	1	5	50
三门峡	2	7	50
南阳市	6	36	125
商丘市	4	22	100
信阳市	5	28	125
周口市	5	29	125
驻马店市	5	17	125

本次抽样按照样本量大小与当地人口规模成比例的原则抽取样本，符合概率抽样的基本要求。由于县一级样本量普遍较少，数据分析中可能会出现县图书馆、文化馆部分数据代表性低的情况。根据大数法则，样本量越大数据的代表性越大，从县级样本数据看，抽中三个以上县的地市的样本数据代表性要比三个以下的更有信度。因此，在数据分析中出现个别地市数据反常是正常的。

表 8　经验确定样本数的范围

总体规模(人)	样本比例(%)
100 人以下	50% 以上
100—1000 人	50%—20%
1000—5000 人	30%—10%
5000—10000 人	15%—3%
1 万—10 万人	5%—1%
10 万人以上	1% 以下

河南省共有 18 个省辖市,其中地级市 17 个、省直管市 1 个,50 个市辖区、20 个县级市、88 个县。由于本次调查属于基层公共文化服务调查,济源市作为省直管市没有下辖县,因此不在调查范围内。根据经验值,县级样本规模按照 50% 的抽样比例确定为 60 个样本。河南省有 1907 个乡镇、47556 个村庄,分别按照 15% 和 3% 按照的比例抽取 300 个乡镇和 1500 个村庄。

标准误差可以用来衡量抽样误差。标准误越小,表明样本统计量与总体参数值越接近,样本对总体越有代表性,用样本统计量推断总体参数的可靠程度越大,因此,标准误是衡量统计推断可靠性的指标。为了明确每一个指标推断可靠性程度的大小,数据分析中我们对每一项指标都做了标准误分析。

三、调查结果描述与分析

本次调查共发放问卷 2040 份,采取当场作答当场收回的方式。县文化馆发放 120 份,回收 118 份,回收率 98%;县图书馆发放 120 份,回收 110 份,回收率 92%;乡镇综合文化站发放问卷 300 份,回收 286 份,回收率

95%；村（社区）文化中心发放 1500 份，回收 1310 份，回收率 87%。问卷回收之后，调研小组对所有问卷进行初步审核。审核过程中主要检查是否有明显错误回答，如是否按指导语进行回答，基本信息是否有误，是否有明显前后矛盾等等。经调研小组对问卷进行严格的筛选、整理，选出合格问卷做数据分析用。后经统计，县、乡、村三个层次调查问卷有效回收率均在 85% 以上。问卷录入 SPSS 系统后，开展四项数据净化工作：一是清理异常值，二是清理互斥数据，三是排查重复数据，四是处理缺失值。最后，用 SPSS 软件对数据进行分项计算和整理，并做出图表。

（一）河南省基层公共文化服务设施建设情况

1. 县文化馆公共文化服务设施建设状况

文化馆设施建设指标数量较少，主要涉及建筑面积、群众活动用房使用面积、活动用房功能分区、阅报栏设置、流动文化服务车配备、接入共享平台、残疾人无障碍设施设置、安全检查设施设置八个指标，根据调查和计算结果，各地市县级文化馆设施建设差距较大，不均衡情况明显。如图 1 所示。

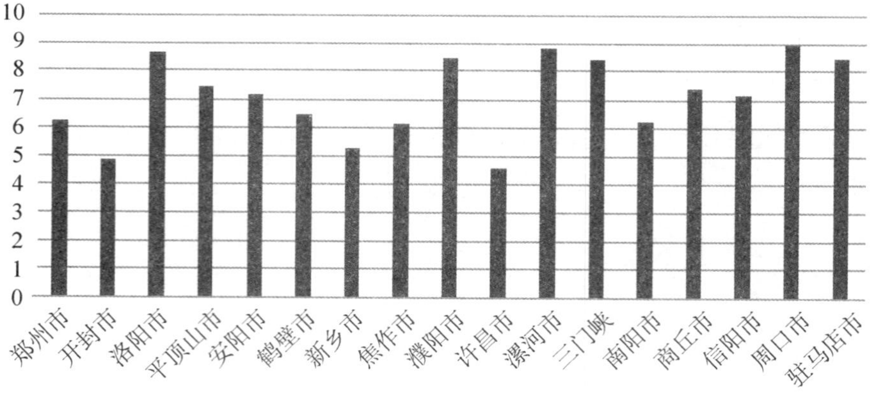

图 1　各地市县级文化馆设施建设总分（指标均值）

（1）基础设施建设

①建筑面积。调查显示，我省县文化馆建筑面积在 800 平方米以下的

占23.1%,建筑面积在800—1500平方米(不含)的占比16.4%,1500—2000平方米(不含)占比9.6%;2000—2500平方米(不含)的占比8.7%;2500—4000平方米的占比27.7%;4000—6000平方米的占比6.8%;6000平方米以上的占比7.7%。如图2所示。

从图3中数据可以看出,各地市县级文化馆平均建筑面积普遍在3分以下,即3000平方米以下,1500—3000平方米之间的居多。

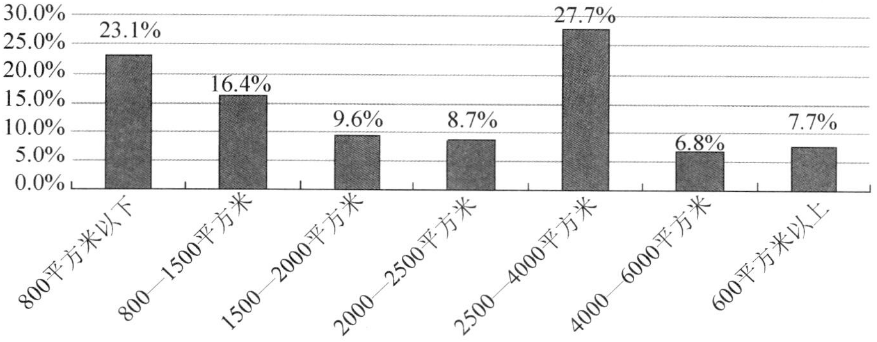

图2 县文化馆建筑面积分布比例图

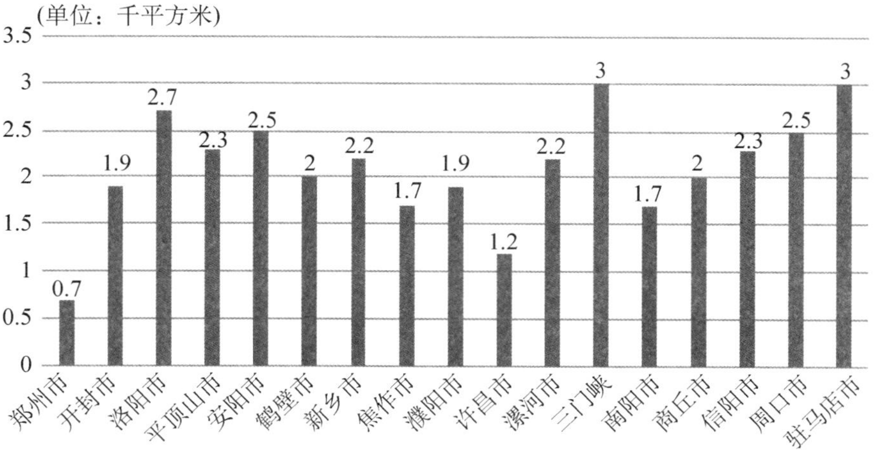

图3 各地市县级文化馆平均建筑面积

②群众活动用房。调查显示，群众活动用房使用面积在 500 平方米以上的占 78.7%；1000 平方米以上的占 61.8%；2000 平方米以上的占 39.3%；4000 平方米以上的占 6.7%。其中，群众活动用房在总体建筑面积所占比例在 60% 以下的占 29.4%，群众活动用房在总体建筑面积所占比例在 60%（含）以上的占 70.6%，其中，群众活动用房在总体建筑面积所占比例在 76%（含）以上的占 20.6%。

③群众活动用房功能分区。从群众活动用房分区情况来看，有多功能厅的占 84.5%，有展览厅（陈列厅）的占 85.5%，有宣传廊的占 72.7%，有培训教室的占 84.5%，有计算机和网络教室的占 36.4%，有舞蹈（综合）排练室的占 79.1%，有老年活动室的占 64.5%，有独立学习室（音乐、书法、美术、曲艺等）的占 80%，设有其他用房的占 10.9%。设有 4 个（不含）以下文化活动厅的文化馆有 16 个，占比 14.5%，设有 6 个（含）以上文化活动厅的文化馆有 65 个，占比 59.1%。

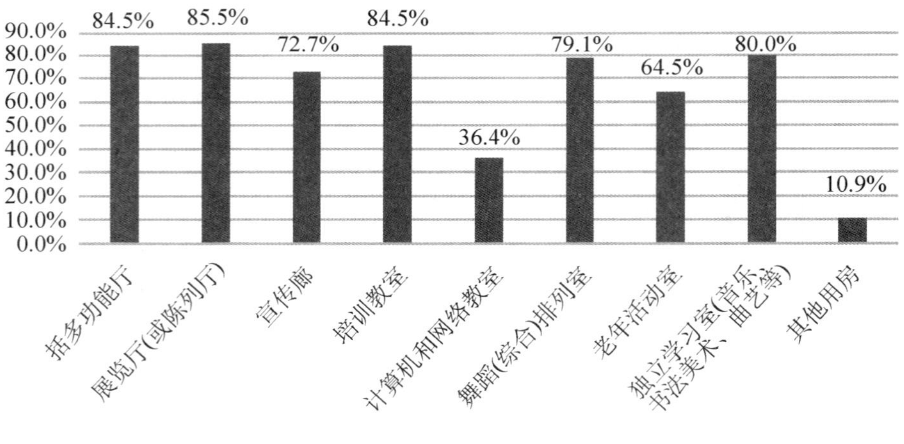

图 4　各地市县级文化馆群众活动用房功能分区

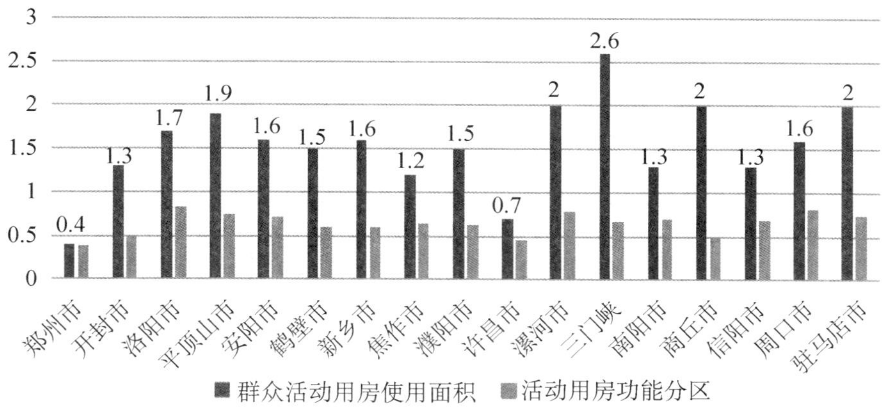

图5　各地市县级文化馆群众活动用房使用面积及功能分区完备率

各地市群众活动用房使用面积集中在1000—2000平方米之间，个别城市低于1000平方米。活动用房功能分区共有8类，从各地市数据来看平均在4类以上，其中设置最多的是多功能厅、展览厅（陈列厅）、培训教室、舞蹈（综合）排练室、独立学习室（音乐、书法、美术、曲艺等）。

（2）设备配备

①县文化馆四项设施配置

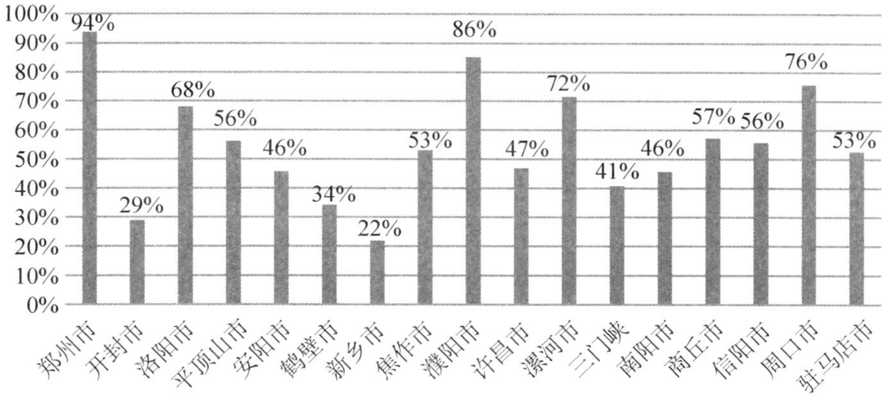

图6　各地市县级文化馆四项设施总配置比率

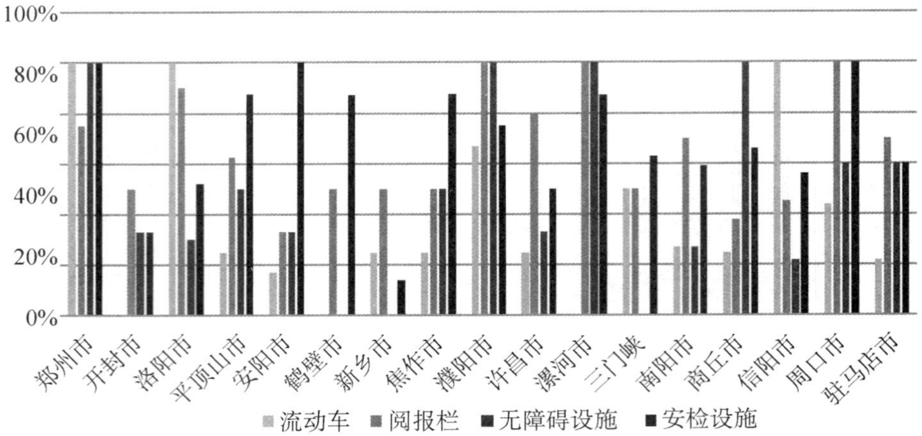

图7　各地市县级文化馆四项设施分项配置比率

文化馆四项设施指:流动文化服务车、阅报栏或电子阅报屏、残疾人无障碍设施、安全检查设施。从四项设施配置比率来看,只有郑州达到90%以上,大部分城市集中在70%以下,少数在30%以下。配置率整体偏低的原因是残疾人无障碍设施和流动服务车配置比率普遍较低。

②文化信息资源共享平台的接入。调查显示,接入文化信息资源共享平台的占比65.3%,还有34.7%的县文化馆没有接入文化信息资源共享平台。

2. 县图书馆公共文化服务设施建设状况

各地市县级公共图书馆设施建设总分核算指标包括:建筑面积、总藏书量、新增图书数量、报纸刊物种类、阅览室座席数、计算机数量、电子资源数量、功能分区、残疾人无障碍设施、安检设施、其他场馆等十几个指标。从数据情况看,各地市设施建设总分的标准差值较小(3.32),说明各地县级公共图书馆设施建设的差异并不很大,处于相对均衡的发展状态。

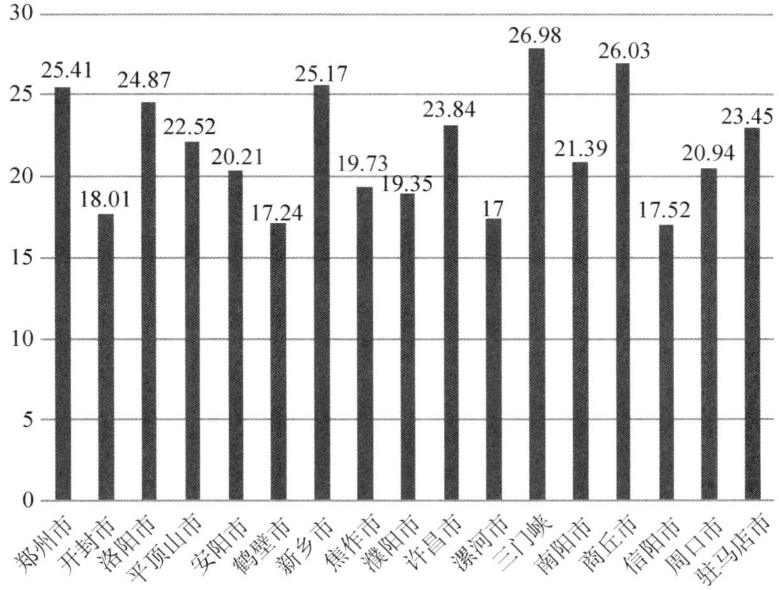

图 8　各地市县级图书馆设施建设总分

(1)基础设施建设

①县图书馆建筑面积

馆舍建筑面积小于 800 平方米的县级图书馆占 13.1%,800—1200 平方米(不含)的占 14.0%,1200—1600 平方米(不含)的占 21.5%,1600 平方米以上的占 51.4%。

根据 2012 年文化部办公厅发布的《关于开展县以上公共图书馆第五次评估定级工作的通知》中《县级图书馆评估标准》,可以看出,我省县级图书馆在馆舍建筑面积上,13.1%的县图书馆建筑面积在 800 平方米以下,未达标。48.6%的县图书馆建筑面积在 1600 平方米以下。

从各地级市看,各地市县级公共图书馆建筑面积得分普遍在 2 分以上,也就是 800 平方米以上,七个城市的得分达到 3 分以上,即 1200—1600 平方米之间。

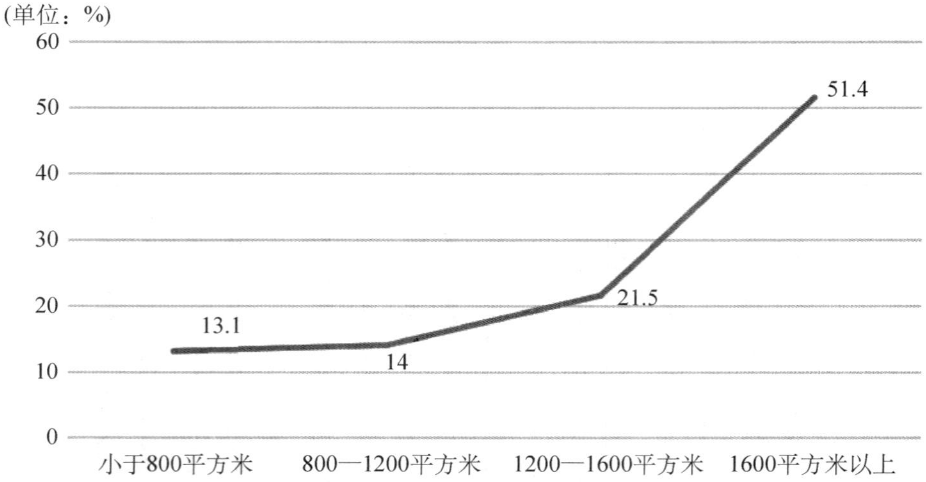

图 9　图书馆建筑面积分布比例图

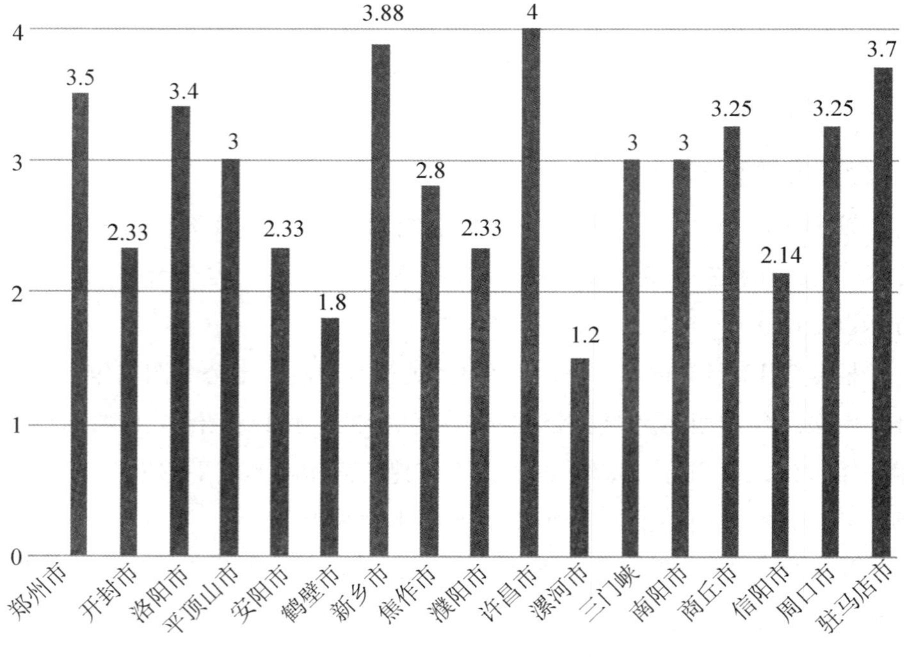

图 10　各地市县公共图书馆建筑面积得分

②阅览席位。调查显示:阅览席位少于60个的县级图书馆占16.4%,60—120个的占48.2%,121—180个的占16.4%,180个以上的占19%。

根据2012年文化部办公厅发布的《关于开展县以上公共图书馆第五次评估定级工作的通知》中《县级图书馆评估标准》可以看出,我省县级图书馆在阅览座席上,总体来说处于中等偏下水平,120个席位以上的县级图书馆只占到35.4%。

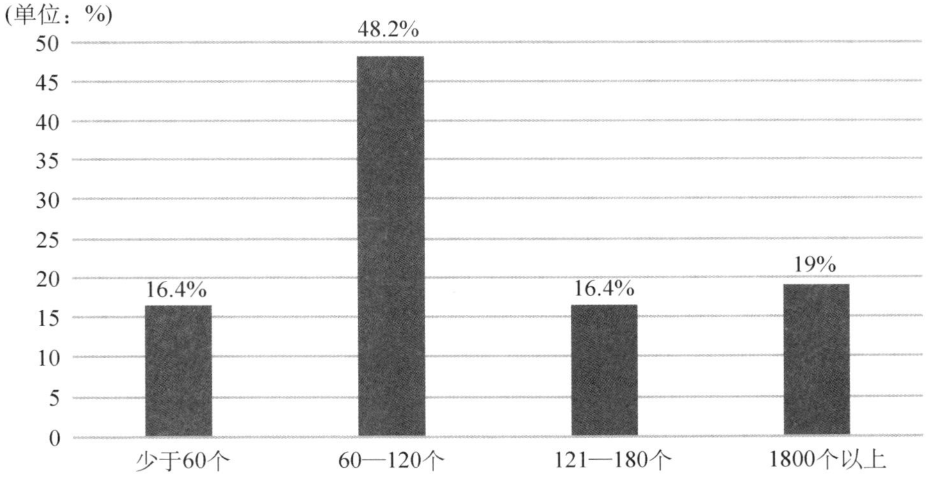

图11　图书馆阅览室座席数分布比例图

从数据看,13个地级市的县图书馆的阅览室座席数得分在1.5—3分之间,即配置了90—180个座席数;2个地级市的阅览室座席数得分超过3,达到180个以上。

③功能分区。调查显示:县图书馆的主要功能分区比较清晰,尤其是设置藏书区、文献阅览区的图书馆占到所调查图书馆的九成以上,设置数字资源阅览区、公共活动区(报告厅、展览厅)的图书馆分别占到八成和七成,设置读者教育培训区的图书馆相对比例较低,但也占到近六成。

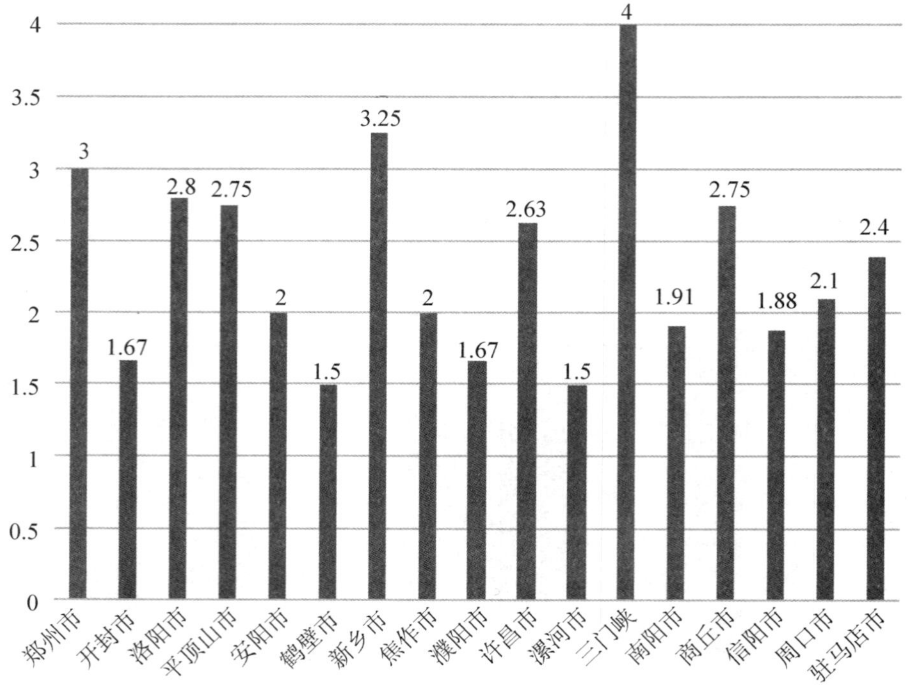

图 12　各地市县公共图书馆阅览室座席数得分

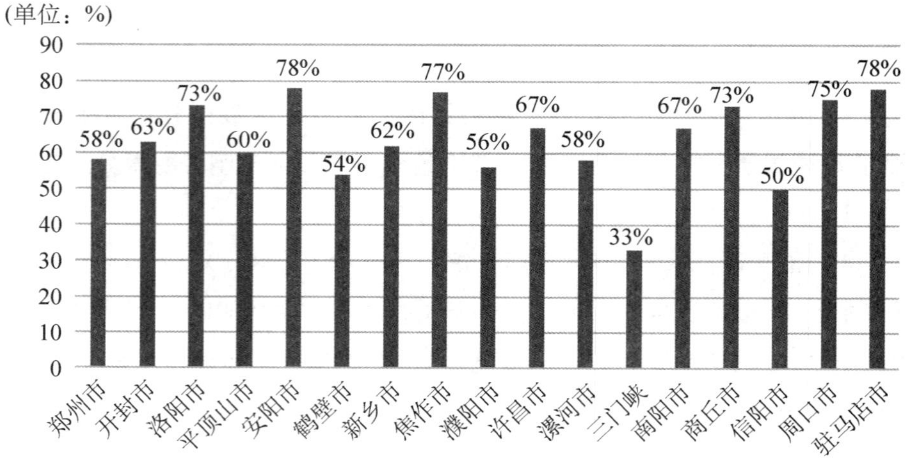

图 13　各地市县公共图书馆功能分区完备率

县公共图书馆通常有5大功能分区：藏书区、文献阅览区、数字资源阅览区、读者教育培训区、公共活动区（报告厅、展览厅）。数据显示，我省所有地级市的县公共图书馆的功能分区完备率都低于80%，大部分集中在50%—70%之间。

④残疾人无障碍设施与安全检查设施配置。调查显示：县图书馆在为残疾人配备无障碍设施方面做得不尽如人意，近五成的图书馆没有配备无障碍设施。县图书馆在消防设施及监控设施的配备上是比较全面和完善的，消防设施的配备率达到100%，监控设施的配备率近九成。不过安全防护设施的配备率相对较低，不到六成。

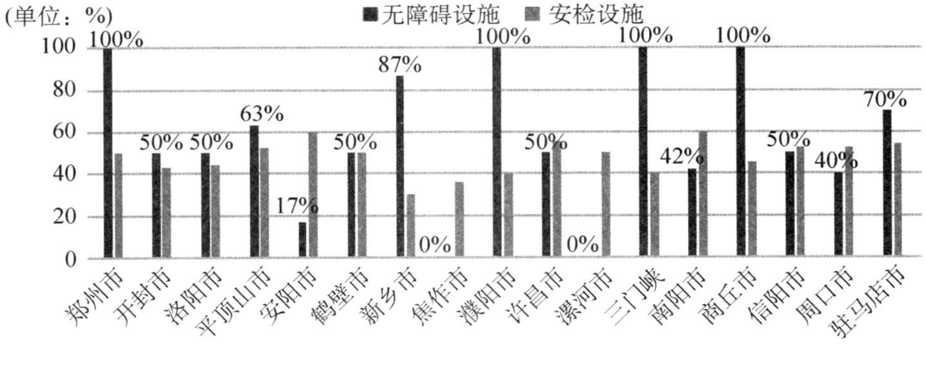

图14　各地市县公共图书馆无障碍设施与安全检查设施配置率

从图中数据来看，各地市县图书馆无障碍设施配置比率集中在60%以下，也就是说还有40%左右的县图书馆没有配置残疾人无障碍设施；只有5个地市的县图书馆无障碍设施配置比率达到90%以上，接近100%。县图书馆要求配置的安全检查设施主要有消防设施、防护设施、监控设施、安全监察设施，图中数据显示所有地市的县图书馆四项设施配置都不齐全，设施配置的完备率都在60%以下，大部分地市的安全检查设施配置完备率集中在30%—50%之间。

（2）现代化技术条件

①计算机数量。调查显示：供读者使用计算机数量小于 10 台的县级图书馆占 6.5%，10—20 台的占 10.2%，21—30 台的占 16.6%，30 台以上的占 66.7%。

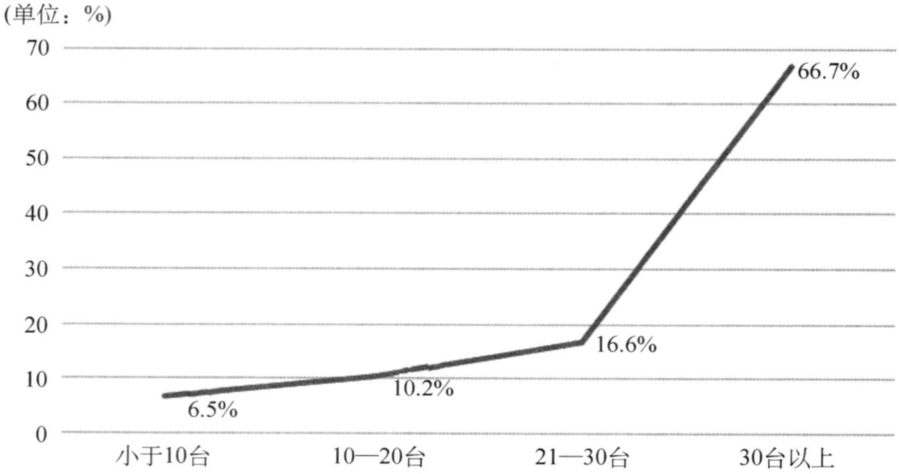

图 15　图书馆计算机数量分布图

根据 2012 年文化部办公厅发布的《关于开展县以上公共图书馆第五次评估定级工作的通知》中《县级图书馆评估标准》可以看出，我省县级图书馆在提供读者使用计算机数量上，总体来说处于上等水平，30 台以上的县级图书馆占到近七成。

②电子资源总量。调查显示：县图书馆电子资源总量在 4TB 以下的占 44.2%，4—6TB 占 32.5%，6—8TB 占 14.0%，8TB 以上的占 9.3%。

根据 2012 年文化部办公厅发布的《关于开展县以上公共图书馆第五次评估定级工作的通知》中《县级图书馆评估标准》，我省县级图书馆在电子资源总量上，总体来说处于中等偏上水平，4TB 以上的县级图书馆占到近六成。

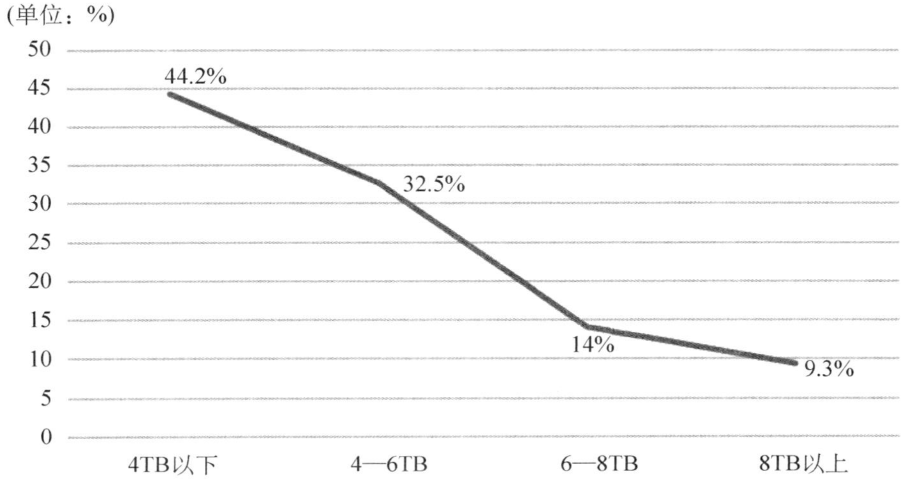

图 16　图书馆电子资源数量分布图

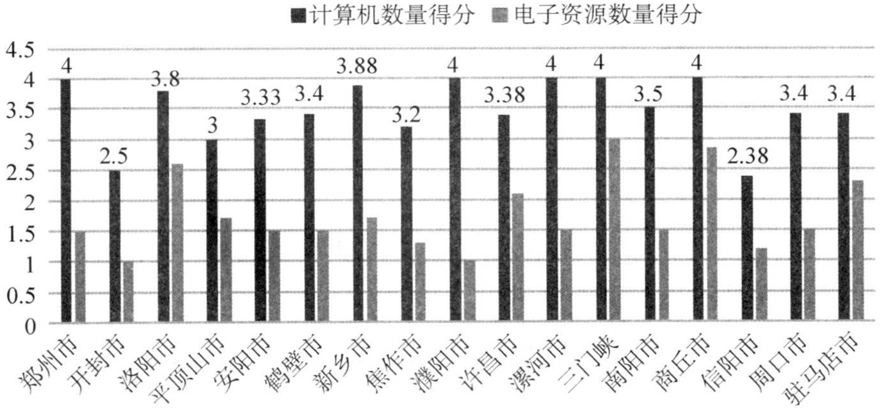

图 17　各地市县公共图书馆计算机数量与电子资源数量得分

图中数据显示各地市县级公共图书馆的计算机平均数量普遍较高，大都集中在 2. 5—4 分之间，即平均配置 25 台以上；少数地级市县级公共图书馆计算机在 2. 5 分（25 台）以下。各地市县级图书馆电子资源平均量处于参差不齐状态，少数地市县级图书馆的电子资源平均量在 1 分（4TB）以下；

大部分地市县级图书馆电子资源平均量集中在 1—2 分(4—6TB)之间;有 3 个地市的县级图书馆达到 7TB 以上。

(3)文献资源

①总藏书量。调查显示:县图书馆总藏书量小于 3 万册的占到 9.1%,3—8 万册的占到 52.7%,8—15 万册的占到 28.2%,15 万册以上的占到 10.0%。

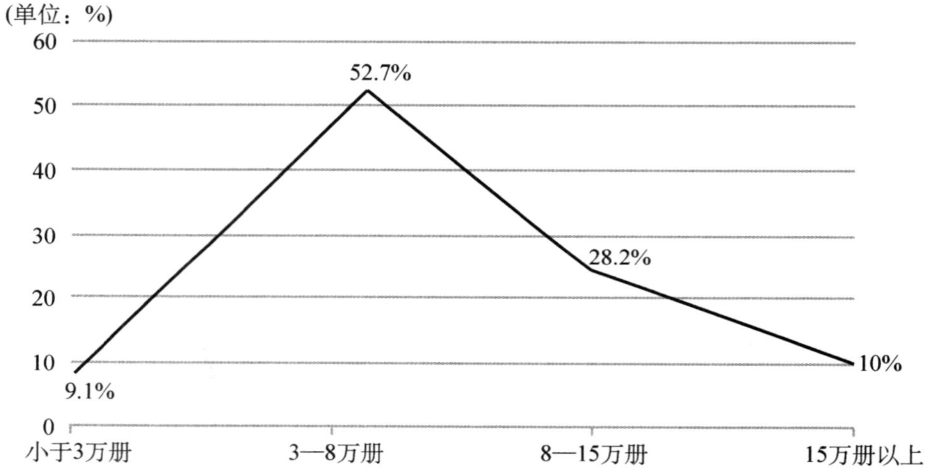

图 18　图书馆藏书量分布比例图

根据 2012 年文化部办公厅发布的《关于开展县以上公共图书馆第五次评估定级工作的通知》中《县级图书馆评估标准》,我省县级图书馆在总藏书量上,总体来说处于中等偏下水平,总藏书量在 8 万册以下的县图书馆,达到 61.8%。

②年新增图书数量。调查显示:县级图书馆中 2015 年新增图书数量在 0.2 万册以下的占 30.3%,0.2—0.5 万册的占 27.5%,0.5—1 万册的占 22.9%,1—2 万册的占 8.3%,2 万册以上的占 11.0%。根据《县级图书馆评估标准》,我省县级图书馆年新增图书数量 2000 册以下只有三成。

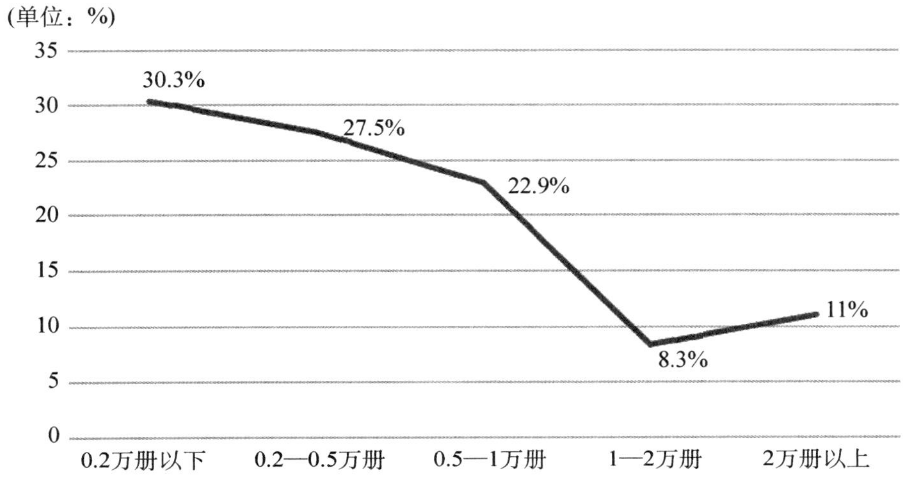

图19　图书馆年新增图书数量分布

③报刊种类。调查显示：县级图书馆配备的报纸和刊物种类在20种以下的分别占38.5%和15.1%，21—50种的分别占44.0%和26.4%，51—100种的分别占8.3%和30.2%，101种以上的分别占9.2%和28.3%。根据《县级图书馆评估标准》，我省县级图书馆报纸和刊物种类数量在100种以下的分别占90.8%和71.7%，报刊配备种类数量普遍不高。

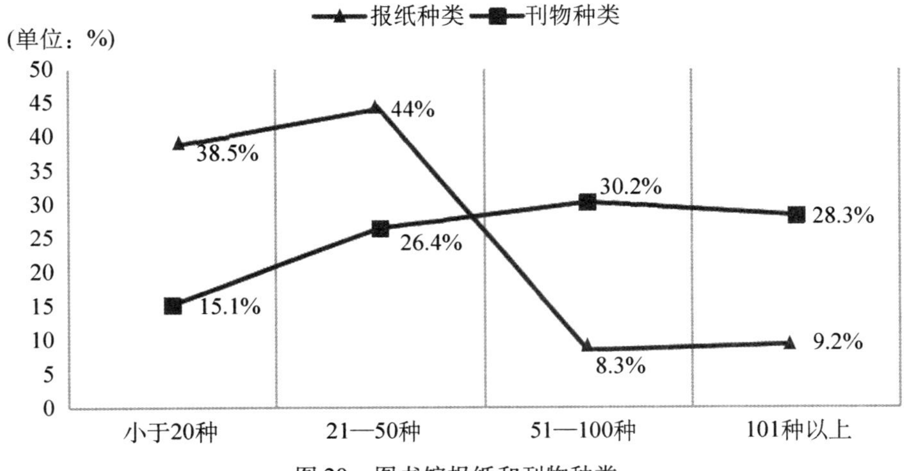

图20　图书馆报纸和刊物种类

表 9 各地市县公共图书馆图书报刊配备平均量得分

地市	刊物种类	报纸种类	新增图书数量	总藏书量
郑州市	3	2.25	1.75	4
开封市	2.33	1.33	2.33	2.67
洛阳市	2.4	2.2	2.56	3.11
平顶山市	2.5	2.25	2	3.25
安阳市	2.33	2	2	2.67
鹤壁市	1.5	1.5	1.5	2.6
新乡市	2.63	2.75	2.25	2.73
焦作市	2.6	2.8	2	1.5
濮阳市	2.33	1.67	1	3
许昌市	2.25	2.5	2.25	2.63
漯河市	1	1.5	1.5	3
三门峡	3	3	2	3
南阳市	2.33	2.92	1.5	2.58
商丘市	3.25	3	2	2.25
信阳市	2.13	2.43	1.25	2.13
周口市	2	2.6	1.6	2.4
驻马店市	2.1	2.3	1.7	3.1

各地市县级公共图书馆平均藏书量最低分值是 1(3 万册以下),最高分值是 3.25(8—9 万册),平均藏书量差距较大。大多数集中在 2—3 分之间,即 3—8 万册之间。各地市县级公共图书馆新增图书数量的平均值为 2.23 分,即 0.3 万册左右,只有 3 个地市的县图书馆新增图书数量低于此数值。报纸种类最低 1 分(20 种以下),最高 2.56 分(30—40 种),大部分在 1.5 分以上,即 30 种以上。刊物种类分值普遍比较高,平均分为 2.7(40—50 种左右)。有三个地市的县刊物种类平均分高于 3 分(51—60 种),大部分地市的数据集中在 2—3 分(21—50 种)之间。

3. 乡镇综合文化站公共文化服务设施建设状况

乡镇综合文化站设施建设指标主要包括：乡镇综合文化站建筑面积、功能分区、设备配备、信息平台接入、是否配备图书报刊资料、电子阅览室配置、阅报栏设置、体育设施或场地设置、无障碍设施及安检设施配置指标。由下图数据可知，各地市乡镇综合文化站建设水平相差不大，地市间处于相对均衡的发展状态。

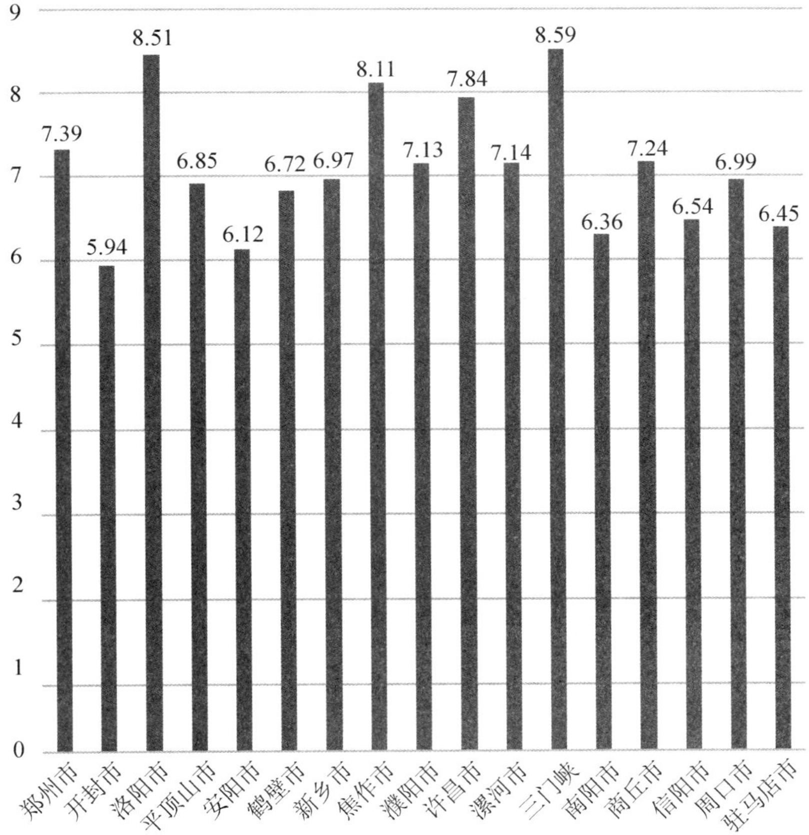

图 21　各地市乡镇综合文化站设施建设总分

(1)基础设施建设

①建筑面积。目前我省68.1%的乡镇综合文化站建筑面积在500平方米以下,根据《乡镇综合文化站建设标准》,我省40%的乡镇综合文化站属于小型站,面积在300—500平方米之间,18.3%的乡镇综合文化站属于中型站,面积在500—800平方米之间,13.6%的乡镇综合文化站属于大型站,面积在800平方米以上。另有28.1%的乡镇综合文化站规模在300平方米以下。如图22所示。

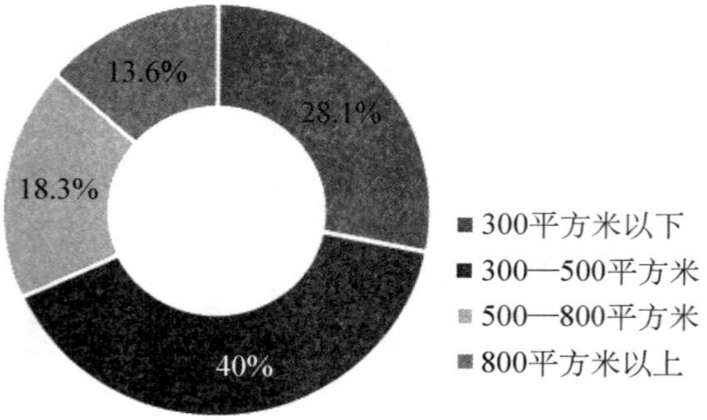

图22　乡镇综合文化站建筑面积分布图

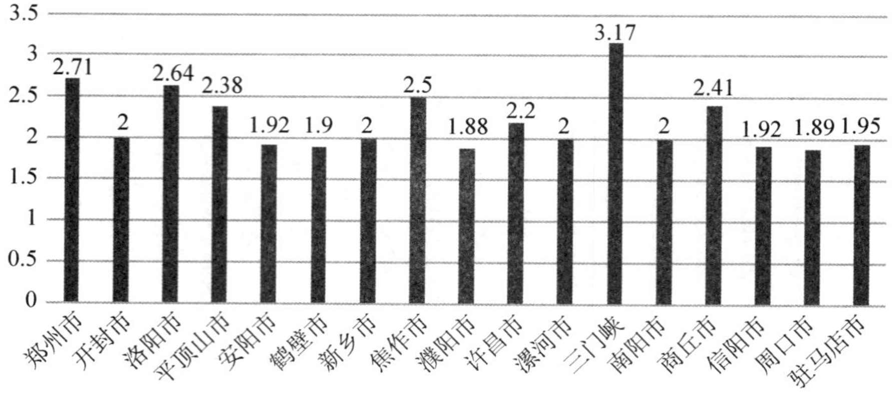

图23　各地市乡镇综合文化站建筑面积得分

图中数据显示,大部分乡镇综合文化站平均建筑面积得分都在2分以下,即500平方米以下。少数城市(郑州、洛阳、三门峡)乡镇综合文化站平均建筑面积得分超过 2. 5(即 650 平方米以上),只有一个城市(三门峡)的乡镇综合文化站平均建筑面积超过 800 平方米。

②功能分区。87. 4% 的乡镇综合文化站中有文化体育活动功能分区,93% 的乡镇综合文化站有书刊阅览功能分区,69. 6% 的乡镇综合文化站有网络信息功能分区,64% 的乡镇综合文化站有教育培训功能分区,59. 4% 的乡镇综合文化站有多功能厅分区,44. 1% 的乡镇综合文化站有管理和辅助功能分区,如图 24 所示。

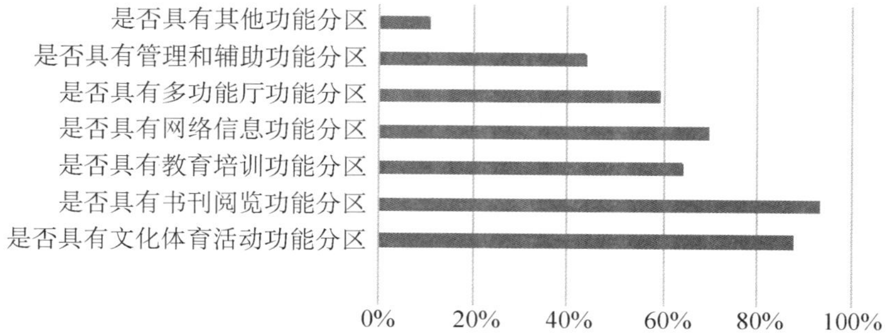

图 24　乡镇综合文化站功能分区状况

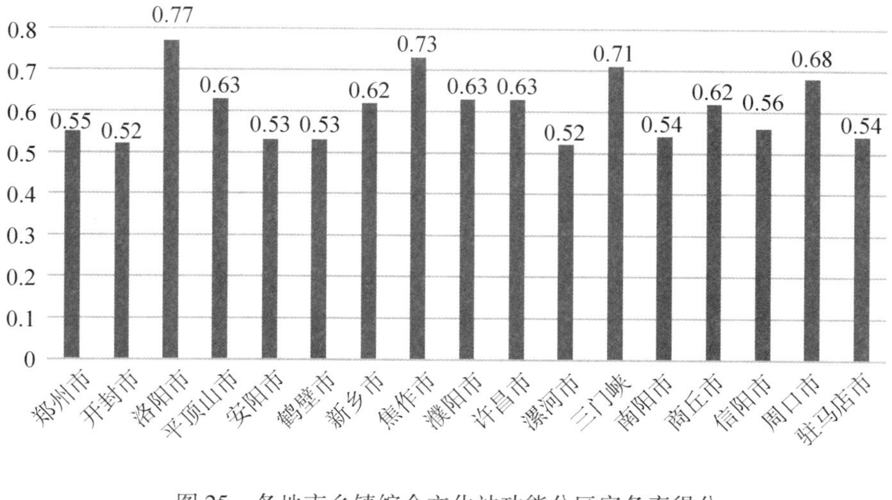

图 25　各地市乡镇综合文化站功能分区完备率得分

乡镇综合文化站共有七大功能区：文化体育区、书刊阅览区、教育培训区、网络信息区、多功能厅、管理和辅助区、其他分区。图中数据显示，大部分地市的乡镇综合文化站功能分区得分都在 0.5 以上，即这些地市的乡镇综合文化站都设置了一半以上(3.5 个以上)的功能分区。少数地市的功能分区得分在 0.7 以上，即这些地市的乡镇综合文化站平均设置了将近 5 个功能分区。

(2)设备配备

①整体设备配备情况。我省 76.2% 的乡镇综合文化站配备了体育健身器材，70.6% 的乡镇综合文化站配备了电脑终端，近 70% 的乡镇综合文化站配备了文献阅览设备和视听及电教设备，63.7% 乡镇综合文化站配备有摄影及摄像设备，53% 的乡镇综合文化站配备了演出设备，但乡镇综合文化站的创作及展览设备配备只占到 32.4% 。

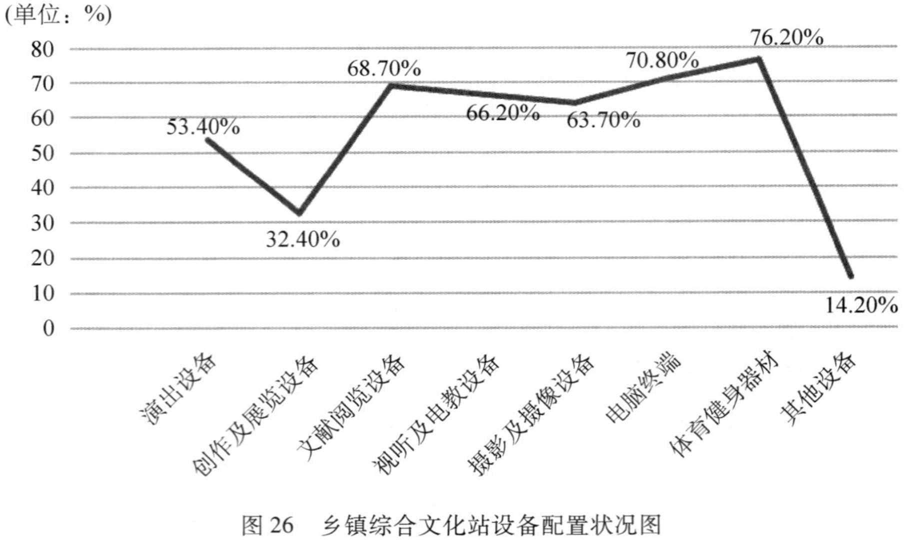

图 26　乡镇综合文化站设备配置状况图

②室外体育设施配备。调查显示，我省 80% 以上的乡镇配备了室外健身器材和乒乓球台，70% 以上的乡镇配备了活动广场和篮球场，61% 的乡镇配备有棋牌室。台球室、门球场和排球场配备平均占比不超过 10% 。如图 27 所示：

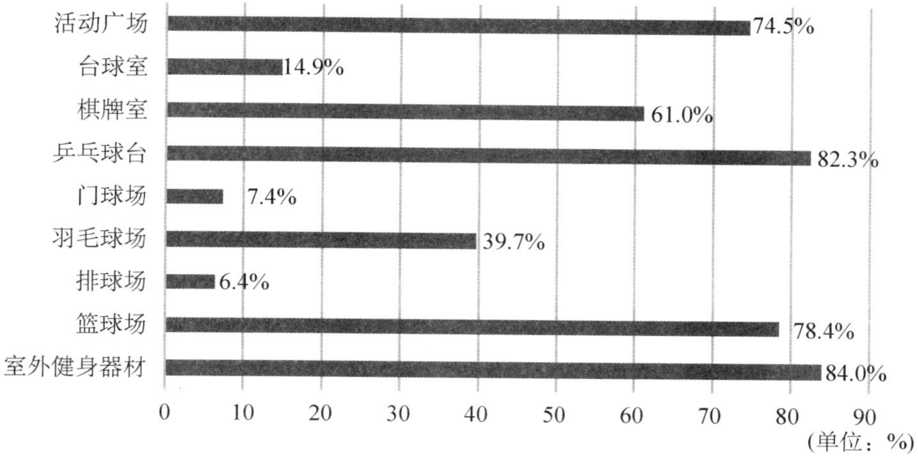

图 27　乡镇综合文化站体育设施或场地配置状况图

③文化信息资源共享平台。调查显示，我省 69% 的乡镇综合文化站已经接入文化信息资源共享平台，但仍有 31% 的乡镇综合文化站没有接入文化信息资源共享平台。

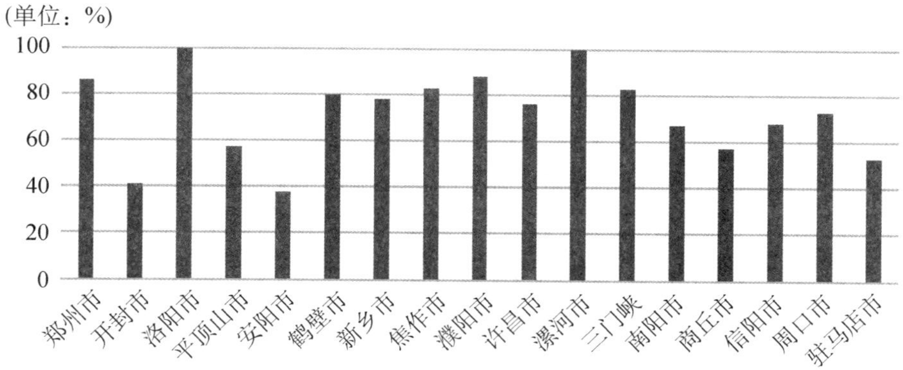

图 28　各地市乡镇综合文化站接入信息平台比率

大部分地市乡镇综合文化站接入信息资源共享平台的比率都比较高，超过 60%。只有少数地市的接入比率低于 40%。

④电子阅览室。调查显示，我省有 62.2% 的乡镇配备有电子阅览室，

但仍有 37.8% 的乡镇尚未配备电子阅览室。

各地市乡镇综合文化站安全检查设施设置率普遍不足 60%，最低的不足 30%，大部分集中在 30%—50% 之间。说明在三类安全检查设施设置中，得分最高的地市也平均不超过 2 类，大部分都在 1 类左右，还有的地市绝大部分乡镇没有该项设施。残疾人无障碍设施设置率普遍较低，大部分地市不足 60%，最高的是濮阳市，设置率为 50%。部分集中在 20% 以下，超过 20% 的只有 5 个地市。各地市县乡镇综合文化站体育设施设置率普遍在 40% 以上（10 个地市）且差距不大，最高达到 57%，最低 32%。各地市乡镇综合文化站阅报栏设置率处于参差不齐的状态，最低得分不到 0.3（设置率不足 30%），最高得分 0.7（设置率为 70%）；大部分集中在 0.3—0.5 之间。各地市乡镇综合文化站电子阅览室的设置率差异比较大，一些地市的设置率达到 100%，一些则不足 40%，大部分都在 50%—70% 之间。

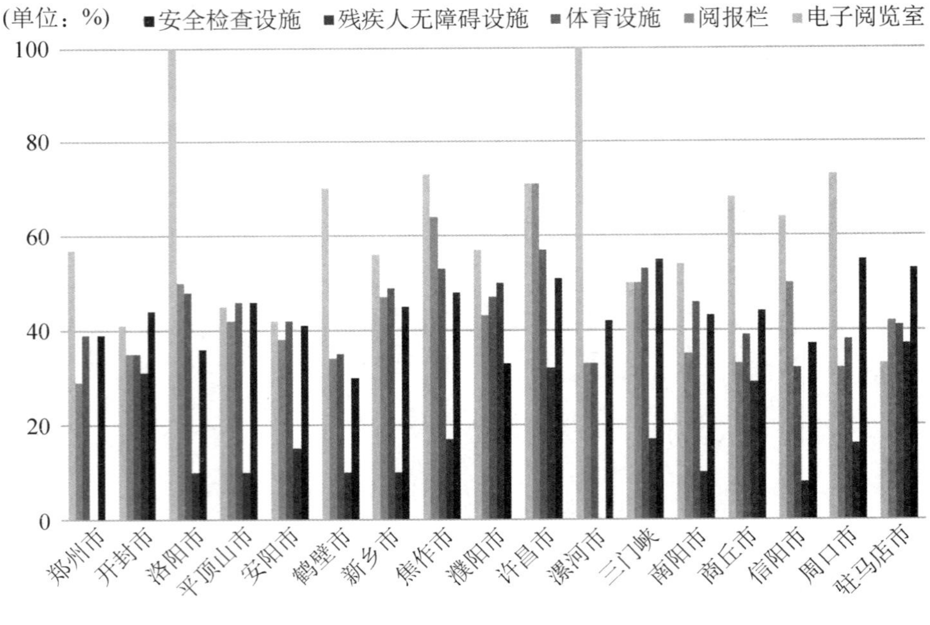

图 29　各地市乡镇综合文化站基础设施设置率

(3)文献资源

①图书配备。调查显示,我省有90.5%的乡镇综合文化站配备有图书、报刊资料,只有9.5%的乡镇综合文化站没有配备图书报刊资料。图书、报刊资料配备情况整体良好。

我省乡镇综合文化站配备的图书册数状况中,配备图书3000册(不含)以下的乡镇综合文化站达到49.8%,配备图书3000—5000册的乡镇综合文化站达到25.7%,配备图书5000册(含)以上的乡镇综合文化站仅占24.5%。

乡镇综合文化站配备的图书普遍存在更新缓慢,专业书籍少的问题。新书较少的乡镇占比72.3%,缺乏专业书籍的乡镇占比达50.9%。

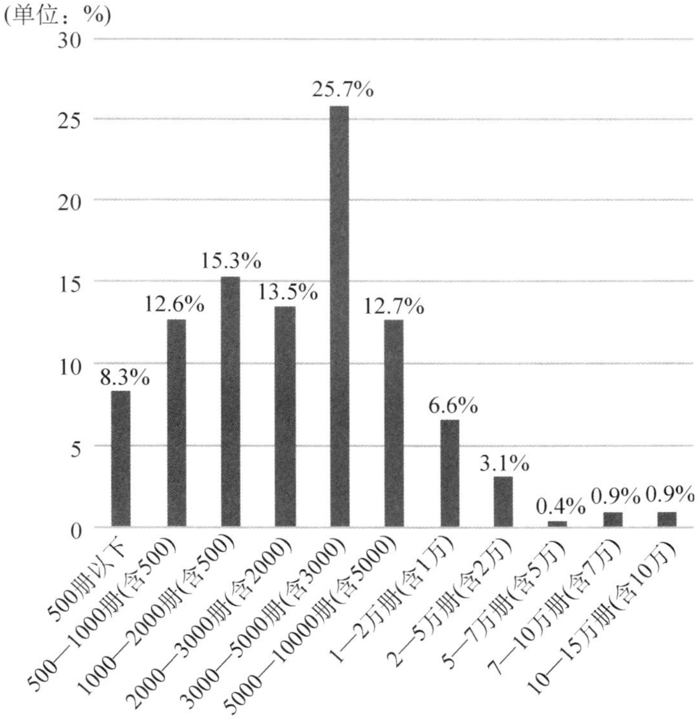

图30　乡镇综合文化站图书配备数量分布图

②每年新增图书数量。我省乡镇综合文化站每年新增图书数量在101—300 册的占 32. 7% ,100 册以下的占 30. 5% 。因此,全省有 60% 以上的乡镇综合文化站年新增图书数量不超过 300 册。

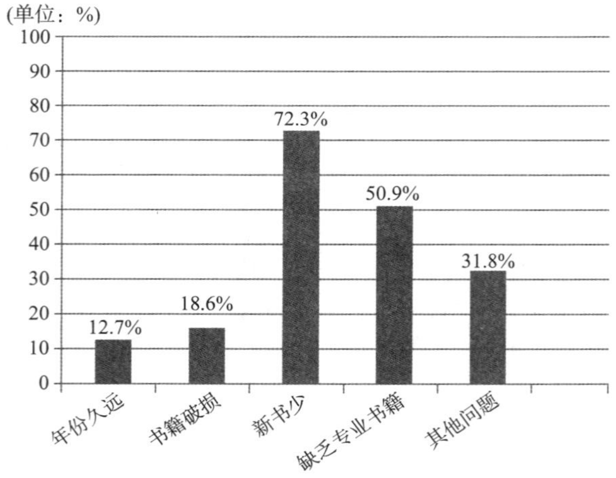

图 31　乡镇综合文化站图书配备存在的问题情况图

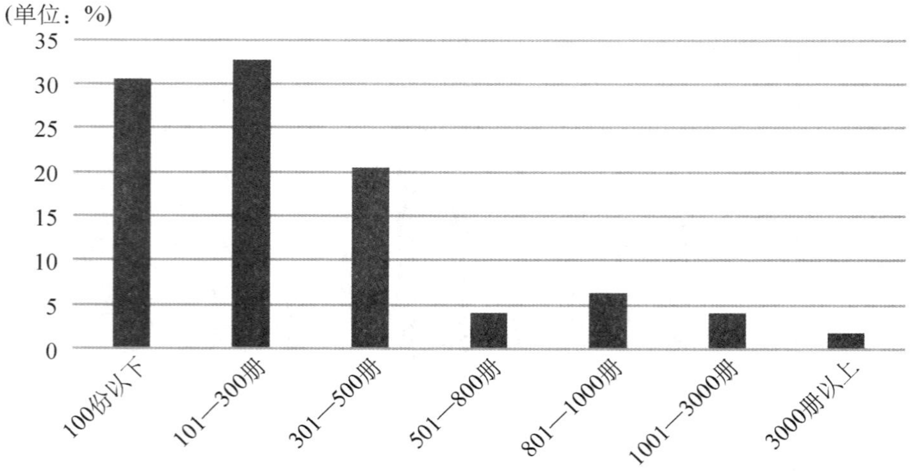

图 32　乡镇综合文化站年新增图书数量分布图

③报刊配备。调查显示,我省 56. 3% 的乡镇综合文化站报刊种类在 10 种以下,31. 2% 的乡镇报刊种类在 10—20 种之间,报刊种类在 20 种以上的

仅占 12.5%，如图 33 所示。

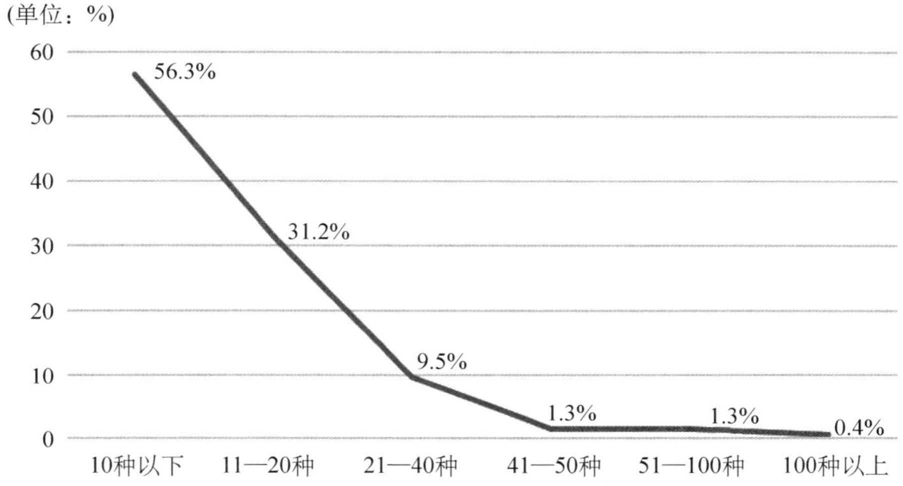

图 33　乡镇综合文化站报刊配备种类分布图

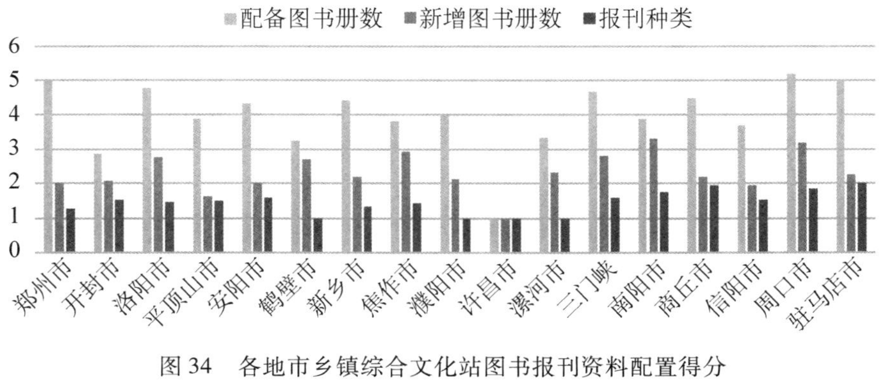

图 34　各地市乡镇综合文化站图书报刊资料配置得分

数据显示，绝大部分地市的乡镇综合文化站的平均图书册数超过 3 分，即 2000 册以上；部分地市得分超过 4 分，即 3000 册以上；个别地市乡镇综合文化站图书报刊资料配置在 5 分（5000 册）以上。从年新增图书册数来看，只有南阳市乡镇综合文化站年均新增图书册数超过 3 分，达到 400 册以上，其他地市数据集中在 2—3 分（100—300 册）之间。各地市乡镇综合文化站报刊种类的差异不是很大，绝大部分都在 1—2 分（10—20 种）之间，少数地市在 1 分(10 种)以下。

4. 农村(社区)综合性文化服务中心公共文化服务供给状况

从各地市农村(社区)综合性文化服务中心设施建设总体情况来看,差距并不是很大,大部分都在 18 分以上,最低 16.77 分,最高 27.47 分,处于相对均衡的发展状态。

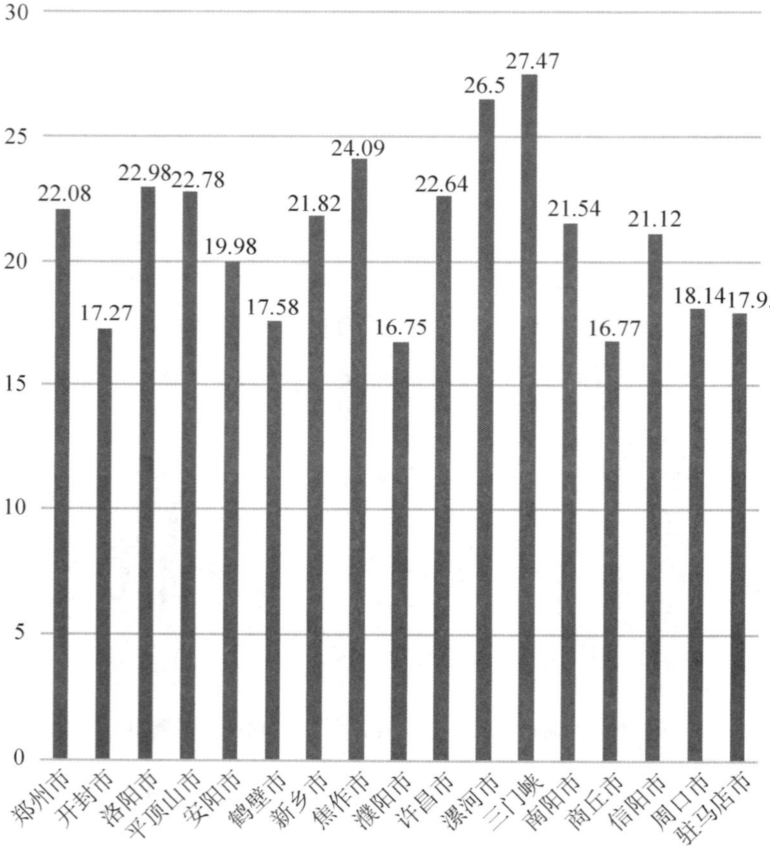

图 35 各地市农村(社区)综合性文化活动中心设施建设总分

(1)农村(社区)综合性文化活动中心

①农村(社区)综合性文化活动中心覆盖率情况。调查显示,我省有 78.3%的村(社区)设有农村(社区)综合性文化活动中心,但还有 21.7%

的村(社区)未设置农村(社区)综合性文化活动中心,因此在我省村(社区)农村(社区)综合性文化活动中心并未实现100%全覆盖。

②农村(社区)综合性文化活动中心功能分区情况。调查显示,我省73.5%的村(社区)农村(社区)综合性文化活动中心建有农家书屋,24.8%的村(社区)设有电子阅览室,47.4%的村(社区)都设有文体活动室,49.4%的村(社区)设有老年活动室,63.0%的村(社区)都设有党员活动室,设置其他功能分区的占16.2%,因此从功能分区上看,农家书屋虽然设置率达到70%以上,但未实现全覆盖,与标准差距较大,电子阅览室、文体活动室所占比例偏低,70%以上的村(社区)未设电子阅览室,50%以上的村(社区)未设文体活动室。如图36所示。

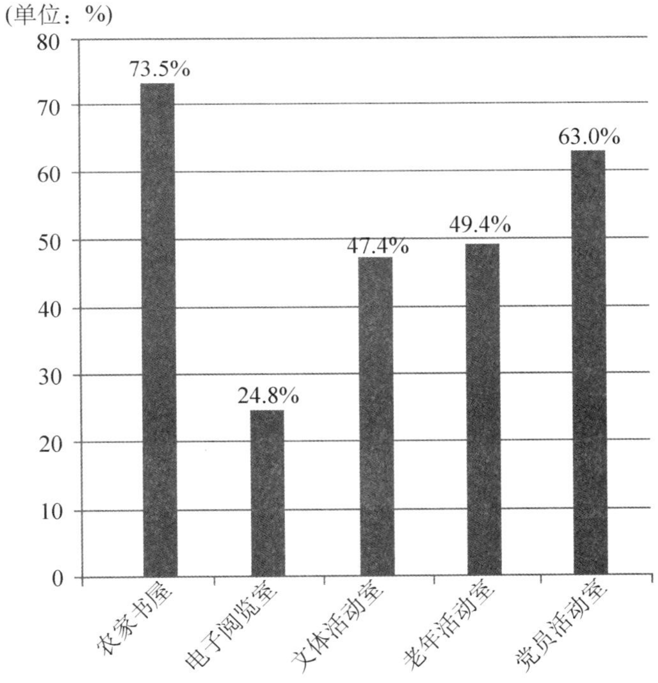

图36　农村(社区)综合性文化服务中心功能分区情况分布图

农村(社区)综合性文化服务中心功能分区有五项:农家书屋、电子阅览室、文体活动室、老年活动室、党员活动室。8 个地市农村(社区)综合性文化服务中心功能分区设置的完备率集中在 40%—50% 之间,即 2—2.5 项之间;5 个地市的数据集中在 50—60% 之间,即 2.5 项—3 项之间。

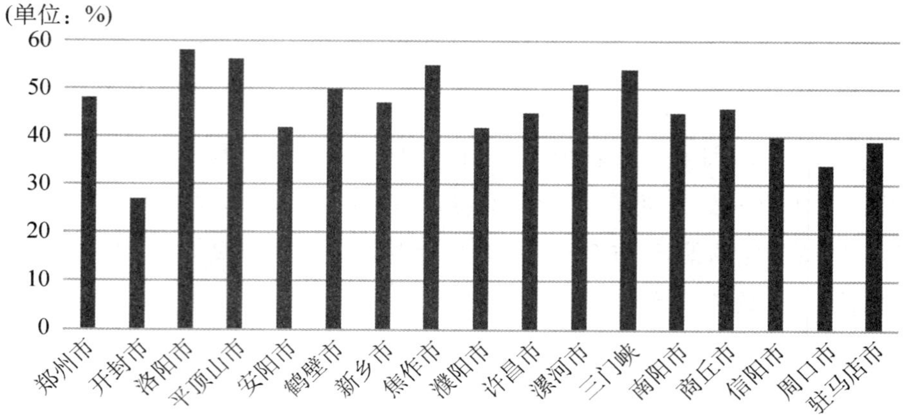

图 37　各地市农村(社区)综合性文化服务中心功能分区完备率

③农村(社区)综合性文化活动中心报刊配备情况。调查显示,有 56.8% 的村(社区)配备有 5 种(含)以下的报纸,35.4% 的村(社区)配备了 6—10 种报纸,10 种以上的只占到 7.8%。如图 2 - 38 所示。

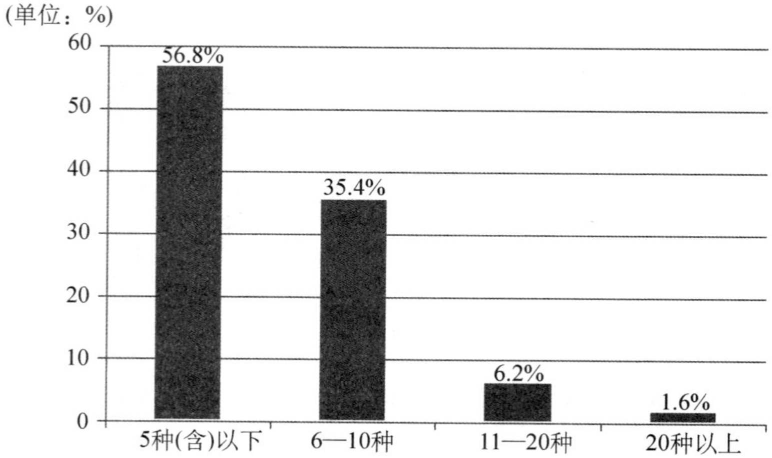

图 38　村(社区)综合性文化服务中心报刊配备情况图

此外,46.3%的村(社区)配备了5种(含)以下的刊物,34.6%的村(社区)配备了6—10种刊物,10种以上的只占到19.1%,如图39所示。

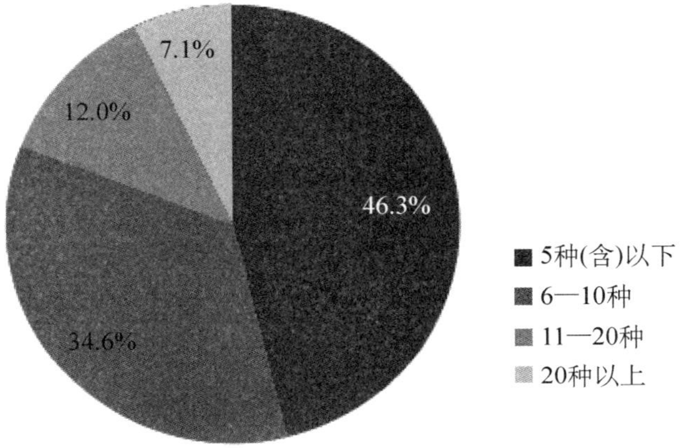

图39 村(社区)综合性文化服务中心刊物配备情况分布图

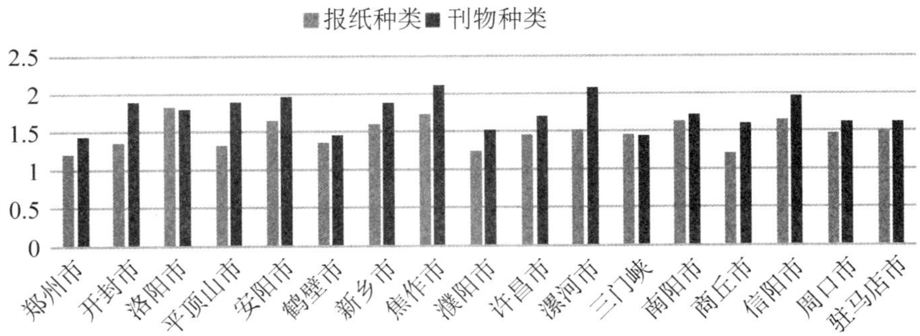

图40 各地市村(社区)综合性文化服务中心报纸刊物配备得分

数据显示,各地市农村(社区)综合性文化服务中心报纸种类得分集中在1—1.5之间,即6—8种之间;部分地市得分在1.5—2之间,即9—10种之间。绝大部分地市的农村(社区)综合性文化活动中心刊物种类得分在1.5—2之间,即9—10种之间;少数地市得分在2分以上,即刊物种类达到11种以上。

④电子阅览室情况。调查显示，我省77.2%的村（社区）农村（社区）综合性文化活动中心未设电子阅览室。

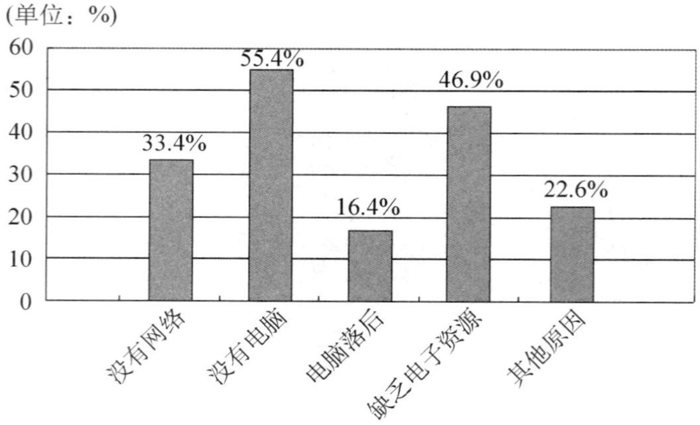

图41　农村（社区）综合性文化活动中心未设电子阅览室的原因分布图

因此，可以发现，大部分村（社区）农村（社区）综合性文化活动中心未设电子阅览室的原因主要在于没有电脑，缺乏电子资源，也没有连接网络。此外，设置有电子阅览室的村（社区）农村（社区）综合性文化活动中心，电脑数量在5台（含）以下的达到86.4%，配备有音像设备的村（社区）农村（社区）综合性文化活动中心达到60.6%，电子音像品（录像带、光碟等）有50种（含）以下的达到67.7%，电子音像品（录像带、光碟等）有50—100种的达到27.3%。因此我省村（社区）电子阅览室的电脑数量普遍偏少，所配备的音像设备、电子音像品的种类数量也偏低，配备100种以下电子音像品（录像带、光碟等）的村（社区）高达95%。如图42所示。

农村电子阅览室电脑台数得分最多的是三门峡，达到3.5分以上，即18台以上；大部分地区阅览室电脑台数得分低于1.5（8台以下）。阅览室音响设备配置率低于50%的有7个地市，剩余10个地市的配置率都在50%以上，其中部分地市在80%以上，焦作市配置率最高，达到100%。阅览室音像品种类得分最多的是平顶山（2分），即100种，大部分地市得分在1—1.5

(51—80 种)之间,还有部分地市得分在 1.5—2 分(81—100 种)之间。

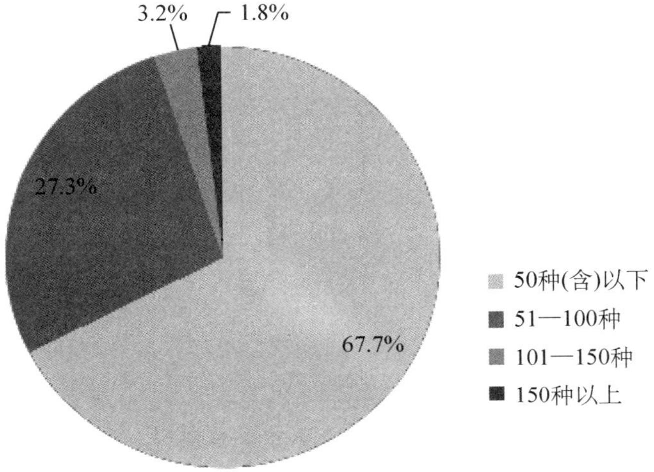

图 42　村(社区)综合性文化服务中心音像品配置情况图

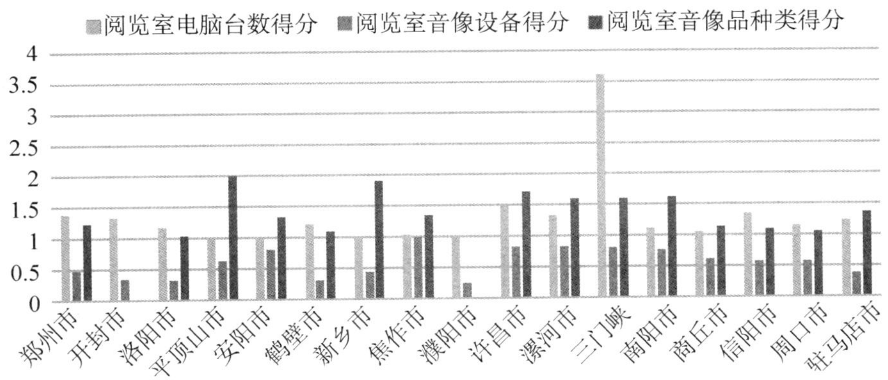

图 43　各地市农村(社区)综合性文化服务中心阅览室配置得分

⑤文化信息共享平台建设情况。调查显示,我省有 59.1% 的村(社区)农村(社区)综合性文化活动中心未设置文化信息资源共享服务终端。

⑥阅报栏或电子阅报屏设置情况。调查显示,我省有 59.8% 的村(社区)农村(社区)综合性文化活动中心未设置阅报栏或电子阅报屏。

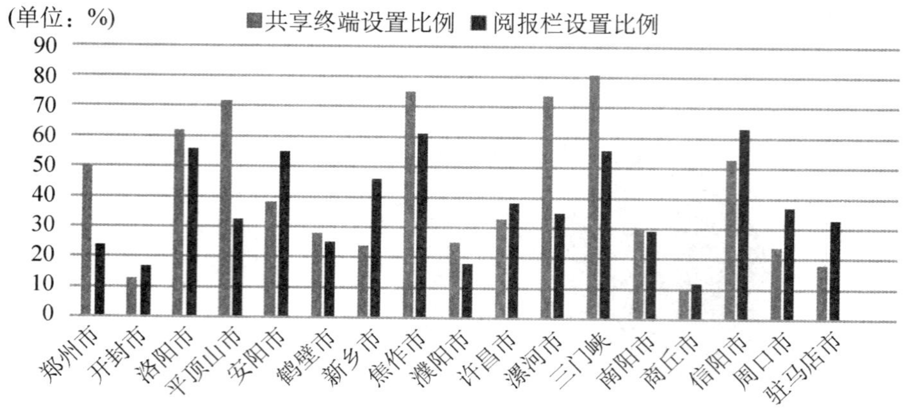

图 44　各地市农村文化信息共享终端与阅报栏设置

图中数据显示，各地市农村阅报栏设置率差异比较大，最低 12%，最高 63%。大部分集中在 20%—40% 之间。各地市农村文化信息共享终端的设置率差异较大，最低设置率是 10%，最高 80%，平均得分为 0.42（42%）。

（2）农家书屋

①建设面积。农家书屋建筑面积在 20—30 平方米的占 45.5%，在 31—50 平方米的占 24.4%，在 20 平方米以下的占 19.8%，在 50 平方米以上的占 10.3%。

②配备图书。配备图书 500 册以下的占 22.9%，500—2000 册的占 45.3%，2000—5000 册的占 28.7%，5000 册以上的占 3.1%。如图 46 所示。

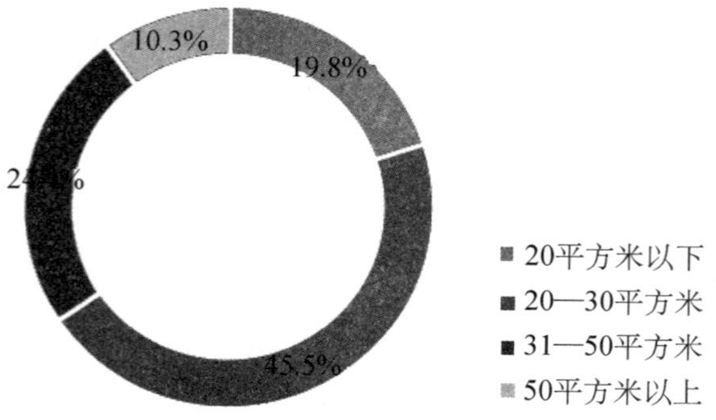

图 45　农家书屋面积分布图

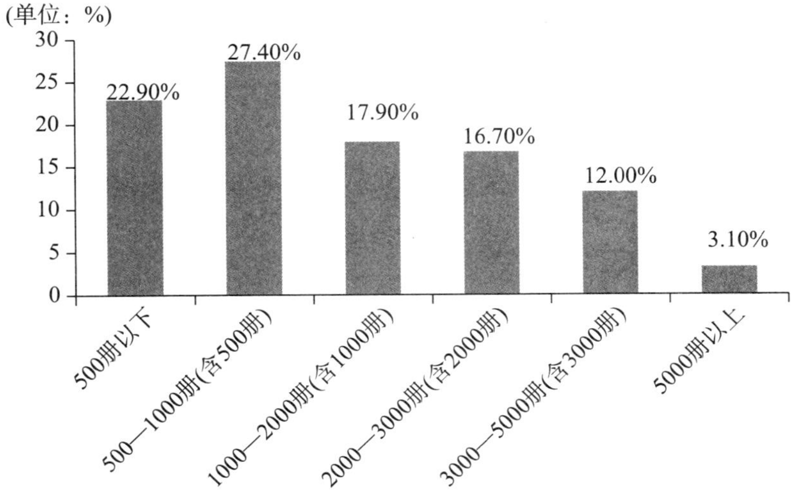

图 46　农家书屋图书数量分布图

③阅览席位。阅览席位 7—10 个的居多，占 36.0%，6 个以下的占 28.7%，11—15 个的占 20.7%，16—20 个的占 7.9%，20 个以上的占 6.7%。如图 47 所示。

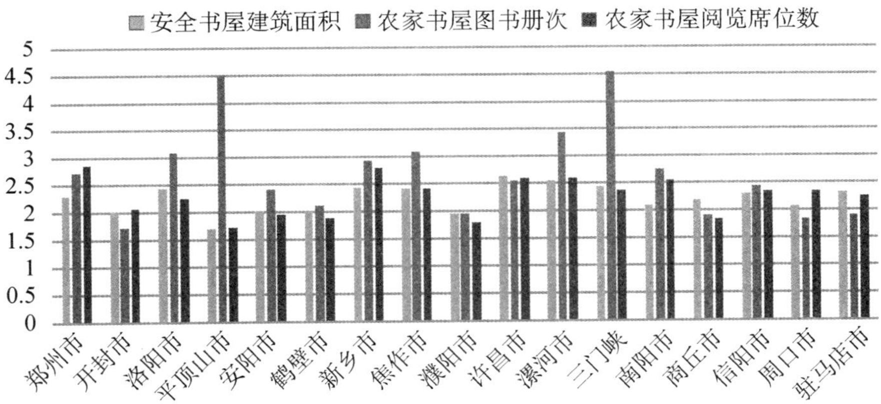

图 47　各地市农家书屋设置得分

各地市农家书屋建筑面积差别不大,平均建筑面积得分为 2.24(600 册),大部分得分在 2 分(500 册)以上。农家书屋图书册次参差不齐,最高的是平顶山和三门峡,达到 4.5 分(2500 册)。大部分地市的农家书屋阅览席位数得分在 2—2.5 分(7—8.5 个)之间,最高 2.8 分(9 个)。

(3)文化活动广场

①文化活动广场覆盖率。调查显示,我省村(社区)设有文化广场的比例达到 67.4%,但还有 30% 以上的村(社区)未设文化活动广场。

②文化活动广场面积及体育器材配置。文化广场的面积 200 平方米(含)以下的达到 48.8%,200—300 平方米的文化活动广场达到 23.6%,300 平方米以上的达到 27.6%。

③文化体育器材配备。调查显示,有 78.9% 的村(社区)配备有文化体育健身器材,其中设有乒乓球台的达到 58.6%,设有篮球架的达到 58%,设有台球桌的达到 6.7%,设置其他的达到 15.8%。

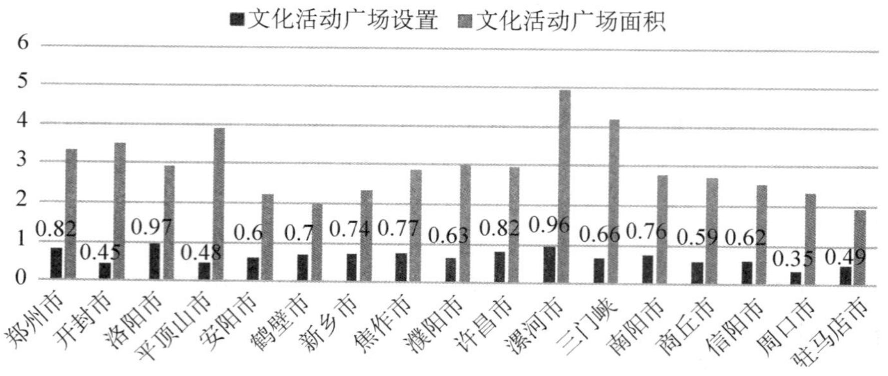

图 48　各地市农村文化活动广场设置

各地市农村文化活动广场设置率平均为 67%,洛阳市设置率最高达到 97%,大部分地市的设置率都在平均分(67%)以上。漯河市的农村文化活动广场面积得分最高,接近 5 分(400 平方米),大部分地市的农村文化活动广场面积得分在 2—3 分(101—300 平方米)之间。各地市农村文体活动器材配置率普遍比较高,绝大部分超过 60%,其中相当一部分集中在 70%—90%之间,最高达到 96%。

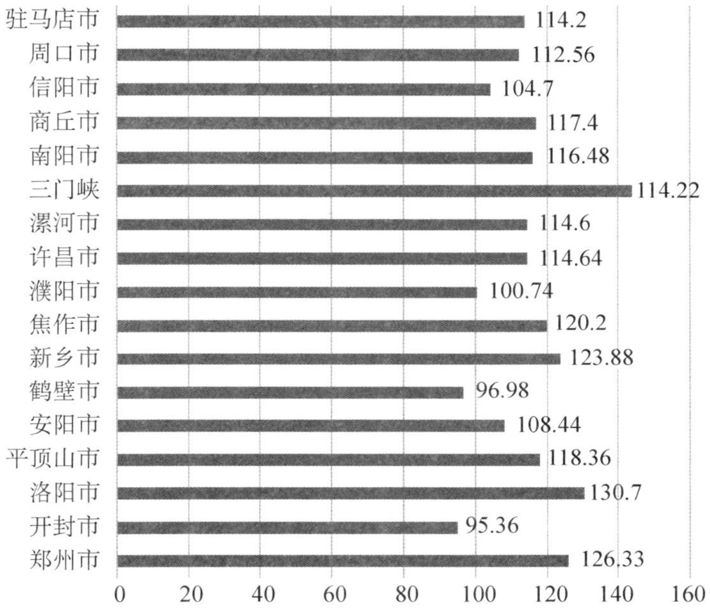

图 49　各地市基层公共文化服务设施建设总分

由于各级各类公共文化设施的指标数量和赋值不同,因此县图书馆、文化馆、乡镇综合文化站和农村(社区)综合性文化服务中心的得分数据不能直接比较,但各地市间的同类设施数据可以比较。从总分数据来看,基层公共文化服务设施建设总分排在前三位的分别是:三门峡市、洛阳市、郑州市。

(二)公共文化服务活动开展情况

1. 场馆阵地活动开展情况

(1)场馆免费开放服务

文化馆免费开放服务。文化馆在为群众服务的时间上,已经实现了每天 8 小时,每周 5 天的基本服务时间。在一部分县区,文化馆每天的工作时间达到 8—10 个小时，每周免费开放 6—7 天，在丰富百姓闲余生活方面，提供了一个良好的平台与阵地。

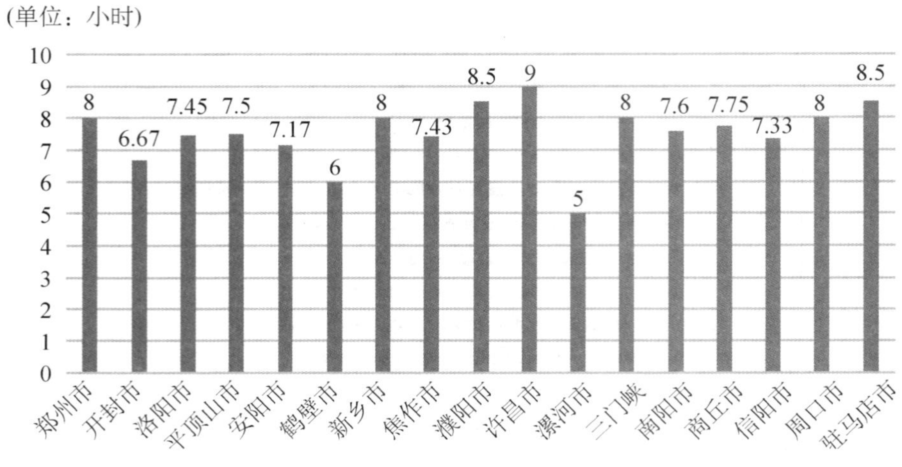

图 50　各地市县文化馆每天开放时间

数据显示，绝大多数地市县文化馆每天平均开放时间在 7 个小时以上，极少数在 5—6 个小时。

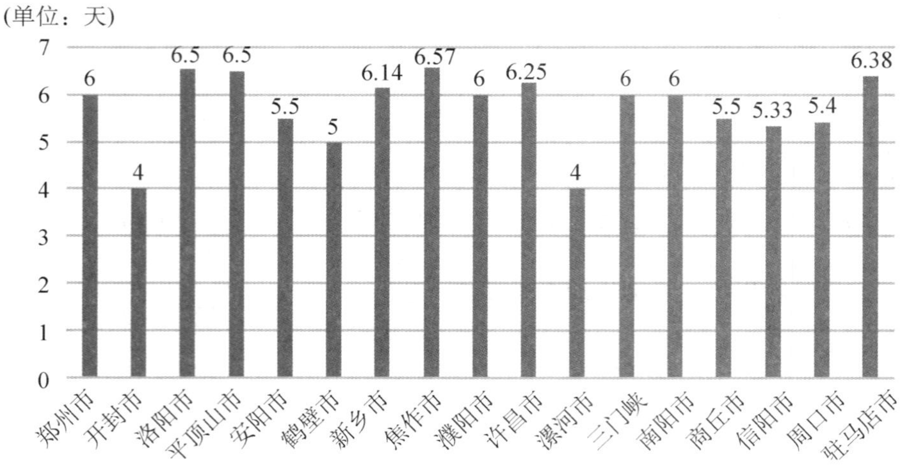

图 51　各地市县文化馆每周开放时间

从周平均开放时间数据来看，绝大部分地市的县文化馆周平均开放时间都超过五天，其中有五个地市已经超过六天。

县图书馆都已实现免费开放。89%的县图书馆都能保障每周开放48小时。其中有81%左右的县图书馆每周开放时间在52小时以上。

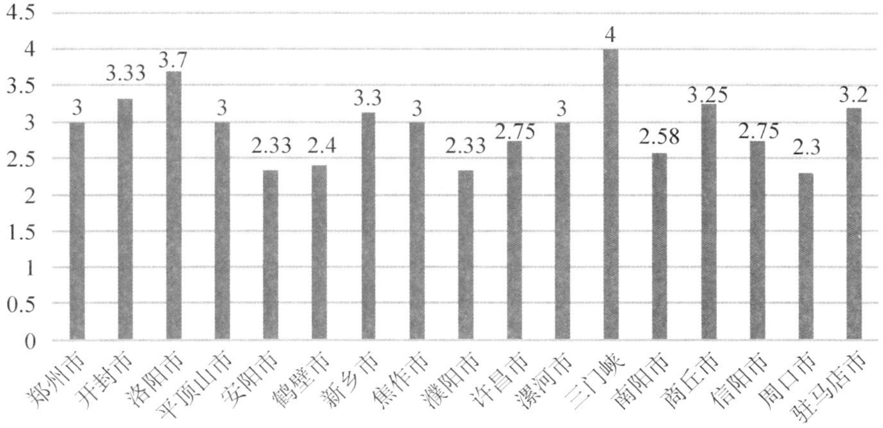

图52　各地市县图书馆每周开放时间得分

绝大部分地市县图书馆周平均开放时间都在2.5分(50个小时)以上；少数地市得分在2—2.5(48—50个小时)之间。

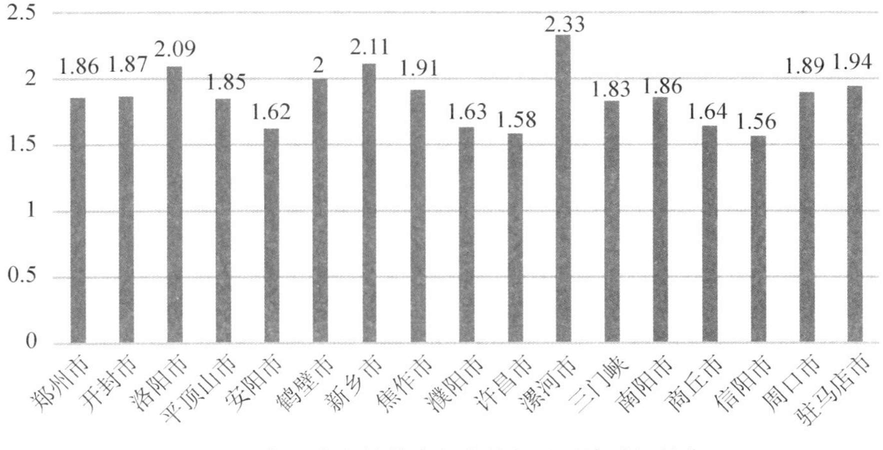

图53　各地市乡镇综合文化站每天开放时间得分

数据显示，所有地市的乡镇综合文化站每天平均开放时间得分都在1.5分以上，大部分在1.5—2分之间，即平均2—4个小时之间；少数地市开放时间能达到2分（5个小时）以上。

整体来看，河南省大部分乡镇综合文化站开放时间在5—8小时左右，只有7.3%超过了政府规定办公时长。

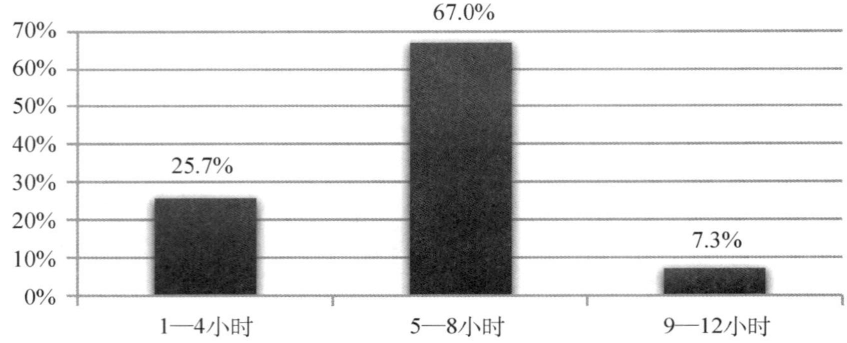

图54 乡镇综合文化站每天开放时间分布

（2）服务项目

①文化馆服务

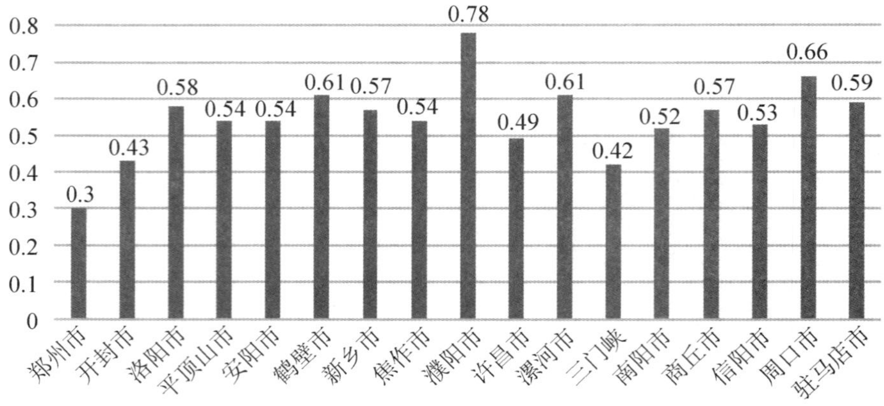

图55 各地市县文化馆服务项目完备率得分

文化馆基本服务项目包括：图书报刊阅览服务、图书报刊外借服务、电子书刊阅览服务、时事政策及法制教育、开展群众文化活动、举办文化艺术培训，艺术、科普、农技知识讲座，举办展览、其他。大部分地市的县文化馆服务项目完备率得分在0.5分以上，即完备率平均在50%以上，少数地市得分在0.4—0.5之间，即平均在40%—50%之间，只有极少数地市得分在0.3以下。

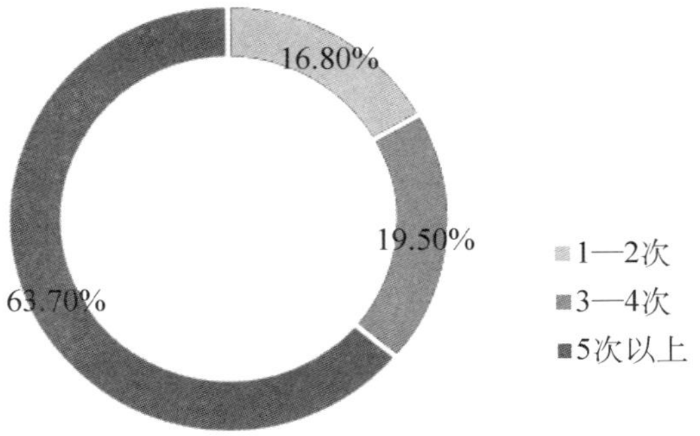

图56　县文化馆年文化展览次数

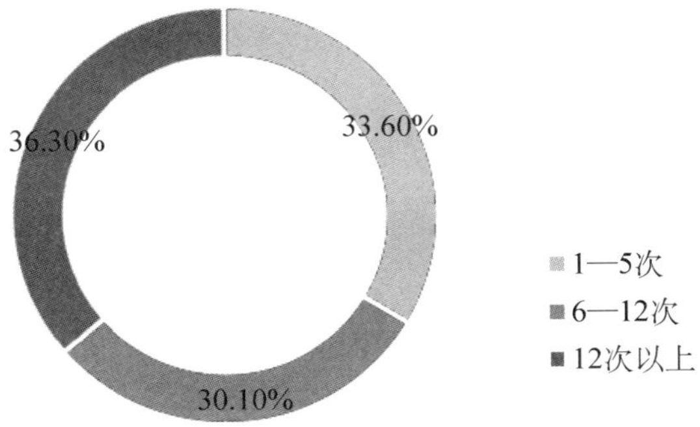

图57　县文化馆年开展的文艺知识普及或讲座次数

从图56、图57数据来看，63.7%的县级文化馆每年组织的各类文化展览达5次以上；而文化艺术知识普及、培训及讲座的开展呈现出均衡分布的情况。

各地市县文化馆年平均培训或讲座次数得分基本在 2. 5 分以上，即平均 3—5 次左右；其中五个地市得分在 3 分以上，即平均 6—9 次左右；个别地市突破 3. 5 分，达到 10 次以上。

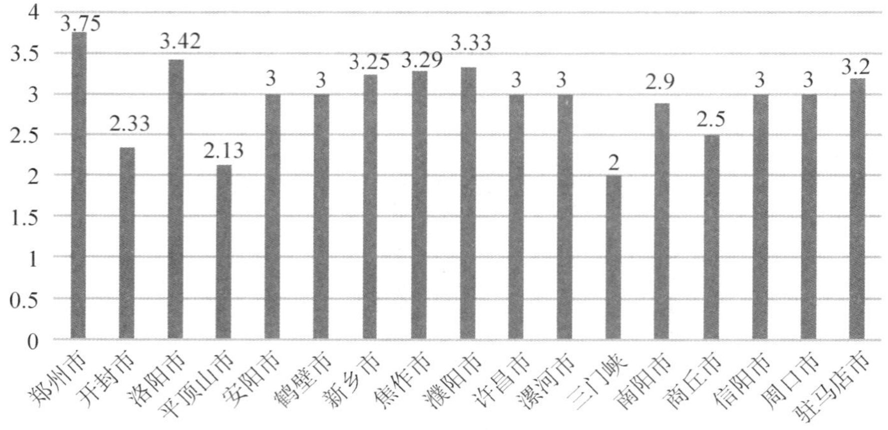

图 58　各地市县文化馆年平均培训或讲座次数得分

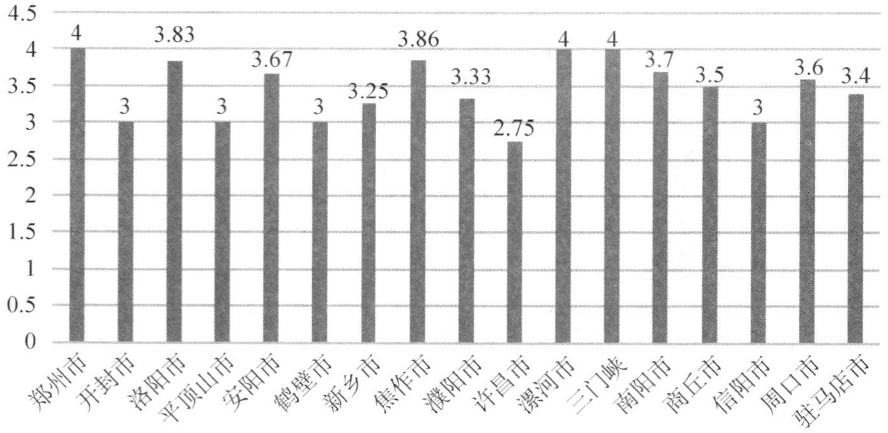

图 59　各地市县文化馆年组织各类展览得分

大部分地市县文化馆年均组织各类展览次数得分在 3 分以上，即平均 3 次以上，其中七个地市得分在 3. 5—4 分之间，即平均 4—5 次。

②图书馆服务

就 2015 年的图书借阅量来看，87% 以上的县年度图书借阅量都在 5000 册以上，其中有 25% 的县（市）年度图书借阅量超过 5 万册以上。

各地市县图书馆年均借阅量数据显示，个别地市年均借阅量突破 4.5 分，即 3 万册以上；大部分地市年均借阅量得分不足 4 分，即不到 2 万册；少数地市得分在 3 分以下，即 1 万册以下。

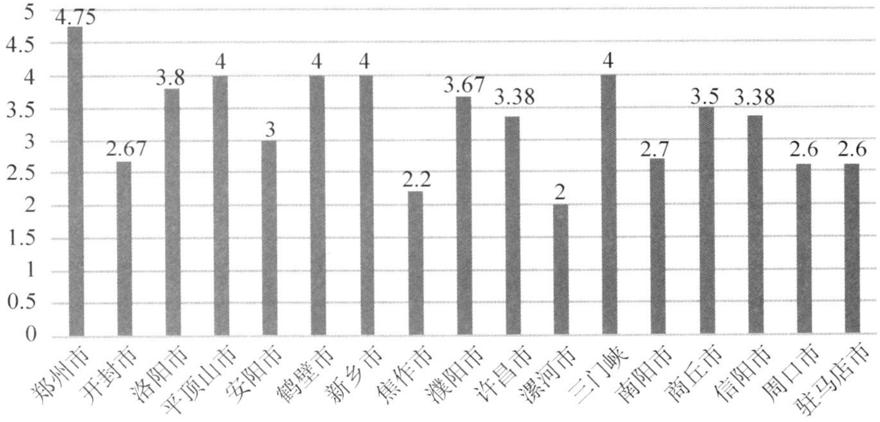

图 60　各地市县图书馆平均借阅量得分

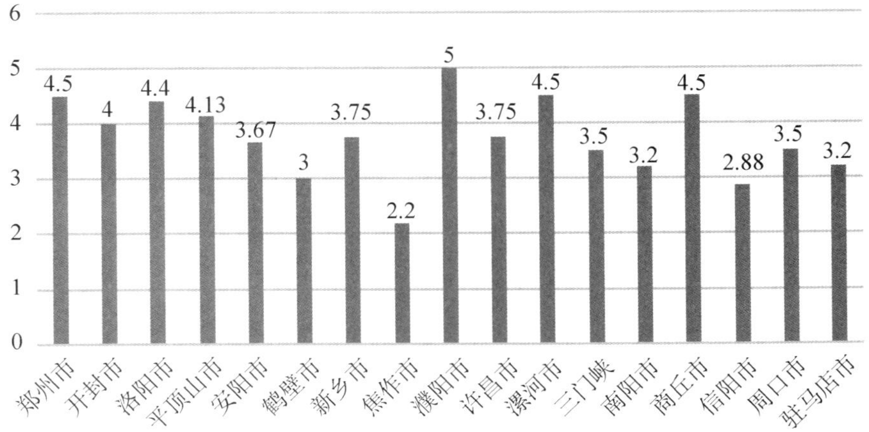

图 61　各地市县图书馆年举办各类馆内活动次数得分

图书馆馆内服务活动主要包括:图书馆各种讲座、阅读推广、新书推荐、书法绘画展览等。绝大部分地市县图书馆年举办馆内服务活动的次数得分在 3 分以上,即 4 次以上;少数地市能够达到 4 分以上即 7 次以上;没有一个地市达到 5 分以上,即 11 次以上。

③乡镇综合文化站服务

各地市乡镇综合文化站提供图书免费借阅服务的比例普遍得分在 0.6 以上,即 60% 以上,八个地市突破 0.8,达到 80% 以上,其中四个地市达到 100% 免费借阅。

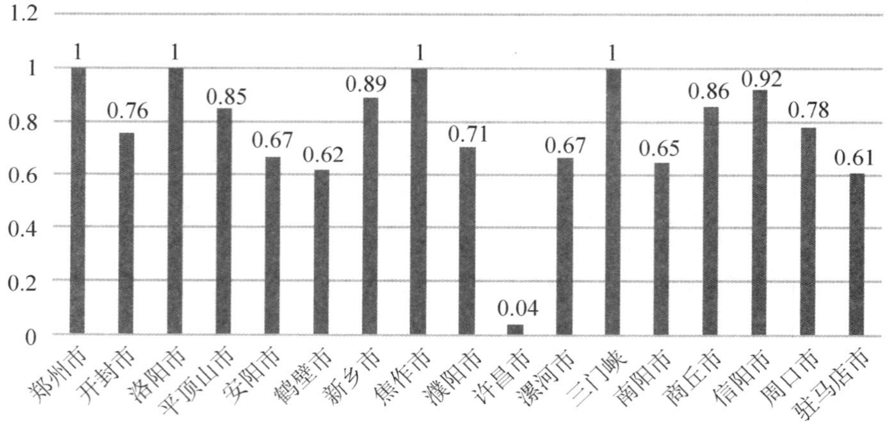

图 62　各地市乡镇综合文化站提供图书免费借阅服务得分

图 63 数据显示,全省乡镇综合文化站年提供的各类服务得分平均在 2. 5 分(2 次)以上,少数项目在 3—3. 5 分(3—4 次)之间,个别项目突破 3. 5 分(4 次以上)。

图 64 中为各地市乡镇综合文化站开展九类文化服务活动:时事政策宣传、法制教育、科普讲座、农业知识讲座、非遗普查、文化艺术培训、电影放映、指导村文化室、农民文化户开展各种业务活动、青少年校外活动所得的总分。5 分代表 10 次以上,10 分代表 20 次以上,20 分代表 40 次以上,30 分代表 60 次以上。结合图中数据可知,大部分地市在 25 分以上,即该地市

乡镇综合文化站年开展九类活动平均 50 次以上。

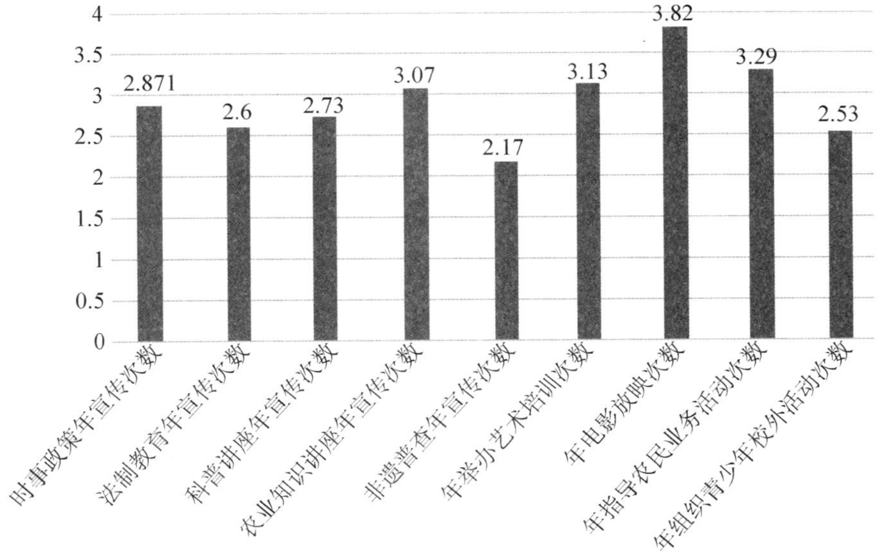

图 63　全省乡镇综合文化站各类服务平均分

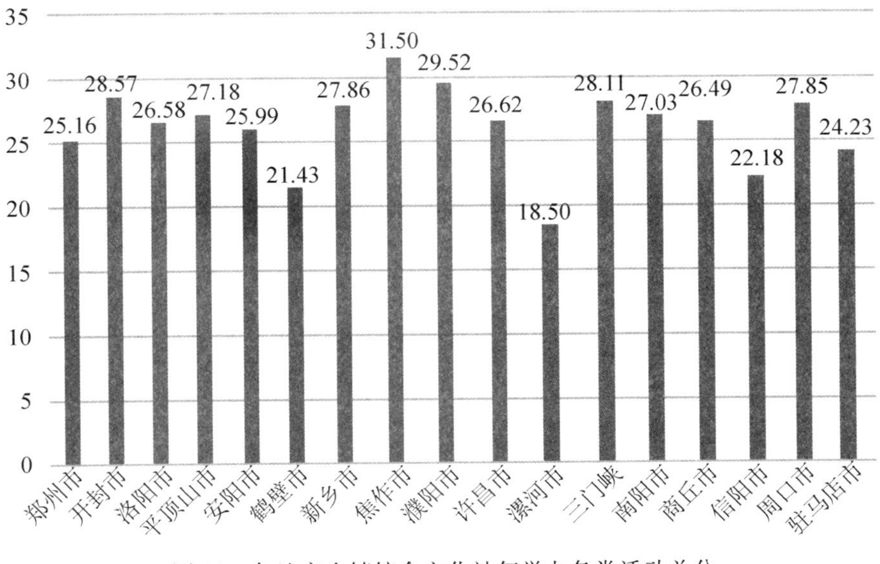

图 64　各地市乡镇综合文化站年举办各类活动总分

④农村（社区）综合性文化服务中心服务

农村（社区）综合性文化服务中心基本服务项目包括：图书报刊阅览服务、图书报刊外借服务、电子阅览室免费开放服务、时事政策及法制教育、开展群众文化活动、举办各类培训班和讲座、指导村民开展业务活动。大部分地市农村（社区）综合性文化活动中心得分在0.3以上，即农村（社区）综合性文化活动中心七项活动中，开展的比率为30%（2项）以上，即；少数地市达到40%的完备率（2.8个项目），个别地市突破0.5（3.5个项目）。

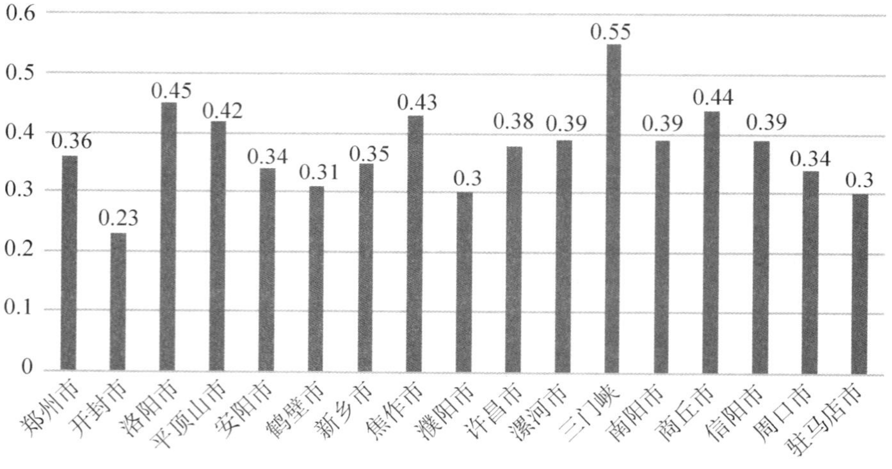

图65　各地市农村（社区）综合性文化活动中心七大服务完备率得分

数据显示，各地市农家书屋免费借阅比例大都在0.6—0.7分之间，即60%—70%的农家书屋提供免费借阅服务；少数地市在70%—80%之间，个别地市接近90%。

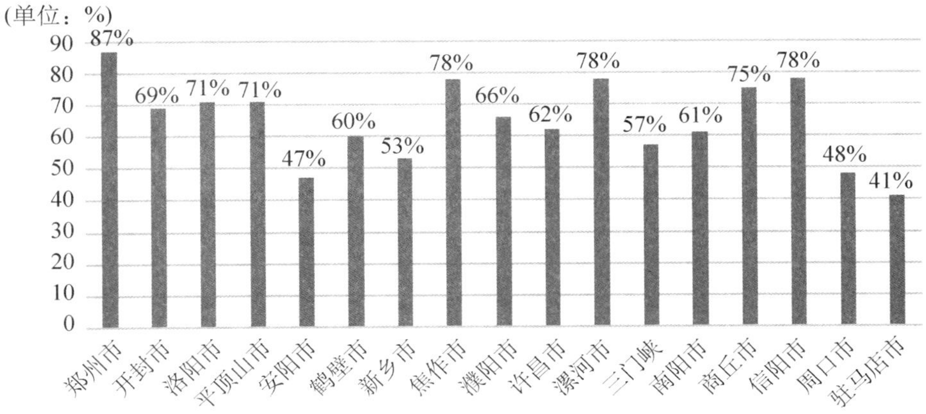

图 66　各地市农家书屋图书提供免费借阅比例

各地市村(社区)综合性文化服务中心开展文化系列讲座比例有较大差别,最高的是洛阳市,有 75% 的村(社区)综合性文化服务中心开展了文化讲座,最低的地市不足 20%。大部分地市有 40% 以上的农村(社区)综合性文化服务中心开展此项活动。

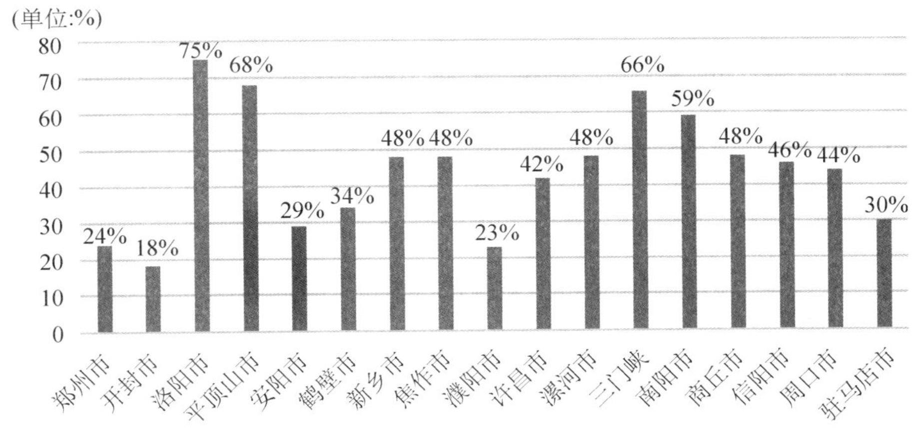

图 67　各地市农村(社区)综合性文化活动中心年开展文化系列讲座比例

根据图 68 数据可知,11 个地市的村(社区)综合性文化服务中心年开展文化系列讲座期数得分都在 1.5—2 分(平均 4—5 期)之间,个别地市达到 2 分(平均 6 期以上)。

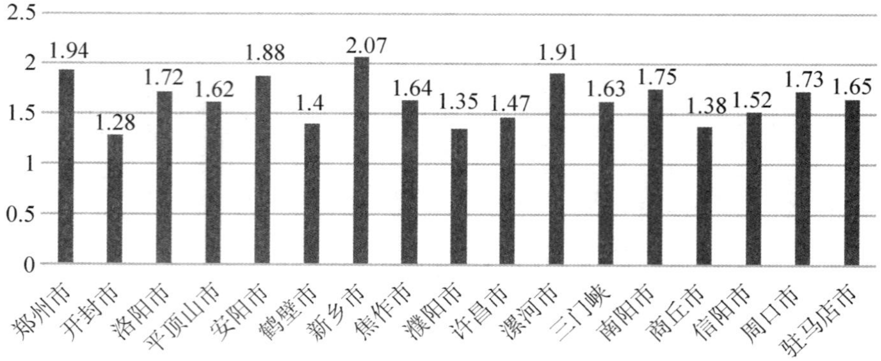

图 68　各地市农村(社区)综合性文化活动中心年开展文化系列讲座次数得分

(3)服务对象

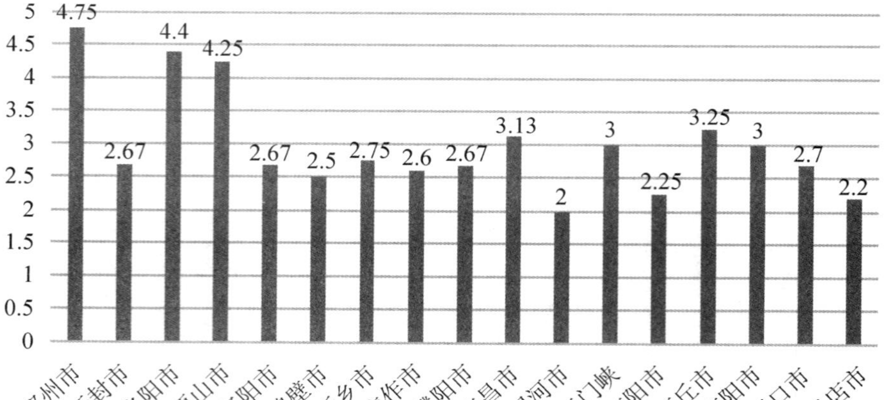

图 69　各地市县公共图书馆年到馆读者人次得分

从各地市县图书馆年到馆读者人次得分情况看，总体差异并不是很大，集中在2.5—3分之间，即年到馆读者人次平均为0.7—1万人次；少数地市得分在4—4.5分之间，即该地市县图书馆年到馆人次平均为3—4万人次之间；个别地市得分超过4.5分（平均4.5—5万人次）。

各地市乡镇综合文化站每天接待读者数量普遍在2—3分之间，即大部分地市乡镇综合文化站每天平均接待6—10位读者，其中部分地市得分为2.5—3分之间，即每天平均接待8—10名读者，少数地市突破3分，达到每天平均接待12名读者。

各地市村农家书屋每天图书借阅人次得分集中在1.5—2分之间，即各地市农家书屋每天图书借阅人次平均在5人以下，少数地市得分在2—2.5分之间，即每天图书借阅人次在6—10人之间。

河南省农家书屋的借阅人群以老年人和中年人居多，其次是儿童，青年人比例最低。

从河南省整体数据来看，农村体育设施的使用人群以老年人居多，儿童次之，然后是中年人，青年人比例最低。

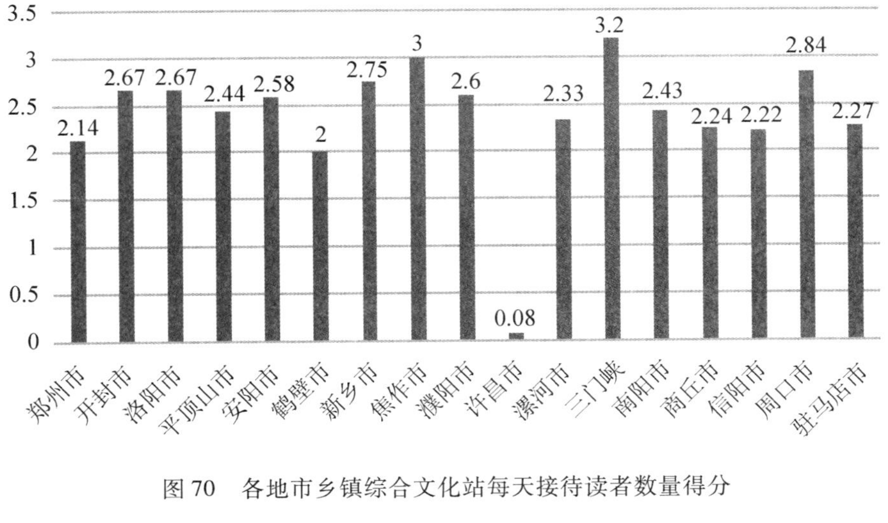

图70　各地市乡镇综合文化站每天接待读者数量得分

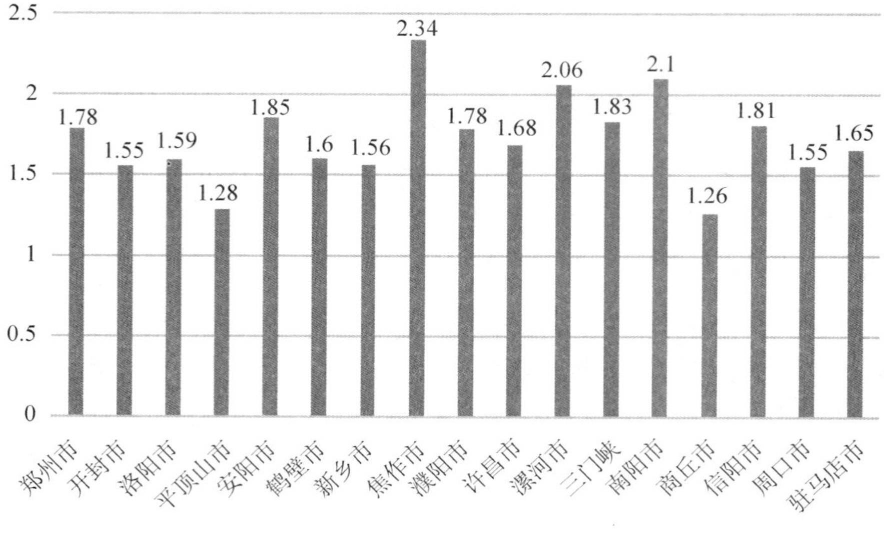

图 71　各地市农家书屋每天图书借阅人次得分

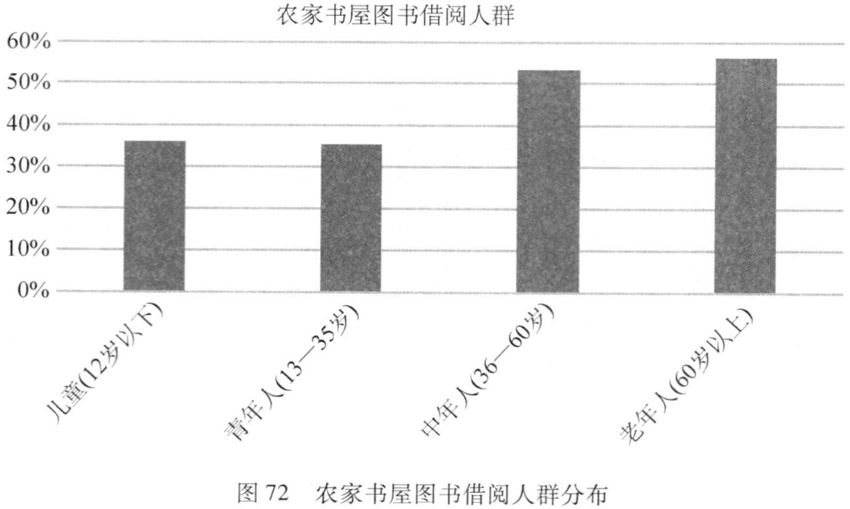

图 72　农家书屋图书借阅人群分布

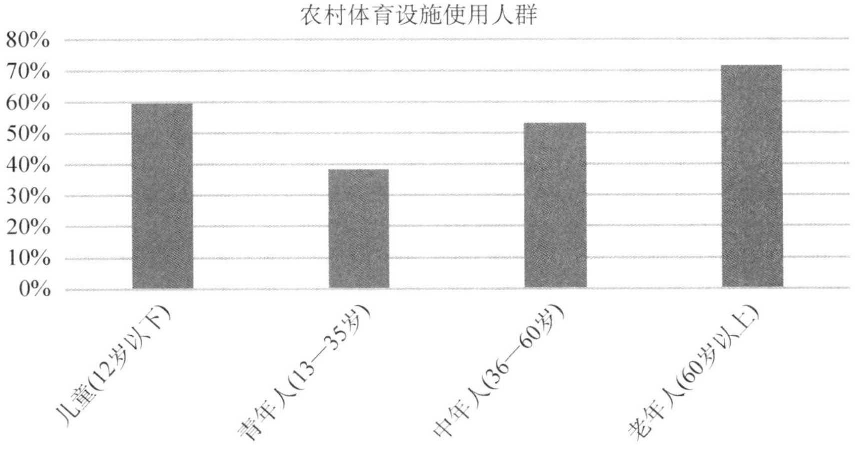

图 73　农村体育设施使用人群分布

2. 流动服务

(1)文化馆流动服务

县文化馆送文艺演出的类型包括:戏剧、歌舞、民俗杂艺表演、音乐会、其他五项。从数据来看,大部分地市集中在 0.5 分以上,即类型完备率在 50% 以上,也就是说大部分地区县文化馆送文艺演出集中在 2.5 个类型以上;少数地市得分在 0.6—0.7 分之间,即送演出的类型集中在 3—3.5 类之间;个别地市达到 0.8 分,即该地市的县文化馆送文艺演出的类型平均为 4 类。

大部分地市县文化馆为每个乡镇送文艺演出的场次得分在 3 分以上,即 2 场以上。其中 9 个地市的得分在 3.5—4 分之间,即这些地市县文化馆为每个乡镇送文艺演出平均接近 3 场。

(2)图书馆流动服务

从河南省总体情况来看,2015 年有 56% 的县图书馆送书下乡活动低于 10 次,流动图书借阅量超过 3000 册的县只占 32.7% ,67.3% 的县的流动图书借阅量低于 3000 册。

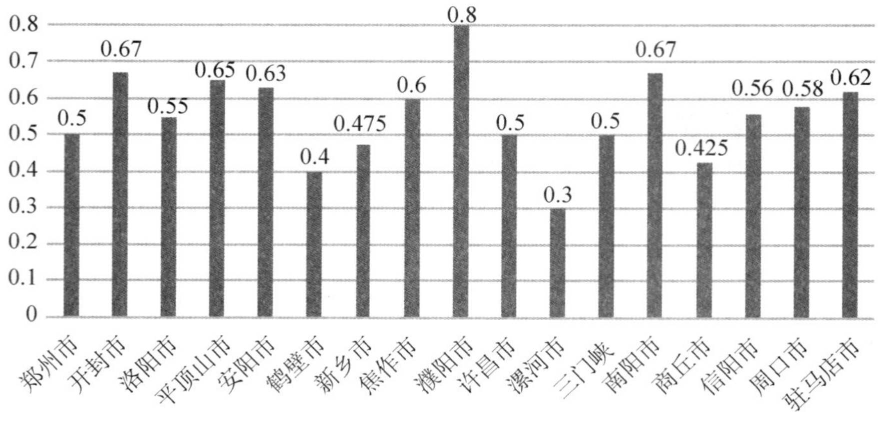

图 74　各地市县文化馆送文艺演出类型完备率得分

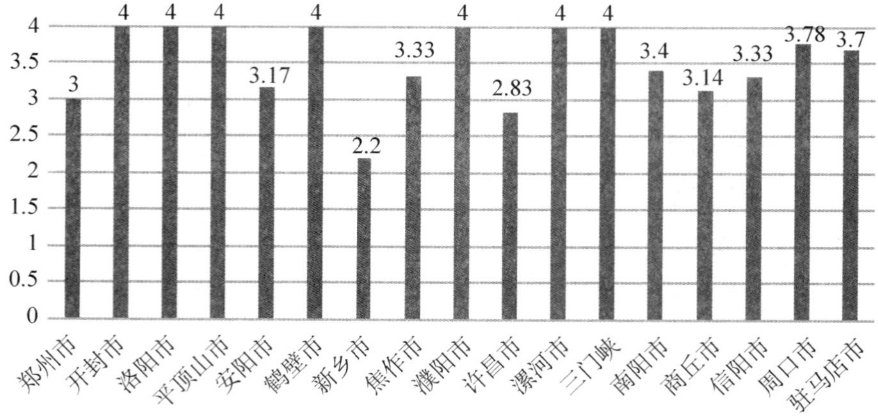

图 75　各地市县文化馆为每个乡镇送文艺演出场次得分

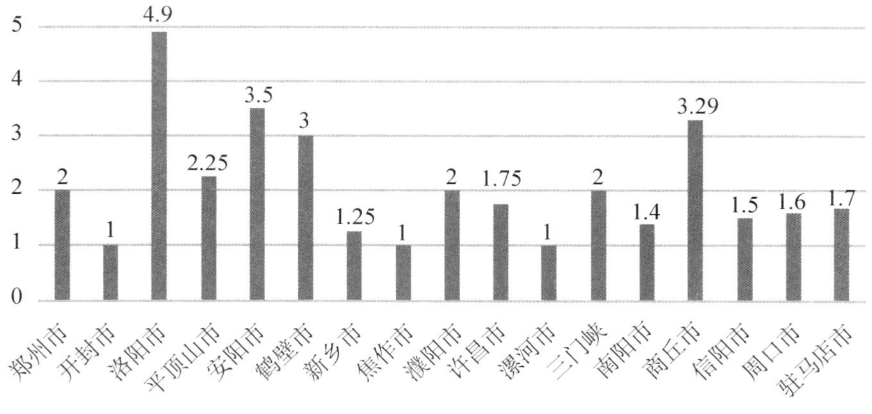

图 76　各地市县图书馆年送书下基层次数得分

各地市县图书馆年送书下基层次数得分集中在 1—2 分之间,即大部分地市县图书馆 2015 年送书下基层次数平均为 5—10 次。少数地市得分在 2—3 分之间,即送书下基层次数在 11—15 次之间,个别地市突破 3 分,达到 18 次左右,其中洛阳市突破 4 分接近 5 分,当年送图书下基层次数平均为 28 次左右。

(3)乡镇接收的流动服务

流动文化车是县文化下乡的主要形式,服务内容主要有戏曲、演出和电影,另有较少部分的政策解读服务和送图书服务。82.1% 的乡镇综合文化站接受过流动文化车的服务,还有 17.9% 的乡镇从没有见到过流动文化服务车。在接受流动文化服务车服务的乡镇中,16.3% 的乡镇能每 1 个月接受一次服务,31.8% 的乡镇约 2—3 个月接受一次服务,28.8% 的乡镇约 3—6 个月接受一次服务,18.9% 的乡镇约 7—12 个月接受一次服务。在 10.8% 的乡镇流动文化车每次能服务居民 500 人以上,10.7% 能服务 301—500 人,20.7% 能服务 101—300 人,49.4% 能服务 51—100 人,另有 8.4% 能服务 50 人以下。整体呈现出流动文化车服务群众数量有限,影响力有待提高。

图 77 数据显示,大部分地市流动文化车乡镇服务覆盖率在 70% 以上,

即流动文化车服务覆盖到70%以上乡镇，部分地市超过80%，其中少数地市达到100%。

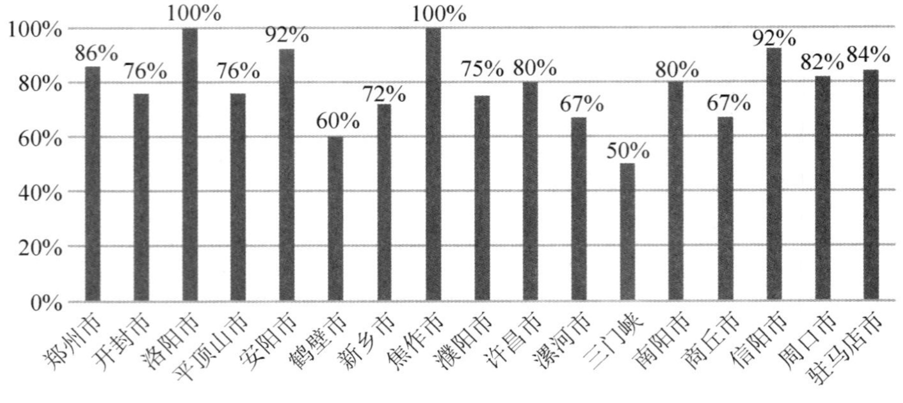

图 77　各地市流动文化车乡镇服务覆盖率

大部分地市流动文化车到乡镇服务的频率得分在3—3.5分之间，即平均3—4.5个月为乡镇服务一次；少数地市得分在4分以上，即平均2—3个月为乡镇服务一次；个别地市达到4.7分，平均一个半月为乡镇服务一次。

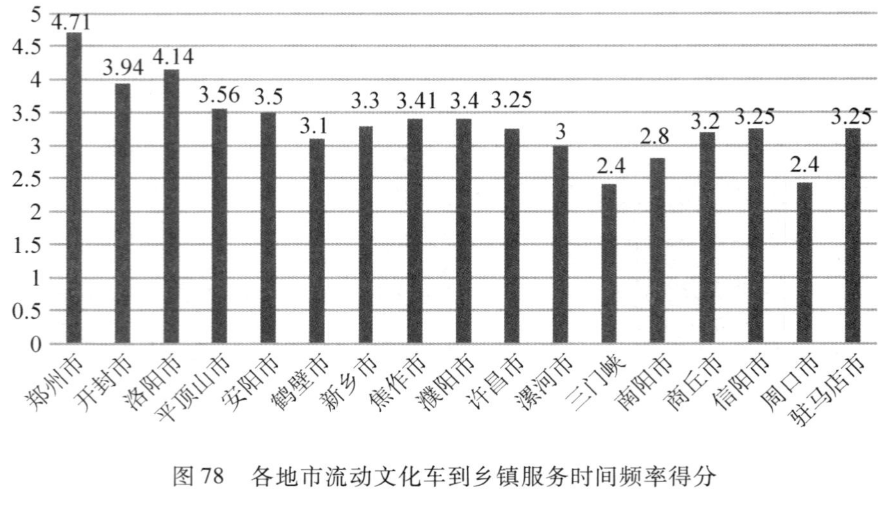

图 78　各地市流动文化车到乡镇服务时间频率得分

各地市流动文化车每次服务居民数量得分集中在3—4分之间,即平均每次服务101—300人;其中七个地市超过3.5分,每次服务200—300人;个别地市达到4分,每次能服务300人。

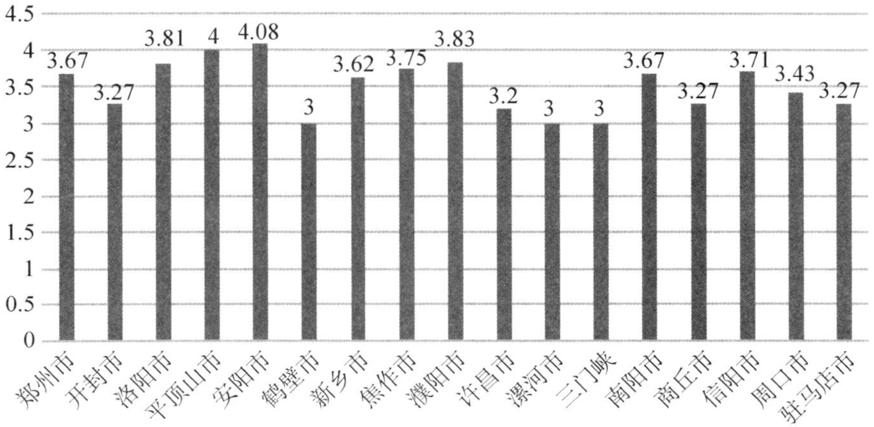

图79　各地市流动文化服务车每次服务群众数量得分

(4)农村接收的流动服务

文化流动服务车为村(社区)提供的服务主要有送图书、送电影、送戏曲、送演出、送文化宣传、送图书、送政策解读。其中送电影的比例最高为76.2%,送戏曲、送图书、送演出、送文化宣传、送政策解读的比例分别为56.4%、43.1%、49.1%、43.8%、27.2%。

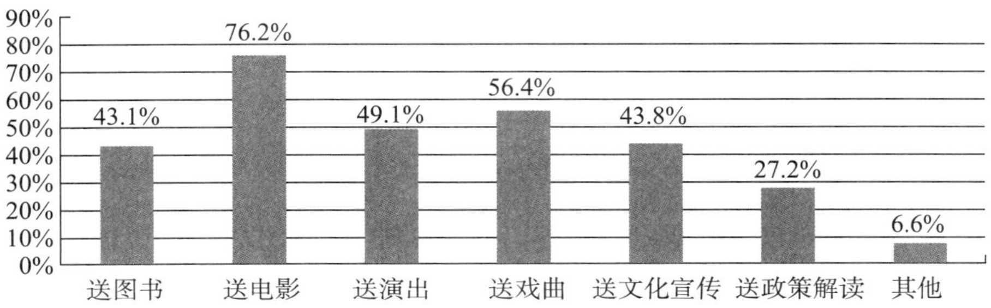

图80　文化流动车服务内容分布图

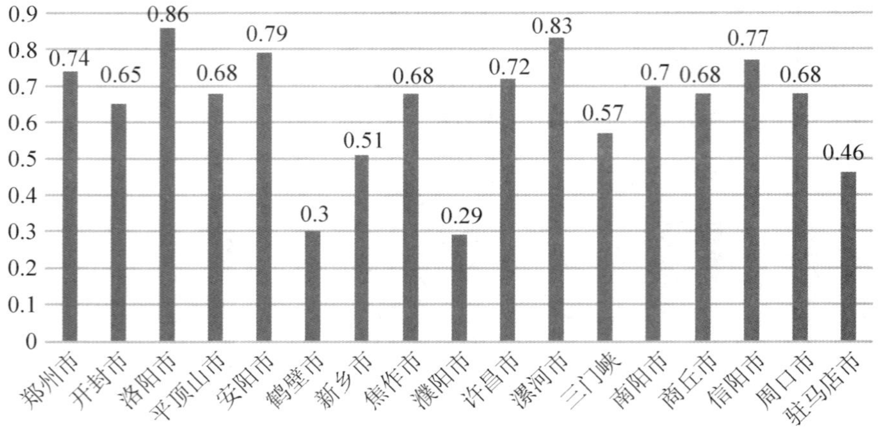

图 81　各地市流动文化车农村服务覆盖率得分

数据显示，流动文化车农村服务覆盖率最低不超过 0.3 分，最高接近 0.9 分，即流动文化车到农村服务的覆盖率最低不足 30%，最高接近 90%。有 10 个地市的流动文化车服务本地农村比率在 60%—80% 之间，其中部分地市在 60%—70% 之间，个别地市在 70%—80% 之间。

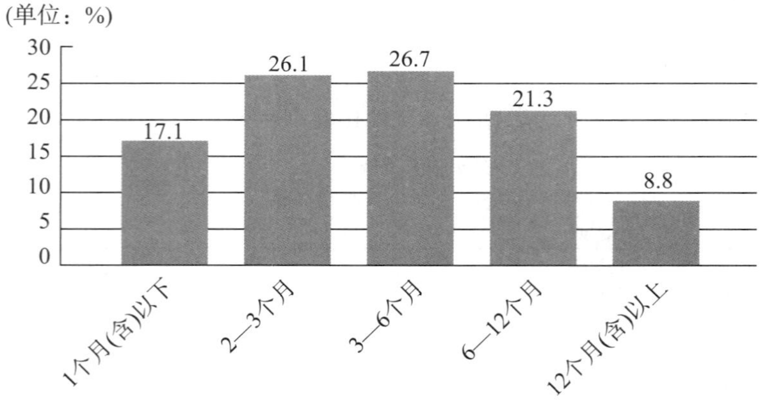

图 82　流动文化车服务频率

在为农村提供服务的过程中，流动文化车出现的频率分别为 1 个月以下一次的占 17.1%，2—3 个月来一次和 3—6 个月来一次的占 26.1% 和

26.7%，7—12 月出现一次的占 21.3%，12 个月以上的占 8.8%。

各地市流动文化车服务农村的时间频率集中在 3—3.5 分之间，即这些地市的流动文化车平均 3—4 个月到农村服务一次，其中个别地市突破 3.5 分，平均 3 个月到农村服务一次。少数地区得分在 1.5—2.5 分之间，即平均 9—12 月到农村服务一次。

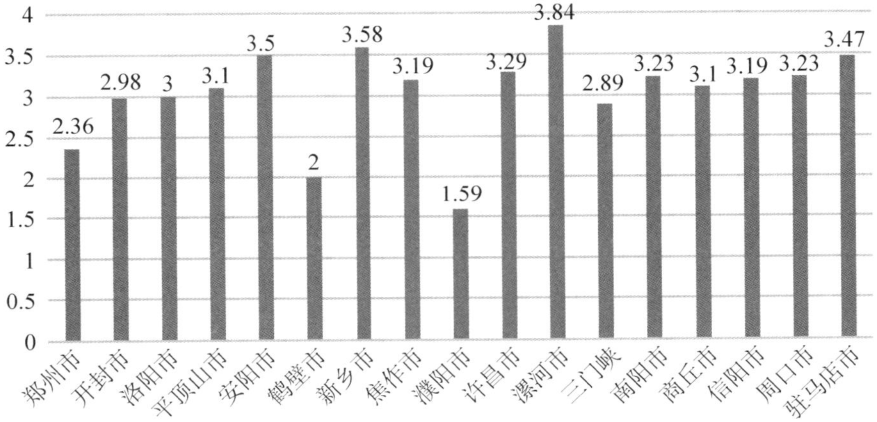

图 83　各地市流动文化服务农村的时间频率得分

3. 综合文体服务

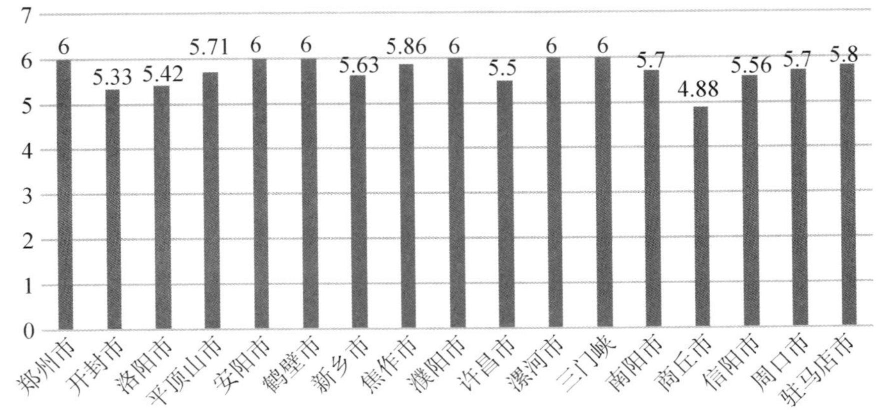

图 84　各地市县文化馆年组织大规模群众文体活动次数得分

各地市县文化馆年组织大规模群众文体活动次数得分都集中在 5—6 分之间,即每年平均举行 4—5 次大规模群众文体活动;其中部分地市得分为 6 分,即达到每年举行大规模群众文体活动 5 次以上水平。

数据显示,各地市举办过体育文化节的乡镇比率集中在 0. 6—0. 8 分之间,即这些地市有 60%—80% 的乡镇举办过体育文化节。3 个地市得分在 0. 8—1 分之间,即 80% 以上乡镇举办过体育文化节,还有 3 个地市的乡镇综合文化站达到 100% 举办过该活动的水平。

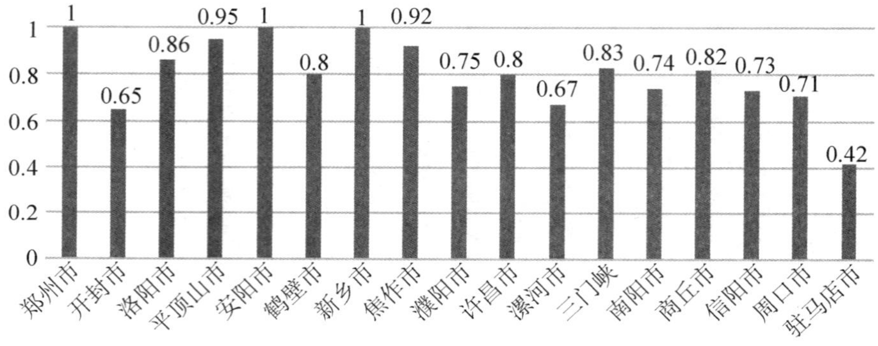

图 85　各地市举办过体育文化节的乡镇比率得分

4. 各级场馆服务活动总分

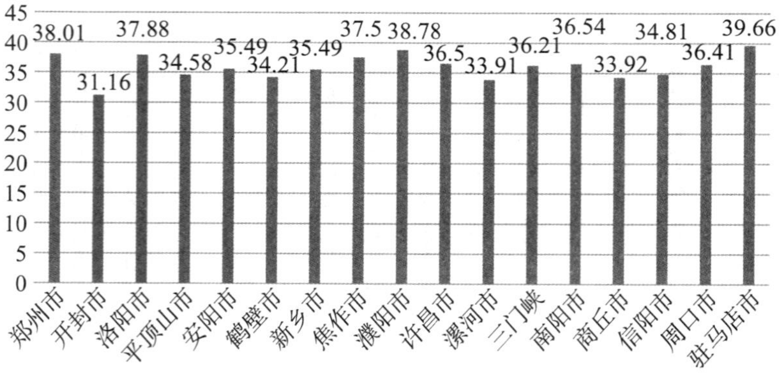

图 86　各地市文化馆服务活动总分

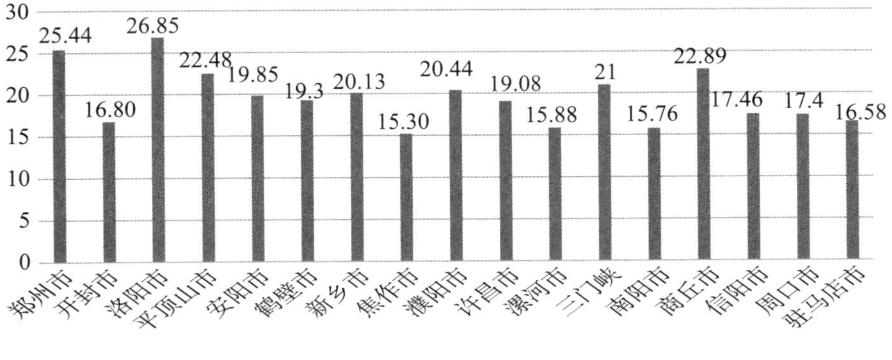

图 87　各地市图书馆服务活动总分

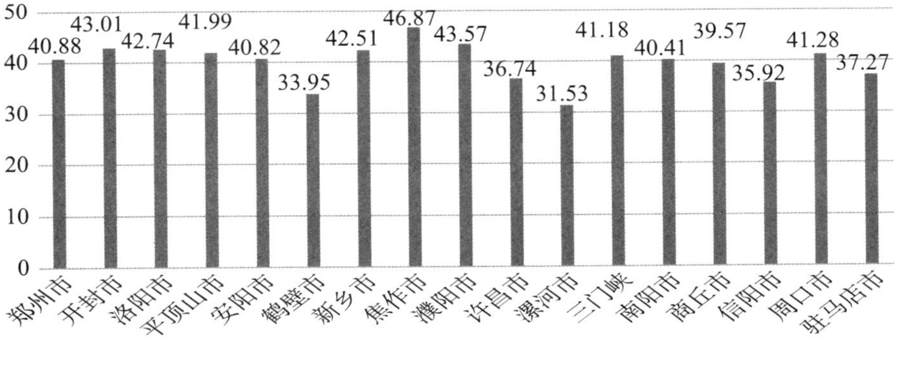

图 88　各地市乡镇文化站服务活动总分

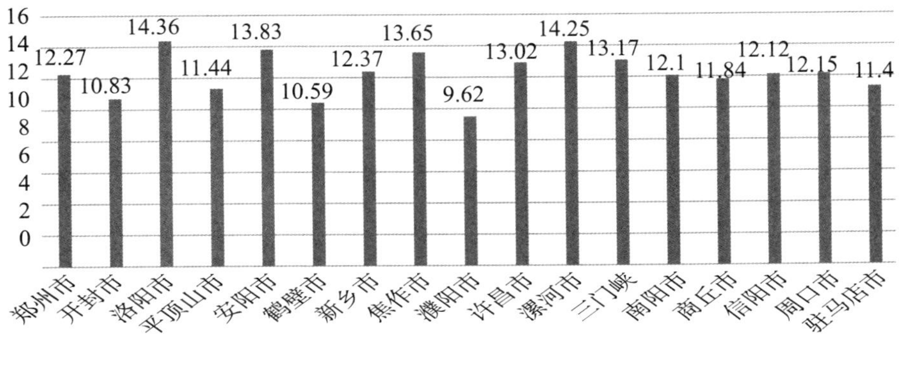

图 89　各地市农村文化活动室服务活动总分

（三）工作人员基本情况

1. 县图书馆

数据显示，各地市县图书馆在编工作人员人数大部分集中在 10 人以上，其中部分地市达到 12 人以上，个别地市达到 16 人以上。还有少数地市县图书馆工作人员平均在 8 人左右。各地市的初级职称和高级职称人数基本处于持平状态，个别地市两个数据差别比较大，出现初级职称人数远远高于中级职称人数或中级职称人数大大高于初级职称人数情况。

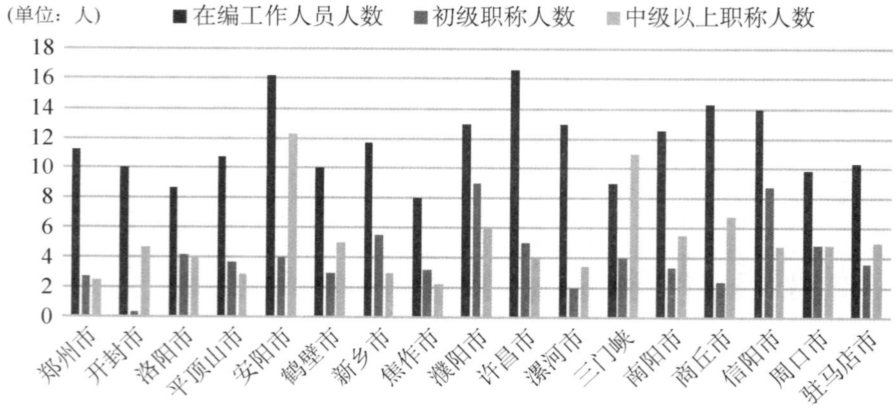

图 90　各地市县图书馆工作日人员职称情况

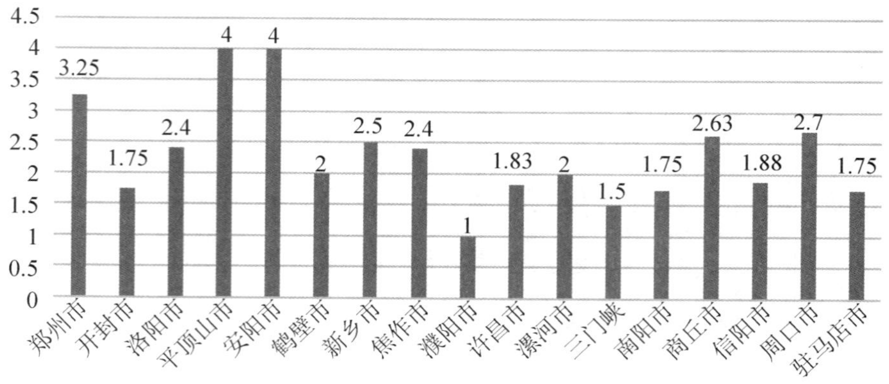

图 91　各地市图书馆工作人员每年参加脱产培训天数得分

各地市图书馆工作人员每年平均参加脱产培训的天数差别比较大，最低 1 分，即 5 天以下，最高 4 分，16 天。多数地市集中在 1.5—2.5 分之间，即工作人员每年参加脱产培训平均 6—8 天之间。

2. 县文化馆

各地市县文化馆工作人员数量集中在 15 人左右，最高 32 人，最低 11 人。其中 7 个地市高于 15 人，9 个地市低于 15 人。

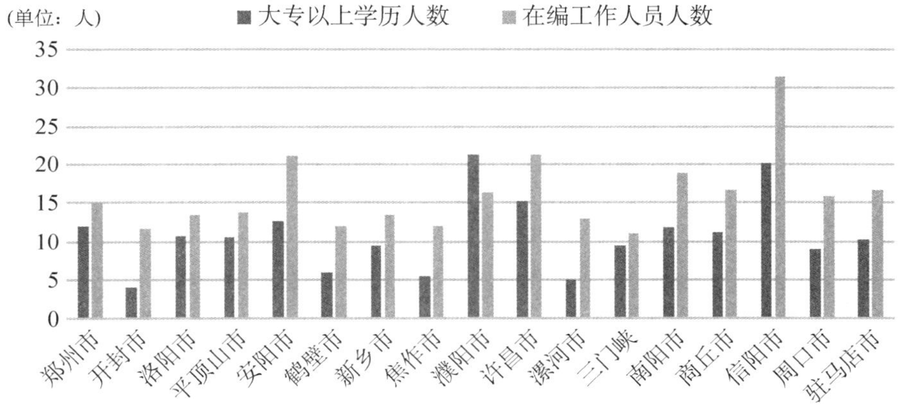

图 92　各地市县文化馆工作人员情况

各地市文化馆工作人员年参加脱产培训时间最低得分为 1，即平均为 5 天以下，最高 3.2 分，即平均 15 天以上。大部分地市得分在 2—2.5（包含 2 分）之间，即 6—10 天之间。

3. 乡镇综合文化站

各地市乡镇综合文化站在编工作人员数量得分集中在 3—4 分（包括 3 分）之间，即在编工作人员平均为 2—3 名；其中少数地市达到 4 分，即这些地市的乡镇综合文化站平均有 3 名以上在编工作人员。工作人员参加脱产培训的天数得分集中在 2—3 分之间，即工作人员参加脱产培训的天数平均在 6—10 天左右；少数地市高于 4 分，工作人员参加脱产培训的天数平均 16 天以上。

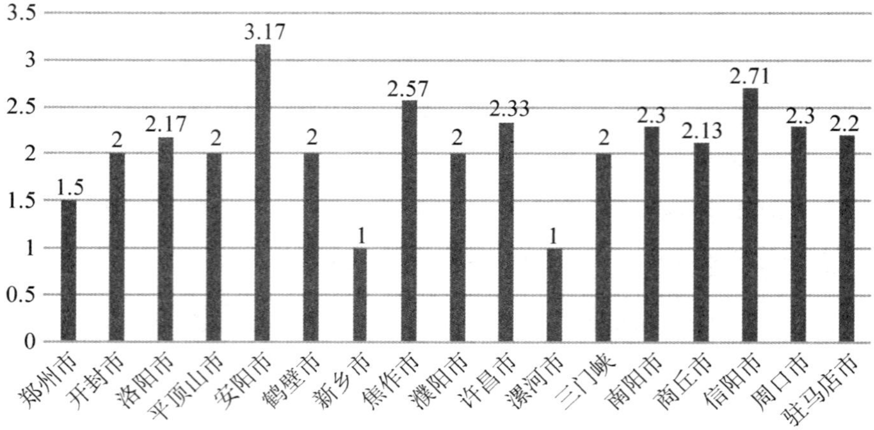

图 93　各地市文化馆工作人员年参加脱产培训时间得分

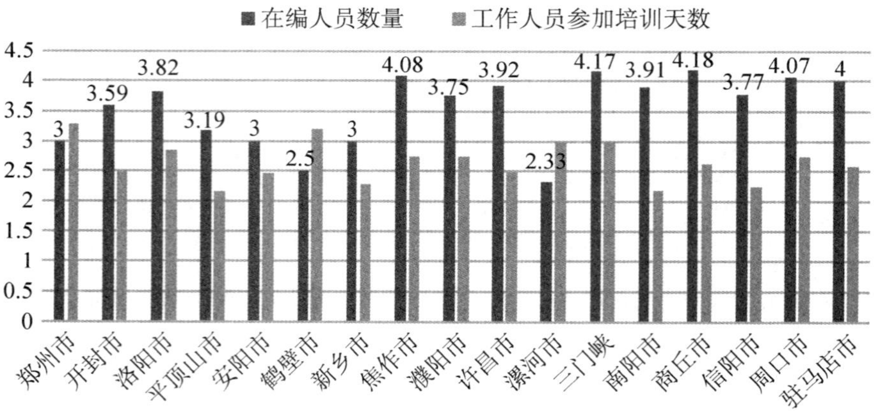

图 94　各地市乡镇文化站在编工作人员情况得分

4. 农村（社区）综合性文化服务中心

各地市农村（社区）综合性文化服务中心工作人员数量普遍在 2—3 分之间，即平均配备 1—2 名工作人员。少数地市达到 3 分，即平均配备 2 名或 2 名以上工作人员。各地市工作人员每年参加脱产培训的天数集中在 2—2.5 分之间，即平均培训 1—3 天；少数地市超过 2.5 分，达到 3 天的培训时间。

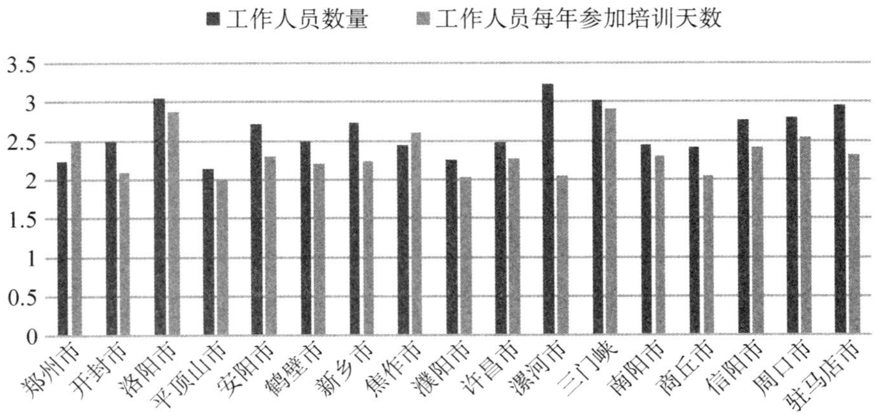

图 95　各地市农村文化活动室工作人员基本情况得分

各地市配备专职工作人员的农家书屋比例集中在 0.3—0.4 分之间，即 30%—40% 的农家书屋配备有专职工作人员。少数地市农家书屋配备专职工作人员的比例达到 50%—60%，个别地市达到 80% 以上。

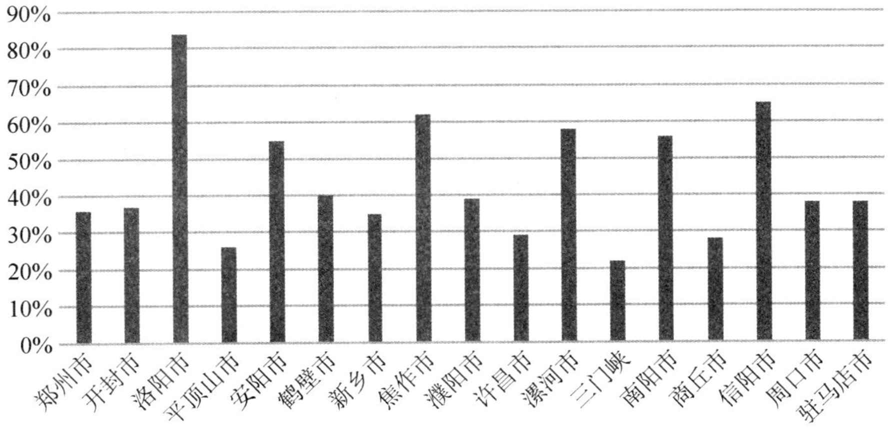

图 96　各地市配备专职工作人员的农家书屋比例

各地市农家书屋专职工作人员文化程度得分集中在 2.5—3(包括 2.5 分)分之间,即文化程度大部分为初高中水平;部分地市接近 3 分,即普遍接近高中水平。个别地市得分低于 2 分,即工作人员文化程度普遍不到初中水平。

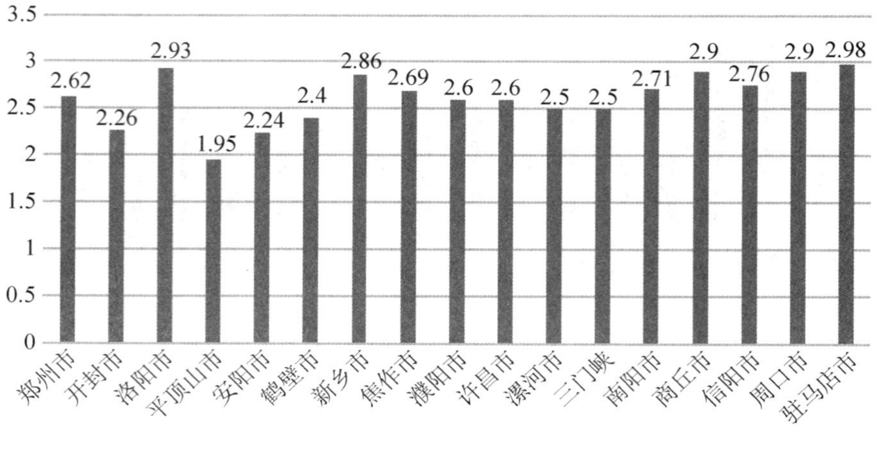

图 97　各地市农家书屋专职工作人员文化程度得分

四、基层公共文化服务体系建设中的问题与分析

《关于加快构建现代公共文化服务体系的意见》(中办发〔2015〕2 号)从整体上对现代公共文化服务体系的宗旨、目的有如下设定:“以人民为中心,以社会主义核心价值观为引领,发展先进文化、创新传统文化、扶持通俗文化、引导流行文化、改造落后文化、抵制有害文化、巩固基层文化阵地,促进在全社会形成积极向上的精神追求和健康文明的生活方式。”其核心就是发展先进文化、抵制有害文化,以期形成积极向上的精神风貌。《国务院办公厅关于推进基层综合性文化服务中心建设指导意见》(国办发〔2015〕74 号)则进一步对基层综合文化服务中心的目标功能进行了具体定位,包

括如下四个方面:提供基本公共文化服务、整合公共文化资源、开展基层党员教育、做好其他公共服务。基层公共文化服务中心的主要功能是整合公共文化资源、提供公共文化服务,同时开展党员教育,发挥党员在发展先进文化中的带头作用。基层公共文化服务体系的建设和运行在促进了上述宗旨目的和功能的实现上存在哪些不足和问题,通过对这些问题的研究和分析,探索问题背后的原因和面临的困境,有助于我们找到解决问题的途径和对策,完善公共文化的基层服务体系,促进上述宗旨和功能的实现。

(一)基层文化活动场馆和设施的提供与开放

1. 村级农村(社区)综合性文化活动中心和文体广场

《河南省基层综合性文化服务中心建设标准》(2016 年 6 月)对村级(社区)的综合文化服务中心场地设施标准做了明确规定,规定中心的建筑面积不低于 90 平方米、文体广场面积不低于 1000 平方米(此前未对村级文化服务制定明确标准)。本次调查样本显示约有 22% 的村(社区)根本没有农村(社区)综合性文化活动中心,其余 78% 的村级(社区)农村(社区)综合性文化活动中心的面积分布缺少统计数据。有农村(社区)综合性文化活动中心的村子中约有 26% 没有农家书屋。现有农家书屋中面积不到 30 平方米的约占 65%,不足 50 平方米的占 90%,农家书屋中座位数在 10 个及以下的约占 65%。村子的文体广场方面,约有 33% 的村(社区)没有文体广场,现有的文体广场的面积在 300 平方米以下的占 72%,达到 1000 平方米的极少。根据以上调查数据,村级农村(社区)综合性文化活动中心和文体广场两项距离《河南省基层综合性文化服务中心建设标准》(2016 年 6 月)村级标准相去甚远,当然该标准是调查日期之后发布的,不适合作为当时的评价标准,不过作为一个预期目标,反映了基层文化活动场地和设施的现状与目标之间的差距还是相当巨大的,需要在下一阶段做出极大的投入和努力、整合更多的资源,以实现这些基础目标。

2. 乡镇(街道)综合文化服务站

根据 2012 年文化部《乡镇综合文化站建设标准》,小型乡镇综合文化站的建筑面积最低在 300 平方米以上(文体广场未作规定)。本次调查显示河南省 27% 的乡镇综合文化站建筑面积未达此标准要求。根据《河南省基层综合性文化服务中心建设标准》(2016 年 6 月),要求乡镇公共文化服务站建筑面积不低于 300 平方米,文体广场不低于 1000 平方米。这一标准增加了对文体广场的要求。本次调查显示 70% 以上的乡镇建有文化活动广场,80% 以上配有体育健身器材,但是对文体广场的面积分布未获取有效数据。

3. 县级图书馆和文化馆

根据 2012 年文化部《县级图书馆评估标准》的要求,县级图书馆的建筑面积最低为 800 平方米,阅览座席数最低为 60 席。本次调查显示 13% 的县级图书馆建筑面积不足此最低标准,16% 的阅览座席数不足 60。根据《河南省基本公共文化服务实施标准(2015—2020 年)》(2015 年 11 月)县级图书馆建筑面积不低于 1000 平方米的标准,尽管相对于村级和乡镇级公共文化服务场地和设施达标状况而言,仍有一些县未达到标准,合乎标准的县所占比例还是比较高的。

根据 2010 年《文化馆建设标准》,小型馆建筑面积应在 800—4000 平方米,2016 年调查显示:样本中 23% 的县级文化馆没达到 800 平方米这个最低标准;如果根据《河南省基本公共文化服务实施标准(2015—2020 年)》(2015 年 11 月)的规定,县级文化馆建筑面积不低于 1500 平方米,该标准比 2010 年的标准提高了近一倍,依据调查显示,未达到这个新标准的县级文化馆约占 40%。另外文化馆的功能以群众活动为主,2010 年《文化馆建设标准》规定用于群众活动的用房在总体建筑面积中的占比应在 76% 以上,而调查显示 79.4% 的县级文化馆的群众活动用房面积占比未达该标准比例(即群众活动用房被挪作他用)。因为新标准颁布不久,依据 2010 年的标准，则县级文化馆在场地设施达标比例上也优于乡镇和村级，但群众活动用房被占用的情况较为普遍。

总体而言，三个层级的公共文化场馆设施的供给都没有完全达到当前设定的要求和标准，但在程度上各层级之间又有差异。其中村级（社区）的场所设施的供给与预期标准相差最大（如80%的村级文体广场面积不足300平方米），乡镇（街道）综合文化服务站场地供给状况相对略好一些（如文化服务站建筑面积未达标准的占27%），县级图书馆和文化馆场地设施供给状况是三个层级中最好的，县图书馆未达标准占13%、县文化馆未达标准的占23%，比乡镇文化场地供给状况又好一些。

（二）基层公共文化场馆设施的供给问题

1. 村级（社区）场地供给距离最低标准差距很大

场地设施是开展公共文化活动的初始条件，没有这个条件其他的公共文化活动和内容根本无法开展，因此也是民众实现文化权利所必需。与地市相比，村内的闲置土地资源的成本要低许多，也存在较多的可以整合资源，因此适当地投入，就可以快速达到公共文化场地设施的各项相关标准。较为困难的是县城内的社区，在空间饱和的社区，如何开辟或扩展场地，将是一个难题。县城的发展承载着城镇化的重要角色，在县城新兴社区的设计和建设中，应考虑为公共文化服务场地和设施预留充分空间。

2. 公共文化服务场馆设施不均等现象较为突出

三个层级标准的设定已经将各层级人口数量因素纳入考虑范围，因此对三个层级设定的标准也表现为从高到低依次递减的趋势。但是从标准化实现状况看，在最为基层的村和社区，标准最容易达到，而标准化的实现却是最差的。这意味着县、乡、村居民能够分配到的公共文化场地设施呈现从县到乡、从乡到村依次下降的状况，场馆设施分配的不均等化，又导致公共文化资源向县级以上场馆的集中。后文分析公共文化产品和服务的供给也存在相似的不均等状况,但是随着总分馆制度的实施推行,图书等文化产品和资源可以在县、乡、村各级之间自由流动,实现均等化,而场地设施是无法在空间上流动的。因此乡镇和村(社区)级的公共文化场馆设施的完善和标准化,对获取公共文化服务机会的均等化就显得尤为必要了。

3. 公共文化场馆设施的可及性由于场地设施的标准化不足而大打折扣

所谓可及性,是指居民到达和使用公共文化场地和设施的便利性。一方面公共文化场地设施不能距离居民住所太远,一方面场地设施的开放时间足够长且适当地与居民的闲暇时间相匹配。上面的分析显示,有相当比例的村和社区存在公共文化场地设施的缺失和不足,这意味着当地居民如果要获得公共文化产品和服务必须花费极大的时间成本和交通费用,这类成本费用可能成为阻碍这些居民享受公共文化产品和服务的主要因素。

4. 公共文化场馆和设施向民众开放仍然不足

从开放的时间看,《河南省基本公共文化服务实施标准 2015—2020 年》规定县级文化馆和乡镇综合文化站每周开放时间不少于 42 小时、县级图书馆每周开放时间不少于 56 小时。据本次抽样调查显示,县级文化馆已实现每天 8 小时、每周 5 天的服务时间,部分县达到每天 8—10 小时、每周开放 6—7 天的开放时间,即开放时间大多在 40 小时以上。乡镇综合文化站的开放时间大部分在每天 5—8 个小时间。县级图书馆每周开放时达到 52 小时(即每周开放 6 天半)以上的只有 81%。行政村和社区的文化中心等没有明确的开放时间规定,但应比照上述标准,调查显示农家书屋开放时间在 3 个小时以下的占 35%,3—6 小时的占 34%,6—8 小时占 24%,8 小时以上的只有近 8%,开放时间不足的情况更为严重。总体上看,没有完全达到规定的开放时间要求,不利于文化场地和设施的充分利用。

5. 基层公共文化场地和设施偏于简陋,许多器材和设施年久失修

与基层设施管理情况对比,有些地市的公共文化场馆和设施过于豪华,“有的地方把目前流行的地市建设的理念运用到公共文化设施的建设上,

一味地追求奢华，追求建地标性建筑，动辄几亿或十几亿元”[①]。这反映了地市和农村在公共文化投入上的差距和不均衡状态。这种地市一味追求大型场馆，而忽视小型基层社区场馆的建设的趋势，与追求公共文化服务的均等化和可及性的目标是不相吻合的。

综上所述，调查所得的基层公共文化场地设施存量与河南省的《实施标准》之间尚存在一定的差距。不过这种差距是在标准制定或标准提高的过程中发生的，村级（社区）的公共文化场地设施以往没有明确的要求标准，乡镇和县级的标准则有所提高，因此需要对基层公共文化场地设施建设增加投入，增扩原有的场馆或整合现有场地资源。由于各地面临的约束条件的差异，各层级公共文化场馆设施实现标准化本身就应该是一个渐进的过程。

（三）公共文化产品和服务的供给

基层公共文化产品和服务包括图书借阅、书报阅览、艺术展览、文艺演出、广播电视电影播放、放映、流动文化车服务等。

1. 图书报刊借阅服务

《河南省基本公共文化服务实施标准 2015—2020 年》规定县级图书馆年增加藏书不低于 1000 种，书刊年外借不低于 3 万册次；乡镇综合文化站对图书藏量没有明确要求；行政村（或县镇社区）的藏书不少于 1500 册、种类不低于 500 种，报刊不少于 30 种，电子音像制品不少于 100 种。

本次调查显示：藏书量不足 8 万册县级图书馆约占 62%，8—15 万册的县级图书馆约占 28%，15 万册以上的占 10%；2015 年新增图书 2 千册以上的占 70%，因为没有新增藏书种类的数据，这里只好按每种图书 2 册估算（即一册用于流通，一册用作样本），则县级图书馆中有 70% 达到了年增藏书 1000 种的标准。年外借册次 5 万以上的县级图书馆占 26%。2—5 万册

① 时明德. 河南省公共文化服务体系建设的问题及对策[J]. 洛阳师范学院学报，2016（4）：35 – 38，2.

次之间的占 16%,因此达到年出借书刊 3 万册次的县级图书馆约在 30%—50%之间。72%县级图书馆的刊物不足 100 种。

乡镇综合文化站配备的图书不足 3000 册的约 50%,配备图书 3000—5000 册的乡镇综合文化站约 26%,配备图书 5000 册(含)以上的约 24%。年新增图书不足 100 册的约 30%,不足 300 册的约占 63%。报刊配备在 10 种以下的约占 56%。85%的乡镇综合文化服务站的图书借阅每天接待读者数量不足 10 人。

村(社区)乡镇综合文化站农家书屋配备报纸不足 5 种约占 57%,刊物不足 5 种的约占 43%;图书不足 2000 册的约占 78%。74%的村文化室提供了图书报刊借阅服务。

综合上述数据可以得到如下结论:一是基层公共文化服务中的图书报刊的供给状况,以县级最好,距离省实施标准要求较为接近,乡镇和村(社区)级较差。图书报刊资源更多地集中在上一层级;二是图书借阅人数和群众对图书的借阅量明显偏低,图书资源利用效率不高。

尽管图书资源的分布在层级之间差异较大,但是这种资源分布不均衡可以通过总分馆制、送书下乡服务、文化流动服务车等形式使资源流动起来,实现获取图书等公共文化资源的机会的均等化。《河南省基本公共文化服务实施标准 2015—2020 年》规要求县级图书馆实行总分馆制,每年下基层服务 50 次以上。本次调查显示:2015 年县级图书馆送书下乡次数超过 10 次的只有 44%,送书下乡服务中的图书借阅量超过 3000 册次的不到 33%。即使以每年下乡 10 次,每次图书借阅量 3000 册次为例,如果按一县 20 个乡镇,每个乡镇到 10 次计算,则每次送书下乡的借阅量一个乡镇一次约合 15 册次。由此来看,总体上当前的送书下乡服务在促进文化资源流动和获取资源机会均等化效果和作用并不显著。

2. 其他文体活动

《河南省基本公共文化服务实施标准 2015—2020 年》要求县级文化馆

每周开放时间不少于42小时，配备音乐、舞蹈、戏剧、美术、文学等5类专业人员；每年送文艺演出到各乡镇街道不少于5场，到每个行政村不少于1场；培育2个以上具有地方特色的公共文化服务品牌。乡镇要有特色活动或品牌活动。行政村（社区）每年组织5次以上群众文体活动。《河南省基层综合文化服务中心建设标准》（2016年）规定乡镇级服务中心每年举办综合性大型文体活动不少于1次、单项性文体活动不少于3次。

本次调查显示：县级文化馆每年为群众提供文艺演出3场以上的占76%；每年组织较大规模群众文体活动5场以上的占78.1%；每年组织的各类文化展览5次以上的占63.7%。各县每年下基层进行非物质文化遗产普查、展示与宣传5次以上的约占近50%。乡镇综合文化站大多实现年放映电影10次以上，其他政策宣讲、法制科普教育等活动每年举办次数多在1—2次之数。43%的村（社区）农村（社区）综合性文化活动中心没有开展文体活动。

综合以上数据分析，县级文化馆肩负着向县、乡、村（社区）提供公共文化活动（文艺演出、群众文体活动、文化展览）的艰巨任务，虽然各县没有完全达到《实施标准》的要求，但是多数县在文化资源和人力有限的条件下做出了很大努力，已经接近标准要求。相比较而言，乡镇和村（社区）两级乡镇综合文化站（文化室）在群众文体活动的组织上没有表现出足够的能动性和积极性，在一定程度上没能提供充分的满足民众精神需求的文化产品和服务。究其根源，在如下几个方面：重视程度不够、专业人才缺乏、青壮年人口比例下降。当下乡镇和村（社区）的文体活动大多是群众自发开展的，因此对乡镇、村（社区）的乡镇综合文化站而言，当前最需要做的是鼓励、协助和引导这些群众自发开展的文化体育健身活动。

（四）基层公共文化产品和服务的供给问题

河南省基层公共文化产品和服务的供给在体系建设和标准制定上已经迈出坚实的步伐，初步形成了涵盖县、乡镇和村（社区）的三级服务体系，并对每一级的公共文化服务提出了标准要求,但是在实施的过程中仍然存在各种问题,使基层公共文化服务的成效仍然不尽如人意。

1. 公共文化服务的供给与群众需求之间的脱节或不匹配

2008 年对河南省嵩县农村公共文化设施进行的一次抽样调查对当地公共文化的供需匹配状况进行了评估,在仅考虑政府作为供给主体的情况下,在需求最强和供给最充裕的前三项文化供给上,脱节率为 66.7%,在最不需要和供给最薄弱的三项文化设施上,脱节率为 33.3%。其评估结论是"虽然总体上文化供给和需求具有正相关关系,但是该关系并不具有统计显著性,由此也可以推断总体上文化供给和需求也是脱节的"[①]。由于嵩县为国家级贫困县,具有显著特殊性,因此该调查为河南省贫困地区的文化供给匹配提供一个值得参考的样本。

本次调查显示:农村社区提供最普遍的公共文化场所是农家书屋和文体广场,最普遍的公共文化活动是图书报刊外借服务、时事政策及法制教育、举办各类文化艺术培训班和科普与农技知识讲座。而据《河南省农村公共文化服务需求及满意度调查报告》(2016 年),居民最经常去的公共文化场所是篮球场、乒乓球场、广场舞活动场、健身器材场,即文体广场,占 31.3%;其次是活动室(棋牌室)占 19.4%;图书室(农家书屋)占另有 16.2%;村民(居民)最经常参加的公共文化活动类型依次是:广场文体活动(包括广场跳舞、打太极拳、打篮球、羽毛球、扭秧歌等,占比 16%)、观看免费的电影放映(占比 15.8%)、唱戏听戏活动(占比 13.5%)、庙会灯会等民俗活动(占比 12.3%)、读书看报(占比 11.3%);这 5 类活动的比例相差并不悬殊。对这些文化活动和场所的供给和需求进行比较,可以发现重合度还是很高的,虽然仍然存在不重合的情况,如棋牌室、民俗活动等。

但是《河南省农村公共文化服务需求及满意度调查报告》(2016 年)中

---

① 阮荣平,郑风田,刘力. 中国当前农村公共文化设施供给:问题识别及原因分析——基于河南嵩县的实证调查[J]. 当代经济科学,2011(1):47 - 55,125 - 126.

的一项村民(居民)对基层公共文化活动组织和工作人员的满意情况的调查显示,34.2%的村民反映本村的文体活动都是自发组织的,村综合文化活动中心的工作人员并未参与过本村文体活动的组织,11.3%的村民则表示本村从未组织过文体活动,只有25.1%的村民反映村综合文化活动中心的工作人员参与组织或指导过本村文体活动,其余29.3%的村民不了解情况。前两项合计,村乡镇综合文化站(中心)在本村公共文化活动中无作为的占45%,而相当一部分的村民文化活动是自发组织的,与乡镇综合文化站无关。群众有精神文化需求而基层供给不足(或无供给),这种情况本身就是最大的供需脱节和匹配。而群众对基层文化供给不满意的调查显示,文化活动内容不满意则是公共文化供需不匹配的另一个重要方面,以农家书屋藏书为例,72%的乡镇综合文化站图书配备老旧。

河南省公共文化服务体系专家委员时明德对基层公共文化供需问题的判断是:基础性服务项目少,优秀文化作品少,供给不足、针对性不强的问题突出……许多地方都存在活动单一,群众参与程度不高等问题,大多数群众的精神文化需求并没有真正得到满足①。这一判断与本次调查所得结论是契合的。

对公共文化供给的评价要通过供给对需求的满足程度来进行,通过民众对公共文化服务的消费程度来评价供给的质量、数量、满意度。群众的精神文化需求受技术、经济水平、文化程度、年龄、区域风俗差异等因素影响而发生变化或存在区域差异、群体差异,因此公共文化产品和服务的供给也应随着需求的变化和差异而有所调整。供给和需求之间匹配或契合的达成本身就是一个动态的不断调整的过程,应建立和形成公共文化供给的适时调整机制。

2. 基层公共文化服务人员,尤其专业技术人员短缺的问题十分突出

由于财政经费安排不足,村(社区)级的综合文化服务站资金严重短缺,这导致文化从业人员的工资难以为继,难以吸引和留住人才。有的地方

① 时明德. 河南省公共文化服务体系建设的问题及对策[J]. 洛阳师范学院学报,2016(4):35-38,2.

"为了发工资，不得不把馆舍租赁出去挣钱。有的地方，从业人员尤其是专业技术人员严重匮乏，许多服务项目不得不靠文化志愿者来做。在乡镇综合文化站，人员不足已经成为制约公共文化服务的关键因素，如不尽快加以解决，公共文化服务将流于形式"①。

本次调查显示：乡镇基层公共文化服务机构中工作人员性别比，男性约是女性人数的2.4倍；从年龄结构看，30岁以下的工作人员占12.8%，31—50岁工作者占77.7%，50岁以上人员占9.4%。这说明乡村文化工作推展的主力人群过于集中在30岁以上的中青年人群。从学历结构看，大专以上学历的工作人员比例为74.1%，显示出乡镇综合文化站人才结构逐渐优化。专职人员比例达到81.8%，92.3%的乡镇文化工作人员在编。一个乡镇文化单位拥有4—5个编制的占到全部被调查单位的63.3%，但是无编制的情况依然存在。但是村（社区）一级的公共乡镇综合文化站的工作人员和人才的缺乏情况仍相当严重，一些农家书屋因为没有专职管理人员而长期关闭，无法运转。

3. 公共文化服务和产品供给活力不足、缺乏创造性

一些文化产品内容陈旧过时，品质低劣，不能满足群众的需要。其重要原因是在基层公共文化供给上没有形成竞争机制，没有引入非营利组织和文化企业参与到公共文化服务中来，基供给模式仍然是"政府—文化单位"模式，没有形成"政府—市场—文化组织"模式。

（五）17地市公共文化各项指标的相关性分析

1. 17地市基层公共文化场馆设施得分与各市经济增长水平之间相关分析

（1）县级图书馆建筑得分与各市人均GDP的关系做相关分析

通过相关分析以检验公共文化场馆设施供给状况与其所在区域的近期

① 时明德. 河南省公共文化服务体系建设的问题及对策[J]. 洛阳师范学院学报，2016(4)：35－38，2.

经济增长水平之间是否存在正相关关系。两变量散点图如下：

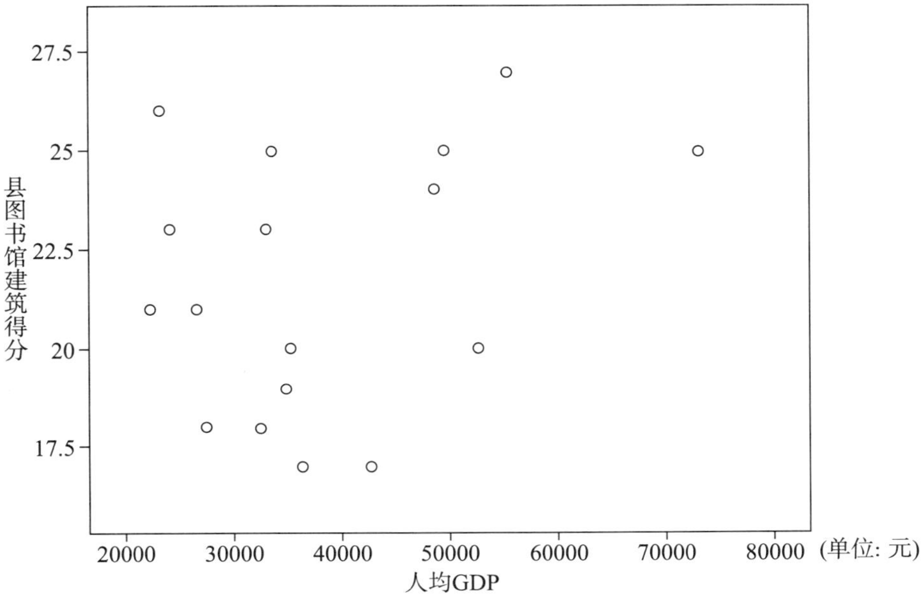

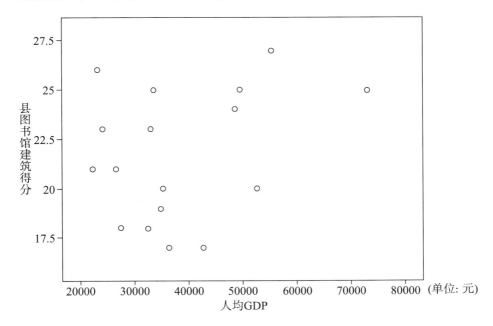

图 98　17 地市的人均 GDP 与所属县图书馆建筑得分散点图

表 10　人均 GDP 与县图书馆设施得分相关性

		人均 GDP 赋值	县图书馆
人均 GDP	Pearson 相关性	1	.243
	显著性(双侧)		.348
	N	17	17
县图书馆建筑得分	Pearson 相关性	.243	1
	显著性(双侧)	.348	
	N	17	17

相关分析结果显示，皮尔逊相关系数为 0.243，两个变量之间虽为正相关，但相关度较弱。显著性 0.348，不具有统计学意义上的相关性。

根据以上分析结果，可以认为公共图书馆建筑优劣与该市人均 GDP 之间不具有相关关系或相关度极弱。因此,各市的县级图书馆场馆设施状况与当地的经济增长之间没有很大关系,主要受其他因素影响。

(2)乡镇综合文化站设施得分与各该市人均 GDP 做相关分析

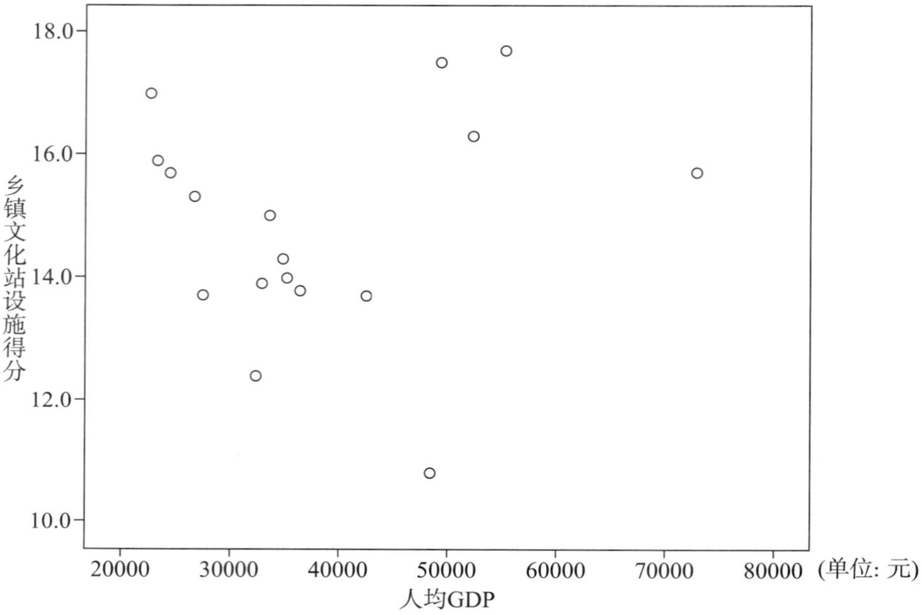

图 99　17 地市的人均 GDP 与乡镇综合文化站设施得分散点图

表 11　人均 GDP 与乡镇综合文化站设施得分相关性

		乡镇综合文化站设施得分	人均 GDP
乡镇综合文化站设施得分	Pearson 相关性	1	.134
	显著性(双侧)		.608
	N	17	17
人均 GDP	Pearson 相关性	.134	1
	显著性(双侧)	.608	
	N	17	17

相关分析结果显示：皮尔逊相关系数为0.134，相关度较弱。显著性为0.608，不具有统计学意义上的相关性。因此可以判断，乡镇综合文化站场馆设施建筑的得分与该市人均GDP之间也不具有相关关系，或者说，乡镇综合文化站场馆不受所在县市经济增长水平的影响。

（3）村（社区）农村（社区）综合性文化活动中心设施得分与各该市人均GDP做相关分析

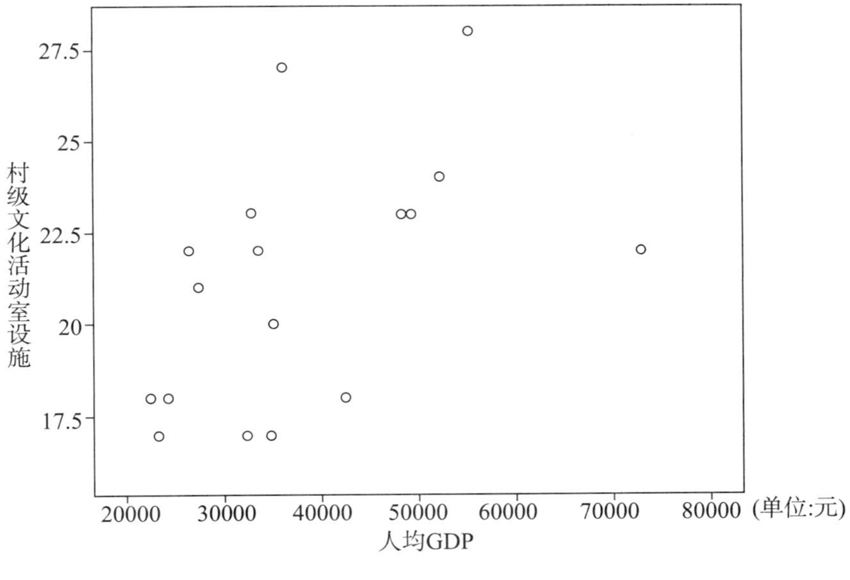

图100 17地市村（社区）级农村（社区）综合性文化活动中心设施得分与各该市人均GDP散点图

表12 人均GDP与村级农村（社区）综合性文化活动中心设施得分相关性

		人均GDP	村级农村（社区）综合性文化活动中心设施
人均GDP	Pearson相关性	1	.508*
	显著性（双侧）		.037
	N	17	17

续表

		人均 GDP	村级农村(社区)综合性文化活动中心设施
村级农村(社区)综合性文化活动中心设施	Pearson 相关性	.508*	1
	显著性(双侧)	.037	
	N	17	17

注:* 在 0.05 水平(双侧)上显著相关。

分析结果显示:显著性为 0.037,在 0.05 水平上显著相关,相关度为 0.508。由此可以判断最基层的公共文化场馆设施(村或社区的农村(社区)综合性文化活动中心)状况与该市人均 GDP 之间具有显著的正相关关系。也就是说经济增长水平较高的市的村(社区)级公共农村(社区)综合性文化活动中心的状况较好一些,而经济增长低的市,村(社区)级公共农村(社区)综合性文化活动中心未达标情况较严重。

根据以上分析显示,公共文化场馆设施的分层次得分与各市的经济增长水平之间的相关度,县乡级不具有显著相关性,而村(社区)级为显著相关。

2. 各地市基层公共文化场馆设施综合得分与各该市经济增长水平之间相关分析

皮尔逊相关系数为 0.494,显著性为 0.044,为 0.05 显著水平上的相关性。各市基层公共文化设施综合状况与各市人均 GDP 之间存在显著的正相关关系,相关度接近 0.5。结合分层次的相关分析结果,基层公共文化场馆设施综合得分与人均 GDP 之间具有显著相关性,应主要归因于村(社区)级场馆设施与人均 GDP 之间的显著相关性。

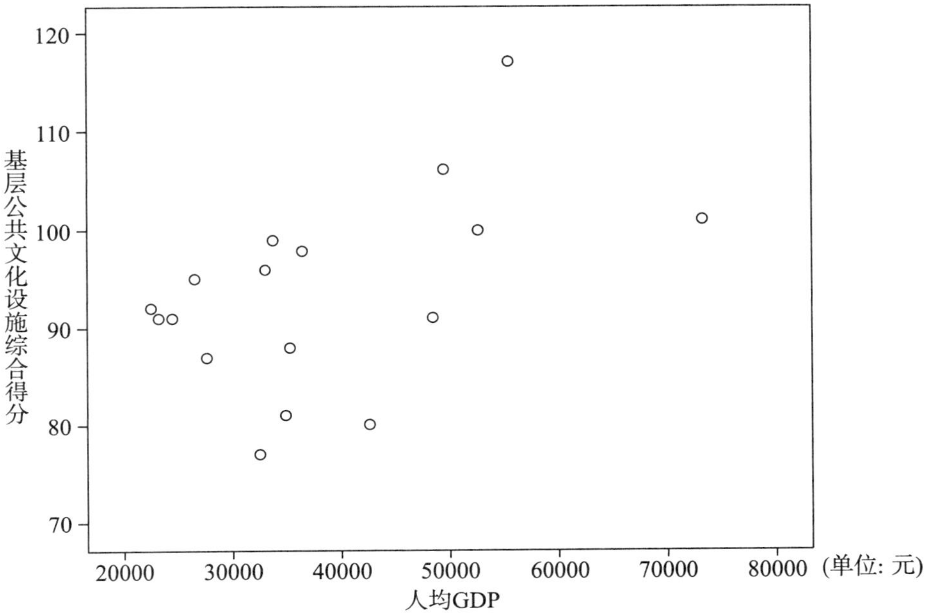

图 101　17 地市基层三级公共文化设施综合得分与人均 GDP 散点图

表 13　人均 GDP 与基层文化设施综合得分相关性

		人均 GDP	基层公共文化设施综合得分
人均 GDP	Pearson 相关性	1	.494*
	显著性(双侧)		.044
	N	17	17
基层公共文化设施综合得分	Pearson 相关性	.494*	1
	显著性(双侧)	.044	
	N	17	17

注:* 在 0.05 水平(双侧)上显著相关。

3.17 地市基层公共文化活动得分与各市经济增长之间相关分析

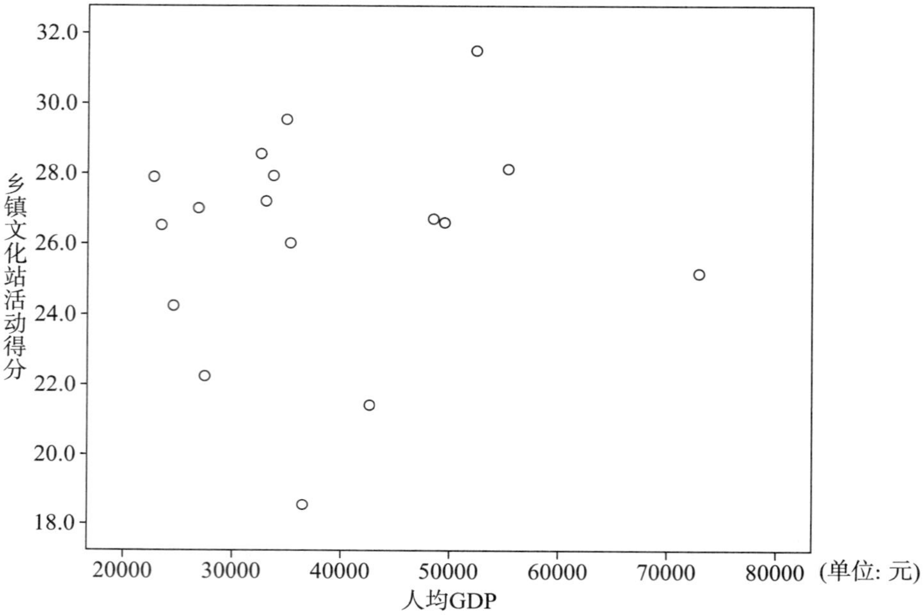

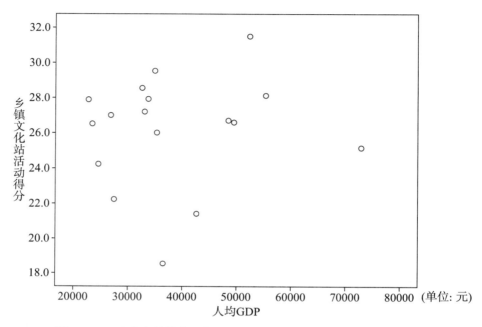

图 102　17 地市乡镇综合文化站活动综合得分与各市人均 GDP 散点图

表 14　人 GDP 与乡镇综合文化站活动得分相关性

		人均 GDP	乡镇综合文化站活动得分
人均 GDP	Pearson 相关性	1	.101
	显著性(双侧)		.701
	N	17	17
乡镇综合文化站活动得分	Pearson 相关性	.101	1
	显著性(双侧)	.701	
	N	17	17

皮尔逊相关系数为 0.101。显著性为 0.701，不具有统计学意义的相关。可以判定 17 市乡镇综合文化站活动综合得分与各市 GDP 之间不具有

相关性。也就是说根据现有数据,无法判断经济增长水平与基层公共文化活动的开展之间具有正向相关关系。相比较而言,公共文化场馆设施建设情况更多地受到当地经济增长水平的正向影响。

4. 场馆设施建设与文化活动开展之间相关分析

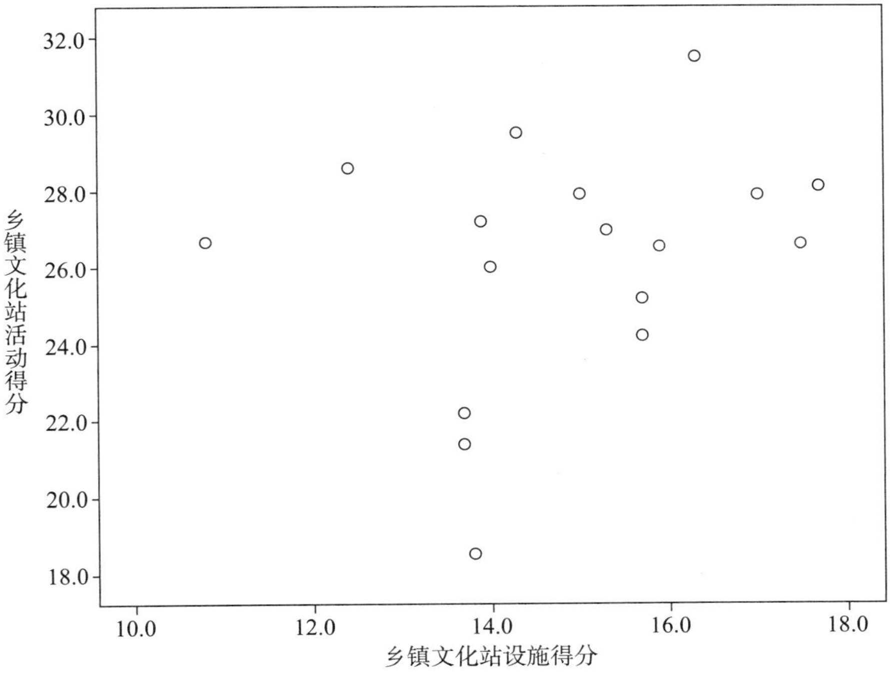

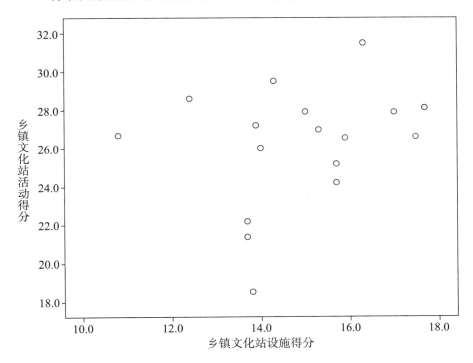

图 103　17 地市乡镇综合文化站场馆设施与活动得分散点图

表 15　乡镇综合文化站活动得分与乡镇综合文化站设施得分相关性

		乡镇综合文化站设施得分	乡镇综合文化站活动得分
乡镇综合文化站设施得分	Pearson 相关性	1	.261
	显著性(双侧)		.312
	N	17	17

续表

		乡镇综合文化站设施得分	乡镇综合文化站活动得分
乡镇综合文化站活动得分	Pearson 相关性	.261	1
	显著性(双侧)	.312	
	N	17	17

皮尔逊相关系数为 0.261,显著性 0.312,不具有 0.05 水平上的统计相关性。因此可以判断,17 市的乡镇级场馆设施建设得分与活动开展得分之间无关。也就是说一个乡镇综合文化站的场馆设施建设的接近或合乎标准要求,但是其公共文化活动的开展情况却可能并不理想,反之亦然。

综合以上分析,公共文化供给的各项指标中与人均 GDP 有显著正相关的是最基层的村级文化场馆设施状况,其他指标的高低与当地的经济增长水平之间没有显著的相关性。在同一层级内(如乡镇),公共文化场馆设施状况与文化活动开展情况之间无显著相关关系,说明对场馆设施投入较重视的乡镇,未必在文化活动的开展中做得更好。该结论不排除抽样误差导致的统计推断有误。

五、河南省基层公共文化服务体系建设的对策建议

(一)形成一个没有遗漏的完整的基层公共文化服务网络,并吸收群众参与决策

如上文分析已经强调的,基层尤其是行政村(社区)的公共文化场地设施的标准化影响甚至决定着公共文化服务均等化的实现,更影响着民众获取公共文化服务的可及性,而且场馆设施不足导致的不利影响不能通过其他措施弥补。因此行政村和社区的公共文化场地设施的标准化在整个公共

文化服务体系的中处于最为基础的地位。因为这个原因，在公共文化场地设施的标准化中，应给予最多的重视并严格实行基层公共文化场馆设施的标准化。

另一方面邀请村(社区)群众参与到公共文化服务的决策中来，让群众通过参与来选择自己需要的公共文化产品和内容，例如购进何种图书、开展什么文体活动等；同时，由于基层村和社区的财力有限，能够提供的公共文化产品和服务在数量和质量上无法满足当地民众的需求。因此可以通过总分馆制度，使省级、市级的文化资源在更广阔的地域间流动起来，使分布于各地的基层村和社区的居民也能享受到更多和更优秀的文化产品和服务。

(二)建立和形成公共文化供给的动态调整机制

建立公共文化供给的动态调整机制，必须适时地获得群众的精神文化需求信息，要使群众的文化需求表达畅通、全面和有效，则应引导群众参与到公共文化供给决策中来，因此这实际上涉及基层民主治理体系的建立和形成。另一方面，政府应与文化企业和社会组织在公共文化供给中建立起合作关系，通过政府购买等方式使文化企业和社会组织参与到公共文化供给中来，成为公共文化的供给主体之一。文化企业和社会组织可以成为获取群众精神文化需求信息的重要中介，同时文化企业和社会组织在文化产品供给和文体活动的组织上可以实现形式多样化、内容丰富化，解决由政府作为单一供给主体带来的文化供需不匹配问题。

引导公共文化供给主体提高文化产品的内容和质量，重视文化供给的成效和群众对文化产品服务的满意度。比如在公共文化服务体系建设的评估体系和政府购买公共文化产品的评估中，增加公共文化场馆到访量、书刊借阅量(借阅率)、展览参观量、活动参与比率等指标的权重，以促使公共文化供给主体提高工作人员的业务能力，使工作人员端正服务态度，提高服务效率。

（三）编制各类各级公共文化管理和服务人员的培训方案，定期组织培训

一方面提升工作人员的公共文化服务意识和认识水平，另一方面提升文化服务人员的专业技术水平①。由于现代公共文化服务是探索中的、新生的思想和事物，需要培养一批具有使命感的、掌握综合知识和技能的新型人才，通过探索培养具有综合技能的公共文化服务专业人才的途径，解决现代公共文化服务体系建设中的人才瓶颈问题。

（四）推动公共文化服务社会化，引入社会力量参与公共文化服务供给

目前基层公共文化供给中面临的一个重要问题是缺乏活力，引入社会力量（尤其是文化社会组织）参与公共文化服务是解决公共文化供给欠缺活力、效率不高的主要途径。文化类社会组织具有业务技术水平高、地方性、灵活度高、富有创造力等特点，因此文化类社会组织是繁荣公共文化、创新文化产品和服务的强有力的力量。另一方面，文化类社会组织在资源动员、服务提供、活动实施、运营管理等方面具有专业化的能力和独特的作用，是政府以社会化机制和方式提供公共文化服务的主要依靠力量②。通过政府购买，引导社会力量参与公共文化供给，需要建立一套完善的制度和运行机制。一方面激励文化类社会组织创新能力和参与基层公共文化服务的积极性；另一方面形成政府对文化类社会组织的规范和有效监管③。

促进公共文化服务社会化包含如下 4 个方面内容：鼓励文化企业参与、引导社会力量参与、培育和规范社会力量中的文化类社会组织、发展文化志

---

① 时明德. 河南省公共文化服务体系建设的问题及对策[J]. 洛阳师范学院学报，2016(4)：35－38，2.

② 李国新. 文化类社会组织是政府购买公共文化服务的主要力量[J]. 中国社会组织，2015(11)：14－15，1.

③ 萨拉蒙. 公共服务中的伙伴关系：现代非营利国家中政府与非营利组织的关系[M]. 北京：商务印书馆，2008.

愿服务。当前的重点是通过政府向社会力量购买公共文化服务的方式,引导社会力量参与公共文化服务[①]。而政府购买公共文化服务的主要对象是文化类社会组织。

自政府购买公共文化服务政策出台以来,一些地方政府相继组建公共文化有限责任公司、设立文化社团、培育民间文化组织,承接公共文化服务的生产与供给。有些文化社会组织是由原文化事业单位转制或联合组建而来,没有摆脱原有的行政掌控关系,这样政府既是这类社会组织的掌控者,又是政府购买的发包者,导致政府购买行为"内部化"。既挤压了其他社会力量(文化企业、其他社会组织)在公共文化供给中的发展空间,也导致了"左手"监管"右手"的问题[②③]。对此,应培育独立的文化类社会组织,赋予社会组织与政府部门之间平等的法律地位,通过契约方式规范政府与社会组织间的责权关系:政府确定公共文化服务的内容和目标,承担财政责任;文化类社会组织负责生产或提供公共文化服务,承担服务过程中出现的问题和评估结果责任。

当前政府购买公共文化服务的另一个问题是购买公共文化服务的绩效评价和监督体系的缺失,这使政府在与文化服务生产者签订合同后,难以对合同履行的过程进行监督,难以对购买服务的效率和效果进行评价,最终难以保证购买服务的预期目标和效果的实现。对此应组织专家学者和各文化艺术领域的专家建立专家委员会,一方面开展对全省公共文化服务工作展

---

① 为做好政府向社会力量购买公共文化服务工作,先后出台了《关于做好政府向社会力量购买公共文化服务工作的意见》(2015 年)、河南省《关于做好政府向社会力量购买公共文化服务工作的实施意见》(2016 年)、文化部《文化志愿服务管理办法》(2016 年)等相关文件。

② 王浦劬,萨拉蒙.政府向社会组织购买公共服务研究——中国与全球经验分析[M].北京:北京大学出版社,2010.

③ 李山.政府购买公共文化服务的现实困境与改革路径[J].湘潭大学学报:哲学社会科学版,2014(5):25-29.

开研究、规划与指导,向政府提供文化政策咨询①。另一方建立政府购买服务评估体系,由专家委员会承担政府购买文化服务的效率和效果的评估职能。

当前河南省现有的文化类社会组织近400家,其中比较著名的省级文化类社会组织如河南省合唱协会、河南省中国书画家协会、河南省荆浩书画院、河南省公益无限艺术团、河南省中艺文化艺术发展中心等,每年都用一些时间到城乡基层举办演出、展览等各种公共文化活动,已经积极参与到基层公共文化服务事业中;但目前还缺乏专门面向县、乡、村(社区)等基层,承担为基层社区提供文化服务的社会组织。应积极借鉴先进的基层公共文化服务购买经验,探索适合河南省的县、乡、村三级基层公共文化服务的条件和情况基层公共文化服务的政府购买形式。

① 时明德.河南省公共文化服务体系建设的问题及对策[J].洛阳师范学院学报,2016(4):35-38,2.

河南省现代公共文化服务体系需求侧调查报告

李华伟　王静毅　冯　雪　张小莉　赵雨皓　安连朋*

加快建构现代公共文化服务体系是国家保障人民群众基本文化权益、促进文化事业发展、提高居民生活质量的重要方略。2016 年 12 月，全国人大常委会表决通过了《中华人民共和国公共文化服务保障法》，使我国人民群众基本文化权益和基本文化需求实现了从行政性“维护”到法律“保障”的跨越，公共文化服务将实现标准化、均等化、专业化发展。2015 年，河南省委、省政府联合出台了《关于加快构建现代公共文化服务体系的实施意见》，印发了《河南省基本公共文化服务实施标准》，为河南省有序推进现代公共文化服务体系建设提供了强有力的制度保障。迄今，河南省五级（省—市—县—乡—村）公共文化服务体系已基本建成，在传递主流价值观念、丰富群众文化生活、提升民众综合素质、促进社会和谐发展等方面发挥了巨大作用。然而，河南省公共文化服务体系建设在取得显著成就的同时，政府公共文化服务绩效等问题日渐凸显，文化产品与基础设施是否能够满足居民的日常需求？公共文化传播平台是否普及与高效？民众享受公共文化服务的满意度如何？公共文化服务的供给是否契合民众的需求？这些已经成为建设现代公共文化服务体系的关键问题。为了解河南省民众对基层公共文化服务体系的需求现况，河南省公共文化研究中心（以下简称“研究中心”）

* 李华伟，河南省公共文化研究中心副主任，洛阳师范学院法学与社会学院副院长；王静毅，洛阳师范学院讲师，研究方向：社会保障理论与实务；冯雪，洛阳师范学院讲师，研究方向：社会调查研究方法；张小莉，洛阳师范学院讲师，研究方向：社会学理论与方法；赵雨皓，洛阳师范学院助教，研究方向：社会保障理论与实务；安连朋，洛阳师范学院讲师，研究方向：社会工作理论与实务。

特组织本次调研活动，并对第一手资料、数据进行整理分析，完成本篇调查报告。

一、调查方案设计

河南省现代公共文化服务体系需求侧调查，是指从需求一方（主要是城乡居民）在日常生活中，参与或享受基层公共文化服务体系中的文化活动，人员服务以及使用建筑场所、设施设备等方面的现状调查以及满意度测评。

（一）调查目的

构建完善的现代公共文化服务体系是全面贯彻党的十八大会议精神，加快全面建设小康社会的迫切要求，也是坚持政府为主导、检验政府是否是体现以人民为中心“责任政府”理念的重要标尺。河南省作为全国人口大省，又是华夏历史文明传承创新区，是我国主体功能区划中唯一明确是传承文化使命和功能的经济区域，一向把推进公共文化服务体系建设作为工作重点，在传承和弘扬中原文化，培育有特色和影响力文化品牌上不遗余力，全面打造文化创新发展区。但是，政府对于所提供的公共文化服务的效果如何，是否受人民群众欢迎等问题并没有非常清楚的认知，因而有必要对已有文化项目的效果进行评估，以便有效完善相关政策和指导后续文化活动。

考虑到城乡公共文化体系有所不同，本调查分别设计了两套问卷，对城乡居民分别展开调查。本次调查对河南省城乡居民享受基本公共文化服务需求状况进行系统和全面的调查，试图为已实行的公共文化服务项目评估提供依据。以期实现的目的有：①全面了解居民享受的基层公共文化服务项目。②深入了解城乡居民对公共文化服务的需求。③系统剖析河南省城乡公共文化服务供需错位或矛盾的原因。④在把握河南省公共文化服务供给的现况以及分析供需脱节(矛盾)原因的基础上,结合河南发展特色和实际,深入探索以城乡居民需求为导向的公共文化服务体系的有效整合和优化机制,提出具有针对性、操作性的完善思路和对策建议。

(二)调查意义

调查当前河南省城乡居民公共文化需求及满意度,即希望通过本次调查,能够给予我省城乡居民公共文化需求现状一个较为全面、透彻的把握,明确政府文化功能及其工作模式的实施效果,进而为完善相关文化政策、开展特色活动以及提高公共文化服务质量与水平提供理论依据与指导。

全面了解城乡居民公共文化需求,对于探索适合我省省情、具有中原特色的现代公共文化服务体系具有重要的理论意义。随着社会的改革发展,城市化进程加快,公共文化服务已经成为地方内涵式发展和特色化发展的建设性力量。研究城乡居民的公共文化需求以及对现有公共文化服务的满意度,有助于地方政府进一步明确与公共文化服务供需体系相关的内涵、规律、基本理论等,从而重新理清政府在公共文化服务供给中的角色以及应该承担的责任。在借鉴国内外相关的先进经验基础上,本文尝试提出建设以居民需求为导向的现代公共文化服务体系,对传统公共文化服务的供给模式进行了反思,重新界定政府在公共文化服务中的角色和责任,这对于解决目前公共文化服务供需不平衡的困境有所裨益。相关的研究成果,在一定程度上也弥补了中原地区相关公共文化研究较少的缺憾,希望能够为今后的学者相关研究起到抛砖引玉的作用。

探索以居民需求为导向的公共文化服务体系建设,对于有针对性的完善河南省现代公共文化服务体系具有深远的现实意义。目前,城乡居民文化需求日益增长且具有多元化发展的趋势，城乡居民不仅期待丰富多彩的公共文化活动，更期待有内涵、有品位的文化服务活动，这种不断发展的文化需求在客观上需要通过建立一个更加公正、科学、可持续的公共文化服务供给机制来得以满足，即要求政府及相关管理主体能够提供持续的、高质量的公共文化服务。研究居民公共文化需求以及对公共文化服务的满意度，对城乡居民进行广泛而深入地调查，可了解全省公共文化服务供给满意度的真实状况，进而为政府以及相关部门制定《河南省公共文化服务考评标准》《河南省基层公共文化服务第三方评价标准》等制度提供可靠的数据参考与评价依据；可为政府公共文化服务体系建设提供决策咨询，发挥中心智库的作用。今后，通过对河南省不同地市公共文化服务需求与满意度状况的调查资料进行比较分析，或将调查数据与《河南省公共文化服务考评标准》《国家基本公共文化服务指导标准》对比，即可发现河南省公共文化服务资源供给方面的地区差异和与国家服务标准的差距，为河南省公共文化服务的均等化和标准化建设提供决策参考。同时，加强居民对公共文化服务需求的研究，也为在现有经济条件下最大限度满足广大人民群众日益提高的精神文化生活需要，保障人们文化权益的实现具有积极意义。

（三）调查方案设计

本次调查是在河南省文化厅的指导下，由河南省公共文化研究中心负责设计和指导实施。该调查设想始于 2016 年 1 月，为了使河南省公共文化服务工作能够更加贴合人民群众的需求，研究中心决定开展一次全省范围内的公共文化服务需求状况调查，以获得可靠的一手材料和数据。研究中心以洛阳师范学院为依托，开始了调查方案的设计工作。

1. 数据、问卷与调查方法

本文所采用的实地调查数据来源于河南省文化厅 2016 年委托河南省公共文化研究中心进行的“河南省城乡居民公共文化服务需求与满意度调

查"项目。调查严格按照科学、严谨、求实的原则进行,历经9个月有余。考虑到城乡情况存在差异,问卷设计分为《河南省城市居民公共文化服务需求与满意度调查》和《河南省农村居民公共文化服务需求与满意度调查》二套,分别包含20道选择题,内容主要涉及:居民享受公共活动场所设施及服务状况、获取公共文化活动信息方式状况、参与公共文化活动状况,以及对所参与的公共文化活动状况的满意度与对于改善公共文化活动的建议等五个方面。对应的调查对象分别为城市成年人居民与农村成年人居民。

调查的总体为河南省城乡18岁以上的居民,分析单位为个人。调查以多阶段分层概率抽样的方法抽取样本,确定样本框。调查资料的收集方法以问卷调查方法为主,辅之以现场访谈。现场调查依托洛阳师范学院学生资源,建立调查分中心制度和扎根调查员制度:一是指洛阳师范学院学生处、团委在本校各院系建立多个社会调查中心和社会实践小分队,形成覆盖全省的调查系统;二是指各院系分片包干(每个或每两个院系分包一个省辖市或乡镇),利用学生社会资源网络(同学、同乡或亲朋好友等)对学生家庭所在地的居民进行调查。资料分析方法主要包括单变量描述统计、双变量相关分析以及回归分析等。

本次调查时间从2016年4月初持续至8月底。调查调用了洛阳师范学院87名教师,1000余名学生,以学生为主体成立调查实践小分队,奔赴全省各地完成问卷调查,行程近30000公里。调查取得的大量一手数据,对河南省完善公共文化服务体系建设具有重要参考价值。

2. 抽样程序及样本基本特征

多阶段分层概率抽样是指采用多段抽样、分层抽样与简单随机抽样相结合的方法。实施步骤如下:

第一阶段,在河南省18个地级市中分别抽取主城区/县。采用随机抽样的方法,在每个地级市,抽取4个主城区/县。

第二阶段,从主城区/县中抽取办事处/乡镇。采用随机数表法从抽中的主城区/县所包含的办事处/乡镇中抽取 4 个办事处/乡镇。

第三阶段,从办事处/乡镇抽取社区/村庄。用 SPSS 软件提供的调查功能随机抽样,从选中的办事处/乡镇中抽取 8 个社区/村庄。

第四阶段,抽取 18 岁以上的城乡居民。在抽中的社区/村庄中,随机选取 80 名居民进行问卷调查,同时对部分调查对象进行个案访谈。

以对洛阳市城市居民调查为例,具体方法为:用简单随机抽样中的抽签法从洛阳市下属的涧西区、西工区、老城区、瀍河回族区、洛龙区、吉利区以及伊滨区抽取四个行政区域,它们是:涧西区、西工区、洛龙区、瀍河回族区;再用随机数表法从抽中的四个行政区所包含的办事处分别抽取 4 个,它们是:武汉路办事处、凯旋东路办事处、古城路办事处与东关办事处;然后用 SPSS 随机抽样法从 4 个办事处管辖的社区中随机抽取 8 个社区,它们是:谷水西社区、秦岭路社区、洛浦路社区、团结巷社区、英才社区、龙祥社区、通巷社区、东关社区;最后在抽中的社区中,随机选取 80 名居民进行问卷调查,同时对部分调查对象进行个案访谈。农村居民的调查方法如上。

调查组用严格的概率抽样方法抽取四个阶段样本,每一个阶段抽样都对候选样本进行了科学评估,调查数据真实度、可信度较高,所选样本有较强的代表性,样本结论可做推论统计用,即可用本次调查的数据结论推断河南省的整体情况。本次调查共发放问卷 16500 份,采取当场作答,当场收回的方式。经调研小组对问卷进行严格筛选、整理,选出合格问卷做数据分析用:城市居民发放 10000 份,收回有效问卷 8840 份,有效回收率 88%;农村居民发放 6500 份,收回有效问卷 5755 份,有效回收率 89%。被访人员的基本情况如表 1、表 2 所示。

表 1　被访人员的基本情况①

变量	人数		比例(%)	
	城市	农村	城市	农村
性别				
男性	4357	2768	49	49
女性	4483	2987	51	51
年龄				
18 岁(含)以下	1241	921	14	16
19—30 岁	3052	2014	35	35
31—40 岁	1635	921	18	16
41—50 岁	1404	863	16	15
51—60 岁	950	691	11	12
60 岁以上	558	345	6	6
文化程度				
小学及以下	763	921	9	16
初中	1900	1957	21	34
高中或中专	2286	1266	26	22
大专	1398	518	16	9
大学本科及以上	2493	1093	28	19

① 如无特别说明,以下图表数据均来自于《河南省城乡居民公共文化服务需求与满意度调查》。

表 2　城市被访人员的职业及收入情况

变量	人数	比例(%)
职业		
在校学生	2542	29
公务员	970	11
企事业单位员工	1762	20
离退休人员	999	11
个体户	1385	16
其他职业	1182	13
月收入		
1000 以下	2526	29
1000—1999 元	1588	18
2000—2999 元	2035	23
3000—4999 元	1523	17
5000—9999 元	902	10
10000 元以上	266	3

3. 调查实施及进度安排

(1)明确主题。在调查开展之前,经过研究中心领导及研究成员的认真讨论,明确了此次调查的主题和目的,主要是对河南省城乡居民的公共文化服务需求与满意度进行摸底调查,了解基本情况,掌握一手资料。

(2)政策学习。2016 年 3 月,研究中心组织参与问卷设计的教师认真学习、仔细领会近几年来国家以及河南省的公共文化相关政策、文件以及领导的重要讲话精神,并认真听取了所辖各市举办特色文化活动的汇报与经验交流心得,通过对相关政策文件的学习和理解,做到问卷设计真实、全面、科学。

(3)问卷设计与完善。2016 年 4 月上旬,通过对相关政策文件的认真学习,参与问卷设计的教师依据河南省现有的公共文化体系,将相关内容转化成可观察、可测量的指标，两套问卷力图真实反映居民的公共文化需求与满意度状况，题目涉及文化活动、文化服务、场所设施等三大方面。经过多次修改与完善，问卷设计做到问题设计具有针对性、简明性和客观性，答案设计具有穷尽性、互斥性、合理性。

（4）完成抽样，确定样本框。2016 年 4 月中下旬，根据调查目的，确定采取概率抽样的方法，分步骤完成四个阶段的抽样，确定样本框。城市按照“地级市—城区—办事处—社区—居民”，农村按照“县—乡镇—村庄—居民”的步骤分别完成抽样，确定调查地点与对象。

（5）问卷试调查与定稿。在大规模调查之前，调研组进行问卷试调查工作，将问卷分别发放给洛阳市洛龙区英才路社区的居民以及伊滨区诸葛镇李村的居民进行试调查，根据试调查的结果，了解问卷题目和答案设置是否合理，重新梳理问卷逻辑与结构，进一步对问卷进行调整、完善，最终定稿。

（6）培训调查员。研究中心组织两位担任社会调查课程的专业教师对即将参与问卷调查的带队老师以及学生代表进行强化培训，尤其是对调查时与人沟通方面的方法和技巧，以及问卷中关键问题的解释等方面进行强调，为顺利开展问卷调查做好充足准备。

（7）正式调查。2016 年 7 月至 8 月，依托洛阳师范学院，在学生处和团委的大力支持下，各院系成立多个社会调查中心和社会实践小分队，采取分区包干制的方法，由带队教师为指导，学生分组，利用周边社会资源关系网络，奔赴省内各地的抽样地点进行调查，最终完成 14595 份有效问卷调查。

（8）分析资料和撰写问卷调查报告。现场调查完成后，2016 年 9 月，研究中心组建统计分析小组，利用 SPSS 软件，将所有有效问卷的信息编码，录入系统并进行整理与统计，形成图、表等直观形式的结果。在此基础上，分别完成城市居民公共文化服务需求与满意度调查报告与农村居民公共文化服务需求与满意度调查报告。

二、城乡居民公共文化服务需求及满意度情况分析

公共文化服务是基于社会效益，不以营利为目标的，为社会提供非竞争性、非排他性的公共文化产品的资源配置活动。为了使公共文化服务的效益最大化，需要依照城乡居民的文化诉求有针对性地进行公共文化资源合理、均衡配置。城乡居民的文化诉求是在一定历史条件下的社会化产物，因此，关注城乡居民公共文化需求状况，不能仅停留在居民对现有公共文化资源是否满意上，更应该把握在一定社会发展阶段城乡居民的文化需求特点及内在发展规律。

（一）城市居民公共文化服务需求及满意度情况分析

1. 公共文化设施（场所）需求及满意度情况

文化基础设施是满足广大群众日益增长的精神文化需求的基础，是推动文化大发展的基本保障，同时也是一个城市文明程度最直观的体现。

（1）知识类和健身娱乐类公共文化设施的利用率较高。图书馆、活动广场与公共绿地是大部分居民常去的公共文化活动场所，约有四成的居民都选择这些场所，另有近三成的居民经常光顾文化馆、博物馆、科技馆以及工人文化宫与体育馆，仅有 10.7% 的居民常去少儿图书馆。整体来看城市居民对知识类和健身娱乐类设施的使用情况相差不大，且比例都较高。如图 1 所示。

（2）不同群体有不同的公共文化场所使用偏好。从调研数据看，年龄差异与教育水平差异是导致城市居民公共文化场所偏好的主要原因。老年人对公共绿地和活动广场的使用率普遍较高，大学本科学历以上的青年群体对知识类的公共文化场所的使用率比较高，比例达到 50% 以上。

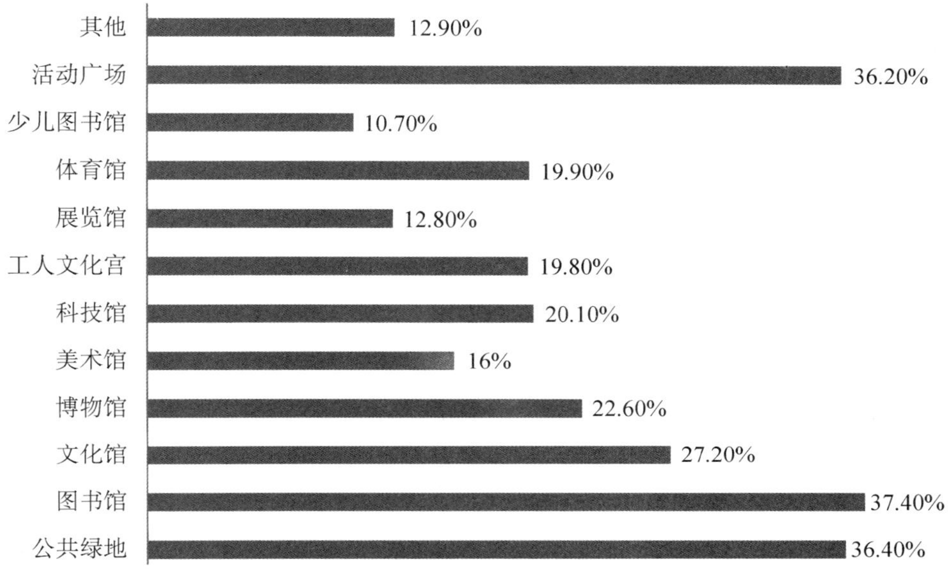

图 1　居民常去的公共文化服务场所选择情况

表 3　不同年龄段人群常去公共文化服务场所情况（单位：%）

公共文化服务场所	年龄					
	18 岁及以下	19—30 岁	31—40 岁	41—50 岁	51—60 岁	60 岁以上
公共绿地	39.2	37.5	34.9	31.6	34.8	43.2
图书馆	51.8	47.6	30.4	25.3	25.3	20.6
文化馆	27	28	29	23.4	29.7	23.3
博物馆	22	24.4	26.1	20.6	18.8	15.4
美术馆	16.9	16.5	16.9	15.2	16.3	9.9
科技馆	22.2	20.7	19.3	20.9	18.4	15.4
工人文化宫	12.8	18.3	20.5	23.5	25.7	22.4
展览馆	11.4	12.7	15	12.4	13.3	9.7
体育馆	22.2	22.2	21.3	17.7	15.3	11.8
少儿图书馆	15.8	8.7	11.6	10.5	10.7	8.8
活动广场	29.5	35.2	35.2	37.7	40.6	48.6
其他	14.5	13.9	11	12	10.9	15.2

表 4　不同学历人群常去公共文化服务场所情况(%)

公共文化服务场所	学历				
	小学及以下	初中	高中或中专	大专	大学本科及以上
公共绿地	38.3	35.3	35.1	31.4	40.7
图书馆	26.3	30.3	33.3	31.8	52.9
文化馆	23.5	26.3	27.7	25	29.8
博物馆	12.7	18.4	23.2	25	27
美术馆	11.8	12.1	16.9	18.7	17.9
科技馆	16.4	17.6	19.1	22.3	22.9
工人文化宫	19.3	20.8	19.8	20.4	18.9
展览馆	9.8	13.1	15.4	14.7	12.8
体育馆	10.1	15.2	20.6	21.6	24.9
少儿图书馆	15.2	10.4	11.1	10.1	9.6
活动广场	41.2	38.7	34.8	33.4	35.7
其他	14.3	15.4	13.4	9.7	12

(3)公共文化设施使部分居民感到便利。居民步行去文化活动场所的时间是衡量公共文化服务设施便利程度的重要指标,也反映了政府提供公共文化服务的水平。调查显示,8.21%的居民“五分钟之内”就可以到达最近的公共文化活动场所,39.52%的居民需要“5—15 分钟”,33.14%的居民需要“16—30 分钟”,19.13%的居民则需要“30 分钟以上”才能够到达。

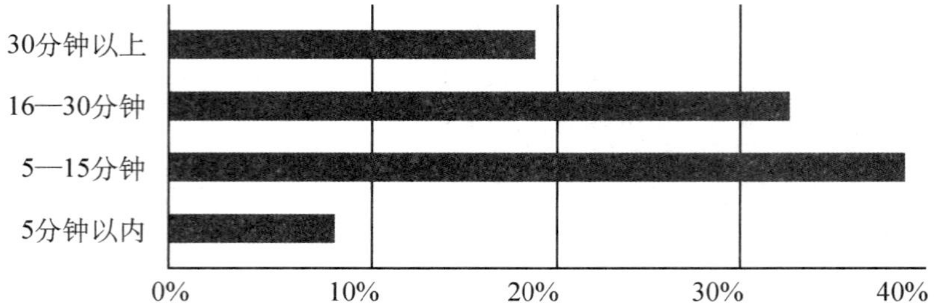

	5分钟以内	5—15分钟	16—30分钟	30分钟以上
■ 百分比	8.21	39.52	33.14	19.13

图 2　居民步行去最近的公共文化活动场所所用时间

(4)大部分公共文化活动设施都能使居民获得满意感。在城市所提供的公共文化活动场所中,最能让城市居民满意的有图书馆、公共绿地和活动广场,其中图书馆所提供的活动最使城市居民满意。如图3所示。

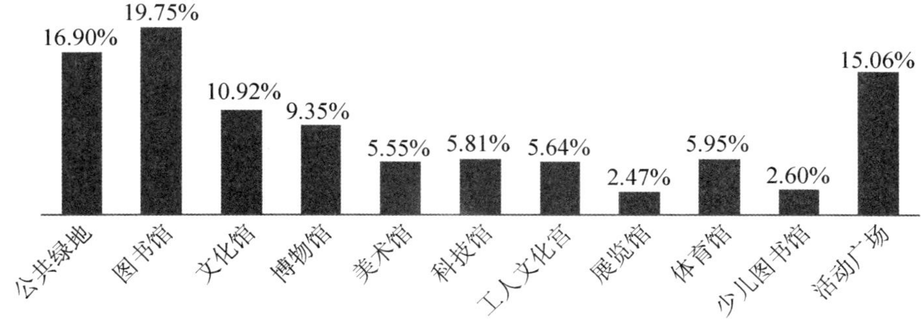

图3　居民最满意的公共文化活动场所选择情况

同时,居民希望拥有公共绿地、博物馆以及活动广场,这几类居民常去的公共文化活动场所能够再进一步完善。具体情况如下图所示。

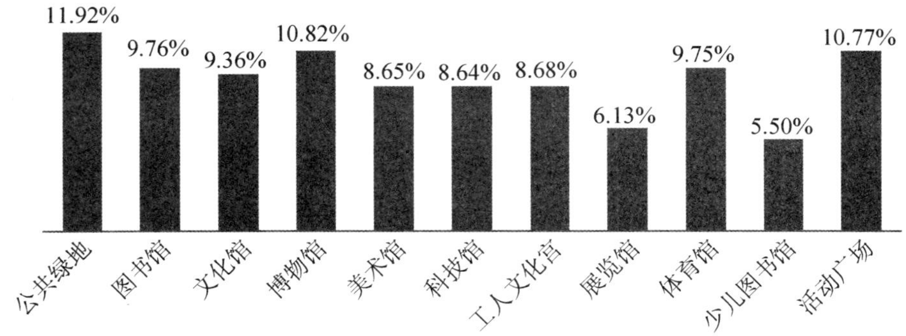

图4　居民希望有所改善的公共文化活动场所选择情况

调查显示,公共文化活动场所的开放时间、距离远近及设备问题是导致居民对公共文化场所不满意的主要原因;公共文化活动场所提供服务的多寡以及场馆服务人员服务水平的高低也是影响居民满意情况的不容忽视因素。具体情况如图5所示。

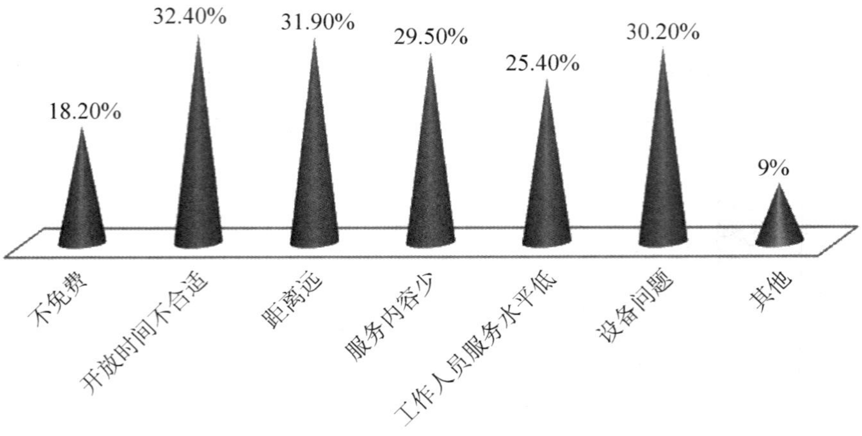

图 5　影响满意的因素

上述几组数据反映出城市居民对城市公共文化设施的需求，主要体现在大众类的开放空间尤其是活动广场和公共绿地以及大众类的知识空间等方面，如图书馆等。同时，对公共文化设施的建设提出了以下几点需求：一是文化设施的设定应该距离适当，为居民的使用提供最大的便利；二是文化设施的开放时间应与居民的工作时间错开，以便居民在正常工作时间之余有时间能够进入场馆；三是公共文化实施的设备应该是完整、可使用的，以便居民可以借助一定的设备自助满足自己的文化需求。另外，目前居民对相关场馆中服务人员的水平没有过高的期待，这可能与目前河南省的发展阶段有关系，但是不排除在未来的发展中居民对服务水平的期待会逐渐提高。在进行公共文化设施的建设过程中，政府的着眼点应该是发展中的居民文化需求，而不是一成不变，静止的，只有提供超越目前居民需求的公共文化服务与设施，才能让居民对政府的公共文化服务绩效感到满意。

2. 公共文化活动需求及满意度情况

文化活动是在政府引导扶持、社会参与支持下的非职业性重要社会文化形态，是公共文化服务体系建设的重要内容和公共文化服务科学发展的创新实践。作为精神文明建设的一部分，文化活动有利于提升基层人民群众的基本文化素质、提高全社会精神文明程度。

（1）公共文化活动多样化。河南省城市居民参加的公共文化活动种类丰富多样，有图书阅读、文艺演出、非物质文化遗产相关活动、参观文物或遗址、科普活动、书画展览、文艺比赛及演出、体育比赛及活动、免费的电影放映、党员教育活动、法制教育活动、广场舞等。调查显示，参加诸如跳广场舞、打太极拳、篮球、羽毛球、扭秧歌等大众活动的居民人数最多，占总数的33.5%；其次是文艺演出和图书阅读，分别占总数的30.3%和28.1%；选择“科普活动”“体育比赛及活动”“参观文物或遗址”以及“书画展览”等专业性文化活动的居民分别占总数22.7%、21.7%、20.9%和20.6%；居民观看免费的电影放映、逛庙会、灯会，参观非物质文化遗产相关活动的人数分别占总数19.5%、19.2%和18.6%；参加文艺比赛及演出、组建文艺兴趣小组与团队以及参加法制教育、党员教育的居民人数较少，其中党员教育的参与人数最少，仅占总数12.2%。如图6所示。

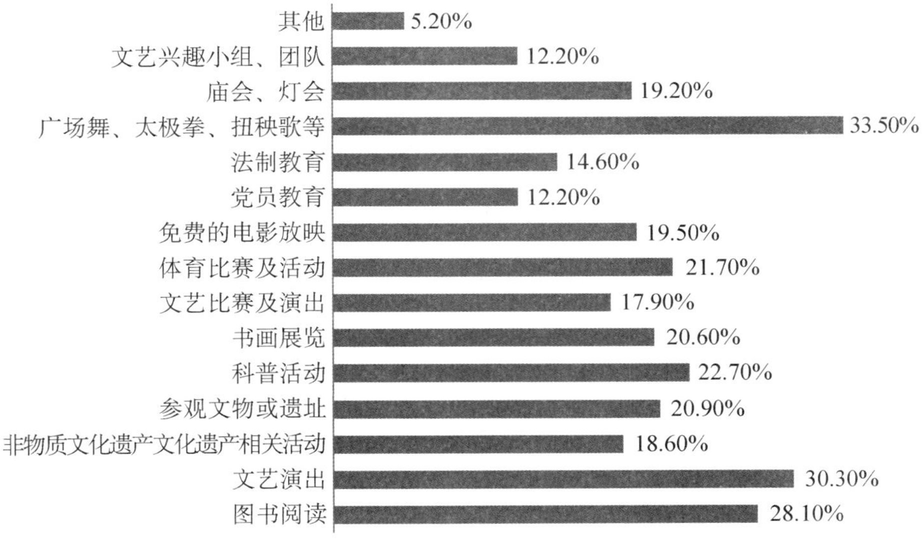

图6　居民参加公共文化活动的情况

(2)不同群体有不同的公共文化活动偏好。据调查显示,40.1%的18岁以下居民经常进行图书阅读活动;34.1%的19—30岁居民经常进行文艺演出活动;超过一半的老年人经常进行广场舞、太极拳、扭秧歌等传统文化活动;37.7%和34.7%的大学本科及以上学历居民经常进行图书阅读和文艺演出活动;所有学历的居民中都有近三到四成的人,经常进行广场舞、太极拳、扭秧歌等活动,而对于科普、书画、文艺等文化活动并不热衷。

(3)城市居民参与公共文化活动的频率不固定。城市居民中经常(每周不少于三次,每次不少于一小时)参与公共文化活动的人数占比例12%;有时参加公共文化活动的居民人数最多,比例占有50%;不参加、不关心社区公共文化活动的居民占比例分别为20%和18%。这说明,只有少数居民对公共文化活动的参与能够做到常态化,绝大多数居民对公共文化活动的参与没有固定的频率。

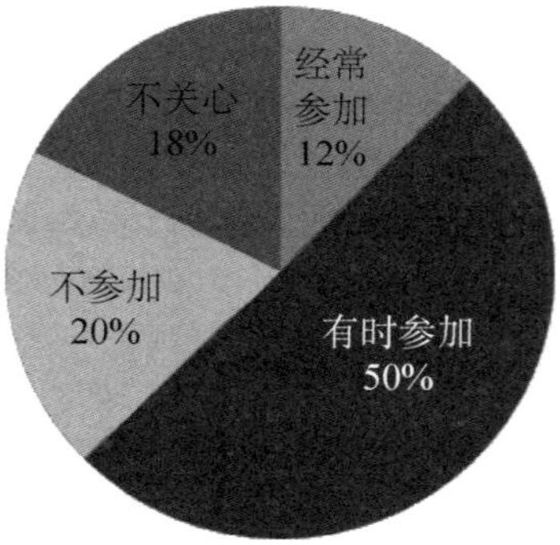

图7　居民每周参加公共文化活动的情况

(4)大部分公共文化活动都能使居民获得满意感。在城市居民所参加的公共文化活动中,最能让居民满意的活动分别是图书阅读,占总数14.99%,打篮球、羽毛球、扭秧歌等户外文化活动与文艺演出紧随其后,分别占总数的14.55%与11.7%。如图8所示。

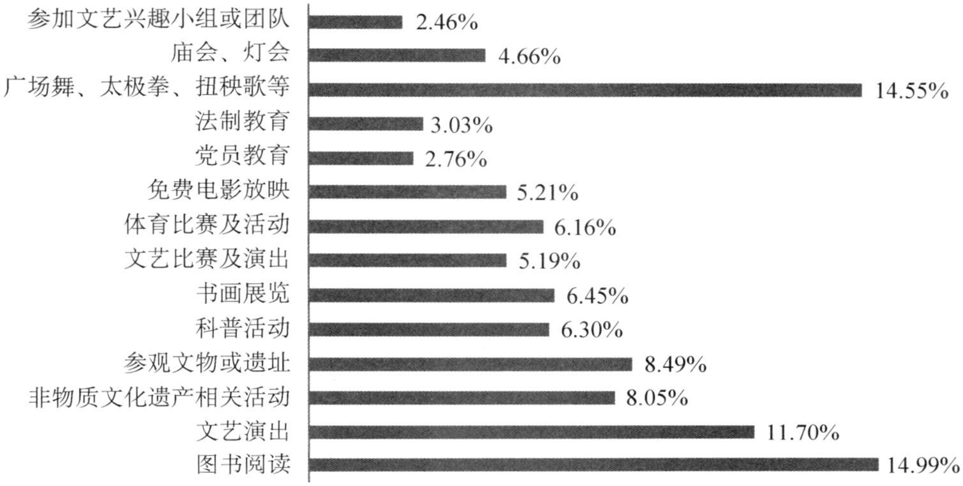

图 8　居民最满意的公共文化活动选择情况

在城市居民所参加的公共文化活动中，居民认为需要有所改进的公共文化活动分别是非物质文化遗产相关活动，选择比例占总数的 10.83%，科普活动与参观文物或遗址的人数紧随其后，分别占总数的 10.22% 与 8.81%。如图 9 所示。

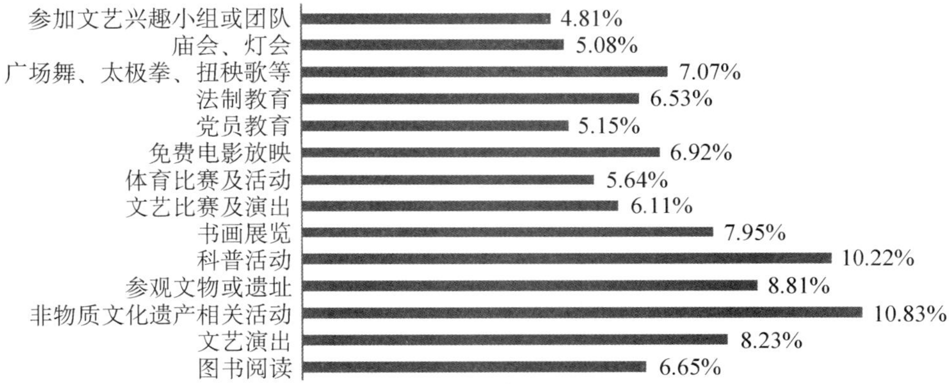

图 9　居民认为需要有所改进的公共文化活动选择情况

居民对公共文化活动不满意的原因有多重。其中,缺乏趣味性占比46.9%,位居第一;在活动次数上,35.4%的人认为数量较少,频度较低;31%的人认为活动不实用;在内容上,有26.7%的人认为比较单一,不丰富;其他原因占比12%。

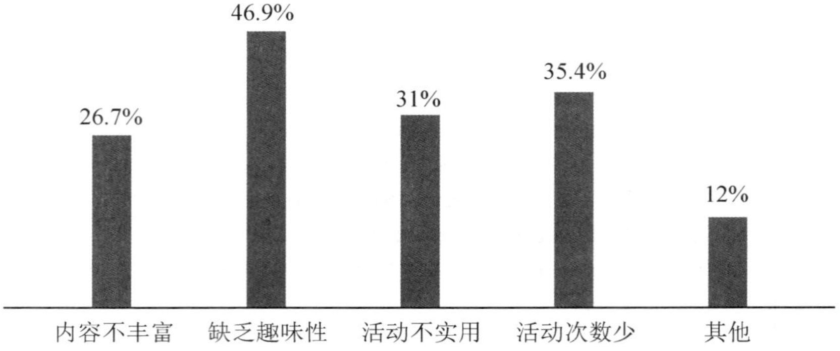

图 10　居民对改善公共文化活动的建议

课题组调查了青年、中年及老年群体对社区公共文化活动的满意度情况,从“非常满意”到“不满意”分别赋值为1—5,经过对均值分析,结果显示:青年、中年以及老年人对社区所提供的公共文化活动的均值分别为2.84、2.77和2.49,其中,老年人的均值明显低于前两者,这意味着老年人的满意度高于青年和中年群体,青年群体对公共文化活动的需求更高。

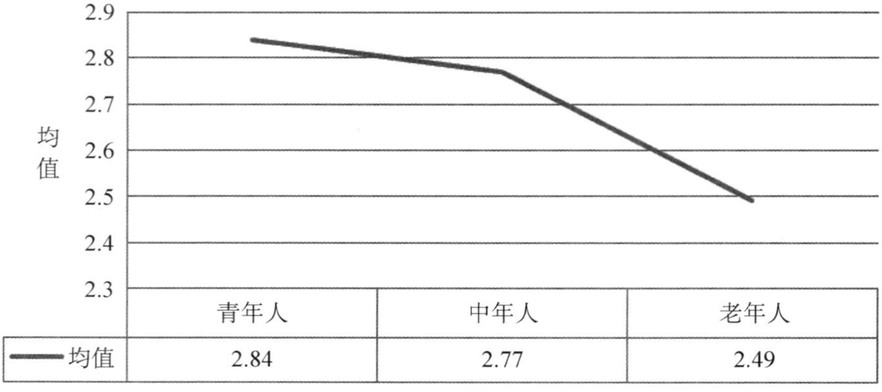

图 11　青、中、老年人对社区公共文化活动满意度的均值比较

上述几个方面的分析显示,团体健身类的公共文化活动是居民喜好的文化活动。个体化的文化活动主要是图书阅读,图书阅读也是居民最满意的一项文化活动。由于相关活动缺乏趣味或活动次数太少,使居民认为非物质文化遗产及科普等活动是有待提升的文化活动。由此可见,城市居民对公共文化活动的期待主要有以下几个方面:一是活动应该具有适当的团体性质,能够使居民在集体性质的运动中既达到强身健体的目的又可以实现与团体中的其他人进行交流,通过某些文化活动,满足其一定的心理需要;二是相关文化活动的活动次数应该增加并常态化,使公共文化活动成为居民日常生活的重要组成部分;三是公共文化活动应体现一定的趣味性。公共文化活动内容的设置应该以居民需求为主要导向,而不是为了进行公共文化活动而进行公共文化活动,使公共文化活动丧失其本来的初衷与目的。因而,政府在组织公共文化活动时,应广泛调研,征询居民需求,使公共文化活动的设定围绕居民的兴趣点展开。另外一点值得注意的是:青年群体是一个较难满足的群体,由于其视野相较其他年龄的群体更为广阔,思维活跃,喜爱新鲜、潮流的事物与方式,该群体对文化活动有着更高的要求。同时,该群体偏好的文化娱乐活动主要偏向综艺娱乐性质的文化活动及图书阅读,这一点明显区别于中年与老年群体的偏好。可见,想要提高不同群体的满意度,需要针对不同群体的活动偏好,“看人下菜”,例如,青年群体偏好综艺娱乐性质的文化活动,那就应该在这样的活动中多增加一些年轻人的元素;老年群体偏好于太极拳、广场舞等活动,那么在这样的活动中就应该多一些传统的、老年人乐于接受的元素等。

3. 文化服务方式需求及满意度情况

创新公共文化服务方式已经是一项迫在眉睫的工作,传统的由政府单一主体提供公共文化服务的方式已经不能满足群众日益增长的多样化的文化需求。河南省积极探索创新政府购买公共文化服务的方式,诸如已将民办博物馆、民办图书馆、民营演艺机构、民办非物质文化遗产展示馆传习所、民办上网服务场所等提供的文化服务纳入政府购买范围，出台了一系列扶持政策，推进世界遗产保护研究基地建设等。就本次调查而言，居民感受最深刻的文化服务方式主要是免费开放场馆、推进传统文化及公共文化服务均等化等。

（1）提供免费开放场馆服务。免费开放是党的十七大关于社会主义文化大发展、大繁荣的具体实践，是加强社会主义核心价值体系建设和公民思想道德建设的有效手段，是进一步提高政府为全社会提供公共文化服务水平的重要举措，是实现和保障人民群众基本文化权益的积极行动。但这次调研中，免费开放服务方式并不如理想中那样乐观。

调查显示，表示对免费开放场馆的信息“非常了解”的居民占总数的8%，47%的居民“知道一些”，37%的居民“不了解”，另有居民8%对此表示“不关心”。整体上，公共文化服务信息传播的效果有限，政府的宣传影响力有待进一步提高。大部分居民对公共文化服务场所是否免费开放比较关心，但居民对场馆是否免费开放的了解程度较低，可见，公民对了解场馆的对外开放形式的相关信息是有需求的，目前政府对免费开放场馆这一服务方式的宣传力度仍然不足。

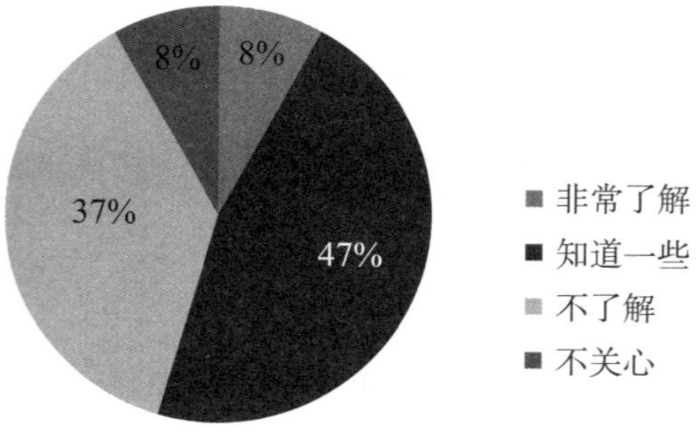

图12　居民对免费开放场馆的了解程度

（2）提供多样化的公共文化服务信息宣传平台。调查显示，居民获取公共文化服务信息的渠道多样化。最主要的信息来源是手机，占总数的

59.2%；其次是网络，占总数的46.3%；而报纸、听说、广播电视以及宣传栏的所占比例分别是34.4%、29.9%、25.1%与22.4%。此外，还有6.5%的居民从其他途径获取信息。手机和网络已经成为居民获取公共文化服务信息的重要渠道，信息途径的便捷性提高，如下图所示。可见，公共文化服务信息的宣传应主要借助新媒介，尤其是手机等便于携带的移动网络途径，而报纸、广播电视等传统媒介可以作为辅助手段。

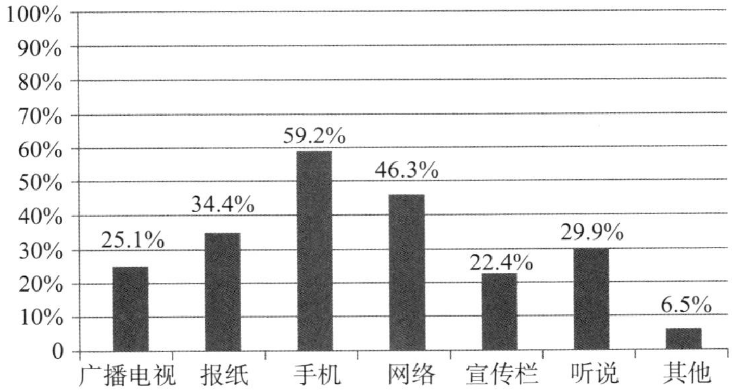

图13　居民获取公共文化信息的渠道分布图

(3)公共文化服务均等化。目前，地区之间、城乡之间、人群之间公共文化服务并不均等，由此提出了“提高公共文化服务均等化”的命题。老年人、未成年人、残疾人、农民工、农村留守妇女儿童、生活困难群众是重点关注对象，关注这部分群体的文化需求，不仅仅是社会公平正义和文明进步的体现，也是现代公共文化服务体系的应有之义。调查显示，仅有10%的居民对“农民工、老年人、未成年人、残疾人已被纳入本市公共文化服务对象”这一情况非常了解；有49%的人知道一些，35%的居民表示对此并不了解和6%的居民并不关心这一问题。可见，大部分居民对这一政策还是比较感兴趣，然而公共文化服务均等化政策的落实还有很长的路要走，作为这一政策的主要受益对象并不十分了解这一政策，便很难参与到公共文化活动中。整合上述有关文化政策的调查，可以发现，为了改善文化民生、为群众提供更好的文化服务，政府在不断完善公共文化活动的服务方式，同时居民对新出台的各项文化政策表现出一定的兴趣，但大部分居民缺乏对这些政策的深入了解。这其实对于政府文化政策的宣传及解读工作提出了更多、更高的要求，从某种程度上说，政策的宣传与解读也是一种文化服务。

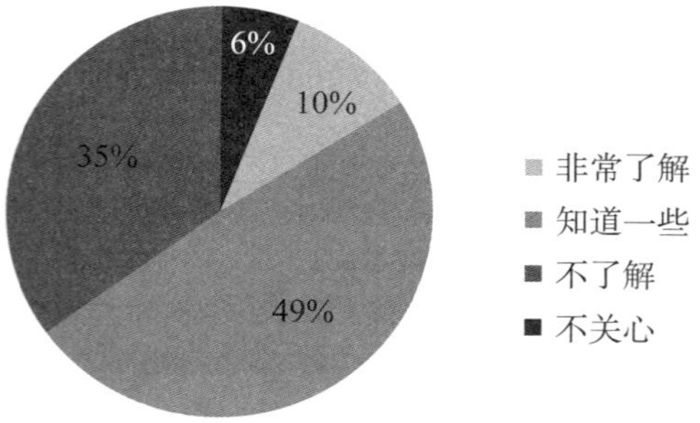

图 14　居民对公共文化服务对象知晓情况

（4）提供传统文化活动服务。传承传统文化是开展公共文化的应有之意，传统节日活动的开展有助于提升公共文化服务的内涵和水平。传统文化为人民群众提供了文化上的根源认同和自豪感。人民群众的日常生活需要传统文化，社会治理需要传统文化。通过开展传统节日活动，传承传统文化，是公共文化服务实现满足人民群众文化需求、保障其文化权益、提升国家文化软实力、建设文化强国目标的内在要求。另一方面，传统文化丰富了公共文化服务的内容和形式，也是体现公共文化服务公平性的重要途径。实践中，公共文化所提供的传统文化服务并未深入人心。

调查显示：有 36% 的社区（小区）开展过元宵节灯会、端午节赛龙舟等类似的传统节日庆祝活动；40% 的社区（小区）没有开展过传统活动；24% 的居民选择“不知道”。调查数据反映出两方面的问题：一方面，大部分居民能够辨识出传统文化活动，且对是否开展过类似的活动留有一定的印象；另一方面，大部分社区公共文化服务的提供忽视了居民对传统文化的认同。

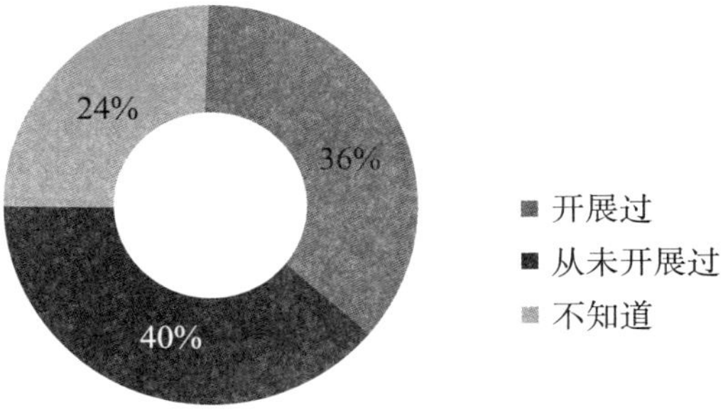

图 15　社区开展传统节日活动情况

就调查而言,居民对公共文化服务方式的需求主要表现为需要多了解已经出台的相关服务信息。无论是相关公共文化活动场所的免费开放还是公共文化服务的均等化理念,都需要在居民中进行广泛宣传,使更多的居民不会因为付费而选择放弃享受公共文化服务。而居民更期待通过移动网络平台获取公共文化服务方式的相关信息,这一偏好似乎释放了这样一个信号:政府在未来的文化政策制定及创新文化服务方式中不能忽视移动网络平台上的公共文化服务。一方面是因为有更多的居民把更多的时间与注意力放在了这上面,网络平台确实使居民实现了足不出户解决大部分生活问题;另一方面是因为在移动网络平台上开展公共文化活动具有一定的可行性。此外,在创新公共文化服务中不能也不应该忽视传统文化,中国文化历史源远流长,精神财富丰富,传统文化对国民有着特殊的意蕴和丰富的情感含义,若能取其精华,去其糟粕,将传统文化赋予时代的活力,定能够赋予现代公共文化体系建设以新的力量。

(二)农村居民对公共文化服务的需求及满意情况

1. 公共文化设施(场所)需求及满意度情况

(1)健身娱乐类场所是农村居民最经常去的公共文化场所。文化活动的设施与场馆是公民文化需求得以满足的空间载体。调查结果显示,在所有的公共文化场所中,农村居民最经常去的公共文化场所是篮球场、乒乓球场、广场舞活动场、健身器械场等，占比例的 31. 3%；其次是活动室（棋牌室），占 19. 4%；另有 16. 2% 的村民（居民）选择去图书室（农家书屋）活动；选择去党员活动室和阅报栏的村民（居民）各有 11. 5%；还有 10. 1% 的村民（居民）选择去电子阅览室活动。如图 16 所示。

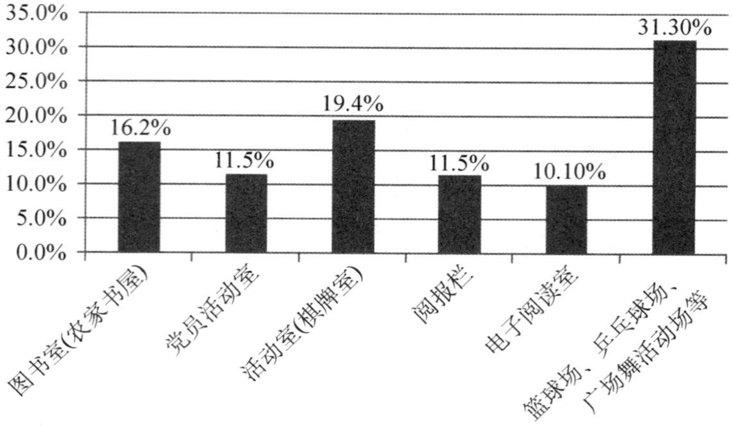

图 16　村民（居民）经常去的活动场所

（2）公共文化设施（场所）已成为农村居民日常生活的一部分。调查显示，我省农村村民（居民）每周使用 1 次村公共文化设施的占 47. 4%，有 31% 的村民（居民）每周使用 2—3 次，每周使用 4 次及以上的居民占 5. 9%，15. 7% 的村民（居民）基本不使用村公共文化设施（如图 17）；整体上看，大部分村民每周都会使用公共文化设施（场所），但仍有部分村民对公共文化设施的利用率不高。

（3）户外健身设施是农村居民最满意的公共文化设施。对于上述公共文化设施，民众对健身娱乐类公共文化设施满意度最高，40. 9% 的被调查者对“最满意的公共文化设施”这一项选择的是篮球场、乒乓球场、广场舞活动场、健身器械场等（如图 18），村民希望完善棋牌室（活动室）、图书室（农家书屋）和电子阅览室（如图 19）。

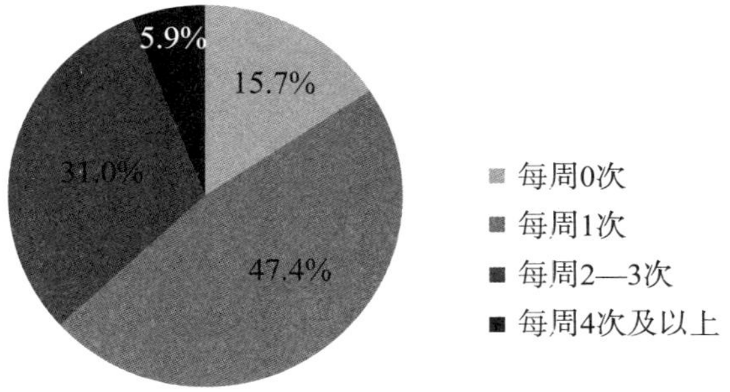

图 17 村民（居民）使用公共文化设施情况

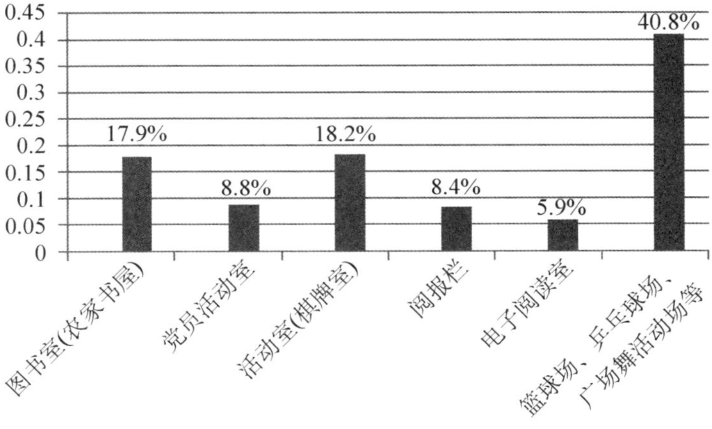

图 18 村民最满意的公共文化活动场所

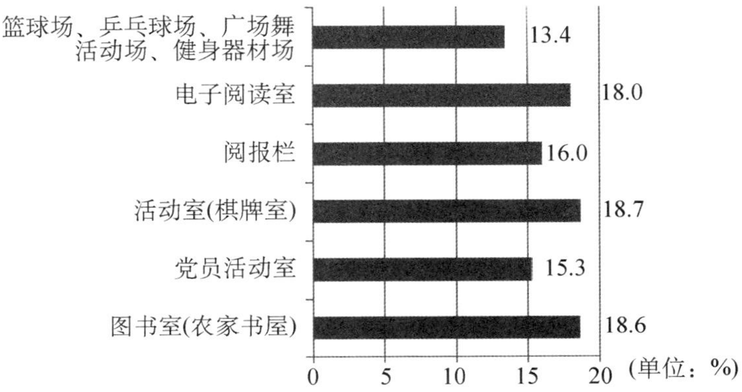

图 19 村民期待完善的公共文化场所

调查显示，农村群众对图书室、电子阅览室等设施不满意的原因，27.6%的被调查者认为首要原因是设备设施不齐备或陈旧；其次是村公共文化活动场所距离远（19.9%）；认为村公共文化活动场所服务内容少的占17.4%；认为工作人员服务水平低的占14.4%；认为活动场所开放时间短或不合适的占12.9%。目前，农村基层综合文化服务中心并未实现全覆盖，有的农村并没有配备公共文化设施，村级公共文化设施的不完备和管理不善也是影响农村居民公共文化活动开展和公共文化诉求满足感的重要因素。如图20所示。

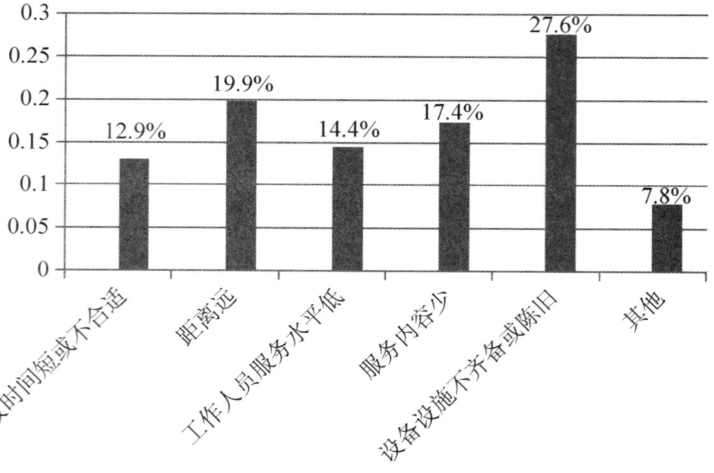

图20　影响满意的因素

通过以上数据发现，室外健身设施是农民最经常去也是最满意的场所，这反映出广大农民对通过体育建设保障身体健康和心情愉悦的极大需求。据实地调查，随着农村生活水平的不断提高，跳广场舞开始走俏乡村，越来越多的农民开始参与到广场舞的锻炼大军之中，每到晚上，村民纷纷聚集到村篮球场或文化广场。跳广场舞，一方面丰富了他们的业余生活，另一方面这种公共性的文化娱乐活动，也极大满足了农民社交的需求，增进了村民之间的交流，融洽了邻里关系，培养了农民对所在农村的认同感，营造了浓郁的农村文化氛围,值得政府引导和推广。与此同时,与城市相比,农村居民对知识类的公共文化设施比如图书馆、阅览室利用不多,这种现象与农村的实际情况有关,在农村普遍存在的一个现象是:有一定文化知识的年轻人大都出外谋生,留在村子里的多半是妇女、孩童和老人,因此,户外广场、露天体育场地利用率较高,而图书室、阅览室等本就冷清,更因为图书种类少、针对性和时效性差,基础设施不完善等原因门可罗雀,本该发挥的实际作用有限。

2. 公共文化活动需求及满意度情况

(1)群体性公共文化活动需求日益增强。随着农村经济条件的改善,农村居民对群体性文化活动的需求不断增加,如图21所示,在对村民每周参加文体活动情况的调查中,47.5%的被调查者都会在闲暇时间参加公共文化活动。

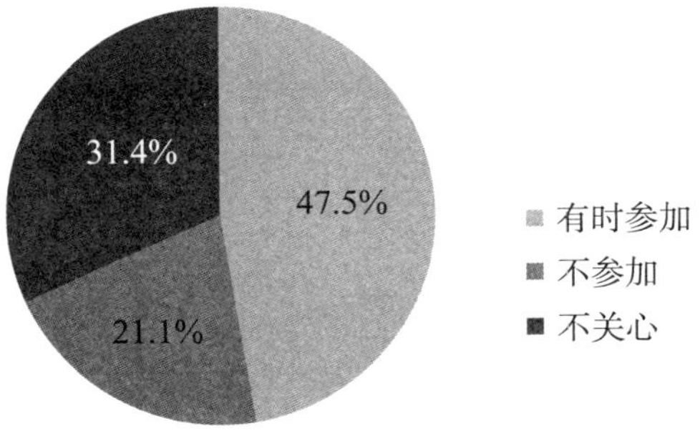

图21　村民(居民)参与公共文化活动情况

调查结果显示,农民在业余时间喜欢参加的文化娱乐活动形式和内容虽比较广泛,但是村民最经常参加的是广场跳舞、打太极拳、打篮球、羽毛球、扭秧歌等文体健身类活动,其次是免费的放电影、唱戏、听戏。可见,健身娱乐性的公共文化活动是农村居民首要需求的,如图22所示。

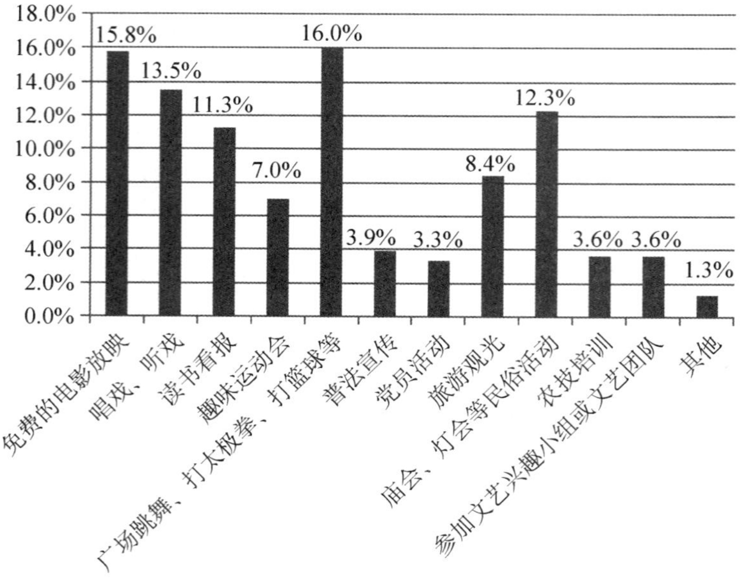

图22　村民(居民)经常参与的公共文化活动情况

(2)不同群体喜欢的公共文化活动存在差异。调查发现,不同群体喜欢的公共文化活动呈现年龄差异,如表5所示。18岁(含)以下的村民(居民)最喜欢的文化活动是免费的电影放映(43.1%);中青年群体最喜欢的文化活动是广场跳舞、打太极拳、打篮球、羽毛球、扭秧歌等,一半以上的51—60岁和60岁以上村民(居民)较喜欢唱戏、听戏的活动。

表5　不同年龄阶段的村民(居民)喜欢的公共文化活动(%)

经常参加的公共文化活动	年龄					
	18岁(含)以下	19—30岁	31—40岁	41—50岁	51—60岁	60岁以上
免费的电影放映	43.1	41.1	40.4	40.4	40.9	37.9
唱戏、听戏	24.1	28.8	34.6	39.9	50.1	61.5
读书看报	31.5	31.3	30.7	27.0	26.3	21.0
趣味运动会	26.4	19.9	16.8	14.6	12.6	9.6

续表

经常参加的公共文化活动	年龄					
	18岁（含）以下	19—30岁	31—40岁	41—50岁	51—60岁	60岁以上
广场跳舞、打太极拳、打篮球、羽毛球、扭秧歌等	37.4	41.5	42.9	45.7	42.1	36.4
普法宣传	7.0	10.4	13.0	10.7	10.9	6.7
党员活动	5.4	7.4	10.1	12.5	10.9	6.4
旅游观光	25.9	25.8	20.2	17.6	15.1	16.3
庙会、灯会等民俗活动	27.8	32.8	31.1	30.3	35.2	39.7
农技培训	5.4	7.2	12.1	13.2	11.8	9.0
参加文艺兴趣小组或文艺团队唱歌、唱戏等	11.3	11.2	9.2	6.2	8.3	5.2
其他	4.8	2.8	3.6	2.9	2.5	3.2

通过数据分析发现，不同文化程度喜欢的公共文化活动不尽相同。小学及以下文化程度的村民（居民）最喜欢唱戏、听戏（51.9%）；初中文化程度的村民（居民）喜欢观看免费电影的比较多；高中或中专文化程度的村民（居民）喜欢广场跳舞、打太极拳、打篮球、羽毛球、扭秧歌等活动，如表6所示。

表6　不同文化程度喜欢的公共文化活动（%）

经常参加的公共文化活动	文化程度				
	小学及以下	初中	高中或中专	大专	大学本科及以上
观看免费的电影	44.0	40.5	42.7	37.1	38.8
唱戏、听戏	51.9	40.3	26.9	25.3	25.9
读书看报	20.2	25.9	35.0	33.8	35.7

续表

经常参加的公共文化活动	文化程度				
	小学及以下	初中	高中或中专	大专	大学本科及以上
趣味运动会	14.1	15.4	21.6	20.3	22.1
广场跳舞、打太极拳、打篮球、羽毛球、扭秧歌等	40.3	39.8	43.1	43.6	42.3
普法宣传	5.9	10.7	11.1	13.1	10.4
党员活动	6.0	7.6	10.2	12.9	8.6
旅游观光	14.4	21.4	21.6	21.6	29.1
庙会、灯会等民俗活动	30.9	32.1	31.4	31.3	34.1
农技培训	9.7	9.7	9.9	11.2	6.9
参加文艺兴趣小组或文艺团队（唱歌、唱戏等）	6.0	9.2	9.9	8.1	13.0
其他	2.9	3.4	2.5	4.2	4.0

（3）大部分农村居民对公共文化活动比较满意。课题组要求村民对本村提供的公共文化服务活动提供一个总体性的评价。调查结果表明，如图 23，10.7% 的村民对于村里开展的各项公共文化活动感到满意，认为比较好的占 39.9%，总体而言，村民对公共文化活动开展的水平还是基本满意的。但与此同时，课题组也注意到，41.2% 的村民认为村里开展的公共文化活动一般，这样的调查发现也提醒政府相关部门，我国基层政府目前在农村地区开展的公共文化服务活动还存在进一步提高的必要性。

根据调查结果发现，如图 24，现有的公共文化活动中，村民（居民）最满意的是免费的电影放映（20.8%）。

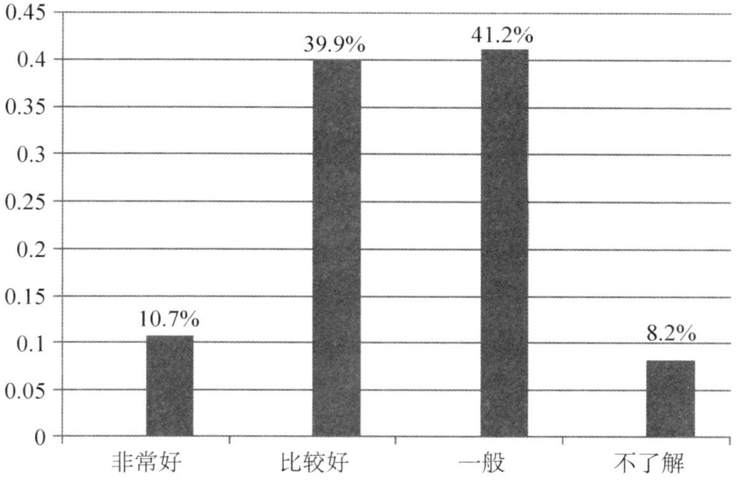

图 23　村民(居民)对公共文化活动开展整体水平的评价

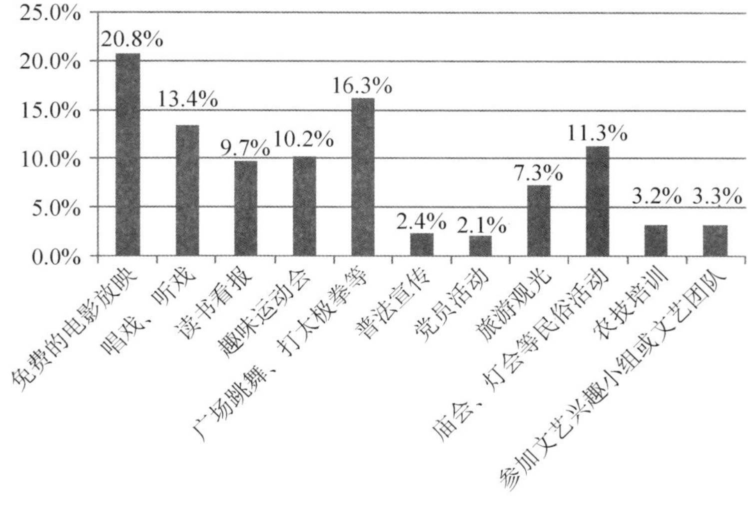

图 24　村民(居民)最满意的公共文化活动

(4)农村居民希望提高公共文化活动的趣味性。对于村民(居民)对公共文化活动不满意的原因,如图 25 所示,活动缺乏趣味性是首要原因

(31. 7%),然后依次是活动次数少(25. 5%)、活动内容不丰富(19. 5%)、活动不实用(15. 5%)。

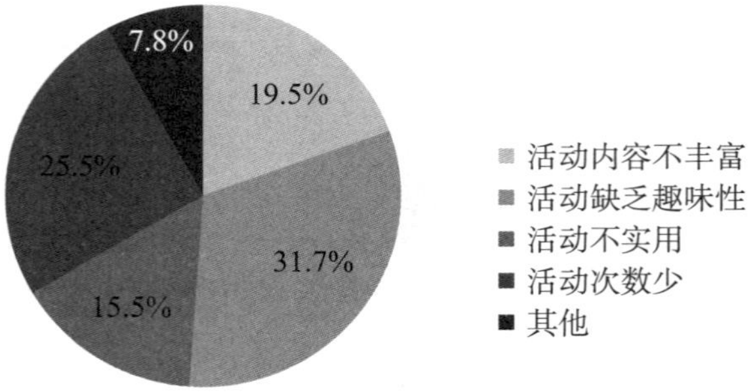

图 25　村民(居民)对公共文化活动不满意的原因

对于传统节日开展情况,调查结果显示,如图 26,只有 38. 6% 的村民表示本村开展过传统节日活动(如元宵节灯会、端午节赛龙舟等),42. 8% 的村民表示本村从未开展过任何传统节日活动,而有 18. 6% 的甚至不知道是否开展过。这样的调查结果表明,政府在农村开展传统庆祝节日活动方面重视程度不够,活动过少,难以满足村民对此方面的文化需求。

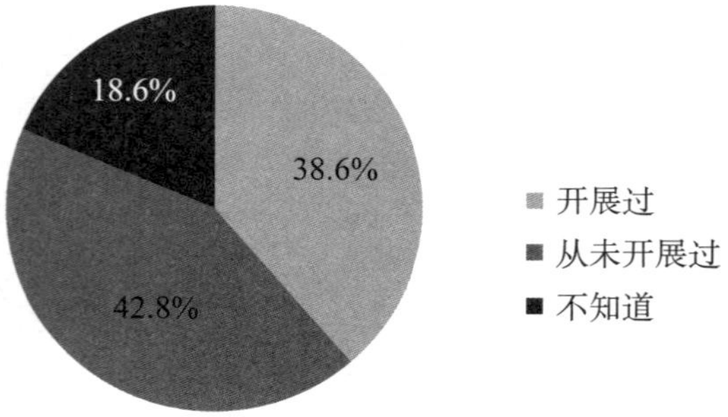

图 26　开展传统节日活动情况

3. 文化下乡活动需求及满意度情况

"送文化下乡"活动是通过一系列文化活动的形式向广大的农民群众传播丰富的文化教育,提升农村精神文明建设,陶冶民众情操,提高民众的文化水平。近年来,河南各地普遍开展了文化下乡活动,取得了巨大的成就,对推动群众文化建设、促进农村民众的精神文明建设起到至关重要的作用。

(1)送演出(如戏曲、歌舞)是农村居民最喜欢的文化下乡活动。根据调查结果发现,村民最喜欢的文化下乡活动从高到低排列分别是:第一,送演出(如戏曲、歌舞),所占比例为46.4%;第二,送电影,所占比例为24.8%;第三,送农业技术,所占比例为13.5%;第四,送普法宣传,比例为8.6%;第五,送科普讲座,比例为6.7%(如图27)。由此可以看出,村民还是比较喜欢娱乐性的公共文化活动。

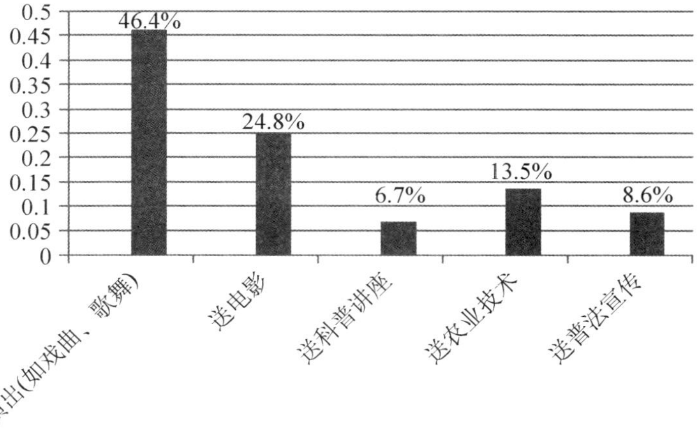

图27 村民(居民)最喜欢的文化下乡活动

(2)农村居民对文化下乡活动整体上比较满意。调查结果显示,村民在对政府“文化下乡”“农家书屋”“送电影下乡”等惠民工程满意程度方面,有20.9%的村民表示满意,56.0%的村民比较满意,23.1%的村民表示不满意(图28),由此可以看出,村民对政府所做的各种惠民工程满意程度还是较高的,对政府所做的工作表示肯定,但仍有不少村民不满意。

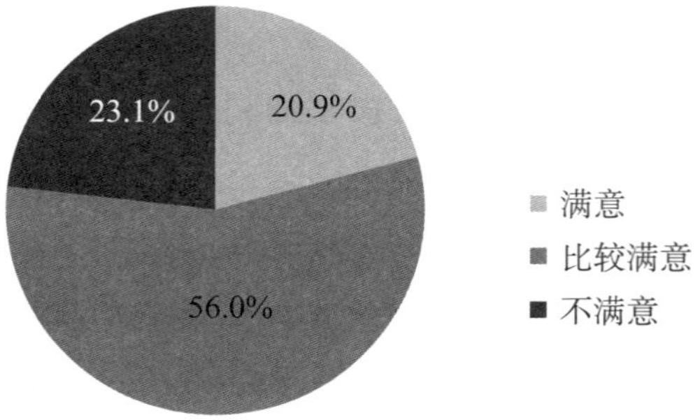

图 28　村民(居民)对文化下乡等惠民工程的满意情况

(3)农村居民希望增加文化下乡活动的次数。如图 29 所示,村民对文化下乡活动感到不满意的原因具有多种,其中首要原因是活动次数少,下乡周期不固定(26.3%),其次是娱乐性的多,实用性的少(25.4%)。另外,活动时间不合适,占 15.1%,活动内容不合适,占 12.3%,活动地点不合适,占 10.7%。

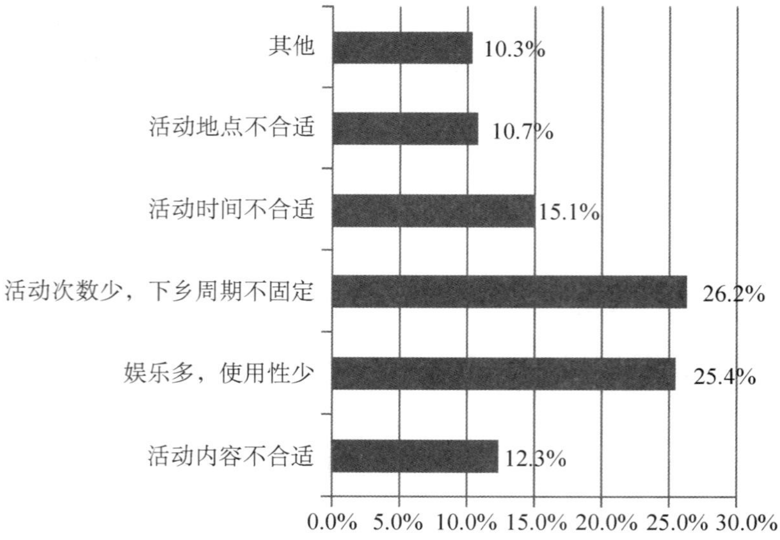

图 29　影响村民对文化下乡活动满意的因素

通过上述分析，健身娱乐性的公共文化活动是农村居民最喜欢的公共文化活动，但由于活动场所缺乏、政府提供的公共文化活动不足以及与农村居民需求存在一定差距，导致部分农村居民参与公共文化活动的积极性不高。因此，公共文化服务体系建设应该尊重老百姓的多元化需求，向精准化方向发展，摆脱单向送文化的思维方式，认真思考“送下去的是不是真需要的”“提供的能不能真喜欢”这类问题。具体来说，一要深入调查群众的文艺喜好，丰富公共文化活动，提高公共文化活动的趣味性，多开展农民喜闻乐见的公共文化活动。二是要增加公共文化活动的次数和实用性，根据农村的生活、生产规律，合理安排演出内容、时间和地点。比如农村常有“逢集”与“背集”，演出时间就可以尽量安排在下午或晚上。演出开始前，也不妨利用短信、微信、展板、宣传车等多种方式进行宣传，鼓励群众积极参与，提高农村居民对政府公共文化服务的认可度和参与性。

（三）城乡居民公共文化服务需求特点分析

城市与农村不仅是两个不同的自然区域，更代表了两种不同的生活方式。与农村相比，城市人口具有明显的异质性，城市居民理智强、个性突出、具有较大的宽容性和求新意识。生活方式为人们提供了满足其生活需要的社会模式，从而也就支配着这些需要满足的程度及其变动。城乡迥然不同的生活方式决定着城乡生活需要满足的不同[①]。

1. 文化活动需求多元化，需求层次有所提高

城市居民文化活动需求明显以广场集体健身类活动和图书阅读为主，兼有其他多样化的文化活动需求。这就意味着，在当下，广场健身类活动和图书阅读这类活动是城市居民的共同需求，同时城市居民的文化需求中还有更高、更多样化的需求，诸如发展自身、丰富自身类的活动等，在这些不同

① 陆小伟. 城市生活方式的主要特征和功能[J]. 社会学研究，1987(4)：116－122.

类别的活动中都聚集了差不多相同数量的人群，这说明广场集体健身类的活动和读书阅读以外的其他活动并不是非主流类的活动，相反，这类活动是城市居民生活中不能缺少的，能够满足其一定生活需要的文化活动。这一多元化的文化需求特质也是与城市居民强异质性特征相吻合的。

城市居民的以上特点明显区别于农村居民。农村居民的需求表现为以娱乐性质的文化需求为主，发展类、培训类文化活动几乎不受农村居民欢迎。农村居民的公共文化需求并未以居民个性化需求为中心形成不同的小众团体，差异化的需求并没有非常明显地表现出来。不可忽视的是，随着农村社会经济的转型尤其是非农产业的发展，农民全体内部出现了分层，可以根据年龄、文化、受教育程度、宗教信仰等标准分为不同的次级群体，农民自身由高同质性向异质性转化。然而农村社会结构上的变迁并没有同步带来文化需求上的变迁，可见，当前农村居民的文化需求是滞后于农村社会发展的。当前农村居民的文化需求变化仅表现为需求层次的提高，诸如有些人希望更多提供网络服务、体育健身设施；有些希望提供文化艺术培训、养生讲座等，更多的农村居民表达出发展类的文化需求。

2. 文化引领作用有待进一步增强

文化是一种无形的意识或者观念，文化需求具有较强的可引导性。现实中，不良文化现象的出现以及农村居民文化需求表达滞后于农村社会发展，凸显了农村文化需求亟须政府与社会引导。由于处于社会转型期，传统的文化观念和文化活动受新文化的冲击逐渐没落，而转型期里日益增长的需求与相对不足供给间的矛盾却日益突显，加之农村受传统的封建思想残余和浓厚的家族观念影响，使得封建迷信和不良文化乘虚而入。如原本益智的棋牌活动被异化成赌博、赌棋活动。很多乡村集市上出售的书籍多为盗版，更甚至有相当一部分是宣扬迷信或黄色、暴力的非法书刊。在调查中，对于“您经常参加的文化活动”这一问题，有受访者在其他类中填写“烧香拜佛”，而在“当地经常举办的文化活动”这一题中，另有受访者在其他类中填写“办丧事的小型演出”等。庸俗的文化现象在农村泛滥，政府应当尽快发挥完善农村公共文化服务体系的宏观功能，加大工作力度，积极引导农民文化需求的正确发展方向，使农村居民的文化发展跟上农村社会发展的步伐，营造健康向上、科学文明的社会氛围。

文化需求引导的第二层含义指在公共文化服务满意度的创建方面。居民对公共文化的满意与否是在引导下产生的，而不是一味地无限制地满足居民对公共文化的各种想象。从城乡居民整体的调研数据可以发现，一方面，目前的公共文化服务并不能达到一个良好的满意率；另一方面，居民所表达出来的不满意原因与他们的需求偏好存在矛盾。例如，在对村民（居民）进行对文化下乡等活动不满意的原因的调查中发现，居民认为下乡活动娱乐性质多、实用成分少是导致农村居民对下乡活动不满意的主要原因，而在对农村居民的调研中，农村居民却又偏好于娱乐性质的公共文化活动，而实用性质的活动，如各类培训活动等几乎无人问津。类似的现象也存在于城市居民对公共文化的满意情况中。看似矛盾的表象，在一定程度上反映了居民对公共文化服务满意度不高的原因，有时候并不是政府所提供的公共文化活动完全忽视了居民的需求，也有可能居民本身对什么是满意的文化活动尚缺乏认知，忽视了公共文化的“公共性”，从而导致他们对政府公共文化服务绩效感到“不满意”。

3. 城乡居民文化活动的参与性需求有所增强

农村居民的文化参与性需求有所增强。总体来看，随着农村经济结构及社会结构的转型，农村居民的生活方式也逐渐脱离了传统的农耕模式，更多的农村居民有闲暇将精力投放在满足生存所需之外的文化活动上。这种参与性需求的增强，一方面表现在有积极参与各种文化活动的意愿。如在问卷和访谈中，大部分被访者会使用当地的文化设施和场馆以及参与到看电影、看戏曲歌舞演出、广场活动、传统节日庆祝活动中去。另一方面表现在自发组织、宣传文化活动的需求增强。随着居民文化权利意识的觉醒和文化需求的增长，在当地实际条件难以满足自己的文化需求时，农民群众期待能亲自参与，采取自娱自乐的方式，或以家庭为单位娱乐的方式度过闲暇时间，他们往往会自发地组织棋牌、秧歌、广场舞等各种各样的文娱活动。

城市居民与农村居民相比，对公共文化参与的需求要更高。文化是精神生产过程的直接产物，文化的发达程度和发展快慢直接取决于精神生产的规模的大小，时间的长短以及生产者的生产能力的高低。在这几个方面，城市生活方式都提供了比农村优越的条件。城市的生活发达程度较高，城市居民生存需要的满足自然比农村居民充分，在这个基础上，城市居民对文化消费和文化创造的要求自然也会“水涨船高”，因而使更多的城市居民有较高的参与公共文化的需求。另一方面，参与公共文化活动或许还有满足人与人之间交往的需要。陌生化以及人与人之间的疏离感是最能概括城市中人际关系的两个词语，但是，随着城市社会结构的变迁及城市居民社会心态的变化，城市居民普遍发觉人与人之间的交流与互动对于城市生活越来越重要，借由参与某些大场面的、团体性质的公共文化活动，城市居民找到了缩小人与人之间距离的平台与途径。

三、河南省城乡居民公共文化服务需求存在的问题

近几年，河南省公共文化服务体系建设力度不断加大，公共文化基础设施不断完善，各级政府也最大限度地满足城乡居民各种公共文化需求，并为其提供丰富多彩的文化活动。但就整体而言，河南省城乡公共文化服务发展不均等，实际的供给情况与人民群众的文化需求还不相适应，服务体系仍然存在一些问题。

(一)从供给主体的角度

1. 公共文化财政投入人均水平偏低

随着河南省公共财政投入大幅度增长,公共文化服务体系建设取得了重要突破,覆盖城乡的公共文化设施网络初步建立,城乡基层公共文化资源不断丰富,服务能力不断提高。

目前,河南省公共文化服务仍然是以政府投资为主,对社会上的非营利性组织缺少必要的财政支持,也没有相关的激励政策,非营利性组织和民间资本的进入门槛比较高,渠道也不够畅通,使得大量社会资源和资金不能够投入到公共文化服务建设中来。近些年,河南省在文化事业方面投入力度加大,经费总量逐年增加,文化事业费占财政支出的比重为0.3%,并保持稳步上涨。从中部六省的文化事业费的总体情况来看,河南省经费总量位居第二,在文化事业费占财政支出的比重上位居第四。但由于我省人口数量巨大,与中部六省甚至全国相比,人均文化事业费用相对偏低,与全国平均水平仍有比较大的差距。再加上基层财力有限,造成部分馆舍虽然竣工,但无法投入正常使用。有的乡镇文化单位甚至连工作人员的工资都开不足,更没有资金去搞文化建设,与人民群众日益增长的公共文化需求不相适应。

2. 领导干部认识程度不到位

思想决定行为,态度决定高度。政府对公共文化服务的认识程度决定了有关部门领导干部是否愿意投入大量资金、是否愿意了解民众需求、是否愿意培训专业人员,这对我省公共文化服务建设、丰富公共文化生活起着至关重要的作用。文化需求属于较高层次的需求,也是不可忽视的需求,只有充分认识到公共文化服务建设的重要性和紧迫性,才能真正构建好公共文化服务体系,为城乡居民提供优质的公共文化服务。

在国家政策以及河南省政府的大力支持下,我省经济建设发展迅速,城乡居民经济生活水平不断提高，这也在一定程度上为城乡居民日益增长的文化需求提供了沃土。然而在实际的公共文化服务建设中，无论在资金投入、公共文化设施建设、专业人员配置等方面，城市都比农村完善许多，城乡差距较大。这是因为长期以来农村政府都以经济建设为中心，对文化建设认识不足，重视不够，认为文化是“软任务”，不如“抓经济、抓城建”见效快，再加上某些基层政府仍然存在“文化自觉”的传统思想，公共文化服务意识上也不到位，使得在文化建设和公共文化服务中出现走过场的情况，基层政府服务理念的缺失限制了农村公共文化事业的发展。

（二）从需求主体的角度

1.城乡居民公共文化服务需求表达不均等

伴随着社会经济的迅速发展，公民的公共文化服务多样化、差异化需求也在逐渐增加。河南省政府在提升经济的同时，也开始注重城乡文化发展，最大限度地给予城乡居民各种公共文化需求表达的机会，并能够对其需求做出积极地、及时地回应。

从实际情况来看，城乡居民公共文化服务需求表达的渠道与需求表达的意识是不同的。城市居民所享受的教育、医疗、文化等资源均比农村居民优越，在这个基础上，城市居民在文化素质、文化需求表达、文化消费等方面也要明显高于农村居民。相比之下，农村公共文化服务则出现了一定程度的偏差。一方面，政府为完成公共文化服务建设指标任务，偏离了农民的实际需求。农民需求量大的公共文化服务供给偏少，而需求较少的公共文化服务供给过量。另一方面，随着农村经济的发展，农村居民也开始追求文化形式上的多样性，但在维护自身文化权利方面意识相对薄弱，缺乏跟当地文化部门的有效沟通，不懂得合理表达自身的文化需求，使得农村居民的需求不能及时得到解决。同时，政府在回应居民公共文化服务需求的过程中，掌握的信息和资源有限，农村文化需求回应效率普遍低于城市。

现如今,城乡居民的文化需求已经不仅仅是广场舞、几场电影、文艺演出等传统的文化供给能够满足的,而是需要政府深入基层进行实地调研,了解居民所想所求,通过对公共文化服务的创新来提升城乡居民的文化生活品质。从当前情况看,河南省城乡居民实际的文化需求尚未完全得到满足,虽然苛求完美主义不现实,但在一定程度上也说明政府的公共文化服务还有很大的提升空间,尤其是对文化需求表达和回应方面的工作任务仍然艰巨。对于政府而言,只有更好地了解公共文化服务受众——居民的基本公共文化服务需求,才能有针对性地进行公共文化服务的供给,才能更好地促进居民满意度的提高。

2. 城乡居民参与文化活动积极性存在差异

人民群众是公共文化服务的主体,无论建设何种形式的文化设施,举办何种形式的文化活动,都需要得到群众的认可,吸引群众广泛参与。

对于城市来说,在公共文化发展过程中,政府比较注重供给主体和居民之间的良性互动,许多城市建设有完善的公共文化设施,如博物馆、文化馆、美术馆、剧院等来满足居民多样化的文化需求,居民整体参与程度明显比较高。相反在农村地区,居民在文化背景、受教育程度和参与文化活动机会方面与城市居民存在差异。对于农村居民来说,他们对公共文化活动关注较少,认为公共文化活动在自己的生活中发挥作用不大,因此对公共文化活动参与程度比较低。从现实情况看,农村一部分建好的公共文化设施并没有得到很好地利用,存在着“空有设施没有人”的现象,造成了部分场馆的闲置与浪费。一方面是因为农村政府对公共文化设施的经营管理机制不够合理、灵活;另一方面是因为公共文化服务供给过程中表现出的“供不适求”的情况。表面上看,公共文化服务的形式日趋丰富,但实际上公共文化产品内容存在着“脱离基层、脱离群众”的倾向,这也从侧面反映了农村居民对政府公共文化服务的监督不够,对自身文化权利维护的忽视。

现阶段,河南省公共文化服务活动还是以政府主导的方式为主,采取单向输送的“送文化”，公民被动接受参与，未形成“菜单式”“订单式”的双向沟通式文化服务形式，不少活动的举办因地理位置较远或不便而导致居民参与度下降。无论城市还是农村，如果居民不能积极参与其中，那么会直接导致公共文化资源的利用效率降低，使城乡居民享受不到丰富、健康的文化产品和文化服务，居民的公共文化需求无法得到满足。

（三）从表达平台的角度

1. 基层组织作用发挥不明显

虽然城乡居民的公共文化需求具有多样化的表达渠道与平台，特别是现代信息技术的普及更是让居民获取文化信息与服务平台的手段越来越便捷；但是基层组织的功能仍旧不可替代，在上传下达公共文化服务方面特是在居民公共文化需求方面扮演着重要角色。基层组织在居民公共文化需求表达上，不仅数量上占据优势，而且渠道畅通，沟通的效率较高。但在公共文化政策制定、执行与创新过程中，由于时间、精力、经费等方面的限制，基层组织在决策时往往缺少必要的社会调查研究，对居民真实的公共文化需求不能够精准地了解，基层居民也因此丧失了对所享受公共文化的话语权，一些优秀的文化产品无法真正深入到基层，使得居民“享受不到、享受不起、享受不好”，无法满足他们的有效文化需求。因此，如何进一步改进与完善河南省城乡居民公共文化需求表达的渠道，如何充分发挥基层组织的作用，通过科学规划、调研以及进行相应的制度创新来实现城乡居民公共文化需求表达，都是河南省政府今后要考虑的现实问题。

2. 非正式表达渠道利用率有待提高

科学技术是第一生产力。随着信息技术的发展和互联网时代的到来，新媒体技术等非正式渠道对公共文化的发展也将会起到至关重要的作用。

就本次调查而言，河南省城乡居民对目前已经出台的公共文化服务相关信息了解不多，这直接影响了居民参与公共文化服务的积极性。对于通过何种方式了解公共文化服务信息,居民更多地选择通过移动互联网平台等新媒体技术来获取公共文化服务方式的相关信息,这样一种选择也传递出一个积极的信号:在未来的公共文化政策制定以及文化服务方式创新中,政府应该高度重视新媒体技术等非正式表达渠道在公共文化服务中的作用。近几年,河南省在构建和创新公共文化服务平台方面投入了巨大精力,虽然成效显著,但与我国沿海城市乃至世界先进水平还存在一定的差距,部分地区公共文化服务方式尤其是农村偏远地区,仍旧停留在以往传统经验的实践上,这也影响了河南省公共文化服务整体水平的提高。

如何利用好非正式表达渠道也为我省现代公共文化服务体系建设提出了重要课题。一方面是因为新媒体平台的出现和日渐普及,确实为城乡居民带来了便利,实现了居民足不出户就能解决大部分生活问题,让越来越多的居民把更多的时间与注意力放在了这上面,政府应该关注这一新生事物,为已所用;另一方面是因为新媒体技术等非正式表达渠道在开展公共文化活动方面具有不可比拟的优势,为政府解决问题提供了更多、更优秀的选择和可能性。

四、河南省城乡居民公共文化服务需求体系构建

当前河南省城乡居民的文化生活日益引起政府及学术界的广泛关注,构建满足城乡居民公共文化服务需求体系势在必行。公共文化服务体系建设是一项多主体参与的系统工程,需要从宏观、中观及微观三个层次予以完善。

(一)加强以需求为导向的服务型政府建设

1. 树立以城乡居民公共文化需求为中心的服务意识

首先,政府要转变执政理念,建立服务型政府,树立以城乡居民公共文

化需求为主导的服务意识。在城乡公共文化服务供给过程中，政府应该以人为本，对城乡居民的公共文化需求进行调研、深入了解，将城乡居民的公共文化需求放在重要位置，做出符合本地实际情况的供给决策。

其次，政府要建立基层民主与城乡居民的良好互动模式。通过社区自治、村民自治加强基层与城乡居民协商对话，及时对公共文化服务信息、城乡居民意见进行反馈与沟通，将之采纳到相关决策中，实现良性循环与互动。

2. 加快城乡公共文化服务体系一体化建设

首先，为更好地满足城乡居民公共文化服务需求，建立健全城乡公共文化服务体系一体化建设，提升城乡居民公共文化服务的水平就显得尤为重要。河南省各级政府应将公共文化服务体系建设纳入到经济与社会发展规划中，明确和强化文化、广电、新闻出版等部门在城乡公共文化服务一体化建设中职责，促进城乡公共文化服务一体化建设持续健康发展。

其次，加快公共文化服务事业单位改革、提升文化生产力。以城乡公共文化服务一体化建设为目标，创新体制机制，按照国家文化体制改革政策，尽快转换机制，形成政事分开、事企分离的运行机制，释放公共文化生产力，进一步加大力度增强城乡公共文化服务一体化建设活力，努力改善公共文化服务一体化建设水平。

3. 完善城乡公共文化服务体系投入机制

首先，要维持并继续加大对城乡居民公共文化服务体系建设的投入力度。作为城乡公共文化服务的建设主体，一方面，中央政府要制定相关政策法规，设立以财政投入为主的文化服务专项经费，将公共文化经费纳入公共财政保障范围，下拨款项，给予物质支持[①]；另一方面，地方政府要认真贯彻和落实中央公共文化服务方面的政策，并根据实际需要制定支持引导公共

① 叶继红. 农民工文化需求与城市公共文化服务体系构建——来自江苏的调查与思考[J]. 中州学刊，2015(6)：66－71.

文化事业健康发展的相关政策。河南要借中原经济转型的动力和机遇,统筹兼顾,在政策和财政上向公共文化事业倾斜,使得资源能够最大限度地发挥效力。进一步完善城乡公共文化服务体系投入的增长机制,以期有效满足城乡居民全方位、多样化的公共文化需求①。

其次,拓宽城乡公共文化服务的融资渠道。依据国际经验,发达国家公共文化资助方式日趋社会化、多元化、分散化,形成政府、市场与社会等多方主体共同促进的方式,采取政府直接投入与间接投入相结合的混合资助格局,逐渐趋于一种更符合公共经济学的财政资助方式。由于历史的原因,我国财政体制对公共文化的投入还是一个经济投资型财政体制,今后需要改变公共文化的投融资模式,逐步向公共服务型财政转变。以政府为主导,结合社会力量,共建公共文化服务体系,是当前和今后一段时间内我国公共文化服务供给体系建设过程中应该坚持的方向。政府应该鼓励、支持和引导社会各界、民间团体和公民个人等各方面力量投资文化建设、兴办城乡公益性文化事业。政府可通过多项措施在选址、立项、征地和减免税费、荣誉授予等方面给予优惠;同时放宽对城乡文化市场设施建设的准入条件,引进市场竞争机制和非公有制运行模式来提高城乡公共文化阵地的管理效率。

(二)完善城乡居民公共文化需求表达机制

构建城乡居民公共文化服务体系要以城乡居民实际文化需求为导向,提高城乡居民的参与度。然而在公共文化建设中,城乡居民的文化需求表达意识较薄弱,在公共文化服务享受中并没有实际发挥其主体性地位和作用。因此,重视和保障城乡居民在资源配置过程中的话语权和决策权,提高城乡居民公共文化服务的参与程度就显得尤为重要。

---

① 周晓丽,毛寿龙. 论我国公共文化服务及其模式选择[J]. 江苏社会科学,2008(1):90－95.

1. 提高城乡居民参与公共文化的权利意识

当前城乡居民参与公共文化的权利意识较弱，不太了解通过正式渠道和非正式渠道主张自己的基本文化权益是法律赋予公民的一项义务和基本权利。这和居民自身知识结构、文化素养有关系。因此要普及城乡居民权利意识，提高他们的文化素养，开阔他们的利益表达视野，提升他们的利益表达质量。使城乡居民能够真正提高自身参与公共文化决策的积极性、主动性与创造性。只有城乡居民具有对公共文化需求表达的权利意识，他们才能对自己公共文化利益诉求与愿望有科学的认知与理性的判断，才能更加自觉地、主动地把自己的公共文化利益诉求与愿望全面的、具体地表达出来。

2. 推升城乡居民公共文化需求表达理性化

需求表达的理性化是构建科学有效的公共文化需求表达机制的一环。理性化的需求表达能够在公共文化服务提供的主客体间通过沟通、协商的途径调和利益矛盾与冲突。为此，要采取切实有效的措施，真实而广泛的收集城乡居民对加强与改进公共文化建设的信息，定期组织各利益群体代表参加公共文化政策调研、制定、改进的讨论、辩论，从而克服城乡居民个体表达无力性和避免群体参与的无序性，使城乡居民公共文化需求表达更加理性化，更符合公共利益。

3. 提高城乡居民公共文化需求表达效度

城乡居民公共文化需求表达的效度是指城乡居民结合政府的公共文化供给与自身的公共文化需求，从中找到两者的不适性，从需求出发，决定供给的数量、内容和结构。为此，要建立健全城乡居民的公共文化需求表达制度，开辟论坛、听证会等板块，激发民众参与公共文化表达的热情，规定需求表达的内容、程度及进度，进一步提高城乡居民参与公共文化需求表达的深度。

随着国家“四位一体”建设的不断深入，社会结构的现代化变迁，我国公民和社会发展产生的文化需求都将呈现出多元、多样和高级化发展的态势。在这种发展态势中，我国公民将更加在意自身文化需求的表达权，政府也将会根据社会发展的需求，提出公共文化建设新的意见，因而为更加准确地获取公共文化需求的真实信息，更加科学地配置有限的财政资源，在公共文化服务均等化中，兼顾公平、效率与发展的价值取向。进一步提高我国公共文化服务水平和质量，就有必要逐步推进政府供给导向向公共文化需求导向的转变，有步骤地建立起公共文化需求的表达、选择和评估机制，推进公民有序参与，从公民文化权利、政府公共文化政策、公共文化机构的服务水平这三个维度，树立起监督、检验我国公共文化服务发展水平的标尺，实现真正以人民群众的精神文化需求作为公共文化服务的“出发点”“落脚点”①。

（二）畅通城乡居民表达公共文化需求渠道

渠道和平台是城乡居民表达公共文化需求的重要一环。如何进一步拓宽需求表达渠道、完善平台建设，对于满足城乡居民公共文化诉求极具必要性。

1. 发挥基层组织功能，畅通需求表达正式渠道

一直以来，我国通过人民代表大会制度、政治协商制度、信访制度建立了一批制度化的诉求表达正式渠道。随着时代的发展，公民意识的觉醒，还要在此基础上通过社区自治制度、村民自治制度相结合，对关乎自身利益的公共文化服务项目、设施、种类等内容，由城乡居民以民主的形式表达诉求。

2. 发挥大众传媒作用，畅通需求表达非正式渠道

大众传媒是衔接城乡居民与政府对话沟通的桥梁和途径。传统媒体诸如报纸、期刊、电视、广播等，具有广覆盖、受众广、影响大等特点，一直是城

① 吕方. 我国公共文化服务需求导向转变研究[J]. 学海，2012(6)：57－60.

乡居民接收公共文化服务信息的渠道和表达公共文化服务诉求的桥梁。随着科学技术的日益创新、“互联网 +”模式的常态化，公民对于信息技术与互联网的依赖程度与日俱增。微博、微信、自媒体等新兴传媒以其传播快、便利性的优势，逐渐被人们接受认可。大众媒体的客观性能够公正地自上而下传达政府公共文化服务供给内容，也能够自下而上的传递城乡居民公共文化服务的需求主张。这双向信息既是各级政府及职能部门制定和修改公共文化决策以适应经济、社会又好又快发展的保障，又是满足城乡居民公共文化利益的必要条件。因此，从某种程度上来说，大众传媒在公共文化建设体系中的功能性不可或缺。这就要求媒体人要保持高度的社会责任感与职业感，深入基层，在法律框架范围内，真实客观地反映城乡居民合理的、正当的公共文化需求，为民发声，使大众传媒真正成为反映公共文化需求的非正式渠道，以维护城乡居民的合法权利。

3. 完善城乡居民需求的回馈机制

公共文化服务的需求主体是城乡居民，城乡居民的诉求理应受到各级政府的回馈和重视。传统的回馈机制是“参与式”，政府工作人员通过实地了解，参与城乡居民的公共文化生活，直接对城乡居民的公共文化服务利益诉求进行调研、上达与反馈。在一定程度上体现了政府的亲和力和诚意，但也存在成本高、时效差等弊端。新兴的回馈机制则是“信息式”，这是顺应时代潮流变化的一种工作形式。政府工作人员通过网上办公，对公共文化服务相关信息进行梳理、上传和发布，展开对话，再以网上民意调查、电子选举、公民投票等形式，接受城乡居民的意见、监督，无形中既增强了政府为民的执政理念，促进了民主政治的发展，更提高了居民文化需求表达与反馈机制的时效性。

|理论探索|

公共文化三题议

蒯大申[*]

在关于现代公共文化服务体系建设的认识和理解中，有三个基本问题十分重要。第一，什么是公共文化的公共性？第二，公共文化怎样“现代”？第三，公共文化的社会功能究竟是什么？

一、什么是公共文化的公共性？

公共性是公共文化的本质属性。公共文化的其他特性如公益性、基本性、均等性、便利性、共建共享性都来源于公共文化的公共性。

公共文化的本质属性之所以是公共性，首先是因为公共文化是一种使用公共资源所向公众提供的公共产品。

什么是公共产品？这需要在同私人产品、准公共产品的比较中进行辨析。根据经济学理论，产品或服务可以分为私人产品、公共产品和准公共产品三类。

私人产品的消费具有排他性和竞争性。排他性是指一件商品我用了别人就不能再用，我吃了一个苹果，别人就不可能再吃这个苹果；竞争性是指我用了一件商品别人就会少用一件，我吃了一个苹果，其他人可以吃的苹果就少了一个。在现实生活中，大部分产品都是私人产品。私人产品的排他

---

* 蒯大申：上海社会科学院研究员，国家公共文化服务体系建设专家委员会顾问。

性和竞争性决定了每个人只有在市场上通过购买才能消费某种产品。

公共产品分为纯公共产品和准公共产品。纯粹的公共产品在消费上是非竞争的，同时在技术上是非排他的，或者排他是不经济的。非竞争性是指消费者对公共产品的消费不会影响其他消费者的消费。比如，天气预报就是一种公共产品的消费。非排他性是指在某一产品的消费过程中，产品的提供者无法将某些消费者排除在外，如新鲜空气和城市安全；或者将不付费者排除在外的做法虽然在技术上可行，但在经济上明显得不偿失，如上海延安东路越江隧道的收费，增加了浦东与浦西互动的成本，不利于浦东特别是陆家嘴金融贸易区的发展，在总体上是不经济的，因此在 2000 年取消了这项收费。取消收费的越江隧道便成了公共产品。1954 年，美国经济学家萨缪尔森归纳了公共产品在消费中的两个本质特征：一是非排他性，二是非竞争性。这个归纳成为公共产品的经典定义。

公共产品又可分为有形和无形两大类。有形公共产品如灯塔、公共图书馆、公共绿地、道路、桥梁和各类社会公益设施等。无形公共产品也称公共服务，包括国防、外交、法律、政策、治安、消防、环保、气象预报、义务教育等等。

公共产品还分为自然属性公共产品和社会属性公共产品两大类。自然属性公共产品有阳光、空气等，它们属性比较单一，没有地域属性和阶级属性。相对自然属性的公共产品而言，社会属性的公共产品则复杂得多，公共产品的社会属性通常包含公共产品的政治属性、经济属性、文化属性和社会公益属性。政治属性的公共产品主要是指为国家和公众提供政治服务的国家机器（如国防、警察、法院、监狱）和部分政府职能（如外交）。经济属性的公共产品主要是指政府为社会创造的经济发展环境、对经济进行宏观调控的措施和手段，维持市场秩序、对国有资产进行管理等。文化属性的公共产品主要是指民族精神、道德风尚、公共教育、科学知识、文学艺术、文化遗产等。而社会公益属性的公共产品则主要包括社会公益性基础设施、环境保护、社会保障、社会公共服务等。

准公共产品是指公共产品与私人产品之间的产品或服务，兼有公共产品和私人产品的性质。这类产品可以由个别消费者占有，因此同时具有竞争性，但又具有外部性，即这类产品的消费会产生外部效应，而其他消费者无法拒绝或排除这种效应，因此具有公共性。公共选择学派代表人物布坎南在 1965 年提出了准公共产品（又称非纯粹公共产品或混合公共产品）理论，认为这类准公共产品或者只具有非排他性，或者只具有非竞争性，而不能同时满足萨缪尔森所提出的两个条件。根据布坎南的理论，人们知道森林牧草、饮用和灌溉水之类的公共资源性产品，以及道路、港口、桥梁、公园、公共文体娱乐设施之类的公共工具性设施，属于不纯粹的公共产品。从理论上讲，公共资源性产品不具有排他性而具有一定的竞争性，而公共工具性产品具有一定的排他性而不具有竞争性，因而它们被归类为"准公共产品"或"混合性公共产品"。这就为政府等公共组织认识自己的角色，以及针对不同的公共产品供应采取相应的管理方式，提供了依据。

公共文化的本质属性之所以是公共性，其次是因为公共文化服务所满足的是公民的基本精神文化需求。在一个社会中，公民及其组织对服务的需求可以是无限的，但却并不能要求由公共服务去满足所有的需求。公共服务只需保障公民基本需求的满足，以及保障公共需求的满足，而其他部分的直接需求则由民间服务供给机制和市场机制去满足。比如，公共服务应该对每一个公民及其被监护人保证基础教育的供给和基本社会保障的供给，在此之外的教育和社会保障可以由民间服务供给机制和市场机制来供给。政府所掌握的公共资源一是必须奉行"扶弱济困、雪中送炭"的原则，二是必须根据社会发展的长远目标满足社会的公共需求，以达到整个公共服务领域均衡协调发展的目标。公共文化服务所满足的不是公民所有的文化需求，而是首先保障和满足的是公民的基本文化需求。这些基本文化需求关乎公民的基本文化素质，关乎公民的学习能力、生存能力、发展能力，同时关系到一个家庭、一个地区、一个国家的未来和发展。正是因为公共文化服务具有广泛的外部性,所以具有公共性。

公共文化的本质属性之所以是公共性,还因为公共文化所保障的是公民基本文化权利。尊重和保障公民文化权利,是我国公共文化服务体系建设的出发点和归宿点。1997 年 10 月 27 日,中国政府签署了《经济、社会、文化权利国际公约》,并于 1998 年 10 月签署了《公民权利与政治权利国际公约》。中国政府的这一决定,表明了对公民权利的国际标准的确认,表明了对于公民权利基本原则的认可。2001 年 2 月 28 日,九届全国人大常委会第 20 次会议决定,批准《经济、社会、文化权利国际公约》而使之成为有效的法律文件。根据公约规定,自我国将批准书交存联合国秘书长之日起 3 个月后,公约开始对我国生效。这样,在我国管辖范围内,不分国籍、种族、宗教、出身等差异,公约所宣布的权利将被普遍行使。这是我国为促进和保护人权所采取的重要步骤,是我国政府向世界各国做出的庄严承诺,这必将推动我国人权事业的发展,载入我国人权发展的史册。与此相适应,党的十六大报告(2002 年 11 月)把“人民的政治、经济、文化权益得到切实尊重和保障”确定为全面建设小康社会的重要目标。

根据《世界人权宣言》第 27 条和《经济、社会和文化权利国际公约》第 15 条,文化权利包含以下几个要素:参加文化生活权、分享科学进步及其产生的福利权,对其本人的任何科学、文学或艺术作品所产生的精神上和物质上的利益享受保护权及进行科学研究和创造性活动所不可或缺的自由。

若按照上述精神作一概括,公民文化权利应有以下几个部分构成:①参与文化生活的权利。这是一项文化基本权利。各级政府须提供各种必要条件来保障公民参与丰富多彩的文化生活,提高公民文化生活质量。公民有权利在良好的文化环境中生活和发展,也有责任和义务积极参与和公共利益相关的公共文化事务,如社区文化建设、公共文化设施保护、文化遗产保护和其他公益文化事业等。②分享文化发展成果的权利。随着我国文化事业和文化事业的不断发展,公益性文化设施的数量和质量都大大提高,文化产品的供给总量明显增加。在这种情况下,如何使文化产品和文化消费的结构更加合理,如何让全体公民都分享到文化发展的成果,是保障和实现公民文化权利的基本问题。③文化活动及文化创造自由的权利。在创作上要提倡不同形式和风格的自由发展,在理论上要提倡不同观点和学派的自由讨论。自由是一切创造性活动的基本条件,也是公民进行文化活动和文化创造的一项基本权利。④文化成果得到保障的权利。公民的发明和任何文化创造的成果都应得到有效的法律保护。文化创造的活力源泉在民间,千百万人的文化活动和文化创造是民族文化生生不息的源头活水。

最后,公共文化的本质属性之所以是公共性,还因为公共文化的建设和发展离不开社会公众的广泛参与。公共文化的公共性不仅在于向公众提供公共文化产品和公共文化服务,公共文化的公共性更体现在公共文化以什么方式来建设和发展。公共文化的公共性并不是自足的,它只能在公共文化与公众的关系中来界定。因此,在公共文化服务体系建设过程中,公众应当依法行使其知情权、建议权、参与权、监督权、评价权,广泛参与到公共文化服务体系建设的全过程。

在实践中,对公共文化的理解往往会出现各种各样的模糊认识。比如,只有以政府为主体提供的服务,或者由政府财政保障的服务才是公共文化服务吗?

我国现在大多数图书馆、博物馆、美术馆、纪念馆都是政府办的事业单位,这些机构都是在为公众提供公共文化服务,这是没有问题的。有些公共服务不是由政府直接提供,而是由政府财政来保障,由企业或者是社会组织来提供,如政府购买公共文化服务。这种情况是公共服务也没有问题。但是,难道只有这些政府直接提供的服务,或者由政府财政保障的服务才是公共服务吗?其实不尽然。例如,一些民办的图书馆、博物馆、美术馆,举办主体是民间人士,也没花财政的钱,他们提供的服务应该也属于公共文化服务。如今这种民办的图书馆、博物馆、美术馆，在全国如雨后春笋不断涌现，有力地丰富了公共文化服务。再如，广大志愿者在博物馆、图书馆和社区文化活动中心提供的各种服务也是公共文化服务。可见，并不是只有政府提供的才是公共服务，也不是只有政府财政保障的服务才是公共服务。

还比如，只有政府文化系统提供的服务才是公共文化服务吗？

学校组织学生到社区去演出，去养老院慰问演出；学校开放操场、体育场馆给社区居民去进行活动；医院组织医生到社区举办健康讲座，等等。还有上述民办图书馆、博物馆，也都不是政府文化系统提供的服务。这些由学校、医院、企业、公民个人提供的文化服务，应该说也属于公共文化服务。

再比如，只有免费的文化服务才是公共文化服务吗？

现在全国各地的公共图书馆、博物馆、社区文化中心都免费开放，这些毫无疑问是公共文化服务。送戏下乡、送电影下乡下社区，不用买票就能看，这是公共文化服务，也没问题。那么，一些公益性收费，比如只收成本价，优惠价，不赚钱，非营利，或者低于成本价，还赔钱，这种服务是不是公共文化服务呢？比如公益场电影，五块钱十块钱一张票，公益场文艺演出，几十块钱一张票。比如社区文化中心的一些低收费项目，三块钱五块钱，泡一杯茶，听一场评弹。这类文化服务项目所赔的钱，或者由政府来补贴，或者由企业、社会组织、个人提供赞助。应该说，这种服务也属于公共文化服务。

那么，应该如何从理论上来定义公共服务呢？

经济学，特别是公共经济学，对这个问题进行了全面系统的研究。此外，公共哲学、公共政治哲学、公共管理学也有对此问题的研究。公共经济学是如何定义公共服务呢？公共经济学不是从“谁来提供”（如政府）来判断一项服务是不是公共服务，也不是从“是否免费”来判断，而是从服务的对象、服务的性质和服务的目的来判断一项服务是不是公共服务。

从公共服务的对象看，公共服务是面向全社会提供，让全社会受益（具有正外部性），不分男女老少，不分穷人富人，不分高低贵贱。前几年，因为图书馆免费开放,偶尔有乞丐和拾荒者到杭州图书馆看书。图书馆对他们的唯一要求,就是把手洗干净再阅读。有人无法接受,找到馆长表示不满。褚树青馆长回答:对我们来说,乞丐也好,普通百姓也好,都是读者,没有任何区别,我们也不会去做区别。我无权拒绝他们入内读书,但您有权利选择离开。杭州图书馆的这一态度引起网上无数人点赞。这就是坚持了公共图书馆的公共性。

从公共服务的性质看,主要有两条基本特性,一是享用的非竞争性。二是受益的非排他性。

从公共服务的目的看,向全社会提供公共产品和公共服务是为了弥补市场机制的失灵,是为了全社会的根本利益和长远利益。这里涉及公共产品与市场的边界问题。在中国传统社会,教育和医疗都属于私人产品,上学和看病都是要花钱的。进入现代社会以后,教育和医疗才进入到公共服务的范围,其主要原因是发现,如果把教育和医疗统统交给市场,就必然会出现穷人上不起学、看不起病的现象,这就是市场失灵。教育和医疗领域的市场失灵必然会导致国民文化教育水平和健康水平的下降,这对于整个社会的长远发展来说是极为不利的,所以就必须要有公共产品和公共服务来弥补。公共文化产品与服务的提供也是同样道理。

在上述几个判断什么是公共产品的维度里,最重要的是向全社会提供,让全社会受益。当然,公共服务首先是使用了公共权力或公共资源的社会生产过程。但是,如果本来是私人产品,有人或社会组织付费后向全社会提供,让全社会受益,那么也可以转化为公共产品。就像有人或社会组织自己花钱买了图书举办公共图书馆,有人或社会组织将自己从市场上拍得的艺术品办起了民办博物馆、美术馆。

搞清楚公共文化的公共性这个问题,是我们制定公共政策的依据,是政府针对不同类型的公共服务制定不同的政策的依据,也是推动公共文化服务社会化发展的理论根据。

二、公共文化怎样“现代”?

“现代公共文化服务体系”,是党的十八届三中全会提出的一个新概念。“公共文化服务体系”这一概念始于《中共中央关于制定国民经济和社会发展第十一个五年规划的建议》(2005 年 10 月 11 日)。在“公共文化服务体系”前面加上“现代”两字,突出了公共文化服务体系建设的时代性和开放性要求。这一任务提出,为我国公共文化服务体系建设指明了新的发展方向。

保障公民基本文化权利,是构建现代公共文化服务体系的出发点和价值基础。公民基本文化权利包括参与文化生活的权利、享受文化发展成果的权利、开展文化活动及文化创造的权利和文化创造成果得到法律保障的权利。享有基本公共文化服务属于公民的基本权利,向公民和社会提供有效的基本公共文化服务是现代政府的职责和施政重要目标之一。

提供基本文化服务,满足人民基本文化需求,是现代公共文化服务体系建设的基本任务。所谓“基本文化服务”,首先不是满足公民所有的文化需求。在现阶段,国家界定的基本文化服务范围主要包括书报阅读、影视观赏、文艺表演、普法教育、艺术普及、科学普及、广播播送、互联网上网和群众性文化体育活动等方面。公民多样化、多层次的文化需求则主要由市场来满足。若是将应由市场来提供的服务变成由政府支付的公共服务,就是混淆了服务的性质。其次,“基本文化服务”满足的不是个别人或少数人的需求,而是社会的公共文化需求。正如修路架桥是为社会提供公共产品一样,建公共阅报栏,建公共图书馆、博物馆,满足的也是社会的公共文化需求,是社会普遍受益的。再次,“基本文化服务”的服务内容、服务标准、覆盖面和优先事项安排是随着经济社会和文化发展水平的提高而动态发展的。

“现代公共文化服务体系”之“现代”,主要体现在以下三个层面:

在基本文化理念层面，保障公民基本文化权利，是构建现代公共文化服务体系的出发点和价值基础。向公民和社会提供有效的基本公共文化服务是现代政府的职责和施政重要目标之一。提供基本文化服务，满足人民基本文化需求，是现代公共文化服务体系建设的基本任务。坚持以人民为中心的工作导向，尊重人民群众在文化建设中的主体地位，发挥人民群众在文化建设中的主体作用，引导群众在文化建设中自我表现、自我教育、自我服务。是现代公共文化服务体系建设的基本原则。要充分发挥公共文化服务体系在丰富人民群众精神文化生活、密切社会公共交往、促进社会共识、培养现代公民、培育核心价值方面的积极作用。

在制度建设层面，一是要建立法治框架，公共文化服务体系的各种制度与程序安排，须通过法律形式确定下来，确立有关各方共同遵守的规则与行为规范。对有关公共文化服务的各类公共组织机构、各类非营利社会组织以及市场组织，须予以不同的法律地位、法定权限与责任，在充分发挥其各自职能的同时给予必要的制约与限制。二是健全公共文化服务的社会参与机制，创造条件鼓励各类主体参与公共文化服务体系建设，建立政府和社会、市场之间的适度平衡和良性互动关系，推动公共文化服务社会化发展。公共文化服务的供给方式须从仅仅依靠政府提供的单一方式向多种方式转变，逐步实现由政府、企业、非营利组织和广大公民共同来提供，这也是现代公共文化服务与传统公共文化服务的不同之处。如果说，经济体制改革的核心是处理好政府与市场的关系，那么，文化体制改革的核心就是要处理好政府和各类文化主体的关系，其中包括公共文化主体和文化市场主体。三是引入竞争机制，发挥市场机制的积极作用。公共文化服务领域也须实行竞争，但竞争的条件应该对各类服务主体都是公平公正的。

在现代技术运用层面，要充分利用现代数字网络技术，来有效整合各类文化资源，提高公共文化服务的效能。互联网特别是移动互联网时代已全面影响当今世界，所有的产业领域都将被它重新定义，大量的重量级创新将会发生。这一时代重大变革对文化创意产业和公共文化服务的影响将是根本性的。如今互联网和移动互联网已经开始延伸到公共文化服务领域。比如,以文化共享工程为主干的全国公共数字文化服务体系建设,以数字化平台、数字化资源和数字化服务为基本内容,重点实施文化共享工程、数字图书馆推广工程和公共电子阅览室建设计划三大公共数字文化惠民工程。文化共享工程发挥基础工程和平台作用,建设公共文化数字资源基础库群,发展覆盖城乡的服务网络,推进服务终端进村入户,并与公共电子阅览室建设计划相结合,建设公益性上网场所。这项工程通过互联网、卫星、有线电视、移动通讯多种渠道,让群众不出村、甚至不出户就能获得优质文化信息,在改变广大农村地区、中西部地区、边疆民族地区、特别是贫困地区信息匮乏和文化落后状况过程中发挥了重要作用。再比如上海市"十三五"规划中要积极推进的"公共文化云";上海市闵行区、嘉定区、闸北区开发并推出的手机App公共文化服务平台。今后几乎所有的公共文化服务功能都能够集成到移动终端,移动公共文化服务正在迅速突破传统公共文化服务在时间空间等方面的制约,为现代公共文化服务体系建设打开一片新天地。

构建现代公共文化服务体系,是推进国家治理体系和治理能力现代化的重要方面。从"管理"到"治理",虽然只有一字之差,但蕴含着非常重大的变革意义。所谓治理,一是强调法治基础,二是强调政府职能转变,三是强调多元主体合作共治,特别是要确立社会作为公共事务治理主体的地位,充分发挥社会的积极性和自主性。

三、公共文化的社会功能究竟是什么?

2005年10月11日,《中共中央关于制定国民经济和社会发展第十一个五年规划的建议》中出现了"加大政府对文化事业的投入,逐步形成覆盖全社会的比较完备的公共文化服务体系”这样一种战略规划。中国公共文化服务发展全面启动。2007 年 8 月，中共中央、国务院出台《关于加强公共文化服务体系建设的若干意见》，对全国的公共文化服务体系建设工作做出全面部署。从公共文化服务体系概念提出以来，经过近十年的发展，我国公共文化服务体系的基本架构逐步完善，内涵日渐丰富。

过去我们没有“公共文化”概念，只有“群众文化”。“群众文化”概念始于 1953 年，这是一个以阶级划分为基础的概念，是一个政治动员的概念。“群众文化”的宗旨是配合政治、宣传政策、鼓动群众。而“公共文化”的概念是在当今中国经济社会大转型的背景下形成的，其内涵非常丰富，本文着重讨论基层社区层面的公共文化社会功能。

1. 公共文化社会功能的几个层面。

随着经济社会的快速发展，如今城乡群众对文化知识、科技信息、文化娱乐、精神生活的需求日益强烈。群众的精神文化需求可以大致分为三个层面：休闲娱乐需求、知识性需求、精神生活需求。我们现在往往把群众的精神文化需求理解为前两个层面，即娱乐需求和知识性需求（如致富信息、科技信息等），往往忽视了其中更重要更核心的精神生活需求。

一个人吃饱了，穿暖了，物质生活基本满足了，还需要与人交往，需要得到亲人朋友的关心，需要得到周围人的认同、肯定。如果更进一步，还需要觉得自己的人生有价值，自己的生活有意义。这种人际交往、精神交往、精神慰藉，就是精神生活。这种对生活意义的寻求，对人生价值的追求，就是精神生活的核心内容。

其实，文化虽然兼具政治功能和经济功能，但这些功能都不是文化的核心功能和根本功能。文化的根本功能和核心价值就应该是丰富人的精神世界，提升人的精神境界，为社会生活提供意义系统、价值系统和信仰系统，引导人们追求更高尚的生活意义，使人不仅在物质生活上，而且在知识、道德、审美各个方面得到自由的全面发展。

要充分发挥公共文化的社会功能,就必须充分发挥人民群众在文化建设中的主体作用。过去我们往往把文化仅仅看作是宣传教育的工具,将人民群众仅仅看作是宣传教育的对象,而往往忽视了文化生活、文化活动更是全体公民精神文化生活的内在需要,是全体公民的一项基本权利,也往往忽视了人民群众在文化建设中的主体地位。

忽视人民群众的主体地位,就会在公共文化建设中忽视公民依法参与管理、参与决策、参与监督的权利,就会在公共文化建设规划中忽视公民参与的重要性,忽视征求社区居民意见的重要性,就会在公共文化产品和服务的提供上忽视社区居民的实际文化需求,就会在公共文化服务的绩效评估中忽视社区居民的评价。这样社区居民就会把公共文化建设当作与己无关的事情,政府提供的公共文化产品与市民文化需求脱节,也必然会造成公共文化资源的浪费。

2. 公共文化能够成为社区群众沟通交流的公共空间

传统中国社会发展出许多公共空间,如村头老槐树下、井台边、河埠头、祠堂、庙宇、茶馆、酒楼、戏园等。居民交往频繁,邻里关系密切。此所谓“出入相友,守望相助”“远亲不如近邻”。当然,传统中国的公共空间,大多以亲缘、地缘为纽带,以熟人社会为基础,其社会功能比较有限。

如今,城市化席卷全国,城市改造风起云涌。在城市化过程中,城市越长越大,但城市的居住方式却越来越高度碎片化,人与人之间越来越陌生化。一个居住单元自成一统,大门一关,老死不相往来。很多人虽住同一楼中,近在咫尺,却彼此非常陌生,传统邻里关系不复存在。城市改造的直接后果,一方面是居住条件的改善,另一方面却是传统社区/邻里关系的破坏,社区认同、安全感、凝聚力的丧失。人们失去了一种跟日常生活紧密相融的、空间意义上的公共交往生活。从社会管理的效率角度看,碎片化的社会容易管理,但从社会建设的角度看,由于人与人之间缺乏交往和互动,人的社会性联系难以实现,在这种情况下,个体组织化以及组织化地参与社会管理及社会建设的能力必然萎缩。这样的社区怎么会有归属感和认同感？这样的社会怎么会形成凝聚力和社会共识？

风靡全国的广场舞是深受广大群众喜爱的文化体育活动。广场舞之所以受到那么多人欢迎，就是因为它一方面满足了人们健身的需求和休闲娱乐的需求，更重要的是这种群众性文体活动还满足了人们社会交往的精神需求。这就是广场舞经久不衰的秘密。

在今天的公共文化服务体系中，城市社区的公共文化活动使社区居民有可能突破一家一户的居住模式，公共文化服务设施越来越成为社区居民互动、交流、合作的公共文化空间。这种公共交往越来越成为民众精神文化生活不可或缺的内容。这一公共文化空间的形成使得广泛的社会整合成为可能，使社会共识的形成成为可能，意义十分重大。在此意义上，社区居民参与公共文化活动的过程，既是公民有序参与公共活动的过程，也是公众社会参与机制的建立过程。

3. 公共文化能够成为基层社会实现文化整合的重要载体。

“整合”(integration)一词是现代社会学与文化人类学共建的一个重要理论范畴。“整合”是指不同的部分或因素结合为一个有机整体的过程。凡是经过高度整合的社会，制度化、规范化程度很高，社会均衡、和谐而有序地运转，具有很强的抗干扰能力和自我调整能力。“整合”的概念包括“社会整合”与“文化整合”(两者强调的重点不一样)。社会整合强调的是“社会角色—社会结构—社会秩序”的一致性，而“文化整合”强调的是不同价值观念、生活方式之间的发展与协调。

一群个人为什么能够凝聚成一个整体。关键在于规范性和制度性的因素，没有这些因素，一群人只是地缘意义上凑在一起，彼此既无认同也无安全，更谈不上凝聚。如今，公共文化正在成为基层社会实现文化整合的重要载体。从参与者角度看，人们从一家一户的私人领域中走出来参与公共文化活动，就共同感兴趣的活动进行合作互动，就共同关注的问题开展讨论和行动，在这些公开讨论和行动中逐渐实现自己从私人向公众的转化。从参与程序角度看，在处理公共事务的过程中，倡导程序的公开、开放和公平，人们在平等对话协商中达成共识。从公共精神角度看，人们经常参与公共活动，共同处理公共事务，在此过程中形成维护公共利益和公共价值的精神。人们通过公共文化活动增加社区居民的互动、交流、合作，促进社区居民在日常生活中增加相互信任，构建交往网络，增强社区的归属感和凝聚力，增加社会资本，从而实现基层社会的整合。

我们看到，一些地方的文化主管部门在化解广场舞扰民矛盾的过程中，积极引导社区居民建立市民协商的平台，帮助文体团联合起来建立“市民文化广场管理协会”，把矛盾和问题看作是促进基层民主协商契机，让跳广场舞的大妈们在解决矛盾和问题的过程中，逐渐学会沟通对话，学会妥协让步，学会民主协商，为实现基层民主自治打下基础。

由此可见，构建现代公共文化服务体系，一方面是为了满足人民群众的休闲娱乐需要、获取信息的需要和学习科学文化知识的需要，另一方面更重要的是通过各类公共文化活动，形成公共文化生活和公共文化空间，促进人与人之间的交往互动、交流合作，促进对社会公共价值和核心价值的认同，从而提升全社会文明程度和全民族精神文化生活质量。

4. 公共文化能够成为培育公民意识的大学校

党的十七大报告在“坚定不移发展社会主义民主政治”里，曾明确提出了“加强公民意识教育”的重要任务。党的十八大报告全面阐述了全面建设小康社会的宏伟目标，其中一个重要子目标是：“公民文明素质和社会文明程度明显提高”。十八届四中全会做出了“关于全面推进依法治国若干重大问题的决定”，再次提出“加强公民道德建设”的任务。

公民意识的主要内涵是公民的主体意识、法制观念、权利意识和责任精神。公民有在良好的社会环境中生活和发展的权利，同时也有积极参与同公共利益相关的公共事务的责任和义务，如社区文化建设、生态环境保护、公共秩序的遵守和其他公益事业等;公民有享受政府公正、有效服务的权利,也有支持、监督和改善政府工作的责任。建设中国特色社会主义民主政治,需要一个坚实的社会基础,这个基础就是由全体负责任的公民所组成的社会。而公民意识是这个社会基础得以形成的思想前提。

公民意识也是社会主义核心价值体系的重要组成部分。所谓公共文化建设,并不仅仅是搞搞文体活动,建几个图书室和休闲场所等等,而是要通过包括这些活动在内的文化建设,让人们从私人领域中走出来,增加公共交往,就公共问题开展讨论和行动,在此过程中培育社区居民的共同的价值认同和文化认同,实现从私人向公民的转化。

公民意识并不是在人们头脑中自然而然地产生的。它一方面需要通过社会教育来获得,另一方面更需要通过在公共生活中的公民实践来获得。公共精神来自于公民的生活实践。由此可见,公民广泛参与的公共文化正是具有公共实践的性质。社区居民在社区的公共文化活动中能够逐渐培养起社区成员的责任意识、公益观念、互助精神和公民精神。这正是现代公共文化应该发挥的重要社会功能。

国家基本公共文化服务标准相关问题研究

阮　可*

促进基本公共文化服务标准化、均等化，是立足于现有国情基础之上，全体公民都能公平可及地获得大致均等的基本公共服务，而制定国家层面的基本公共文化服务保障标准，是为了查遗补缺、补齐短板、兜好底线，保障好每一个公民的基本文化权益，让文化的阳光普照大众。制定合乎实际需要的保障标准，可使各级政府更好地履行与其职能相适应的服务，明确供应何种内容，供应到何种程度，达到何种标准，从而建立制度化的约束，实现公共文化服务的最佳秩序和最佳效能。

一、基本公共文化服务保障标准：目标、范围和模式选择

基本公共文化服务保障标准是体现基本权益、政府职责、地方特色以及未来方向发展的标准，内容涵盖公共文化服务设施及布局基本标准，产品和资源配置基本标准，人员配备和经费投入基本标准等。当前我国公共文化服务标准化建设成果集中在技术标准、业务规范和评估指标等方面，如用于规范设施建设规模的“建设标准”、用于规范设施网点布局的“建设用地指标”、用于开展公共文化机构绩效考核工作的“效能评价指标”等。当前基本公共文化服务标准化工作的难点和最薄弱环节是制定保障标准。

* 阮可，浙江大学城市学院副教授，文化部国家公共文化服务体系建设专家、文化部国家公共文化服务标准化专家。

(一)保障标准主要目标是实现区域均等

从西方国家的发展情况来看,各国一般把“地区”作为均等化的主体,比较注重基本公共服务区际均等。如加拿大将全国十三个省级行政单位纳入均等化体系,在保证区域内人均的财力均等化基础上,建立起基本公共服务国家标准;德国建立了“全国一致生活标准”,目的是缩小区域间差距。我国东部、中部和西部的文化发展失衡问题十分突出,尤其是地区间公共文化的投入差异依然很明显。因此有必要通过划定国家基本保障标准,来熨平地区间的差异鸿沟。随着城市化的进程及社会阶层的分化,需要对外来务工群体等弱势人群加大文化扶助力度,确保其都能享受基本公共文化服务。此外,我国长期受城乡二元经济结构影响,城乡基本公共服务依然存在较大差距,也需要通过设定基本保障标准和创新服务方式逐步实现城乡间的均等。

(二)保障标准的核心是起点均等

作为现代公民的一项基本人权,文化权利的出现是人类文明进步的体现,社会成员公平享有文化权利、使用文化资源、享受文化服务,是和谐社会的重要标志。如果把均等化分为起点、过程、结果三部分,那么保障标准强调的是起点均等,也是就是人人享有相同的基本公共文化服务的机会。《国家基本公共服务体系“十二五”规划》明确指出基本公共服务均等化是“全体公民都能公平可及地获得大致均等的基本公共服务,其核心是机会均等,而不是简单的平均化和无差异化。”对于政府而言,其职责便是通过出台和实施保障标准,促成全体公民能够公平均等地享受公共文化服务,并借由机会的均等保证起点的公平。必须指出的是,文化消费是一种选择性消费,保障标准并非指向每个公民最终享有公共文化服务“量”和“质”的平均,保障标准并不排斥文化享有的自由选择和多样选择。

（三）保障标准的内容、范围具有相对性

公共服务标准化建设标志着公共服务提供方式由粗放型向精细化的转变。从内容上看，保障标准突出基本公共文化服务的均等供给，而非所有文化服务的均等供给；从程度上看，保障标准强调以满足群众基本文化需求为目标和以政府财政支持能力为尺度的统一；从范围上看，由于国内经济社会发展水平的地区差异长期存在，大致均等的公共文化服务允许存在地区差异。经济发达地区在国家标准的基础上，可以增加保障的内容、范围和标准。随着经济社会的发展，将不断拉高底线标准。

（四）保障标准的财政支出应选择最低公平模式

从国际经验来看，基本公共服务的财政支出模式有四种模式：

一是财政收入均等模式。中央政府根据地方人均税收水平拨款，同时以专项补助作为配套，目的是确保地方政府公共服务提供的能力均等。运用该种模式的典型国家是加拿大。加拿大实行收入均等化拨款政策，对全国十个省和三个行政区按人均税收收入水平从高到低进行排序，取前 2—6 位的均值作为补助标准，对低于标准的省或地区给予补助，补助数额为低于标准的差额乘以该地区的人口。

二是收支均衡模式。中央政府综合考量地方财政收入和支出两方面情况，最终决定所分配的转移支付资金，拨款依据是以地方财政收不抵支的缺口，因而这一模式相对适用于地区间支出成本差异较大的国家。与前一模式相比，该模式更为合理，但计算过程也更为复杂。比较有代表性的国家是日本和澳大利亚。日本实行地方交付税制度，中央根据地方政府的标准收入和标准支出需求进行再分配，资金来源于中央五项税收按一定比例提成，分配方式是中央直接到基层，即国家财政直接对都、道、府、县和村进行分配。

三是公共服务标准化模式。中央政府制定各类具体标准，包括设施和

服务等方面，地方政府按此标准向居民提供公共服务，中央再根据地方财力的状况专项转移支付。这一模式比较适用于地域面积不大、经济发展水平差异较小的国家。

四是公共服务最低公平模式。中央政府在宏观上制定最低标准，同时通过多级政府分担所需经费，保障地方政府提供最低标准的服务能力，另外，鼓励财政能力较强的地方政府提供更多和优质的公共服务，但经费由地方政府承担。这一模式主要适用于地区差异较大的发展中国家，代表国家为印度尼西亚。

当前基本公共服务均等化既要体现公平，又要避免欧洲福利国家因“福利依赖”等问题而对经济增长产生的负面激励。我国地广人多，区域、城乡、群体之间的差距都比较大，即使是浙江、广东等省，虽然同属沿海经济发达省份，但以上三类差距也都存在，并且不容小觑。鉴于差距和差异的客观存在，就不能一味地搞“一刀切”。另外，要考虑到社会主义初级阶段的国情和政府承受能力，因此，最为恰当和可行的办法是寻找出最大公约数，确立一个最低标准。因此，在模式的选择上，应采用公共服务最低公平模式。国家出台一个最低标准，各省按此标准实施，财力较强的省份可在此基础上做些标准的提高；无法落实此标准的省份，可通过中央政府财政转移支付，保障标准的有效实现。该模式充分体现基本公共文化服务均等化分阶段、分步骤推进的客观规律，同时也可兼顾欠发达省份资源有限的实际情况。

二、我国基本公共文化服务保障标准的制定

（一）保障标准的制定原则

统筹安排，保障底线。标准要体现公共文化服务体系建设的同一性，在加强内容引导、协调推进方面做出规定。坚持机会均等、起点公平，维护公

民的基本文化权益，切实保障公民享有平等的文化发展机会，努力缩小基本公共文化服务在区域间、城乡间、群体间的差距。

需求导向，因地制宜。制定标准的依据是广大群众的公共文化服务需求和各地公共文化部门的服务能力。从国情、省情出发，依据各地经济发展水平和政府财政支持能力，制定科学合理的基本公共文化服务标准，明确各级政府保障责任。国家的基本公共文化服务标准由中央有关部门制定发布，经济发达地区可以适当提高；短时间内难以达成相关标准的省份，可以借助财政转移支付制度保障其实现。

公开透明，简单易行。公共文化服务标准是面向公众的服务承诺，在制订过程中应广泛征求意见，发布后要广泛宣传，提高公共文化服务的公众满意度。同时，为了便于政府及公共文化部门根据标准开展服务，便于公众参与监督服务，标准内容应做到简洁明了，便于操作。

提升效能，完善监督。公共文化服务标准化是一个动态的过程，制定标准要试点验证，让最佳的操作规范能接受实践检验并不断改善。标准制定应该考虑便于工作实施时效能的提升，提高资金、设施、人力、物力的使用效率。同时，建立对标准执行的考核评估体系，确保标准体系在实际工作中发挥作用。

（二）保障标准的框架设计

当前公共文化服务发展的关键是确定服务的优先顺序和重点领域，其基本依据在于社会需求、服务现状和经济社会发展战略。基本公共文化服务保障标准的框架主要分为基本服务项目和内容、基本设施、经费和人员保障三大类，指标细化、文字简明、语言通俗，便于老百姓阅读理解，同时也便于地方各级政府和部门明确自身的责任。

围绕读书看报、广播影视、文体活动、文化鉴赏、文化教育、数字服务、免费开放、特殊群体服务等八项基本服务项目和内容，制定具体标准。八项基本服务项目和内容主要依据是《中共中央办公厅国务院办公厅关于加强公共文化服务体系建设的若干意见》(中办发〔2007〕21号)中规定的群众基本文化权益,并在传统的“6”个基本项目加上农村看电影的“1”的基础上,增加了《国家基本公共服务体系“十二五”规划》提到的免费开放、特殊群体服务项目,另外,从时代发展的要求增加了数字服务、文化教育两个项目,进行了归类整合。由于基层群众的文化活动和体育活动往往交错在一起,将文体活动作为一个基本服务项目,不再细分。

围绕公共图书馆、文化馆、博物馆、体育场馆、乡镇综合文化站、新闻广电设施、流动文化服务设施和无障碍设施等八项基本公共文化服务设施,制定具体标准。基本设施标准的制定主要考虑两点:一是设置率,不改变现有行政体制,如县级有两馆(图书馆、文化馆)、乡镇有文化站、村(社区)有综合文化服务中心;二是根据行政区域内服务人口数确定设施规模,比如市区常住人口超过50万设置大型馆,建筑面积6000平方米以上;20万至50万设置中型馆,建筑面积4000—6000平方米;20万以下设置小型馆,建筑面积800—4000平方米。将设施标准的核心指标提炼出来,呈现在标准框图内。另外,这里的设施不单指文化设施,还包括了新闻广电、体育的公共服务设施,体现了十八届三中全会决定提到的:整合基层宣传文化、党员教育、科学普及、体育健身等设施,建设综合性文化服务中心的要求。另外,将无障碍设施这一项目单列体现了对弱势群体的关注。

围绕经费、人员保障等保障内容,制定具体标准。基本公共文化服务的均等本质上是财力的均等,以财力的均等推动资源配置均等最终实现服务的均等,经费的保障尤为重要。根据财政的要求,文化经费的投入不能提占比,只能按照十七届六中全会《中共中央关于深化文化体制改革推动社会主义文化大发展大繁荣若干重大问题的决定》:把主要公共文化产品和服务项目、公益性文化活动纳入公共财政经常性支出预算,保证政府财政对文化建设投入的增长幅度高于财政经常性收入的增长幅度。基本公共文化服务是纯公共产品，但仍然可以通过市场的机制和手段购买服务，提升基本公共文化服务的效能，所以在标准中设定了：县级以上政府安排资金，通过政府购买服务方式面向企业、社会组织购买公共文化服务。这可为社会力量、民营资本进入公共文化服务领域留下空间。

（三）保障标准值的区域差异

国外公共服务标准化建设的一个经验是：将公共服务总量化的指标和个性化的指标相结合，并以个性化指标为主。由于我国东中西部公共文化服务差异较大，以人均藏书量为例，西部为 0.48 册，中部为 0.39 册，东部为 1.01 册，国家保障标准如果采取一刀切，统一规定为 0.8—1 册的话，中央财政转移支付压力很大，对于东部地区，该保障标准又偏低。因此，在制定保障标准时，要充分考量东中西部地区的发展现状，在部分指标值的设置上，如公共图书馆人均藏书量、文化馆每年组织开展群众文体活动、乡镇（街道）综合文化站组织开展群众文体活动、人均年新增公共图书馆藏量、博物馆（纪念馆）、美术馆、非遗展示馆基本陈列、公益性临时展览，公共图书馆、文化馆公益性展览，讲座、培训等宜采用分类定标的方法确定东中西部基本保障指标值。

三、我国基本公共文化服务保障标准的实施

基本公共文化服务是价值理念与具体实践、战略目标与实现机制、指导原则与路径选择紧密联系的长期过程和复杂系统。在此意义上，坚持科学的实施路径是十分重要的理论命题和现实任务。

（一）以财力均等化实现资源合理配置

公共文化事业追求的是全民共享的公共性，公共文化服务的开展主要

依靠国家的财政投入，财政投入的均等化是公共文化服务均等化的基础。以财力的均等化推动资源配置均等化，最终推动服务的均等化。首先，县级以上政府要将基本公共文化服务所需保障资金纳入公共财政经常性支出预算，落实保障当地常住人口享有基本公共文化服务项目所需资金。东、中、西部地区县域人均文化事业费，不低于本区域上一年度平均水平。其次，要明确公共文化服务投入的重点。均等化的目标是促进区域均等、城乡均等、群体均等，投入要有助于公共文化设施空间布局的优化，重点投入城乡基层文化基础设施建设、文化普及和精品生产。再次，要加快完善财政转移支付制度，加快形成统一、规范、透明的财政转移支付制度，要科学设置、合理配置一般性转移支付和专项支付。对于转移支付制度的调整不仅需要进行均等化现状分析，还要对各项转移支付的效果以及对地方政府的财政努力激励作用进行评估。

（二）创新服务面向基层下沉优质资源

当前，基本公共文化服务的短板在基层，尤其是在一些民族地区、山区、海岛地区。要创新服务供给，把更多的设施、人才、产品、服务引向基层，增强基层服务能力。按照党的十八届三中全会精神，采取措施，加强基层文化基础设施建设，从组织体系、经费支持、人员保障等方面深度整合基层公共文化资源，形成一个组织合力和组织优势，有效对接群众需求，建立基层综合性文化服务中心，让广大群众随时随地都能方便快捷地享受基本公共文化服务。

重点关注群众最现实的文化需求，要扩大政府购买公益文化产品的范围，保障基层群众文化权益的实现。以公共文化产品的均衡供给，推进公共文化服务均等化。形成需求导向、优质高效、均等普惠的城乡公共文化服务新机制。制订年度农村公益性文化项目实施计划，明确服务规范，改进服务方式。提供农民群众喜闻乐见、迫切需要的文化产品和服务，活跃和丰富农民群众的文化生活;推动城乡文化的交流,以城带乡,以城促乡,发挥文化活动品牌的辐射和带动作用,让农民群众充分享受文化活动的乐趣。面向老年人、残疾人、农民工、低保等重点群体,继续实施特殊群体的均等化项目,开展文化、艺术、读书节、歌唱赛活动,建立制度化、可持续的、落实到点、落实到人的运作机制。

(三)通过部门统筹协调综合利用文化资源

现代公共文化服务体系的建设,是一个涉及文化产品生产、分配、管理和资源保障各个系统在内的整体系统设计,必须整合政府与社会各个方面的力量,突破行业壁垒和公共资源体制内循环的制度局限。建立公共文化服务体系建设协调机制,是加强政府机构改革的协同性、提升公共文化服务效能的必然要求。要以深化文化体制改革为契机,联合宣传、组织、发改、财政、文化、广电、体育、工青妇等部门,成立公共文化服务体系建设协调组织机构,促进工作的规范化、常态化,协调解决矛盾和问题,加快形成科学有效的宏观文化管理体制。依托协调机制,定期召开协调会议,负责行动计划组织领导、政策制定、统筹规划,协调解决均等化实施过程中的重大问题,确保标准化均等化工作顺利推进。

(四)建立供需对接机制精准服务百姓

作为改进政府服务质量的有效途径,公共服务标准化的深入发展需要强化"以公民为中心"的服务理念,需要关注整体性行政服务质量持续改进,需要推动公共服务从回应走向参与和协作。现阶段,我国公共文化产品和服务供给基本按以自上而下的单向度为主导,文化部门"送文化"多,"种文化"少;城乡群众被动参与多,主动参与少。要建立反馈机制,要充分发挥政府的作用,注重基层文化站的职能,组建专家团对群众的基本文化需求进行定期的测度和反馈。文化职能部门要通过实地调研,把文化惠民工作与保障广大群众的知情权、参与权、监督权相结合,提升服务供给的公平效率。要调动群众参与热情,汇聚民智民力,搭建群众文化需求表达渠道和平台,探索政府公共文化决策的多元参与机制。通过设立服务电话、短信、QQ社区、官方微信、官方微博等互动平台,多种路径了解群众文化生活需求,及时分析、反馈和评价,形成良好的双向性沟通。

(五)完善考核评价机制提供“硬约束”

绩效管理的基本目标是提高公共管理运作效率与质量,包括提高行政效能、提高公共服务的质量、实现社会有效治理等。考核公众所表现出的满意度情况,可以对当前服务供给行为做出客观评价,有利于进一步明确政府公共文化服务职能定位,加强公共文化服务体系建设。建议将“流程再造”引入公共部门,推进绩效评价指标体系的制度安排,推动基本公共文化服务成为各级政府的硬任务、硬指标,真正成为可衡量、可监测的对象,并纳入政绩考核评价体系当中。在基本公共文化服务满意度测评中,要科学选取测评的项目、测评对象和测评方法,避免主观性很强的测评手段。同时也要注意不能为了测评的客观性,而选择过于复杂的测评方法。有的测评需要依靠数学模型和专业软件进行,尽管客观性比较强,但可实施性比较差,基层单位基本无法实行。要建立一个开放性强、透明度高的政府主导和社会参与相结合的评估系统,探索建立公共文化服务的第三方评价机制,创新管理增强公共文化服务评价的科学性和有效性。

参考文献:

[1] 唐亚林,朱春. 当代中国公共文化服务均等化的发展之道[J]. 学术界,2012(5):26.
[2] 方堃,冷向明. 包容性视角下公共文化服务均等化研究[J]. 江西社会科学,2013(1):177.
[3] 郜爱红. 公共需求管理与公共服务标准化[J]. 北京行政学院学报,2012(2):42.
[4] 刘志广. 日本地方交付税制度及其对中国实现基本公共服务均等化的启示[J]. 现

代日本经济,2011(1):31－33.

[5] 刘德吉.基本公共服务均等化:基础、制度安排及政策选择[M].上海:上海交通大学出版社,2013:5.

[6] 胡税根,徐元帅.我国政府公共服务标准化建设研究[J].天津行政学院学报,2009(6):44.

[7] 卢映川,万鹏飞等.创新公共服务的组织与管理[M].北京:人民出版社,2007:244.

[8] 李洺,孟春,李晓玉.公共服务均等化中的服务标准:各国理论与实践[J].财政研究,2008(10):79－81.

[9] 杨永,朱春雷.公共文化服务均等化三维视角分析[J].理论月刊,2008(9):150.

[10] 安应民等.构建均衡发展机制——我国城乡基本公共服务均等化研究[M].北京:中国经济出版社,2011:283.

[11] 李国新解读“现代公共文化服务体系”[EB/OL].[2013－11－26].http://www.ccdy.cn/xinwen/gongong/xinwen/201311/t20131126_811499.htm.

[12] 傅才武.当代公共文化服务体系建设与传统文化事业体系的转型[J].江汉论坛,2012(1):136.

[13] 陈振明,耿旭.公共服务质量管理的本土经验——漳州行政服务标准化的创新实践评析[J].中国行政管理,2014(3):15－20.

[14] 闫平.服务型政府的公共性特征与公共文化服务体系建设[J].理论学刊,2009(12):93.

[15] 张瑜.公共文化服务体系发展思考——以宁夏银川市为例[J].社会科学家,2013(9):158.

河南省公共文化服务体系建设的问题及对策

时明德

构建现代公共文化服务体系是党的十八大提出的重大战略部署，事关民族凝聚力的增强、国家的长治久安和核心竞争力的进一步提升。实际上，早在2005年10月，党的十六届五中全会就已经提出“加大政府对文化事业的投入，逐步形成覆盖全社会的比较完备的公共文化服务体系”。十七届六中全会进一步提出，到2020年“覆盖全社会的公共文化服务体系基本建立”①，河南省委、省政府和各级文化管理部门按照中央的部署，从河南省的实际出发，出台了一系列政策措施，致力于构建河南省的公共文化服务体系，取得了丰硕成果，亮点纷呈。

一、河南省公共文化服务体系建设成绩斐然

（一）公共文化的基础设施与队伍建设取得了重大进展

截至2014年年底，全省已有119个博物馆（纪念馆）、142个公共图书馆、201个文化馆（群艺馆）、2264个乡镇（街道）综合文化站。其中，省辖市级图书馆、群众艺术馆新建、改建扩建项目11个，新建、改建扩建县级图书馆、文化馆24个，建成开放6个综合博物馆和4个专题博物馆。全省从事公共文化服务的专业人员50852人，分布在艺术创作、文物保

① 夏国锋，吴理财．公共文化服务体系建设的发展历程、基本逻辑与经验启示：深圳样本的表达［J］．理论与改革，2012（3）：115－119．

护、群众文化等各个文化服务部门。初步形成了以省、市、县图书馆、文化馆、博物馆、文化广场和乡镇文化中心(文化站)及农村行政村和城市社区文化大院、文化室为骨干的省、市、县(区)、乡、村五级公共文化服务网络。

(二)文化先进单位及示范区(项目)创建卓有成效

河南省文化厅先后组织、开展了河南省文化先进县、河南省先进文化乡镇、河南省民间艺术之乡、河南省示范文化馆、图书馆、综合文化站评比命名工作。目前,全省有22个县(市、区)被文化部命名为全国文化先进县(单位),70个县乡被文化部评为“中国民间艺术之乡”。郑州市、洛阳市、济源市先后成为第一至第三批国家公共文化服务体系示范区,信阳市平桥区“农村公共图书馆一体化建设”,漯河市“幸福漯河健康舞”等项目成为国家公共文化服务体系建设示范项目。2014年7月,省文化厅组织开展了河南省公共文化服务体系建设示范区(项目)的申报工作,全省共确定两批12个示范区、12个示范项目。全省逐渐形成政府主导、多方参与、合力共建的局面。

(三)文化惠民工程扎实推进,各种文化活动蓬勃开展

当前,我国正处于全面建成小康社会的关键时期,文化越来越成为民族凝聚力和创造力的重要源泉,丰富人民群众的精神文化生活越来越迫切。2013年年初,河南省委宣传部以文化服务基层、文化服务群众为宗旨,在全省范围内组织、开展了“文化惠民工程”系列活动。主要内容包括“欢乐中原”群众文化活动、特色文化基地创建活动、文化综合体建设活动、千场电影送民工活动、优秀舞台艺术“五进”(优秀舞台艺术进农村、进社区、进企业、进校园、进军营)活动、基层文艺骨干培训活动、县级城市数字影院建设、重点文化惠民工程建设等8项活动。各地陆续打造

出了“春满中原”“欢乐中原”“一元剧场”“文化茶馆”“周末公益小舞台”“放歌如意湖”等群众文化活动品牌。河南省文化厅连续多年在全省组织开展“春满中原”春节系列文化活动。2014 年春节期间，各地开展县级以上（包括部分乡镇）活动 1822 项，乡、村级春节文化活动群众参与人数超过千万人次。

（四）努力推进公共文化服务的标准化、均等化建设

自 2011 年开始，河南省委、省政府将“三馆一站”的免费开放正式列入“十大民生工程”，推动全省各级公办图书馆、群艺馆、乡镇综合文化站实现免费开放。2014 年，河南省级财政为免费开放省级“三馆”投入资金 781 万元，其中省美术馆 113 万元，省图书馆 480 万元，省群众艺术馆 188 万元。为奖励免费开放工作先进馆站投入奖励资金 660 万元，采用以奖代补的形式对全省 40 个公共图书馆、36 个文化馆、69 个综合文化站（文化中心）等免费开放工作考核先进单位进行资金支持。2014 年下半年至 2015 年年底，郑州市、洛阳市开展了公共文化服务标准化试点工作，平顶山市、濮阳市、焦作市、济源市开展基层综合性文化服务中心建设试点工作，洛阳市群众艺术馆、义马市文化馆、修武县文化馆、信阳市图书馆、漯河市图书馆、永城市图书馆、河南省博物院、洛阳市古代艺术博物馆、郑州美术馆 9 家单位开展公共文化机构法人治理结构试点工作。

二、河南省公共文化服务体系建设中存在的突出问题

河南省公共文化服务体系建设的成就有目共睹，但是我们必须注意到，河南省的公共文化服务体系建设仍存在着许多不足。公共文化服务体系建设本身就是一个复杂的系统工程。加上我们对人民群众不断增长的精神文

化需求的认识需要一定时间，目前的政府主导型建设机制与评价机制不尽完善，传统的文化思维方式、方法的制约导致河南省公共文化服务体系建设在某些方面存在这样那样的问题。

（一）四大浅层次问题较为突出

（1）城市公共文化服务设施建设简陋与豪华并存，布局不合理，远离受众，不能满足居民需要的问题突出。有的地方把目前流行的城市建设的理念运用到公共文化设施的建设上，一味地追求奢华，追求建地标性建筑，动辄几亿或十几亿元，但却远离居民区，很难满足绝大多数居民的精神文化需求。有的地方设施简陋陈旧，虽然处于城市中心位置，但基本条件不达标，很多建设项目难以落到实处，针对广大群众的公共文化服务并没有落到实处。

（2）基层投入严重不足，资金短缺、人员短缺的问题十分突出。甚至有的地方从业人员的工资都难以为继，为了发工资，不得不把馆舍租赁出去挣钱。有的地方，从业人员尤其是专业技术人员严重缺乏，许多服务项目不得不靠文化志愿者来做。在乡镇文化站，人员不足已经成为制约公共文化服务的关键因素，如不尽快加以解决，公共文化服务将流于形式。

（3）重申办、轻建设问题突出。多数地方都把申办示范区和示范项目当作大事来办，主管领导牵头，各部门协同配合，大有不拿下来不收兵的劲头。而一旦项目获得批准，项目资金到位以后马上就鸣金收兵。虎头蛇尾，重申办、轻建设是多数地方的通病。

（4）以文体活动代替公共文化服务的现象普遍，基础性服务项目少，优秀文化作品少，供给不足、针对性不强的问题突出。公共文化服务要求的是面向人民大众，解决群众的精神文化需求，这就要求尽可能多地满足群众需求，最大限度地提高服务效能。但是，许多地方都存在活动单一，群众参与程度不高等问题，大多数群众的精神文化需求并没有真正得到满足。

(二)四大深层次问题值得关注

(1)智库建设严重滞后,政策保障没有及时跟上。公共文化服务体系的建设既不像建一个图书馆那么简单,也不像建一座城市开发区那么单纯。它需要我们在对国家政策的完整、准确理解的基础上,在对文化本质的深刻认识的基础上,立足本地区实际,了解群众的基本精神文化需求,把握文化设施建设的基本规律,立体规划,统筹推进。需要一大批从事公共文化研究的专家学者与政府文化管理部门的同志们一道工作。从全国的情况看,文化部较早注意到了这一点,建立了全国公共文化服务体系建设专家委员会,吸收大量专家来从事政策的研究与宣传工作,为政府决策提供必要的智力支持。江苏、浙江等省也较早重视这一问题,邀请高等院校专家参与政府的决策咨询,在当地的公共文化服务体系建设中发挥了积极作用。相比之下,河南省的专家委员会建立较晚,高等院校的专家学者在其中所占比例明显偏小,发挥的作用有限。这导致某些方面的政策跟进不及时,研究不深入,影响了公共文化服务体系建设的质量。

(2)推进工作的方式方法单一,评价验收的方式过于陈旧。在一些市县,推进工作还是开大会、发文件,单靠行政手段去推动,督促检查的方式也过于简单。笔者曾参加2015年度河南省“两馆一站”免费开放情况的检查验收工作,并对多个省辖市的示范区(项目)的建设情况进行督察。这次检查,有评价指标体系,有量化的要求、排序的要求,但时间安排太紧。到一个地方,只能听听汇报,看看设施,观摩一下活动情况,根本没有时间去查阅资料或座谈了解。打分也只能凭大致印象或者按相关负责同志的意见去做。上述做法实际上是传统的行政检查方式,科学性谈不上,其权威性也就大打折扣了,当然也难以起到督促的作用。

(3)领导干部认识不到位,公共文化服务与管理人员素质不高等问题突出。不少基层领导干部对两个条例不知情,思想认识还停留在以往传统的经验上。这已经成为制约全省公共文化服务体系建设成效的关键因素之一,亟待抓紧解决。同时,公共文化服务人员的专业水平不高,缺乏专业的培训,也是一个不容忽视的问题。

(4)制度建设滞后,综合性改革推动乏力。在推进公共文化服务体系建设的标准化、均等化、信息化和社会化问题上,缺乏必要的制度保障,对一些试点单位的经验总结提炼不够,推广不够。一些重大的改革事项还停留在初步试点阶段。

三、对加强河南省公共文化服务体系建设的几点思考

河南省是文化大省、人口大省,也是经济发展较快的省份之一。2015年的地区生产总值已经达到37000亿元,列全国第五位,经济增速8.2%,高于全国平均增长速度1.3个百分点,这就为全面深入推进公共文化服务体系建设提供了重要保障。当前和今后一个时期,我们应该抓住难得的机遇,加强谋划、加大投入、强化督促检查,尤其是要从以下七个方面卓有成效地开展工作,深入推进公共文化管理体制的改革发展,力争尽快跨入全国公共文化服务体系建设先进省份的行列。

(一)加强顶层设计,制订战略规划

“十三五”期间是一个大有可为的时期,我们一定要在深入理解两个条例精神的基础上,从河南省的实际出发,制订高水平的公共文化服务体系建设的规划,针对公共文化服务的性质和特点,科学设立公共文化服务体系建设的发展指标①。该规划不仅要明确“十三五”期间的建设目标、任务,更要

① 杨泽喜.构建公共文化服务体系的逻辑原点与路径选择[J].江汉论坛,2012(5):141-144.

对怎么建、怎么管、怎么改等问题做出明确的回答,并将其作为河南省“十三五”规划的一个补充。

(二)加强智库建设,组建专家队伍

尽快建设一支由高等院校专家学者、专业文化机构的业务负责人等人员组成的专家队伍。要充分利用河南省高等院校和科研院所的智力优势,组织专家学者开展对公共文化服务工作的研究、规划与指导。要发挥河南省公共文化研究中心的作用,开展对公共文化服务体系建设的调查研究、项目规划、成果评审等工作,推动全省公共文化服务体系建设上水平、上台阶。

(三)加强培训,提高专业素养

编制各类公共文化管理与服务的人员培训方案并组织开展培训,迅速提升其认识水平与专业素养。针对全省各级各类公共文化管理与服务人员的素质提升要求,分类制定培训方案,分批分期开展政策培训和专业技能培训。

(四)改革考评验收方式方法,推进第三方评价工作

要明确任务,抓紧编制对公共文化服务体系建设示范区、示范项目的检查验收办法,制定对公共图书馆、美术馆、博物馆、群艺馆等公共文化机构开展免费活动的检查验收办法,积极创造条件,尽快开展第三方评价工作。用科学、客观、公正的考核方式去促进公共文化服务体系建设的健康发展。

(五)抓好典型,提高服务质量与效益

要树立并抓好典型通过典型示范,推动各级各类公共文化服务机构改进服务,提高服务质量与效益。要高度重视典型的示范作用,认真选择有代表性的典型,经过培育成型后及时予以推广,以引领同类型公共文化机构改革发展。

(六)加大政府购买服务的力度,引领民间文化资源向公共文化服务领域倾斜

政府购买服务是一个非常好的扶持精神文化生产的办法,也是为广大人民群众提供优质精神食粮的好办法、好经验。政府购买服务关键是要选准老百姓喜闻乐见的文化产品,一定要把老百姓喜欢作为标准。

(七)加速推进法人治理结构改革和社会化发展

从公共文化服务体系建设的全局和长远发展来看,法人治理结构的改革势在必行,必须尽快通过试点引领快速推进。还有社会化问题,一定要千方百计吸引民间资本加入公共文化建设事业中来。大力推进法人治理结构改革和社会化发展,逐步形成政府主导、社会各方面广泛参与的公共文化服务新局面。只要政府主导、社会广泛参与的局面能够全面形成,公共文化服务体系建设的伟大事业就一定会大功告成。

|政策解读|

《中华人民共和国公共文化服务保障法》解读

柳春光*

2016 年 12 月 25 日，第十二届全国人大常委会第二十五次会议审议并表决通过了《中华人民共和国公共文化服务保障法》（本文简称为《公共文化服务保障法》），这是我国文化立法的重大突破，是国家公共文化建设的根本大法。《公共文化服务保障法》的颁布和施行，将从根本上使得公共文化服务体系建设有法可依，有力推动现代公共文化服务体系建设的不断深入，从而充分保障人民群众基本文化权益的实现和文化发展成果的共享。

一、《公共文化服务保障法》的立法背景

文化是民族的血脉，是国民的精神家园，也是国家软实力的重要体现。何谓文化？“观乎人文以化成天下。”①何谓人文？“文明以止，人文也。”②所以，文化说到底就是以文化人，用民族共有的价值观念、精神追求、文化基因熏陶人、塑造人、改造人、凝聚人，从而成为建立在共有价值观和文化认同

* 柳春光，洛阳师范学院法学与社会学院讲师，博士，研究方向：民商法学。

① 出自《周易》的《贲卦·彖传》，原句为“观乎天文以察时变，观乎人文以化成天下”，意思是说：观察天道运行规律，以认知时节的变化；注重人伦道德，用教化推广于天下。

② 出自《周易》的《贲卦·彖传》，原句为“刚柔交错，天文也；文明以止，人文也”，意思是说：阴阳相济、刚柔交错，这是自然规律；文治教化，是社会现象，这是人文。

基础上的和谐社会[①]。公共文化是文化的组成部分，与其他文化类型相比，公共文化最显著的特点是其“公共”属性，即文化的普惠性、共享性和基本性[②]。在我国，“公共文化”概念出现的时间并不长，过去称之为“群众文化”“社会文化”。进入 21 世纪，随着我国文化体制改革的不断推进，“公共文化”这一概念在中国语境中有了新的内涵，其含义拓展为由政府主导、社会参与形成的普及文化知识、传播先进文化、提供精神食粮，满足人民群众文化需求，保障人民群众基本文化权益的各种公益性文化机构和服务的总和[③]。

我国宪法明确规定了国家发展为人民服务、为社会主义服务的各项文化事业，开展群众性的文化活动。改革开放特别是党的十六大以来，公共文化服务体系建设是中国特色社会主义文化建设理论创新、实践创新和制度创新的重要成果。2005 年 10 月，党的十六届五中全会首次提出逐步形成覆盖全社会的比较完备的公共文化服务体系，拉开了我国新时期构建公共文化服务体系的序幕。2011 年 10 月，党的十七届六中全会通过的《中共中央关于深化文化体制改革推动社会主义文化大发展大繁荣若干重大问题的决定》中明确指出，“要以公共财政为支撑，以公益性文化单位为骨干，以全体人民为服务对象，以保障人民群众看电视、听广播、读书、看报、进行公共文化鉴赏、参与公共文化活动等基本文化权益为主要内容，完善覆盖城乡、结构合理、功能健全、实用高效的公共文化服务体系”。2013 年 11 月，党的十八届三中全会通过了《中共中央关于全面深化改革若干重大问题的决定》，其中明确提出“构建现代公共文化服务体系”。我国公共文化服务体系建设成绩显著，逐步呈现出科学发展、整体推进、重点突出的良好态势，覆盖城乡的公共文化服务体系框架基本建立，人民群众的基本文化权益得到了更好的保障。

---

①-③ 李国新. 对我国现代公共文化服务体系建设的思考[J]. 卡拉玛依学刊，2016(4):3-15.

但在公共文化服务发展的过程中，还存在不少困难和问题，主要表现为以下几个方面：

（1）文化立法成为立法“短板”，直接引发了无法可依的困境。从国际上看，许多国家在公共文化的建设和发展上都走上了法制化道路。在立法模式上大体可分为两种：一是制定文化事业方面的基本法，如韩国的《文化基本法》、俄罗斯的《联邦文化基本法》、乌克兰的《乌克兰文化法》以及美国的《国家艺术暨人文基金会法案》等；二是制定公共文化机构方面的专门法律，如图书馆法、博物馆法等，目前搜集可见的国外图书馆立法就有 100 多部[①]。然而，我国在公共文化领域长期以来过多地依赖行政手段，从政策、项目、工程等方面加以推进，文化法制建设相对滞后。截至 2016 年 6 月，我国法律性质的文化立法仅有“三法两决定”即，文物保护法、非物质文化遗产法、著作权法和“关于维护互联网安全的决定”“关于加强网络信息保护的决定”。不仅数量少，而且覆盖面窄，规范面和效力也很有限，绝大多数文化领域都属于法律盲区。相对于文化立法的迟缓，文化的快速发展不断催生新的文化业态和文化经营模式，尤其是进入网络时代，文化产品的创作模式、生产流程和传播途径都发生了革命性的变化，动漫、网游、数字出版等新兴文化领域以及手机短信、网络视听点播等高科技孕育下的新兴文化服务形式，几乎全部立法不彰乃至无法可依[②]。

（2）公共文化管理体制不顺，政府的文化服务意识仍需加强。目前，公共文化管理涉及不少部门，如文化、新闻出版广电、发改委、财政、城乡建设、税务等部门均有部分的公共文化职能。文化综合体制改革后，有些政府把文化局、新闻出版局和广电局整合为“文广新”局，而省级和国务院层面仍然分属文化和新闻出版广电两个部门主管。实践中，职能交叉重叠、管办不

① 李国新. 对我国现代公共文化服务体系建设的思考[J]. 卡拉玛依学刊，2016(4)：3 – 15.

② 伟民. 文化立法：从“短板”到提速[J]. 浙江人大，2016(7)：46 – 49.

分、政出多门以及主管部门之间协调不够、协同建设不够的现象时有发生。部分地方政府仍然没有真正树立科学发展意识和正确的政绩观,对文化建设尤其是公共文化服务体系建设重视程度不够,缺乏文化自觉。文化"说起来重要,干起来次要,忙起来不要"的现象在基层还比较普遍[①]。

(3)公共文化投入量少、比重低,城乡、区域发展不均衡。公共文化服务(Public Culture Service)与教育、医疗卫生服务一样,是社会性公共服务的一种,也属于现代公共服务的范畴。公共服务由政府主导,政府的主导责任集中体现在公共财政保障上。不论是国际横向比较还是与我国经济社会发展的适应性比较,我国公共文化的财政投入总量都处于较低水平[②]。从文化事业费占国家财政总支出的比重看,2015 年,全国文化事业费 682.97 亿元,占国家财政总支出的 0.39%,不但低于 2007 年和 2008 年的 0.4%,且较之其他领域仍相当滞后。另一方面,文化事业经费投入的城乡差距、区域差距的态势仍在延续。2015 年各级财政对县及县以下文化单位投入共计 330.13 亿元,占全国文化事业费的 48.3%,比重比上一年下降了 1.6 个百分比。2015 年全国财政对东部地区的文化投入占全国总投入的 42.1%,对中部地区的文化投入占全国总投入的 24.1%,西部地区占全国的 28.4%,中西部地区明显落后于东部地区。

(4)公共文化设施的体系化程度低、覆盖能力不足。近年来,我国已基本实现了"县县有图书馆文化馆、乡乡有文化站"的目标[③],覆盖城乡的公共

---

① 于群,李国新.中国公共文化服务发展报告(2012)[M].北京:社会科学文献出版社,2012:6.

② 李国新.对我国现代公共文化服务体系建设的思考[J].卡拉玛依学刊,2016(4):3-15.

③ "县县有图书馆文化馆、乡乡有文化站",只是公共文化设施"全设置"的指标。均等化的公共文化服务,需要具有"全覆盖"能力的公共文化服务设施体系支撑。公共文化设施的"全覆盖",是指公共文化服务设施具有覆盖所有人的能力。由"全设置"走向"全覆盖",是公共文化服务设施网络体系最终形成的标志。参见:陆晓曦."公共文化服务保障法"立法支撑研究[M].北京:国家图书馆出版社,2016:86.

文化服务体系框架初步建立。但是，公共文化设施的数量和规模问题目前仍较为突出。例如，截至2013年年底，全国仍有619个县级图书馆和791个县级文化馆建筑面积小于800平方米，有4876个乡镇文化站建筑面积小于300平方米；基层特别是城乡接合部、贫困地区、少数民族地区、边疆地区仍有空白点；针对未成年人、老年人、残疾人和流动人口等群体的公共文化服务普遍较少；2015年，我国公共图书馆的数量为3117个，公共图书馆的覆盖能力为44万人/个，而同时期美国的公共图书馆数量为1700个，公共图书馆的覆盖能力为1.9万人/个。公共文化设施的布局上的问题更为严重。例如，由于在设施建设中缺乏有效覆盖面积、有效服务半径的理念[①]，一些地方文化馆建在城市郊外，远离普通居民居住地，尽管功能齐全、建筑宏伟，但很容易就成为“设施孤岛”。

（5）公共文化服务效能低，活力不足。公共文化服务效能不高是我国公共文化服务中的突出短板，主要表现在：①一些地方公共文化服务设施功能不健全、利用率低，处于“空壳”状态，难以正常运行服务。例如，2015年全国公共图书馆人均藏书0.61册，远低于联合国教科文组织和国际图联《公共图书馆服务发展指南（2010）》中提出的人均2—3册的建议性标准[②]；一些大中城市将新建的图书馆、博物馆作为城市地标建筑的标志，出现一种重建筑轻功能、重奢华轻服务的现象。②在文化资源和服务的提供上，尚未建立以群众为导向的供给模式。例如，部分基层文化机构花大力气组织的

---

① 服务半径是指人们到达公共文化设施的最远直线距离，它以人们的出行为划定依据，确定不同类型的文化设施有不同的有效服务距离，从而限定了不同的服务范围。在公共文化设施建设中，必须要树立服务半径、覆盖面积的理念，只有当服务半径小于或等于公众所能承受的时间和距离成本上限时，公众才可能被吸引到该设施进行活动，超出则将会限制居民的活动行为；适当的服务半径才能吸引居民到服务设施来，才能保证服务设施为一定数量的目标人群提供服务，保证服务的全覆盖。参见：陆晓曦.“公共文化服务保障法”立法支撑研究[M].北京：国家图书馆出版社，2016：75－76.

② Standard for Collections. IFLA Public Library Service Guidelines（2nd, completely revised edition）.[C] IFLA Publications, 2010：26－31.

文化节目，却难以得到农村群众的青睐；部分乡镇综合文化站、农家书屋的藏书，农民看不懂、用不上，实际效果有限。③我国基础公共文化队伍建设滞后，服务效能不高。目前，许多基层文化单位人员编制不足，“在岗不在编、在编不在任”的问题普遍，“不专职、不专业、不专心”的“三不专”现象在基层公共文化队伍中比较突出。公共文化服务以人为本，不能见物不见人。人的问题解决不好，设施用不好、管不好，作用必然发挥不好①。④绩效评估与激励制度不健全，公共文化建设缺乏内在驱动力。与发达国家相比，我国目前现有的政策制度中，更多的是侧重于公共文化服务所涉及的各类具体问题，而针对建设成果及其可持续发展的考核监督、社会评价、社会荣誉等绩效评估和激励体系仍缺乏。这就会降低政府的责任意识和服务质量，削弱公共文化建设的内在驱动力②。

（6）我国公共文化服务社会化动力不足。这一问题主要表现在：①全社会的公共文化资源尚未得到有效整合。据统计，全国工会、共青团、妇联、科协等部门拥有可以提供公共文化服务的各类设施6800多所，比全国县以上公共图书馆和文化馆的总和还多。但长期以来，这些设施游离于公共文化设施体系之外，造成巨大的资源浪费。②对社会力量参与公共文化服务的政策动力和激励机制尚不健全。从发达国家的经验来看，公共文化建设，除了必要的财政保障外，往往充分利用财税政策鼓励社会力量参与。但我国目前的公共文化建设资金来源主要依赖国家财政，对社会力量投资公共文化建设、开展公益性文化活动缺乏足够的财税政策支持。例如，根据国务院颁布的《公共文化体育设施条例》，演出场所未被列入公共文化设施，而与商场和娱乐场所征收同一营业税，税率高达5%—20%，不仅高于被列入公共文化设施的电

① 李国新.对我国现代公共文化服务体系建设的思考[J].卡拉玛依学刊，2016(4)：3－15.

② 陆晓曦.“公共文化服务保障法”立法支撑研究[M].北京：国家图书馆出版社，2016：15.

影院（营业税率3%），甚至高于金融业（5%），这就会严重影响演出场所的建设和发展。此外，私人博物馆的地位、性质和财税优惠政策的法律规定仍付之阙如，这也是影响我国博物馆事业发展的重要原因之一。③社会力量参与公共文化服务的方式和途径有限。政府购买、政府和社会资本合作（即PPP模式）、基层公共文化设施社会化管理运营等社会化方式刚刚起步，仍处于探索阶段。

在这样的背景下，2014年10月，党的十八届四中全会开启了全面推进依法治国的新征程，在文化领域，全会对文化立法的相对滞后有着清晰的判断，将文化立法列入了重点领域立法范畴，提出了"制定公共文化服务保障法，促进基本公共文化服务标准化、均等化"这一明确要求。2015年1月，中共中央办公厅、国务院办公厅印发了《关于加快构建现代公共文化服务体系的意见》，并发出通知，要求各地区各部门结合实际认真贯彻执行。关于文化立法，该意见针对公共文化立法问题明确提出，要"建立健全公共文化服务法律体系""加快出台公共文化服务保障法等相关法律法规，为现代公共文化服务体系建设提供法律支撑"。为了贯彻中央精神，全国人大教科文卫委员会牵头启动了公共文化服务保障的立法工作，随后，"公共文化服务保障法"被列入全国人大2015年立法议程。经征求社会各界意见和多次修改完善，2016年4月25日，公共文化服务保障法草案提请第十二届全国人大第二十次会议初审；2016年10月31日，第十二届全国人大第二十四次会议对公共文化服务保障法草案进行二审；2016年12月25日，第十二届全国人大常委会第二十五次会议通过《公共文化服务保障法》，自2017年3月1日起施行。

二、《公共文化服务保障法》的核心内容

《公共文化服务保障法》共六章65条，对公共文化设施建设与管理、公共文化服务提供、保障措施、法律责任等分别做了详细规定。本部法律的核

心内容主要体现在以下方面：

（一）明确法律的调整范围

《公共文化服务保障法》第二条规定："本法所称公共文化服务，是指由政府主导、社会力量参与，以满足公民基本文化需求为主要目的而提供的公共文化设施、文化产品、文化活动以及其他相关服务。"这一法律界定明确了公共文化服务的性质、目的、功能和任务，其内涵包括责任主体、服务目的和提供内容三大要素。

（1）公共文化服务的责任主体是政府，社会力量是参与者。公共文化服务的责任主体是各级政府，服务对象是全体公民；公民、法人和其他组织等社会力量是参与者，公共文化服务需要引导和鼓励社会力量参与。我国宪法第二十二条明确规定，国家发展为人民服务、为社会主义服务的文学艺术事业、新闻广播电视事业、出版发行事业、图书馆、博物馆、文化馆和其他文化事业，开展群众性的文化活动。政府主导公共文化服务是宪法赋予各级政府的责任和义务。在现代社会中，提供基本公共服务是政府的责任，享受基本公共服务是公民的权利。我国的"十二五"规划纲要已明确将公共文化服务纳入基本公共服务的范畴，奠定了政府主导公共文化服务的理论基础，也意味着提供公共文化服务是政府的基本职能之一。但是政府主导并不等于政府包揽包办，社会力量是重要参与者。社会力量的参与是丰富公共文化服务的内容和形式的必要要求，也是增强公共文化服务发展动力的生动体现。

（2）公共文化服务的目的，是为了满足公民的基本文化需求。人民群众的文化需求日益增长，公共文化服务的具体内容需要和经济社会发展水平和供给能力相适应。所谓"基本"是一个提供内容的范围和尺度，与保障公众基本文化权益的重要性、经济社会发展水平、公共财政支撑能力的可及性等因素有关,也要动态调整、与时俱进、因地制宜①。

(3)公共文化服务的内容,是向全体公民提供公共文化设施、文化产品、文化活动和其他相关服务。本法第十四条对公共文化设施进行了明确界定。公共文化产品和服务,是指应用于公共文化服务的各种形态、形式、种类的文化资源、文化产品、文化活动和文化服务。不论是公共文化机构直接提供的、政府购买的,还是群众自发创造的,均属于公共文化服务的范畴。其他相关服务,是指一些与公共文化服务相关的间接的、辅助性的服务,比如公共文化场馆为保障基本职能的实现而开展的预约、报名、办证、验证、存包、引导服务等。

(二)明确政府的保障责任

《公共文化服务保障法》第四条规定:"县级以上人民政府应当将公共文化服务纳入本级国民经济和社会发展规划,按照公益性、基本性、均等性、便利性的要求,加强公共文化设施建设,完善公共文化服务体系,提高公共文化服务效能。"这一规定明确了政府履行保障责任的方式、原则和内容。

(1)保障方式。县级以上人民政府履行公共文化服务职责的最重要方式,是将公共文化服务纳入到本级国民经济和社会发展规划。国民经济和社会发展规划统筹安排和指导本行政区域内的经济、社会和文化建设工作,是具有战略性的总体纲要。

(2)保障原则。公共文化服务的突出特点是遵循"四性"原则,即公益性、基本性、均等性和便利性。其中,"均等性"是核心,要让文化的阳光普照每一个人;"公益性"是保障,以政府为主导、以公共财政为支撑;"基本性"是尺度,公共文化服务保障人民群众的基本文化权益、满足人民群众的基本文化需求;"便利性"是前提,公共文化服务是人民群众身边的文化,是

---

① 李国新.对我国现代公共文化服务体系建设的思考[J].卡拉玛依学刊,2016(4):3-15.

融入人民群众日常生活的文化,必须方便利用[①]。政府履行公共文化服务的保障责任,应体现与公共文化服务特点相适应的原则。

(3)保障内容。县级以上人民政府对公共文化服务的保障内容主要是公共文化设施建设、完善公共文化服务体系、提高公共文化服务效能三个方面。其一,公共文化设施是公共文化服务的载体,各级政府是对公共文化设施进行规划、建设和投资的主体。本法第二章用六个专门条款(第十四条至第十九条)对公共文化设施建设做出规范。其二,公共文化服务体系可以理解为公共文化产品、理念思想、组织体制、运行机制、政策制度体系、服务系统、传播方式等各方面的总和与统称,包括设施网络覆盖体系、产品和服务供给体系、人才、资金和技术保障体系、组织支撑体系以及评估体系五个基本的子系统。五个子系统相互联系,密切配合,共同构成了我国公共文化服务体系的基本框架,支撑起公共文化服务体系的整体运作和功能发挥[②]。政府履行公共文化服务保障责任,必须着眼于完善公共文化服务体系。其三,效能是公共文化服务的效率和效果。将公共文化服务效能纳入到政府保障的职责范围,是因为服务效能的提高,不仅取决于公共文化机构自身的努力,更取决于制约效能提升的要素(人才、资金、技术等)能否得到有效保障。

(三)明确标准和制定相关制度

法律最重要的任务是建立基本制度。《公共文化服务保障法》立足现实、着眼发展,构建了我国公共文化服务的基本制度,形成了我国公共文化服务基本法律制度体系的框架。主要内容包括:

---

① 李国新. 对我国现代公共文化服务体系建设的思考[J]卡拉玛依学刊,2016(4):3 – 15.

② 于群,李国新. 中国公共文化服务发展报告[M]. 北京:社会科学文献出版社,2012:5.

1. 基本公共文化服务标准制度

为了推动公共文化服务的有序发展,本法规定国务院制定国家基本文化服务指导标准,省、自治区、直辖市人民政府根据国家基本公共文化服务指导标准,结合地方实际,制定并调整本行政区域的基本公共文化服务实施标准(第五条)。本条所规定的基本公共文化服务标准制度是我国公共文化服务基本制度体系中具有基础性的、最能体现公共文化服务"中国制造"特色的制度。国家基本公共文化服务标准的性质是指导性的,一方面是因为我国人口和民族众多、幅员辽阔、发展不平衡,作为国家的"底线标准",需要给各地留出因地制宜、创新发展的空间;另一方面是因为我国的公共文化服务属于中央和地方共同财政事权,地方政府承担的财政事权外溢程度相对较低,与地方经济社会发展程度相适应的公共文化服务标准,主要应由地方政府决定。目前,全国省级人民政府都已经出台了地方公共文化服务实施标准。

与基本公共文化服务标准制度相衔接,本法还规定了设区的市级、县级地方人民政府应当根据国家基本公共文化服务指导标准和省、自治区、直辖市基本公共文化服务实施标准,结合地方实际,制定公布本行政区域公共文化服务目录并组织实施(第二十八条)。国家指导标准、地方实施标准和目录制度共同构成了我国既具有基本共性又具有特色个性、上下衔接的公共文化服务标准指标体系,党的十八届三中全会提出的以公共文化服务的标准化促进均等化的战略构想,通过基本公共文化服务标准体系的制度构建实现了法律化。

2. 公共文化服务综合协调机制

为避免政出多门、多头管理,推动公共文化服务工作协调、有序开展,本法第六条规定:"国务院建立公共文化服务综合协调机制,指导、协调、推动全国公共文化服务工作。国务院文化主管部门承担综合协调具体职责。地方各级人民政府应当加强对公共文化服务的统筹协调,推动实现共建共享。”其中，国家层面的综合协调机制，协调的范围是综合，所谓“综合”，一方面是说协调机制要容纳与公共文化服务有关的所有中央部委，另一方面是说协调的事项范围广泛，从规划编制、政策衔接到标准规范的制定实施，都要协调推进；协调的功能是指导、协调、推动，这就意味着不改变现有的管理体制，不替代、不削弱有关部门现行职责分工；国务院文化主管部门承担综合协调具体职责，也就是说文化部承担协调机制的牵头单位的职责，负责协调机制日常的具体工作。法律没有规定地方各级政府必须建立公共文化协调机制，但规定其必须承担统筹协调公共文化服务，推动实现共建共享的职责。到2016年年底，全国所有的省级政府、大量的地（市）、县（市）政府都组建了当地的公共文化服务协调组织，政府通过协调机制统筹推进公共文化服务体系建设的格局正在形成。

3. 公众参与的公共文化设施使用效能考核评价制度

公共文化服务效能不高，是我国目前现代公共文化服务系统建设的突出短板。建立一个以需求为牵引，以效能为导向的考核评价制度，无疑是一个解决问题的重要方法。考核评价制度过去也有，但大多是管理部门的体制内纵向评价或“兄弟单位”的“友情评价”。为了让作为服务对象的普通群众参与到考核评价当中，让公共文化服务以人民为中心的理念真正落地，让群众满不满意、认不认可，作为衡量公共文化服务的重要尺度，本法第二十三条规定：“各级人民政府应当建立有公众参与的公共文化设施使用效能考核评价制度，公共文化设施管理单位应当根据评价结果改进工作，提高服务质量。”这一制度突出强调了“公众参与”，是弥补短板、促进公共文化服务效能提高的重要制度。

4. 公共文化服务资金使用监督和公告制度

本法第五十五条规定：“县级以上人民政府应当建立健全公共文化服务资金使用的监督和统计公告制度，加强绩效考评，确保资金用于公共文化服务。任何单位和个人不得侵占、挪用公共文化服务资金。审计机关应当依法加强对公共文化服务资金的审计监督。”公共文化服务主要依靠公共财政资金支撑,换言之,公共文化服务的成本是由全体人民共同承担的。因此,公共文化服务资金使用的方向、途径以及效益,必须要公开透明,让全体人民知情并加以监督。统计公告将使用结果向全体人民公开,是一种有效监督。通过行政的、社会的、舆论的、服务对象的多样化、多形式的严格监督,确保公共文化服务资金使用的科学合理、公开规范。

5. 公共文化设施资产统计报告制度和公共文化服务开展情况的年报制度

本法第二十一条规定:“公共文化设施管理单位应当建立健全管理制度和服务规范,建立公共文化服务设施资产统计报告制度和公共文化服务开展情况的年报制度。”“公共文化设施管理单位”是指图书馆、文化馆、博物馆、美术馆等公共文化服务机构。“资产统计报告制度”,体现的是法人单位对国有资产负责的精神;“年报制度”体现的是以公共财政为支撑的公共文化服务机构对纳税人负责的精神。这两项制度是基于对国际经验的借鉴吸收而形成的。目前,我国公共文化服务机构的资产统计报告制度不规范且制度化程度低,年报制度处于自发状态,没有形成制度化。《公共文化服务保障法》出台后,资产统计报告制度和年报制度成为公共文化服务机构的法定义务,标志着我国公共文化服务机构管理运行的规范化和公开化向前迈进了一大步。

此外,为了丰富公共文化服务供给,推进公共文化服务供给的制度化,本法规定了公共文化设施免费或者优惠开放制度(第三十一条第一款)、公共文化服务公示制度(第三十一条第三款)以及公益性文化单位提供免费或者优惠的公共文化服务制度(第二十九条第一款)、特定场所服务制度(第三十六条)。

(四)规定政府建设公共文化设施的责任

公共文化设施是开展公共文化服务的重要载体和阵地,为了使公共文化设施的建设得到保证，本法第二章明确规定了政府在公共文化设施建设中的各项责任。

1. 明确界定“公共文化设施”

本法第十五条规定县级以上地方各级人民政府应当将公共文化设施建设纳入到本级城乡规划，合理确定公共文化设施的种类、数量、规模以及布局，形成场馆服务、流动服务和数字服务相结合的公共文化设施网络。公共文化设施不同于一般的文化设施，其在规划、建设和管理运营等方面突出体现了政府主导的特色，如设施的布局和建设规模应符合国家规定的标准，建设用地一般采用政府划拨的方式，用地性质不得擅自改变，拆除或改变其功能、用途有严格的规定。因此，需要对公共文化设施的范围和种类进行明确的界定。本法第十四条第一款规定：“本法所称公共文化设施是指用于提供公共文化服务的建筑物、场地和设备，主要包括图书馆、博物馆、文化馆（站）、美术馆、科技馆、纪念馆、体育场馆、工人文化宫、青少年宫、妇女儿童活动中心、老年人活动中心、乡镇（街道）和村（社区）基层综合性文化服务中心、农家（职工）书屋、公共阅报栏（屏）、广播电视播出传输覆盖设施、公共数字文化服务点等。”这一界定的突出特点就是打破了行政隶属的界限，着重从设施功能的角度加以界定。例如，把并不属于文化行政部门管理的科技馆、体育场馆、工人文化宫、青少年宫、妇女儿童活动中心等明确纳入公共文化设施范畴，这是一种以“大文化”理念看待公共文化设施的结果。把这些设施明确纳入公共文化设施范畴，可以带来我国公共文化设施数量倍增的效果，是盘活存量资源，提高综合效能的有力举措。

2. 重视公共文化设施的规划布局

本法第十五条第二款规定，新建公共文化设施的选址，应当征求公众意见，符合其功能和特点，有利于发挥其作用。这是针对近年来一些新建公共文化场馆远离普通居民居住地、远离人群聚居区，造成服务效率不高、设施闲置的现象而做出的规定，其目的在于通过征求公众意见，让人民群众决定公共文化设施的建设位置,从而制约设施选址的任意性。根据公共文化设施服务半径与可达性[①]理论,只要将服务半径控制在公众所能承受的时间和距离成本上限之间,同时保证设施以最佳状态覆盖适当的范围、服务适当数量的人口,那么,该公共文化设施的布点建设就是合理且高效的[②]。

本法第十六条第三款还规定,新建、改建、扩建居民住宅区,应当按照有关规定、标准,规划和建设配套的公共文化设施。以前,建设居民住宅区,规定配套建设学校、商店等公共服务设施,但没有规定必须配套建设公共文化设施。本法的这一规定,实现了重大突破,将居民住宅小区配套建设公共文化设施法律化,符合公共文化设施的规划布局中所坚持的"以人为本、便捷可达、覆盖全面、功能协调"的原则,有利于促进区域文化和社会发展,满足公众的文化需求并实现其基本文化权益。

3. 重视基层公共文化设施建设

为解决目前基层文化设施存在的"散、乱"问题,地方各级人民政府可以采取新建、改建、扩建、合建、租赁、利用现有公共设施等多种方式,加强乡镇(街道),村(社区)基层综合性文化服务中心建设,推动基层有关公共设施的统一管理、综合利用,并保障其正常运行。

基层是公共文化服务的重点和薄弱环节。基层特别是农村公共文化设施的总量不足、布局不合理,公共文化资源的条块分割、重复建设、多头管理的现象还比较普遍。加强基层综合性文化服务中心建设,有利于完善基层公共文化设施网络,补齐短板,打通公共文化服务的"最后一公里"。基层综合文化性文化中心建设,主要采用盘活存量、调整置换、集中利用等方式进行建设。在摸清情况、盘活存量的基础上,有针对性地进行新建、改建、扩

---

① 公共文化设施的可达性可以理解为居民克服距离和时间阻力到达某文化服务设施或活动场所的能力的定量表达。

② 陆晓曦."公共文化服务保障法"立法支撑研究[M].北京:国家图书馆出版社,2016:77.

建、合建。

4. 规定公共文化设施拆除与重建的程序

当前,一些地方的公共文化设施常被拆除,有的地方在拆除后没有重建,或者重建的公共文化设施位置偏远、规模缩小,不能达到原有公共文化设施的服务水平。针对这些问题,本法第十九条第二款规定,因城乡建设确需拆除公共文化设施,或者改变其功能、用途的,应当依照有关法律、行政法规的规定重建、改建,并坚持先建设后拆除或者建设拆除同时进行的原则。重建、改建的公共文化服务设施的设施配套标准、建筑面积等不得降低。在我国城镇化建设快速推进、城乡建设日新月异的背景下,这一规定针对性强,适时管用。

此外,针对一些公益性文化设施过度商业开发,过度从事商业收费、商业运作,改变了公益性质,本法第十九条第一款明确,公益性的公共文化设施不得被用于与公共文化服务无关的商业经营活动。

(五)规定政府提供公共文化服务的责任

公共文化服务的内容和质量,关系到人民群众基本文化权益的实现和文化发展成果的共享程度,政府有直接的采购和供给责任。为此,本法第三章明确规定了政府提供公共文化服务的各项责任。例如,本法规定各级人民政府应当充分利用公共文化设施,促进优秀公共文化产品的供给和传播,支持开展全民阅读、全民普法、全民健身、全民科普和艺术普及、优秀传统文化传承活动;规定地方各级人民政府应当采取多种方式因地制宜提供流动文化服务,加强向在校学生的公共文化服务,支持军队基层文化见识;规定国家加强民族语言文字文化产品的供给,加强优秀公共文化产品的民族语言文字译制及其在民族地区的传播,鼓励和扶助民族文化产品的创作生产,支持开展具有民族特色的群众性文化体育活动;规定国务院和省、自治区、直辖市人民政府制定政府购买公共文化服务的指导性意见和目录。同时,本法对鼓励社会力量参与提供公共文化服务活动做出了明确规定。

现代信息技术的发展,改变了人们的思维模式、行为方式和生活习惯。公共文化服务必须采用现代传播技术,才能更容易被接受和使用。为了充分利用数字和网络技术创新公共文化服务方式,本法第三十三条规定,国家统筹规划公共数字文化建设,构建标准统一、互联互通的公共数字文化服务网络,建设公共文化信息资源库,实现基层网络服务共建共享;规定国家支持开发数字文化产品,推动利用宽带互联网、移动互联网、广播电视网和卫星网络提供公共文化服务;规定地方各级人民政府应当加强基层公共文化设施的数字化和网络建设,提高数字化和网络服务能力。公共数字文化建设作为公共文化服务体系建设的重要组成部分,是利用信息技术拓展公共文化服务能力和传播范围的重要途径,对于消除数字鸿沟,满足人民群众不断增长的精神文化需求,提高全民族文明素质,构建社会主义核心价值体系具有重要意义。

(六)规定提高公共文化服务效能

服务效能不高,是我国公共文化服务的突出短板。服务效能的提高不仅取决于公共文化机构自身的努力,更取决于制约效能提高要素的有效保障。为此,本法第四章对公共文化服务的经费保障、监督管理、队伍建设以及违法行为的法律责任等做了相应规定,通过法律手段和制度约束,促进公共文化机构提高服务效能。

(1)强化经费保障。本法第四十五条规定,国务院和地方各级人民政府应当根据公共文化服务的事权和支出责任,将公共文化服务经费纳入本级预算,安排公共文化服务所需资金。根据国务院公布的《关于推进中央和地方财政事权和支出责任划分改革的指导意见》,公共文化属于中央政府和地方政府的共同财政事权,其经费由中央财政和地方财政共同负担,负担的方式是中央政府和地方政府按比例分担或者中央政府以财政补助的方式对地方进行补助。近年来,我国公共文化服务经费保障中存在一些地方"央进地退"的现象,本法规定的合理划分中央和地方的公共文化服务事权和支出责任的原则,无疑具有现实针对性。那么,什么是公共文化服务"所需资金"?联系本法建立的基本公共文化服务标准制度,纳入国家指导标准、地方实施标准和地方提供目录项目所需的资金,就是"所需资金"的底线标准。同时,本法第四十八条还规定,国家鼓励社会资本依法投入公共文化服务,拓宽公共文化服务资金来源渠道。

(2)规定对特定地区的支持和对特殊群体的服务。为了推动公共文化服务均等化发展,本法规定对革命老区、民族地区、边疆地区、贫困地区的公共文化服务给予扶持,对未成年人、老年人、残疾人、流动人口等群体的特殊需求提供公共文化服务,国家重点向农村地区提供公共文化产品。需要指出的是,贫苦地区的公共文化服务体系建设,关键是要落实贫困地区的精准扶贫,让文化扶贫措施与一县一乡一村甚至一户的脱贫致富紧密联系起来。"应加快推进农村公共文化供给侧结构性改革,改变过去'大水漫灌''计划配送'供给方式,调整供给的品种结构,在充分调研的基础上,针对不同农村地区特点和不同农民群体实际需求,施行精准、有效供给。"另一方面,将弱势群体作为公共文化服务的重点保障对象,不仅是社会公平正义和文明进步的体现,也是构建现代公共文化服务体系的应有之义。

(3)强化队伍建设。建立一支结构合理的公共文化人才队伍是提高公共文化服务效能的关键环节。但是,我国目前的公共文化人才的质量、数量和能力等方面还不能完全适应文化事业发展的要求,在人才观念、人才机制、队伍结构、人才成长环境等多个方面仍不同程度地存在一些问题和不足①。对此,本法规定,地方各级人民政府应当按照公共文化设施的功能、任务和服务人口规模、合理设置公共文化服务岗位,配备相应专业人员;国

① 张言民.公共文化服务法律保障机制研究[J].市场周刊,2014(6):129-130.

家支持公共文化服务理论研究，加强多层次专业人才教育和培训。有学者进一步指出，提高公共文化服务效能，必须有人才队伍支撑，人才队伍首先应解决领军人才、“关键少数”遴选、任命的制度化、专业化问题[①]。因此，在以后的人才队伍建设中，还应注意对职业资格准入制度的探讨，至少应要求公共文化领军人才必须接受系统的专业培训后才能上岗。

（4）推动社会化发展

为充分调动社会力量参与公共文化服务，本法明确了相关原则，并对国家鼓励和支持公民、法人和其他组织出资兴建、捐建公共文化设施，参与公共文化设施的运营和管理，参与提供公共文化产品等做了具体规定。

近十多年来，党和政府对公共文化服务的社会化问题的认识逐步深入，社会化发展已经提高到增强公共文化发展动力的高度。各地政府在培育和促进文化消费、社会力量参与方式创新、培育和规范文化类社会组织等方面均有所突破。例如，一些地方实行公益性演出补贴制度，商业性演出安排低价场次和门票，开展文化消费季，实施文化消费卡计划，开发文化资源衍生品，依托特色文化资源开发创意产品和信息产品等；政府加大向社会力量购买公共文化服务的力度，在公共文化领域推广运用政府和社会资本合作的PPP模式（设施建设项目 & 服务项目）；进行基层文化设施社会化管理运营试点。但需要指出的是，公共文化的社会化发展与公共文化服务由政府主导之间并不冲突。公共文化服务的责任主体是政府，公共财政支持始终是其主要保障方式。公共文化在资源配置和服务提供的具体方式上可采用市场机制、市场手段，但方式转变转移的是具体任务而非主体责任。要防止一些地方政府以社会化发展为借口对公共文化服务推责任、甩包袱，要防止社会化发展异化为“以文养文、以文补文”，也要防止将社会力量参与方式的

① 李国新．对我国现代公共文化服务体系建设的思考［J］．卡拉玛依学刊，2016（4）：3－15．

创新简单化为“一买就灵”“一包就灵”①。

三、贯彻实施《公共文化服务保障法》的建议

《公共文化服务保障法》的出台，标志着我国公共文化服务法律保障取得了历史性的突破——人民群众的基本文化权益和基本文化需求实现从行政性维护到法律保障的跨越，公共文化服务将实现从可多可少、可急可缓的随机状态到标准化、均等化、专业化的跨越。法律的生命力在于实施。为了“不使公共文化服务保障法只是挂在墙上，而是要化为公共文化服务的实践”，笔者就如何贯彻实施《公共文化服务保障法》提出如下建议：

（一）加强对《公共文化服务保障法》的宣传

中央和地方的文化主管部门、新闻出版广电主管部门应充分利用传统平面媒体、广播电视媒体以及网络、移动终端等新兴媒体开展多方位的集中宣传和解读，让依法构建现代公共文化服务体系的理念深入人心；广泛开展宣讲和培训，推动全国文化体系深刻领会公共文化服务保障法的精神。各级各类公共文化服务机构也应充分发挥自身作用，开展普法教育宣传活动。

（二）加强《公共文化服务保障法》的配套制度建设

作为公共文化领域的一部文化基本法，《公共文化服务保障法》着眼于解决宏观问题和泛在性矛盾，不可能也无必要对公共文化领域的诸多具体问题做出事无巨细的规定，而是针对整体矛盾与问题做出高屋建瓴的上层制度设计。解决公共文化领域的具体问题还需要多部下位法律、法规和规

① 李国新. 对我国现代公共文化服务体系建设的思考[J]. 卡拉玛依学刊，2016(4)：3－15.

章制度的配套协作。例如，还需要对公共文化所涉及的文化馆、博物馆、美术馆、图书馆等公共文化机构及其所提供的各类服务进行界定和规范，如《公共图书馆法》《博物馆条例》等。中央文化主管部门应加强对地方立法的指导，尽快形成中央与地方衔接的法律法规体系。

（三）通过法制手段为公共文化服务提供刚性保障

《公共文化服务保障法》给各级各地政府上了一道“紧箍咒”，不作为、乱作为、作为不力都将被追究法律责任；也给广大人民群众一道“护身符”，基本文化权益受到损害，将可以运用法律维权。因此，各级政府务必采取有效措施，将本法的规定落到实处，这也是建立法治和服务型政府的必然要求。

《文化志愿服务管理办法》政策解读

李华伟　王静毅　冯　雪　张小莉　赵雨皓　安连朋*

《文化志愿服务管理办法》(以下简称《办法》)已于 2016 年 7 月 14 日由文化部制定并印发。现对《办法》产生的背景、意义与作用、主要内容和亮点、保障与激励措施等相关问题进行政策解读。

一、《办法》出台的背景

近年来,党中央、国务院高度重视和关注志愿服务工作,党的十七大报告明确提出,要"完善社会志愿服务体系",把志愿服务作为社会主义文化建设的重要内容;党的十七届六中全会审议通过的《中共中央关于深化文化体制改革　推动社会主义文化大发展大繁荣若干重大问题的决定》进一步强调,"壮大文化志愿者队伍,鼓励专业文化工作者和社会各界人士参与基层文化建设和群众文化活动"。党的十八大报告再一次提出,要"深化群众性精神文明创建活动,广泛开展志愿服务"。2015 年,中共中央办公厅、国务院办公厅印发了《关于加快构建现代公共文化服务体系的意见》,明确提出大力推进文化志愿服务工作,提出了弘扬志愿服务精神、构建文化志愿

* 李华伟,河南省公共文化研究中心副主任,洛阳师范学院法学与社会学院副院长;王静毅,洛阳师范学院讲师,研究方向:社会保障理论与实务;冯雪,洛阳师范学院讲师,研究方向:社会调查研究方法;张小莉,洛阳师范学院讲师,研究方向:社会学理论与方法;赵雨皓,洛阳师范学院助教,研究方向:社会保障理论与实务;安连朋,洛阳师范学院讲师,研究方向:社会工作理论与实务。

服务体系、探索特色文化志愿服务模式、提升文化志愿者的服务意识、服务能力和服务水平等具体任务，明确了今后文化志愿服务工作的方向和思路。

结合中央精神，文化志愿服务也正式提到了国家文化主管部门的重要工作日程，2012 年中央文明办、文化部制定下发了《关于广泛开展基层文化志愿服务活动的意见》，对组织开展基层文化志愿服务活动做出安排部署，指出了文化志愿服务活动的重要意义、指导思想和基本原则，明确提出广泛开展丰富多彩的基层文化志愿服务活动。文化部将 2015 年定为“文化志愿服务制度建设年”，进一步加强文化志愿服务制度化建设，构建参与广泛、内容丰富、形式多样、机制健全的文化志愿服务体系，提高文化志愿服务的科学化、规范化、专业化和社会化水平，推动文化志愿服务事业规范有序、持续健康发展。

近 5 年来，我国文化志愿者队伍不断壮大，目前注册的文化志愿者已接近百万，全国共有各类文化志愿服务团队将近 7000 多支，2014 年共开展基层文化志愿服务活动 31 万多次，服务群众 8700 多万人次。出现了一批有较大影响力和较高知名度，深受群众喜爱的文化志愿服务项目，“春雨工程”“大地情深”两项示范活动共对接实施了 140 个项目，5000 多名文化志愿者深入城乡基层，举办各类演出、讲座和展览 500 多场，直接受益群众人数达 50 多万，不仅满足了人民群众日益增长的精神文化需求，还在社会上传播了社会主义核心价值观，营造了一种向上向善的良好社会风尚，在构建现代公共文化服务体系建设中发挥了重要作用。但随着志愿者人数的迅速增加，也需要出台一些规范性文件，对文化志愿服务进行规范管理。

为进一步发挥文化志愿服务在构建现代公共文化服务体系中的积极作用，鼓励、引导文化志愿服务活动更加广泛深入地开展，推动文化志愿服务常态化、规范化、制度化，构建参与广泛、内容丰富、形式多样、机制健全的文化志愿服务体系，文化部制定了《文化志愿服务管理办法》。

二、《办法》颁布实施的意义与作用

该《办法》是文化志愿服务管理工作的第一部重要文件，填补了我国文化志愿服务管理法律法规的空白，对全国文化志愿服务工作提出新的要求，标志着文化志愿服务管理工作进入一个新阶段。《办法》对全国文化志愿服务工作有着重要的积极作用，为构建文化志愿服务体系、推进文化志愿服务规范化和制度化指明了前进方向、提供了基本遵循，必将推动文化志愿服务事业规范有序、持续健康发展。

三、《办法》的主要内容

《文化志愿服务管理办法》分五章二十八条，采用总分结构，第一章介绍了文化志愿服务的基本框架，后四章分别就文化志愿的实施主体（文化志愿者）、组织管理者（文化志愿服务组织单位）、服务内容（文化志愿服务）、激励和保障措施（激励和保障）等方面进行了规范，为达到深入贯彻落实《中共中央办公厅国务院办公厅关于加快构建现代公共文化服务体系的意见》，推动文化志愿服务规范化、制度化、常态化，构建参与广泛、内容丰富、形式多样、机制健全的文化志愿服务体系提供了强有力的制度支撑。

第 1 章“总则”共 4 条。提出了制定《文化志愿服务管理办法》所要达到的目的，界定了文化志愿者、文化志愿者组织单位、文化志愿者组织概念的内涵，管理办法强调，文化志愿服务应弘扬奉献、友爱、互助、进步的志愿精神，遵循自愿、无偿、利他、平等的原则。

第二章“文化志愿者”共 4 条。主要规定了文化志愿者享有的权利和应履行的义务。同时,对文化志愿者应具备的条件进行了规定,并对老年人和青少年等特殊的文化志愿者从事文化志愿者活动做出了明确的规定,鼓励文化志愿者进行实名注册登记,并提出了注册的办法。

第三章“文化志愿服务组织单位”共6条。对文化志愿服务的管理者和组织单位的职责进行了明确的规定。规定提出要制订文化志愿服务者招募的计划,要对文化志愿者进行分类管理,基于文化志愿者专业性较强的特点,要对文化志愿者进行培训,《文化志愿服务管理办法》在这一章还提出了文化志愿服务组织单位有对文化志愿者提供经费支持和安全保障的职责,同时,提出了对文化志愿者服务情况进行绩效考核评估的要求。

第四章“文化志愿服务”共7条,该部分是《办法》的主要内容,首先规定了文化志愿服务的范围,包括从事文化志愿服务的场所或机构,服务对象和服务种类等。其次,阐明了服务的方式,即根据组织单位需要或文化志愿者的申请、居民的需要提供服务等。最后,为进一步使文化志愿服务制度化、规范化,规定了按照协商一致的原则,建立文化志愿者、文化志愿服务组织单位、文化志愿服务需求方就服务内容、服务方式沟通协商机制,必要时要签订书面服务协议(条文中也对协议的基本内容做了要求),同时明确了服务中要使用国家规定的统一标识。另外,《文化志愿管理办法》就文化志愿者的人身安全提供了明确的规定,应当根据实际情况为文化志愿者办理人身意外伤害保险。

第五章“激励和保障”共6条。规定了文化志愿者的激励办法和开展志愿服务活动的保障措施,鼓励以政府购买公共文化服务的方式吸引符合条件的文化志愿服务组织参与公共文化服务项目或活动,同时也明确了志愿服务经费的来源、渠道、用途,要求经费的使用必须合法合规。激励机制主要包括用工、教育和社会保障等各种物质待遇的回馈、必要的宣传、表彰等精神奖励和参与机制等。保障主要经费保障,要求对经费的使用范围应做明确的规定。

第六章“附则”共 2 条。办法考虑到志愿文化服务各地的差异，规定各地可在此的基础上，结合各地实际制定符合本地的文化志愿服务管理办法。

四、《办法》的亮点

（一）明确了文化志愿服务及相关概念，实现了文化志愿者年龄的广覆盖

《办法》明确提出了文化志愿服务及相关概念。文化志愿服务，是指不以物质报酬为目的，利用自己的时间、文艺技能等，自愿为社会和他人提供公益性文化艺术服务和帮助的行为。也就是说，文化志愿服务具有专业性和公益性，是社会志愿服务的重要组成部分。不仅关系着社会精神文明建设，也是文化共享和普惠的一种途径。这就需要各地各级文化部门下大力气做好文化志愿服务工作，培养文化志愿服务团队，打造文化志愿服务品牌，建立文化志愿服务制度，为社会提供丰富多彩、形式多样的文化服务。

文化志愿者是指利用自己的时间、知识、技能等，自愿、无偿为社会或他人提供公益性文化服务的个人。文化志愿者是公共文化人才队伍不可或缺的重要组成部分，是缓解公共文化服务体系建设中人力资源不足的主要手段。为鼓励和引导文化志愿服务活动广泛深入地开展，管理办法鼓励有意愿、有能力的人成为文化志愿者。在条件允许的情况下，本办法增加了两类人群的参与度。一是积极鼓励老年人在自愿和量力的情况下参加文化志愿服务活动，二是允许未成年人在其监护人同意或由其监护人陪同下，可参加与其年龄、身心状况相适应的文化志愿服务活动。

（二）明晰了文化志愿者和文化志愿服务组织单位的权利和义务

本办法明晰了文化志愿者和文化志愿服务组织单位的权利和义务，义务和权利是相互联系、相互统一和相辅相成的，义务是权利的基础，权利是

义务是保证。文化志愿者和文化志愿服务组织单位能否忠实地履行应尽的义务和正确地行使享有的权利,也是其是否合格的标志。

文化志愿者根据自己的意愿、时间和能力提供文化志愿服务,获得文化志愿服务活动真实、准确、完整的信息。为提高文化志愿服务效率,享有参加文化志愿服务培训、获得开展文化志愿服务必要的工作条件,同时可请求文化志愿服务组织单位帮助解决在文化志愿服务过程中遇到的实际困难,并对文化志愿服务工作提出意见和建议。但在这一过程中,需自觉维护文化志愿者的形象与声誉、遵守文化志愿服务管理制度、履行文化志愿服务承诺或协议,完成文化志愿服务组织单位安排的志愿服务任务、尊重服务对象的意愿、人格和隐私,不得向其收取或者变相收取报酬,对于因故不能参加或完成预先约定的文化志愿服务活动时,要履行合理告知的义务。

文化志愿服务组织单位负责制订文化志愿服务计划;依法筹集、管理和使用文化志愿服务经费、物资;组织开展文化志愿服务活动;负责文化志愿者的招募、注册、培训、服务记录、绩效考核等工作;为文化志愿者开展文化志愿服务提供必要的工作条件,帮助解决文化志愿服务过程中遇到的实际困难;根据文化志愿者的要求和相关管理规定,出具文化志愿服务相关证明;开展文化志愿服务宣传、交流与合作。

(三)明确了文化志愿服务的范围,对服务的场所、内容和受众给予了方向指引

本办法要求在公共图书馆、文化馆(站)、博物馆、美术馆等公共文化设施和场所开展公益性文化服务;城乡基层是公共文化服务提供的薄弱环节,本办法明确表示要深入城乡基层,做好文艺演出、辅导培训、展览展示、阅读推广等公益性文化服务;要使文化志愿活动广受欢迎、落到实处,对于老年人、未成年人、残疾人、农民工和生活困难群众这些弱势群体的关注需是重点,本办法要求一如既往地以之为服务重点,持续不断地为其提供公益性文

化服务。把志愿服务做到基层、做进社区、做进家庭，推动形成扶贫济困、扶弱助残的良好社会氛围。同时，对于强调要参与文化行政部门和文化单位开展的文化遗产保护、文化市场监督等工作。

（四）完善文化志愿服务长效工作机制

为保障文化志愿服务的可持续性发展，本办法完善了文化志愿服务的长效机制。文化志愿服务组织单位有责任做好文化志愿者的招募和注册等工作，按照专业技能、服务对象等对文化志愿者进行分类管理，定期对文化志愿者开展业务知识、技能培训和安全教育等工作，建立健全志愿服务制度，实施绩效考核制度，并提出退出机制，规定了志愿者的退出渠道，包括志愿者本人自愿申请退出和志愿组织因志愿者本人不能履行义务或有违规违纪行为而注销其志愿者身份两种。通过一系列制度规定，推动志愿服务事业繁荣发展。

（五）采取文化志愿服务政策保障的多举措

为提高文化志愿活动的参与度与积极性，本办法要求文化志愿服务组织单位应结合实际建立文化志愿服务激励回馈制度和文化志愿服务嘉许制度，对于有良好服务记录的文化志愿者可获得艺术观摩与培训、文化艺术消费、公益性文化服务等方面的优惠待遇；同时在用工、教育、社会保障等方面享受本地区关于志愿者的优惠奖励政策。对于对服务时间较长、业绩突出、社会影响较大的文化志愿者、文化志愿服务团队和文化志愿服务项目给予褒扬。除此之外，明确了文化志愿服务组织单位应为文化志愿服务开展提供必要的经费支持，也对经费用途做了说明。

值得一提的是本办法提出社会力量参与和政府购买服务两种途径以此扩充开展文化志愿服务活动的资金来源。鼓励和支持社会力量通过捐助设施设备、赞助等方式参与文化志愿服务；鼓励以政府购买公共文化服务的方式吸引符合条件的文化志愿服务组织参与公共文化服务项目或活动，以期形成多渠道、社会化的筹资机制，确保志愿服务有经费办事。

五、保障与激励措施

文化志愿服务具有广覆盖、宽渠道、多层次的特点。随着文化志愿服务逐渐向全社会普及，分类发展、专业化发展成为趋势，推动文化志愿服务规范化、制度化，对构建现代公共文化服务体系具有重要意义。为认真做好贯彻落实，《办法》中提出了八个方面的保障与激励措施，包括：

（一）公共志愿服务应签订书面协议

规范化与制度化是推进现阶段公共志愿服务的首要任务。《办法》要求，开展文化志愿服务，文化志愿服务组织单位、文化志愿者以及文化志愿服务需求方应就文化志愿服务内容、权利义务和法律责任等方面协商一致，必要时签订书面协议。协议书，类似于合同的法律效力，建立在双方协商一致的基础上，通过签订具有约束力的凭证性文书，能够更好地从制度上乃至法律上，明确双方（多方）彼此之间的权利与义务，监督双方信守诺言、约束轻率反悔的行为，保护文化志愿者与组织单位的合法权益。

《办法》的第十七条对应签订书面协议的情况进行了界定和说明：第一，任何一方要求签订书面协议的；第二，对人身安全、身心健康有较高风险的；第三，为大型公益文化活动提供文化志愿服务的；第四，法律、法规规定应签订书面协议的。

《办法》的第十八条对文化志愿服务协议的内容进行了详细说明，主要包括：1. 文化志愿服务的内容、时间、地点；2. 当事人的权利、义务；3. 风险保障措施；4. 协议的变更和解除；5. 法律责任及争议解决方式；6. 需要明确的其他事项。

《管理办法》中对协议书应该包括的内容进行详细具体的规定，考虑周全，使履行双方在开展文化志愿服务时依协议书要求有章可循，倘若发生矛盾或纠纷，为规范与裁断提供具有法律效力的依据。《办法》将保障与支持文化志愿服务领域开展活动与交流的内容、过程规范化、法律化，对进一步推动我国文化志愿服务常态化、制度化具有重要意义。

（二）办理人身意外伤害保险

现代社会，人们在开展一切社会经济活动，都有可能遭受意外或伤害，文化志愿服务也不例外。《办法》要求文化志愿服务组织单位要根据实际情况为提供文化志愿服务的人员办理人身意外伤害保险，对社会风险做到未雨绸缪，在保护文化志愿服务者的人身健康方面具有先进性。更重要的，根据《办法》的规定，文化志愿者是指“利用自己的时间、知识、技能等，自愿、无偿为社会或他人提供公益性文化服务的个人”。为无偿提供文化服务的志愿者购买一份人身健康保险，不仅保障个人的人身安全，免除后顾之忧，更是对文化志愿服务者无私奉献行为的褒扬与赞赏，这也是构建现代文化志愿服务体系的题中之意。

（三）建立文化志愿服务激励回馈制度

《办法》规定：“文化志愿服务组织单位应结合实际建立文化志愿服务激励回馈制度。”建立激励回馈制度，一是回馈，给予文化志愿者某种正面回报，是对其行为的肯定与支持；二是激励，通过各种方式的回馈机制，鼓励与吸引更多社会力量参与文化志愿服务。《办法》着重强调激励，规定包含三层含义：一是激励回馈制度的实施主体，是“国家”，具体由文化行政部门实施。二是激励回馈制度的对象，是个人，特指“文化志愿者”，即参与文化志愿服务的主体之一。三是激励回馈制度的内容，主要包括两个：第一，有良好服务记录的文化志愿者可获得艺术观摩与培训、文化艺术消费、公益性文化服务等方面的优惠待遇;第二,文化行政部门应推动文化志愿者在用工、教育、社会保障等方面享受本地区关于志愿者的优惠奖励政策。

(四)建立文化志愿服务嘉许制度

《办法》指出,文化志愿服务组织单位应对服务时间较长、业绩突出、社会影响较大的文化志愿者、文化志愿服务团队和文化志愿服务项目给予褒扬。嘉许是侧重于精神层面的褒扬,前提条件是"服务时间较长、业绩突出、社会影响较大",而对象也不仅是文化志愿者,还包括文化志愿服务队和文化志愿服务项目。嘉许与褒扬是国家引导和鼓励社会力量参与文化志愿服务的有效激励手段。2015 年 12 月,第十二届全国人大常委会第十八次会议表决通过了《中华人民共和国国家勋章和国家荣誉称号法》,建立起了我国最高层次的国家荣誉制度。迄今,我国各级政府对积极参与文化志愿服务并做出突出贡献的各种社会力量的表彰和奖励,还没有形成常态、规范的制度。本条确立了对做出突出业绩、社会影响较大的社会力量给予嘉许的制度规定,以此为契机,抓紧制定实施细则,明确"服务时间较长""业绩突出""社会影响较大"的条件、嘉许制度的程序与方式,尽快建立健全我国对在文化志愿服务领域中有突出贡献的社会力量的嘉许制度,是一项亟待解决的任务。

(五)提供必要的经费支持

文化志愿服务组织单位为文化志愿服务开展提供必要的经费支持,既是保障服务顺利开展的前提条件,又是激励社会力量参与文化志愿服务的有效手段。《办法》第二十三条规定明确了文化志愿服务经费的用途,应主要用于文化志愿服务开展过程中涉及的场地租用、物品制作、人员培训、后勤保障、宣传推广等方面,并且强调,文化志愿服务经费使用应严格遵守有关财务制度,接受有关部门的监督。文化志愿服务经费专款专用,客观上要求有一套完善且高效率的监督机制保障资金安全。

一方面,文化志愿服务组织单位要建立对应的一套财务制度,在既有预算中安排支出,以事定费,规范透明,强化审计;另一方面,强调政府担当“守夜人”角色,建立常规性的监督监察与评价机制,专人负责,定期、全面公开信息披露,接受社会监督,从政府的优势视角,保障文化志愿服务经费的安全与合理使用。

(六)鼓励和支持社会力量通过捐助设施设备、赞助等方式参与文化志愿服务

我国的志愿服务最早可追溯到 20 世纪 60 年代的学雷锋活动。发展至今,志愿服务事业取得了显著成效,这是政府相关部门和社会力量大力支持、积极参与的结果,更是广大文化志愿者不辞辛苦、勤奋工作、共同努力的结果。但也必须清醒地看到,我国文化志愿服务整体水平还不高,文化志愿服务社会化发展不够。《办法》积极鼓励和支持社会力量参与文化志愿服务,这离不开一个前提:充分发挥政府投入的引导作用。为文化志愿服务工作提供有力保障,营造良好舆论环境等,积极拓展社会筹资渠道,鼓励社会力量以捐赠设施设备或赞助的形式支持文化志愿活动开展,为文化志愿服务提供必要的物质保障和资金支持,保障文化志愿者的合法权益。

(七)鼓励以政府购买公共文化服务的方式吸引符合条件的文化志愿服务组织参与文化服务项目或活动

随着社会领域的深刻发展与变革,基层人民群众的文化需求日益迫切,进一步催生了文化志愿服务工作的新发展。近年来,多地虽然加大力度完善公共文化服务,却在部分地区遭遇了“游戏没人看”“场馆没人去”的尴尬。2015 年,国务院颁布《关于做好政府向社会力量购买公共文化服务工

作的意见》，该意见指出，要建立“自下而上、以需定供”的互动式、菜单式服务方式，推动公共文化服务供给与人民群众文化需求有效对接。政府购买公共文化服务，即指政府通过公开招标、定向委托、邀标等形式将原本由自身承担的公共文化服务转交给社会组织、企事业单位履行，以提高公共文化服务供给的质量和财政资金的使用效率，改善文化服务项目与结构，满足社会公众的多元化、个性化需求。鼓励政府购买公共文化服务，一方面，于政府而言，政府购买服务，将原有的职能外包出去，实现了职能转变，是建设服务型政府的重要环节。另一方面，为文化志愿服务组织提供了发展的空间与条件。政府购买公共文化服务是借助专业服务机构的优势完成公共文化服务提供的举措。在打破公共文化服务政府垄断、单一提供局面的同时，引导民间主体、民间资本多元地参与，推动社会非营利组织的发展，这里面自然也包括各类文化志愿服务组织，并促成市场组织功能领域的拓展。以企业服务外包的成功案例为借鉴，社会化公共文化服务的提供可改观当前我国文化服务多元化提供能力不足的问题。这一过程，也是规范和引导社会组织（文化志愿组织）健康发展、推动公共文化服务社会化发展的重要途径。

此外，《办法》还规定，文化志愿服务组织单位、文化志愿者开展文化志愿服务，造成对文化志愿服务对象或其他相关人员合法权益损害的，按照法律法规及有关规定承担相应责任。本条规定把文化志愿服务对象和其他相关人员的合法权益放在首位，明确规定文化志愿服务组织单位和志愿者必须依法行事，规范行为，切勿在提供文化志愿服务中损害服务对象与其他人员的合法权益。

《关于加快构建现代公共文化服务体系的实施意见》政策解读

康　洁　霍松园*

2015 年 11 月，河南省委办公厅、省政府办公厅印发了《关于加快构建现代公共文化服务体系的实施意见》（豫办〔2015〕48 号），以下简称《实施意见》，这是省委、省政府贯彻落实党的十八大、十八届三中全会精神，加快推进我省现代公共文化服务体系建设的重大部署，是“十三五”期间乃至更长一段时间内我省公共文化建设的纲领性文件，将对我省加快构建现代公共文化服务体系，保障和改善文化民生，推进文明河南和文化强省建设产生重大而深远的影响。

一、背景及意义

构建现代公共文化服务体系是保障人民群众基本文化权益、建设社会主义文化强国的重要制度设计，是中国特色社会主义文化发展道路的重要内容，也是一项重要的民生工程。党的十八届三中全会将“构建现代公共文化服务体系”作为全面深化改革的重要任务之一，明确提出要“建立公共文化服务体系建设协调机制，促进基本公共文化服务标准化、均等化”。2014 年初，中央全面深化改革领导小组和国务院就加快构建现代公共文化

* 康洁，河南省文化厅党组成员、副厅长；霍松园，河南省文化厅公共文化处干部。

服务体系，促进基本公共文化服务标准化、均等化做出了总体部署。2014年12月2日，中共中央总书记、中央全面深化改革领导小组组长习近平主持召开中央全面深化改革领导小组第七次会议，讨论研究现代公共文化服务体系建设问题，原则审议通过了《关于加快构建现代公共文化服务体系的意见》，习近平总书记发表了重要讲话。2015年1月，中共中央办公厅、国务院办公厅正式印发《关于加快构建现代公共文化服务体系的意见》（中办发〔2015〕2号），为构建现代公共文化服务体系提供了基本遵循。

河南省委、省政府高度重视现代公共文化服务体系建设。近年来，省委、省政府坚持资源下移、服务下移、重心下移，公共文化投入持续加大，设施体系逐步完善，文化产品日益丰富，服务方式不断创新，全省公共文化服务体系建设呈现出整体推进、重点突破、快速发展的良好势头。一是文化事业经费投入大幅增长。2015年，各级财政投入文化事业经费20.6亿元，同比增长18.5%，比2011年增长68.3%，居全国第10位。通过积极调整支出结构、不断加大投入力度，基层公共文化经费有了较大幅度的增长和提高。二是公共文化设施持续改善。加快建设、改造图书馆、文化馆、博物馆、体育场、广播电台等公益性文化设施，目前全省共有各级公共博物馆268个，公共图书馆157个，公共文化馆203个，公共美术馆6个，乡镇文化站2399个，乡村文化大院4万多个。全省博物馆、纪念馆、文化馆、美术馆、文化站全部实现零门槛免费开放，2015年接待观众8860多万人次。三是文化惠民工程顺利推进。广播电视“村村通”、农家书屋、数字电影放映工程、文化信息资源共享工程等面向基层、面向农村的文化惠民项目顺利实施。2015年又启动实施了“中原文化大舞台”演出工程，与之前“舞台艺术送农民”“高雅艺术进校园”等公益惠民演出形成有机衔接，全年累计演出1.9万多场，受众4500多万人次。四是探索形成了一批具有地方特色的建设经验。各地结合本地公共文化建设实际，在工作中不断探索提升服务效能的新机制、新形式，目前，全省共有 3 个国家级公共文化服务体系示范区、6 个国家级公共文化服务体系示范项目，以及 24 个省级公共文化服务体系示范区、24 个省级公共文化服务体系示范项目。示范区（项目）创建工作的开展，有力地整合了当地公共文化服务资源，提升了当地公共文化服务整体水平，并对区域内公共文化服务体系建设产生了良好的推动作用。

与此同时，全省基层公共文化服务体系建设还存在一些亟待解决的问题：一是总体建设水平不高。县级公共文化服务体系建设基础薄弱，县乡村文化设施相对落后、财政保障机制不健全、基本公共文化服务供给不足，特别是广大农村文化发展相对落后。甚至在一些经济社会发展基础比较好的地方，公共文化服务体系建设仍显滞后，与经济发展水平还不相称。二是文化投入仍显不足。尽管近年来我省文化事业经费投入总量大幅增加，但由于河南省人口多、底子薄、历史欠账较多，人均经费仍显不足。如 2015 年，各级财政投入文化事业经费人均仅有 21.73 元，比全国平均水平 49.68 元低了 27.95 元，在中部六省中也是最少的。三是基层单位活力不够。“重城市、轻农村”“重建设、轻管理”的现象不同程度存在，公共文化服务、产品供给和群众的实际需求还不能有效衔接，一部分乡镇文化站公共文化设施有闲置现象。文化专业人才短缺，乡镇文化专干一定程度上存在“专干不专、专干不干”等现象，一些地方村文化协管员待遇未能得到有效落实。这些问题，都在不同程度上影响着全省现代公共文化服务体系建设的成效，影响着人民群众文化建设的获得感。

基于这些因素，省委、省政府出台了《实施意见》，《实施意见》共有六大部分、22 项内容，并有 70 条具体指标。其中，第一部分为总体要求，第二、三、四、五部分为重点任务，分别为：统筹推进公共文化服务均衡发展、增强公共文化服务发展动力和活力、加强公共文化产品和服务供给、推进公共文化服务与科技融合发展，第六部分为保障措施。《实施意见》对全省加快构建现代公共文化服务体系做出了全面部署，明确了现代公共文化服务体系建设的各项任务，确定了我省基本公共文化服务的70条指标，为全省"十三五"期间加快推进现代公共文化服务体系建设奠定了坚实的基础。

二、主要目标

《实施意见》提出，到2020年，在全省基本建成覆盖城乡、便捷高效、保基本、促公平的现代公共文化服务体系。实现省市县乡村五级公共文化设施网络全面覆盖、互联互通，公共文化服务的内容和手段更加丰富，服务质量显著提升，公共文化管理、运行和保障机制进一步完善，政府、市场、社会共同参与公共文化服务体系建设的格局逐步形成，人民群众基本文化需求得到更好满足，基本文化权益得到更好保障，基本公共文化服务均等化水平稳步提高。

为保证这一目标的顺利完成，《实施意见》同样对构建现代公共文化服务体系的原则、途径及重点进行了明确。《实施意见》要求，牢固树立以人民为中心的工作导向，以培育和践行社会主义核心价值观为主线，以基层为重点。并提出了五条基本原则，即：坚持正确导向、政府主导、社会参与、共建共享、改革创新。同时，提出了我省现代公共文化服务体系的内涵和特征：体现时代发展趋势、适应河南省情和市场经济要求、符合文化发展规律、具有中原特色。

三、重点内容

《实施意见》提出了"统筹推进公共文化服务均衡发展""增强公共文化服务发展动力和活力""加强公共文化产品和服务供给""推进公共文化服

务与科技融合发展”4 项重点任务。

(一)要统筹推进公共文化服务均衡发展

公共文化服务均衡发展包含三个层面上的均衡,即城乡公共文化服务均等化、区域公共文化均等化以及群体公共文化均等化。在推进城乡基本公共文化服务均等化方面,《实施意见》要求,要在政策上统一规划,把城乡基本公共文化服务均等化纳入国民经济和社会发展总体规划及城乡规划,加强城市社区和农村文化体育设施建设,在城区和有条件的乡村逐步构建 15 分钟文化体育生活圈。并要求通过流动服务和结对帮扶等形式,加强对农村公共文化扶持力度,打通公共文化服务“最后一公里”。在推进区域基本公共文化服务均等化方面,《实施意见》特别关注到“三山一滩”和贫困地区、少数民族聚居地区、革命老区,要求编制当地公共文化服务体系建设发展规划。落实对国家在贫困地区安排的公益性文化建设项目取消县以下(含县)配套资金的政策,减轻当地财政负担。实施贫困地区、少数民族聚居地区和革命老区人才文化工作者专项支持计划,培养当地本土文化人才。在推动公共文化服务群体均等化方面,《实施意见》提出要保障特殊群体基本文化权益。将老年人、未成年人、残疾人、农民工、农村留守妇女儿童、生活困难群众作为公共文化服务的重点对象,要求各级政府、文化部门为其提供相应的文化服务。

为了实现公共文化服务的城乡均等化、区域均等化和群体均等化,《实施意见》提出了 2 项保障要求,即“建立基本公共文化服务标准体系”和“提升公共文化设施建设、管理和服务水平”。要求各地要根据国家指导标准和我省实施标准,制定与当地经济社会发展水平相适应、具有地域特色的地方实施标准,明确具体的落实措施、工作步骤和时间安排,并以县为基本单位推进落实。同时,《实施意见》进一步明确了规划建设各类公共文化设施的政府责任。并提出了建设基层综合性文化服务中西的重点任务。

(二)是要增强公共文化服务发展动力和活力

《实施意见》提出要加强公共文化服务社会化建设,主要包括三个方面的内容:鼓励和引导社会力量参与公共文化服务、培育和规范文化类社会组织、大力发展文化志愿服务。其中,在“鼓励和引导社会力量参与”方面,提出了“出台政府购买公共文化服务指导性意见和目录”,要求将政府购买公共文化服务资金纳入财政预算。鼓励和支持社会力量通过投资或捐助设施设备、兴办实体、资助项目、赞助活动、提供产品和服务等方式参与公共文化服务体系建设等。在培育和规范文化类社会组织方面,提出“加快推进文化行业协会与行政机关脱钩,将适合由社会组织提供的公共文化服务事项交由社会组织承担”等。在大力推进文化志愿服务方面,《实施意见》提出要制定全省文化志愿管理办法,完善文化志愿者注册招募、服务记录、管理评价和激励保障机制,建立志愿者服务下基层制度等。

值得注意的是,为实现公共文化服务社会化发展,《实施意见》还提出了要“培育和促进文化消费”和“深化文化体制改革和机制创新”两项要求。两者均是公共文化服务的内生力量,前者可以说是在现有公共文化服务体制以外“拉动”社会化发展,后者则是在现有公共文化服务体制以内“推动”社会化发展。在培育和促进文化消费方面,主要提出了文化产业和公共文化融合发展、相互推动的措施,要求积极发展与公共文化服务相关联的教育培训、体育健身、演艺会展、旅游休闲等产业,引导和支持各类文化企业开发公共文化产品和服务,满足人民群众多层次的文化消费需求。在深化文化体制改革和机制创新方面。提出了建立事业单位法人治理机构,推动公共图书馆、博物馆、文化馆、科技馆等组建理事会。同时,提出将公共文化服务纳入基层社区服务网格进行管理,培育城乡社区互助文化,营造社区和谐环境。尤为重要的是,《实施意见》提出了完善公共文化服务评价工作机制。要求制定政府公共文化服务考核指标,并将此作为考核评价领导班子和领导干部政绩及文明城市建设的重要内容,纳入科学发展考核体系,这就明确了各级政府在公共文化建设和绩效考核中的主体责任,使得原有的“公共文化服务只是文化行政部门的事”等一些错误观念得以厘清。

(三)要加强公共文化产品和服务供给

《实施意见》明确了“提升公共文化服务效能”“丰富优秀公共文化产品供给”和“活跃群众文化生活”三方面的任务。在提升公共文化服务效能方面,重点提出了要制定公共文化服务提供目录,开展“菜单式”“订单式”服务。并要求建立图书馆、博物馆、文化馆、科技馆等公共文化机构协作联盟,推进公共文化机构互联互通、共建共享。在丰富优秀公共文化产品供给方面。提出要开展优秀文化遗产、高雅艺术进校园、进社区,推进送戏、送书、送电影下乡等项目和优秀出版物推荐活动。在活跃群众文化生活方面,重点提出了河南省特色文化活动,主要有“全面阅读”“文明河南 · 欢乐中原”“文明生活 · 教你一招”“春满中原”“百城万场”等品牌文化活动。同时,要求打造一批具有较高知名度的历史文化名城(镇、村)、传统村落、历史文化街区。

(四)要推进公共文化服务与科技融合发展

《实施意见》要求在公共文化服务领域“加大文化科技创新力度”“加快推进公共文化数字化建设”“提升公共文化现代传播能力”。其中,在加大文化科技创新力度方面,要实施一批公共文化服务科技创新应用示范项目,开展公共文化服务与科技融合示范工作。支持文化行政部门、公共文化机构、科研院所、高等院校、高科技企业等合作开展公共文化服务体系制度设计和各类关键技术研究。在加快推进公共文化服务数字化建设方面,提出统筹实施数字图书馆、文化馆、博物馆以及文化信息资源共享、公共电子阅览室、直播卫星广播电视公共服务、农村数字电影放映、数字农家书屋、城乡电子阅报屏等项目,构建标准统一、互联互通的公共数字文化服务网络,在基层实现共建共享等。在提升公共文化服务现代传播能力方面,提出探索“互联网+”在公共文化服务体系建设中的运用,引导支持各级公共文化机构利用互联网开展公共文化服务。建好河南公共文化网,推动县级以上公共文化机构建立网站、开通微信公众号和官方微博,鼓励在公共文化体育设施内免费提供无线局域网等具体内容。

四、保障措施

为保证各项目标和重点任务的顺利完成,《实施意见》对各级党委政府和相关职能部门的保障责任也进行了明确。在组织领导责任方面,提出要将构建现代公共文化服务体系纳入本地国民经济和社会发展总体规划,纳入重要议事日程,切实加强组织领导,并结合实际制订实施方案、规划或专项行动计划,明确时间表、路线图,集中力量推进工作落实。要参照省公共文化服务体系建设协调领导小组的架构,建立相应的协调机制,充分发挥职能部门和基层政府的作用等。在资金保障方面,提出要建立健全公共文化服务财政保障机制,按照基本公共文化服务标准,落实提供基本公共文化服务项目所必需的资金。要把政府向社会力量购买公共文化服务所需资金列入财政预算,从部门预算经费或经批准的专项资金等既有预算中统筹安排。同时,要创新公共文化投入方式,采取政府采购、项目补贴、定向资助、贷款贴息等政策措施,支持包括文化企业在内的各类社会文化机构参与提供公共文化服务。对公共文化绩效评价结果优良的地方予以奖励等。在队伍保障方面,提出要加强基层文化队伍建设。要求每个乡镇综合文化站(中心)至少有2名编制,规模较大的乡镇可适当增加1至2名编制,工作人员应专门从事宣传文化工作,不得兼职。城镇各社区至少有1名专职工作人员负责社区宣传文化服务工作。各行政村至少配备 1 名文化协管员。同时，提出将公共文化服务专业人才培养纳入国民教育体系，鼓励省属高校开设公共文化服务相关专业。稳步推进基层公共文化服务队伍培训，建立培训上岗制度，全面提高从业人员素质。在强化法治保障方面。提出要根据国家相关法律法规，结合河南实际，研究制定我省公共文化服务法律规范，加强文化法律法规执法检查，不断提高公共文化服务领域法治化水平等。

五、突出亮点

《实施意见》的出台，不仅是省委省政府落实十八届三中全会《中共中央关于全面深化改革若干重大问题的决定》提出的“构建现代公共文化服务体系”改革任务的重大举措，也是推进国家治理体系和治理能力现代化在公共文化服务领域的具体体现，对于促进基本公共文化服务标准化、均等化，保障和改善文化民生，提高文化治理能力具有十分重要的意义。突出的亮点在于：

（一）构建了河南省基本公共文化服务标准体系

十八届三中全会《决定》提出了“促进基本公共文化服务标准化、均等化”的目标，《实施意见》依据中办、国办印发的国家基本公共文化服务指导标准制定了河南省的实施标准，涉及全省公共文化设施网络建设、公共文化服务供给、公共文化制度保障及公共文化反馈评价等方面，共 70 条实施指标。这也就意味着全省公民，不分区域、城乡、民族，都必须享受到这 70 条指标范围内的服务，体现了“保基本、促公平”的核心思路。同时，《实施意见》也指出，各地可以根据群众实际需求、政府财政能力和文化特色，制定适合本地区特色的实施标准，建立省级实施标准和地方实施标准相衔接的标准体系。从这个意义上讲,《实施意见》对于实现全省公共文化服务的均等化确立了标准,同时也强调因地制宜,发挥地方的积极作用,更好地满足当地人民群众的特色文化需求。

(二)结合精准扶贫战略,强化了对特殊地区基本文化权益保障

由于历史、地理、自然条件和区位等因素,河南省“三山一滩”和贫困地区、少数民族聚居地区、革命老区等地区缺乏自身增长动力,再加上经济发展水平、社会结构、地缘环境、文化传统等方面的原因,各地在公共文化建设中、发展中老百姓在文化需求上表现出了很强的特殊性,个性远远大于共性,难以用统一的政策来解决老少边穷地区在公共文化建设中的问题。针对特殊地区,《实施意见》提出编制“三山一滩”和贫困地区、少数民族聚居地区、革命老区公共文化服务体系建设发展规划。并明确了广播电视服务网络、数字文化服务、乡土人才培养、流动文化服务、农村留守妇女儿童文化帮扶等项目为重点文化扶贫项目。并要求落实相关优惠政策、培育当地优势文化资源、培养当地文化工作者等,增强当地自身文化造血功能,推动群众文化活动开展。

(三)发挥市场和社会的作用,增强公共文化服务发展动力

公共文化服务是政府的责任,但并不意味着必须由政府包办。《实施意见》在坚持政府主导的同时,要求引入市场机制、激发各类社会主体参与积极性,以增强公共文化服务发展动力。

《实施意见》将“培育和促进文化消费”作为构建现代公共文化服务体系的一项重要任务,是从认识论上对公共文化服务功能的一次升华,打通了公共文化与文化产业之间的联系。文化消费市场的繁荣,不仅仅依赖人民收入水平的提升,更重要的是具有良好的文化市场土壤,即消费者必须具有较高的文化艺术修养,具有较强的文化消费能力,这也是一个国家、一个城

市人民文化素养的体现。《实施意见》除了要求满足群众的基本文化需求，还通过补贴等手段鼓励艺术表演团体、商业演出和电影放映、经营性文化设施和场所等向公众提供优惠或免费的公益性文化服务，这事实上有助于培养老百姓的文化艺术爱好，培育他们对更加丰富多彩的、更高层次文化产品的需求，从而为文化产业培育未来潜在的消费者，最终壮大文化消费市场。

《实施意见》提出，要促进公共文化服务提供主体和提供方式多元化。社会力量参与公共服务不仅仅是社会文明和进步的标准，也是在公共服务领域引入市场机制、充分发挥市场在配置资源中决定性作用的创新举措。当前，仅仅依靠公共财政，难以从根本上解决公共文化领域投入相对不足的现状。《实施意见》重申鼓励和引导社会力量参与公共文化服务领域，一个新的亮点就是推广政府和社会资本合作模式。在公共文化服务领域内引入社会资本，一方面可以解决公共投入不足的问题，缓解公共文化服务领域的供需矛盾；另一方面也有助于在公共文化服务领域引入竞争机制，引入私营部门的管理经验，最终提高公共文化服务的效能。

（四）盘活公共文化资源，促进共建共享

《实施意见》要求各级政府要建立公共文化服务体系建设协调机制。由于体制原因，我国公共文化服务主要实行的是以部门为主导的自上而下的“条条”建设模式，财政资金、设施建设项目和重大文化惠民工程分散在文化、广播电视新闻出版、体育、民政、宣传、组织、共青团、工会、妇联、科协等多个部门，造成公共文化资源分散，有限资源缺乏有效融合，难以统筹发挥综合效益，导致财政资金投入效益低下，重复建设和资源浪费现象严重。《实施意见》提出要建立公共文化服务体系建设协调机制，主要目的在于加强相同或相近领域的跨部门、跨领域的公共文化服务资源整合，促进共建共享和有效利用，切实解决当前公共文化资源分散、服务标准不统一、服务效益不高的问题。

《实施意见》提出,要鼓励党政机关、国有企事业单位、学校开放文体设施。目前,我省公共文化体育设施总体上仍然难以满足老百姓的文化体育活动需要,尤其是在城市,随着人口的快速集聚,现有设施难以满足日益增长的居民文化健身需求,再加上城市土地资源的紧张,很难新建公共文化体育设施。《实施意见》"鼓励党政机关、国有企事业单位和学校的各类文体设施向社会免费或优惠开放",有助于缓解公共文化体育设施供不应求的矛盾,同时有利于发挥党政机关国有企事业单位的社会责任。

(五)开展"菜单式""订单式"服务,注重提升服务效能

近年来,我省公共文化服务体系建设取得了显著进展,但仍然存在设施管理运营水平低下、文化产品供给与群众文化需求脱节等问题,导致公共文化服务效能不高,还不能有效满足人民群众基本文化需求。《实施意见》提出要建立群众文化需求反馈机制,及时准确了解和掌握群众文化需求,制定公共文化服务提供目录,开展"菜单式""订单式"服务,实际上是要改变公共文化服务产品供给中的主观倾向,强化公共文化服务中的群众主体地位,通过建立公众文化需求反馈机制,有针对性地设计和提供公共文化产品,探索"生产方以需定产、供给方菜单提供、受益方自主选择"的文化产品供给新模式,解决目前公共文化产品与群众需求脱节的问题,切实提升公共文化服务的效能。

(六)强化了公共文化服务的保障力度

《实施意见》明确了公共文化服务优劣和干部政绩挂钩。十八大和十八届三中全会以来,文化在中国特色社会主义建设总体布局的地位和作用更加凸显,文化建设成为中国特色社会主义事业"五位一体"总体布局中的重要内容。但在实际工作中,一些基层地方党委、政府缺乏文化自觉,"重经济、轻文化"的理念尚未根本扭转,单纯追求 GDP 增长,对文化建设特别是作为政府基本责任的公共文化服务体系建设重视不够，没有“必须坚持政府主导”建设公共文化服务体系，文化“说起来重要，干起来次要，忙起来不要”的现象在基层还很普遍。《实施意见》明确提出将公共文化服务绩效作为考核评价领导班子和领导干部的重要内容，有利于从根本上扭转党政干部的文化政绩观。

《实施意见》明确了要将基本公共文化服务保障资金纳入财政预算。基本公共文化服务是基本公共服务的重要组成部分，是保障公民生存和发展所需的基本文化服务，是政府的基本责任，因此必须由公共财政予以保障。基本公共文化服务均等化本质上是财力的均等化，必须用财力的均等推动资源配置均等最终实现服务的均等，经费保障尤为重要。《实施意见》指出：将基本公共文化服务保障资金纳入财政预算，落实保障当地常住人口享有基本公共文化服务所需资金。以此来保障人民享有均等的文化权益。

《实施意见》还明确了关于基层文化专干配备的相关问题。长期以来，公益性文化单位的编制缺乏制度性保障，编制数量主要取决于党政领导的重视程度，尤其是基层文化机构的编制更为突出。乡镇文化站缺编、混编、挪用编制、专职不专用等现象比较普遍，人员配置严重不足。基层文化机构能否发挥作用，不仅取决于文化设施是否完善，更为关键的是能否有一支合格的基层文化队伍。《实施意见》提出：“加强基层文化队伍建设，每个乡镇综合文化站（中心）至少有 2 名编制，规模较大的乡镇可适当增加 1 至 2 名编制，工作人员应专门从事宣传文化工作，不得兼职。城镇各社区至少有 1 名专职工作人员负责社区宣传文化服务工作。各行政村至少配备 1 名文化协管员。”对基层文化专干的配备和使用做出明确规定，有助于解决基层文化机构队伍人员不足的突出矛盾。

《实施意见》提出，把公共文化服务专业人才培养纳入国民教育体系，这也是政策上的一大突破。当前，我省乃至全国基层文化单位普遍缺乏稳定的专业化队伍，人员年龄偏大，观念相对落后，知识结构陈旧，业务素质和能力难以适应新时期基层文化建设的开展。在我国国民教育体系中，图书馆、博物馆等已经有相对成熟的学科体系，但是缺乏公共文化服务与管理的专业知识和专门人才。《实施意见》提出“将公共文化服务专业人才培养纳入国民教育体系”，实际上是要加强对公共文化服务的理论研究和人才培养，为公共文化服务事业发展提供理论支撑和人才保障。根据《实施意见》，各高校可以开设公共文化服务与管理专业，高校和科研院所可以建立公共文化服务研究基地。

《河南省推进基层综合性文化服务中心建设实施方案》政策解读

崔玉山　邹慧君*

2016 年 6 月 27 日，河南省政府办公厅下发了《关于推进基层综合性文化服务中心建设的实施方案》（豫政发〔2016〕113 号）（以下简称《实施方案》）。认真学习宣传和理解把握《实施方案》，对于推进《实施方案》贯彻实施，提升我省基层公共文化服务综合水平，进而不断提高人民群众的精神文化生活"获得感"有着重要的意义。

一、《实施方案》出台的背景和意义

2013 年 11 月召开的党的十八届三中全会明确提出了"整合基层宣传文化、党员教育、科学普及、体育健身等设施，建设综合性文化服务中心"这一战略任务。2015 年 1 月，中共中央办公厅、国务院办公厅印发《关于加快构建现代公共文化服务体系的意见》，对加快构建现代公共文化服务体系做出战略部署；2015 年 10 月，国务院办公厅专门制定下发《关于推进基层综合性文化服务中心建设的指导意见》，为基层综合性文化服务中心建设提供了要求和基本遵循。河南省委、省政府高度重视基层公共文化体系建设，坚决贯彻中央决策部署，多次就基层公共文化建设特别是基层综合性公

* 崔玉山，河南省文化厅公共文化处处长；邹慧君，洛阳师范学院讲师，研究方向：公共文化与治理。

共文化服务中心建设做出重要指示，提出明确要求。

2015 年 11 月，河南省委办公厅、省政府办公厅印发了《关于加快构建现代公共文化服务体系的实施意见》（豫办〔2015〕48 号）。在省委、省政府领导、省文化厅的具体主导以及各地、相关单位部门的合力推动下，近年来，我省公共文化服务体系建设呈现出加快推进、蓬勃开展的良好态势，基层公共文化设施建设力度不断加大，公共文化设施网络建设成效明显，基层公共文化设施条件得到较大改善，基层群众的满意度也不断提高。但还是要清醒地认识到，随着人民群众的精神文化需求呈现出多层次、多元化特点，公共文化资源难以有效整合，条块分割、重复建设、多头管理等问题依然存在，基层公共文化设施总量不足、布局不合理、功能不健全、管理不规范、服务效能低、优秀公共文化产品和服务供给不足等问题仍较突出，总量不足与资源浪费问题并存。

针对存在的问题，为更好地破解现实存在的种种矛盾，有的放矢地解决基层公共文化体系建设中的瓶颈，确保基层综合性文化服务中心按步骤、程序、职责分工、时间节点逐步推进，省政府研究制定了《河南省推进基层综合性文化服务中心建设实施方案》。这一方案的出台，对指导和促进基层综合性文化服务中心建设有着极为重要的意义，有利于完善基层公共文化设施网络，补齐短板，打通公共文化服务的“最后一公里”；有利于增加基层公共文化产品和服务供给，丰富群众精神文化生活，充分发挥文化凝聚人心、增进认同、化解矛盾、促进和谐的积极作用；有利于统筹利用资源，促进共建共享，提升基层公共文化服务效能。

二、《实施方案》的起草过程

按照省政府工作部署，省文化厅于 2015 年 10 月成立起草组，开始《实

施方案》(代拟稿)起草工作,2016 年 6 月《实施方案》正式印发。主要经历了两个阶段:

领会精神,实地调研。认真学习《中共中央办公厅、国务院办公厅关于加快构建现代公共文化服务体系的意见》《国务院办公厅关于推进基层综合性文化服务中心建设的指导意见》《中央宣传部、中央文明办、文化部、国家新闻出版广电总局关于加强基层宣传思想文化工作的意见》,中宣部等 4 部委印发的《贫困地区百县万村综合文化服务中心示范工程方案》《中共河南省委办公厅省政府办公厅关于加快构建现代公共文化服务体系的实施意见》精神,准确把握中央和省委要求。同时,结合全省基层公共文化工作实际,抽调省直和基层公共文化系统的专家和实际工作者,分组深入我省基层开展实地调研、研究总结。在此基础上,经过多轮讨论、修改,于 2015 年 11 月初形成文件讨论稿。

征求意见,修改完善。省文化厅牵头通过座谈交流、发征求意见函的形式,广泛征求全省文化系统,省直有关部门,有关省辖市、县、乡政府以及部分高等院校等单位的意见建议。2015 年 11 月,在全省加快构建现代公共文化服务体系建设培训班上,作为培训班的一项重要内容,集中组织各省辖市、省直管县主管局长、科长和图书馆、文化馆馆长进行了交流和讨论,并征求了授课的国家公共文化服务体系建设专家的意见和建议。12 月中旬,向省公共文化服务体系建设协调领导小组成员单位征求了意见和建议。2016 年 1 月,在郑州召开专题会议,征求了各级公共文化服务体系专家、实际工作者,部分乡镇(街道)、村(社区)文化中心代表的意见和建议。通过结合前期实地调研、收集整理各方的意见和建议反馈,起草组多次修改完善,形成了《河南省推进基层综合性文化服务中心建设实施方案(代拟稿)》。省政府经过征求意见、研究、修改等相关程序,2016 年 6 月,《实施方案》正式印发。

三、《实施方案》的主要内容

《实施方案》共五大部分:

(一)指导思想、基本原则和工作目标

关于指导思想。《实施方案》明确提出,为全面贯彻党的十八大和十八届三中、四中、五中全会精神,按照党中央、国务院和省委、省政府决策部署,以保障群众基本文化权益为根本,强化资源整合,创新管理机制,提升服务效能,因地制宜推进基层综合性文化服务中心建设,促进基本公共文化服务标准化、均等化,使基层公共文化服务得到全面加强和提升。

关于基本原则。《实施方案》明确提出了"坚持导向,服务大局,以人为本,对接需求,统筹规划,共建共享,因地制宜,分类指导,改革创新,提升效能"的基本原则。要发挥基层综合性文化服务中心在宣传党的理论和路线方针政策、培育社会主义核心价值观、弘扬中原优秀传统文化等方面的重要作用;要把保障人民群众基本文化权益作为工作的出发点和落脚点,把群众满意度作为检验工作的首要标准;要发挥基层政府的主导作用,加强规划指导,科学合理布局,整合各级各类面向基层的公共文化资源;要坚持试点先行,及时总结建设经验,发挥典型示范作用;要围绕建、管、用等关键环节,改革管理体制和运行机制,创新基层公共文化服务的内容和形式。

关于工作目标。《实施方案》明确提出,到2020年,全省范围内的乡镇(街道)和村(社区)普遍建成集宣传文化、党员教育、科学普及、普法教育、体育健身等功能于一体,资源充足、设备齐全、服务规范、保障有力、群众满意度较高的基层综合性公共文化设施和场所,形成一套符合实际、运行良好的管理体制和运行机制,建立一支扎根基层、专兼职和文化志愿者相结合、

综合素质高的基层文化队伍，使基层综合性文化服务中心成为文化建设的重要阵地和提供公共服务的综合平台。

（二）功能定位

主要体现在：向城乡群众提供基本公共文化服务；整合各级各类面向基层的公共文化资源，发挥基层综合性文化服务中心的终端平台优势；开展基层党员教育工作，把基层综合性文化服务中心作为加强思想政治工作、开展党员教育的重要阵地；配合做好其他公共服务工作等。

（三）主要任务

一是设施建设方面。要科学规划，合理布局，按照均衡配置、规模适当、位置合理、经济适用、节能环保等要求，合理规划布局公共文化设施；要认真落实《河南省基本公共文化服务实施标准（2015—2020 年）》，进一步完善建设标准，加大建设力度，主要采取盘活存量、调整置换、集中利用等方式进行建设，不减少原有面积，不搞大拆大建，凡现有设施能够满足基本公共文化需求的，一律不再进行改扩建和新建；要加强文体广场建设，按照人口规模和服务半径，建设选址适中、与地域条件相协调的文体广场，要建设阅报栏、电子阅报屏和公益广告牌。

二是服务内容方面。要广泛开展宣传教育活动，采取政策解读、专题报告、百姓论坛等多种形式开展基层宣传教育；要组织引导群众文体活动，鼓励全民创作和全民艺术普及，支持群众自办读书社、书画社、乡村文艺俱乐部，组建演出团体、民间文艺社团、健身团队及个体放映队等；要创新服务方式和手段，畅通群众文化需求反馈渠道，根据服务目录科学设置“菜单”，通过“订单”服务方式，实现供需对接等。

三是创新基层公共文化运行管理机制方面。要强化政府主导作用、建立健全管理制度、鼓励群众参与建设管理、探索社会化建设管理模式等。

(四)实施步骤

《实施方案》明确了时间进度表,对各省辖市、省直管县(市)在制定落实方案、试点推进、全面建设、检查验收、整改完善方面都提出了具体要求。

(五)保障措施

《实施方案》明确提出要加强组织领导、加强经费保障、加强队伍建设、强化督导检查等保障措施,为政策落地提供有力支撑。

四、学习贯彻《实施方案》需着重把握的几个方面

《实施方案》是我省基层综合性文化服务中心建设的"顶层设计",明确给出了推进基层综合性文化服务中心建设的"任务书""路线图"和"时间表",在贯彻落实的过程中,需要着重把握以下几点,概括来讲,就是一个"核心"、两大"基点"、三项"原则"、四个"明确"、五个"注重"。

(一)一个"核心"

贯彻落实《实施方案》,必须紧紧围绕为实现"两个一百年"奋斗目标和中华民族伟大复兴中国梦、实现中原崛起河南振兴富民强省提供强大精神动力和文化条件这一核心目标进行筹划和部署。为此,在实际工作中,必须抬高工作的站位,拓展工作的视野,善于从战略和全局高度,充分认清加强基层综合性文化服务中心建设的重要性紧迫性,增强工作的使命感责任感。

具体来讲,要着重把握以下几点:一是要围绕新时期党和国家的重大改革措施及惠民政策,采取政策解读、专题报告、百姓论坛等多种方式,开展基层宣传教育,使群众更好地理解、支持党委和政府工作;二是开展社会主义

核心价值观学习教育和中国梦主题实践，推进文明村镇、文明社区创建和乡贤文化建设，利用宣传栏、展示墙、文化课堂、道德讲堂以及网络平台等开展宣传，举办道德模范展览展示、巡讲巡演活动，通过以身边人讲身边事、身边事教身边人的方式，培养群众健康的生活方式和高尚的道德情操，引领社会文明风尚；三是弘扬中华优秀传统文化，利用当地特色历史文化资源，加强民间文化艺术之乡创建，做好非物质文化遗产保护工作，打造基层特色文化品牌；四是积极开展艺术普及、全民阅读、法治教育、科学普及和就业技能培训等，传播科学文化知识，提高群众综合素质。

（二）两大“基点”

一是保障群众文化权益。随着经济水平的提高，基层群众的精神文化需求日益强烈并呈现出多元化、多层次的特点。因此，在推进现代公共文化服务体系建设过程中，要坚持人民群众为中心的工作导向，把保障和改善人民群众基本文化权益作为工作的出发点和落脚点，把群众的满意度作为检验工作的首要标准，及时升级工作思维模式，更新工作方法，做到因时因地制宜，通过扎实工作，不断促进基层文化服务标准化均等化，使基层公共文化服务得到全面加强和提升，真正使综合性文化服务工作建成服务基层、惠及百姓的民心工程、幸福工程。

二是提高服务效能。基层是公共文化服务的重点和薄弱环节。当前基层公共文化设施不足、功能不健全、文化产品单一、服务效能发挥不够、管理体制不规范等问题依然较为突出，现有的基层文化设施和服务还不能充分满足广大人民群众日益增长的文化需求。实际上，这些都可归结为效能问题。因此，贯彻落实《实施方案》，要始终瞄准效能问题，进一步重视和加强基层公共文化建设，结合群众实际需求大力推进公共文化服务供给侧改革，切实提高基层综合性文化服务中心的建设、管理和服务水平。

（三）三项“原则”

一是全面落实中央精神。全面贯彻落实党的十八大和十八届三中、四中、五中全会精神，认真贯彻党中央、国务院和省委省政府有关工作部署要求，结合文化部《综合文化站评估定级标准》、中宣部等4部委《贫困地区百县万村综合文化服务中心示范工程方案》等相关文件，对《实施方案》进行修正，确保中央精神在《实施方案》中不折不扣地贯彻执行。

二是紧密结合省情实际。两个基本依据：一是实践依据，即结合实地调研、多层面的交流讨论，全面深入了解全省基层公共文化服务体系建设现状特别是存在的矛盾问题，以此作为《实施方案》制定的实践参考和支撑。二是政策依据，即严格按照《中共河南省委办公厅省政府办公厅关于加快构建现代公共文化服务体系的实施意见》和《河南省基本公共文化服务实施标准（2015—2020年）》研究制定该《实施方案》。

三是强化政策落地支撑。《实施方案》全面覆盖我省基层综合性文化中心建设所面临的建、管、用中的实际情况，从建设标准、功能设置、经费保障、活动开展、队伍建设、服务提升、时间进度、督导检查等方面提出具体要求和执行标准，形成了贯彻执行的全链条和问责问效全闭环，从政策制定和执行层面提供了《实施方案》落地生根的有效支撑。

（四）四个“明确”

第一，明确责任主体。长期以来，基层公共文化服务建设方面存在着责任主体不够明确、主体责任落实不够等问题，比如有些地方还没有把加强农村文化建设列入党委、政府的重要议事日程，对文化在经济社会发展中的重要地位缺乏认识，存在着重经济建设轻文化建设的现象，忽视文化建设对经济和社会发展的影响，看不到文化工作对推动经济发展、提高人口素质、促进社会和谐的内在动力。虽然近年来随着中央和省委省政府一系列文件的制定出台，各地基层群众文化工作重视程度明显提升，但还是有些地方政府领导依然认为文化工作是软任务，文化工作实绩没有列入硬性指标，不少地方政府部门在领导绩效考核指标体系中都没有硬性的指标规定，导致基层综合性文化服务中心出现“空壳”现象、服务效能低下等一系列问题。

对此，《实施方案》中强化了政府主导作用，特别是明确了在基层综合性文化服务中心的建设中县级政府应承担主体责任；宣传、文化部门要发挥牵头作用，加强协调指导；各相关部门要立足职责、分工合作；文化、新闻出版广电、体育等部门要加强对基层综合性文化服务中心的业务指导。这对于进一步强化政府主体责任意识、发挥各协调单位的作用、形成合力促进基层公共文化服务体系建设必将起到积极的作用。

第二，明确建设对象。基层综合性文化服务中心是建在基层群众身边的公共文化设施，《实施方案》明确所建设的基层综合性文化服务中心是指在乡镇（街道）、村（社区）设置的集宣传文化、党员教育、科学普及、普法教育、体育健身等功能于一体的综合性公共文化设施和场所。要落实《河南省基本公共文化服务实施标准（2015—2020 年）》，进一步完善建设标准，加大建设力度。同时，《实施方案》还进一步明确了基层综合性文化服务中心的具体职责任务，并要求其随着实践的发展而不断丰富服务内容和方式，使之所提供的产品与服务更适应和符合基层群众的需求。

第三，明确建设标准。近些年，我省基层综合性文化服务中心硬件设施得到了较大改善。我省共有 1897 个乡镇、464 个街道办事处，截至 2015 年年底，共建成 2328 个文化站（含街道文化中心），基本上实现了乡镇文化站的全覆盖。经调研了解，对照《乡镇综合文化站管理办法》（文化部第 48 号令）、《河南省基本公共文化服务实施标准（2015—2020 年）》，我省乡镇综合文化站的功能结构基本符合要求，全省乡镇综合文化站状况总体良好，但也存在部分地方综合文化站的建筑面积、设施、设备等方面与标准还存在一定差距。

对此,《实施方案》明确了基层综合性文化服务中心建设标准,对建筑面积、功能设置、经费保障、活动要求、队伍建设等方面更加细化和量化。如对乡级、村级综合性文化服务中心建筑面积分别做出规定;功能设置方面,乡镇(街道)基层综合性文化服务中心需设置多功能厅、图书室、培训教室和共享工程活动室并配备相应设备,有室外活动场地。村基层综合性文化服务中心需设置图书阅览室、文化活动室、数字资源室、多功能教室等,并按照"五个一"(一个简易戏台、一个宣传栏、一套文化器材、一套广播器材、一套体育设施器材)进行设置,社区基层综合性文化服务中心设置图书阅览室、文化活动室、数字资源室、多功能教室等。

第四,明确建设进度。《实施方案》明确了各阶段的重点任务和时间节点,提出分五个阶段逐步实施,即制定方案阶段、试点推进阶段、全面建设阶段、检查验收阶段、整改完善阶段。在每个阶段,《实施方案》都提出了具体的工作要求和工作步骤,特别是在整改完善阶段,明确了截至 2020 年年底全面完成全省基层综合性文化服务中心的整改完善,这个时间节点是与党的全面建成小康社会的总体部署是一致的。从这个方面讲,加快推进基层综合性文化服务中心建设,也是全面建成小康社会的题中之意。

(五)五个"注重"

第一,注重资源整合。应当看到,长期以来,由于缺乏统筹协调和统一规划,基层公共文化资源条块分割、重复建设、多头管理等"短板"普遍存在,优秀公共文化产品和服务供给不足,特别是内容健康向上、形式丰富多彩、群众喜闻乐见的文化产品种类少、数量少、质量参差不齐等。对此,《实施方案》要求整合分布在不同部门、分散孤立、用途单一的基层公共文化资源,发挥基层综合性文化服务中心的终端平台优势,实现人、财、物统筹使用。主要包括:一是以基层综合性文化服务中心为依托,推动文化信息资源共建共享;二是要积极推进县域内公共图书馆资源、文化馆资源共建共享和一体化服务，加强基层公共图书馆、文化馆总分馆制建设，在基层综合性文化服务中心设立公共图书馆、文化馆服务点，并且还提出将农家书屋纳入基层综合性文化服务中心管理和使用；三是提出基层综合性文化服务中心不搞大拆大建，主要采取盘活存量、调整置换、集中利用等方式进行建设，不减少原有面积，凡现有设施能够满足基本公共文化需求的，一律不再进行改扩建和新建；四是指出乡镇（街道）综合性文化设施重在完善和补缺，对个别尚未建成的进行集中建设。村（社区）综合性文化服务中心主要依托村（社区）党组织活动场所、城乡社区综合服务设施、文化活动室、闲置中小学校、新建住宅小区公共服务配套设施以及其他城乡综合公共服务设施，在明确产权归属、保证服务接续的基础上进行集合建设，并配备相应器材设备。

第二，注重服务功能提升。随着我省农村地区经济水平的提高，新型工业化、信息化、城镇化和农业现代化的发展，基层群众对文化、精神方面的需求日益强烈，且表现得越来越多元化，文化消费群体结构、消费观念等都发生了深刻的变化。尤其是互联网的迅猛发展，无论是在用户数量、市场规模，还是在电子商务等应用服务领域，均取得了较大突破，这意味着互联网正在走向一个更快更新更广泛的阶段。随之，基层综合性文化服务中心在开展各种文化活动和服务时也会受到迅猛发展的信息传播方式的强烈冲击。但当前不少基层综合性文化服务中心的服务内容不够丰富、吸引力不足，文化活动形式单一，服务手段创新不足，方式方法陈旧，未有效利用现代网络技术和手段，也没有很好地挖掘当地文化资源，更无法形成地方特色，已很难形成很大的吸引力，现有的基层公共文化设施和服务已经难以满足广大人民群众的实际需要。

对此，《实施方案》明确了基层综合性文化服务中心是集宣传文化、党员教育、科学普及、普法教育、体育健身等功能于一体的综合性公共文化设施和场所，在基层打造一个方便群众、便捷高效的一站式、窗口式、网络式综合性公共服务平台。《实施方案》在明确基本功能定位的同时，提出要丰富服务内容,创新服务方式和手段:一是要求畅通群众文化需求反馈渠道,根据服务目录科学设置“菜单”,通过“订单”服务方式,实现供需有效对接;二是要考虑基层群众的实际需求,为老年人、未成年人、残疾人、农民工和农村“三留守”人员等群体提供有针对性的文化服务;三是要求加强流动文化服务,积极开展文化进社区、进农村和区域文化互动交流等活动;四是要求充分发挥互联网优势,利用公共数字文化项目和资源全面提升公共文化服务效率;五是积极推广志愿者服务活动,吸纳群众志愿者;六是促进优秀文化资源下沉、服务下移,加强省、市、县文化体育机构、专业文艺团体与基层综合性文化服务中心对口帮扶。

《实施方案》对服务活动也做出具体要求:乡镇(街道)综合性文化服务中心每年举办综合性大型文体活动不少于1次,举办单项性文体活动不少于3次,每年送文艺演出到每个乡镇(街道)不少于5场;村(社区)综合性文化服务中心每年组织5次以上群众文体活动,每年送文艺演出到每个行政村不少于1场。

第三,注重管理机制创新。创新运行管理机制主要从以下几方面入手:

要建立健全管理制度。建立村(社区)综合性文化服务中心由市、县统筹规划、乡镇(街道)组织推进、村(社区)自我管理的工作机制。重点围绕功能定位、运行方式、服务规范、人员管理、经费投入、绩效考核、奖惩措施等环节,建立健全标准体系和内部管理制度,形成长效机制。

鼓励群众参与管理。积极发挥基层群众自治组织作用,加强群众自主管理和自我服务,引导城乡居民积极参与村(社区)综合性文化服务中心的建设、使用。健全民意表达渠道,开展形式多样的民主协商,充分听取群众意见建议,接受群众监督。

探索社会化管理模式。要加大政府向社会力量购买公共文化服务的力度,拓宽社会供给渠道,丰富基层公共文化服务内容。鼓励支持企业、社会组织和其他社会力量,通过直接投资、赞助活动、捐助设备、资助项目、提供产品和服务以及采取公益创投、公益众筹等方式，参与基层综合性文化服务中心建设管理。积极通过委托或招投标等方式吸引有实力的社会组织和企业参与基层文化设施运营。

第四，注重人才保障。基层综合性文化服务中心发展的关键问题是人才队伍建设，长期以来，基层综合性文化服务中心人才队伍建设情况问题始终是一个难以有效解决的问题。一是一些乡镇综合文化站工作人员“在编不在岗”。从调研掌握的情况看，很多乡镇以经济建设、村级管理以及计划生育、信访维稳等考核性行政工作为重心，文化工作逐渐被忽视，文化站工作人员身兼数职，没有更多的时间与精力抓文化工作，致使乡镇文化站被占用挪用，乡镇文化干部基本上专职不专干，很难为群众提供全方位高质量的文化服务，有的文化站不能真正对群众开放，文化活动得不到正常开展。二是缺乏专业工作人员。乡镇文化站需要其工作人员具备从事群众文化工作的相关业务知识和文艺技能，做到“一专多能”。但目前的情况是不少的文化站缺乏有较高专业水平和文化艺术造诣的行家，缺乏应有专业知识，不能有效的组织开展群众文化活动。有的文化工作人员缺乏专业知识学习，缺乏系统培训和实际工作的锻炼，新的公共文化发展政策、理念、方式、方法掌握不够系统全面，专干而不专业，一定程度上也制约了基层公共文化工作的开展。

对此，《实施方案》要求乡镇（街道）综合文化站（中心）至少有 2 名编制，较大规模的乡镇（街道）可适当增加 1 至 2 名编制，工作人员应专门从事宣传文化工作，不得兼职，行政村（社区）综合性文化服务中心由“两委”确定 1 名兼职工作人员，政府购买公益文化岗位不少于 1 人。目前，我省一些地方如濮阳市、兰考县、中牟县等，已经开始安排财政资金，设立村级文化协管员岗位并予以补助。同时，规定加大对基层文化人员的业务培训并提出明确要求，对文化专兼职人员每年参与集中培训时间不少于 5 天。因此，在基层公共文化服务体系建设中，对基层文化工作人员的培训将逐渐加强。例如，2016 年 12 月 6 日我省举办了第一期全省综合乡镇文化站长培训班，参训人员达到150余名，培训内容涉及当前国家和省内现代公共文化服务体系建设相关的政策文件、文化站建设的评估标准和年度考评标准管理等方面内容，培训效果反映很好。

第五，注重建管用并重。基层综合性公共文化服务中心建设是基础，管理是关键，使用是根本。公共文化建设涉及多个部门，如宣传部门、新闻出版广电部门、教育部门、财政部门、体育部门、科技部门、人社部门、工会等，由于过去缺乏有效的统筹整合，一定程度上造成了基层文化服务各自为政、重复建设、分散运行、多头管理的局面。因此，在基层综合性文化服务中心的管理方面，《实施方案》要求强化县（市、区）政府在基层综合性文化服务中心建设发展中的主体责任，实事求是确定存量改造和增量建设，把各级各类面向基层的公共文化资源纳入到支持基层综合性文化服务中心建设发展上来。同时要求各地参照省级公共文化服务体系建设协调机制，建立政府统一领导、宣传部门协调指导、文化部门牵头实施，相关部门大力支持、紧密联动的工作机制，加强对基层综合性文化服务中心建设的督查指导。

建立村（社区）综合性文化服务中心要由市、县统筹规划，乡镇（街道）组织推进，村（社区）自我管理的工作机制。结合我省基本公共文化服务实施标准（2015—2020年），重点围绕基层综合性文化服务中心的功能定位、运行方式、服务规范、人员管理、经费投入、绩效考核、奖惩措施等重点环节，建立健全标准体系和内部管理制度，形成长效机制，实现设施良性运转、长期使用和可持续发展。

同时，结合村（社区）作为一级自治组织的特点，鼓励群众参与建设管理，在村（社区）党组织的领导下，发挥村委会和社区居委会的群众自治组织作用，引导城乡居民积极参与中心的建设使用，加强群众自主管理和自我服务。《实施方案》还要求健全民意表达机制，依托社区居民代表会议、村民代表会议和村民小组会议等，开展形式多样的民主协商，对中心建设发展的重要事项，充分听取群众意见建议，保证过程公开透明，接受群众监督。

《河南省关于做好政府向社会力量购买公共文化服务的实施意见》解读

马艳霞*

政府向社会力量购买公共文化服务,是深入推进依法行政、转变政府职能、建设服务型政府的重要内容,是规范和引导社会组织健康发展、推动公共文化服务社会化的重要途径,对于进一步深化文化体制改革、丰富公共文化服务供给、提高公共文化服务效能、满足人民群众精神文化和体育健身需求具有重要意义。根据《国务院办公厅转发文化部等部门关于做好政府向社会力量购买公共文化服务工作意见的通知》(国办发〔2015〕37号)精神,结合河南省实际,2016年3月河南省人民政府办公厅转发省文化厅等部门《河南省关于做好政府向社会力量购买公共文化服务的实施意见》的通知,《河南省关于做好政府向社会力量购买公共文化服务的实施意见》(豫政办〔2016〕68号)(以下简称《实施意见》),包括总体要求、主要内容、保障措施及附件等,政府购买公共文化服务工作目的和意义是什么?河南省政府购买公共文化服务首批目录有哪些项目?为清楚深入领会《实施意见》,现从政策背景、目的意义、框架结构、主要内容,突出特点以及未来改进途径等方面对其进行解读。

* 马艳霞,博士,教授,河南省公共文化研究中心副主任,洛阳师范学院图书馆副馆长。

一、政策的背景

党的十八届三中全会提出要加大政府购买公共服务力度,鼓励社会力量、社会资本参与公共文化服务体系建设。公共文化服务是公共服务的重要组成部分,长期以来,我国采用传统政府供给模式来提供公共文化服务,由于单一供给模式,缺乏竞争和公众选择,导致服务效率和质量低下,不能满足人民群众日益增长的多元化精神文化需求。要改变这一局面的唯一选择,就是政府通过吸引社会力量进入公共文化领域,改变文化系统"内循环"的资源配置模式,让更多的群众参与文化,创造文化,逐步使文化资源在市场和社会的"大循环"里进行配置,从而保证能够为群众提供更多的充满正能量的优秀文化产品和服务,确保贯彻落实十八届三中全会精神。

此外,推动政府向社会力量购买公共文化服务、推进公共文化服务的社会化,是加快构建我国现代公共文化服务体系的核心内容之一。2010 年十七届五中全会,提出要在"十二五期间"基本建成公共文化服务体系的目标,公共文化服务的发展从此进入快车道。2011 年十七届六中全会,通过了《中共中央关于深化文化体制改革、推动社会主义文化大发展大繁荣若干重大问题的决定》,其中在第五大条"大力发展公益性文化事业,保障人民基本文化权益"里边提出:"要鼓励社会力量通过兴办实体、资助项目、赞助活动、提供设施等形式参与公共文化服务。"[①]2013 年十八届三中全会通过《中共中央关于全面深化改革若干重大问题的决定》,在第十一大条"推进文化体制机制创新"第(40)小条"构建现代公共文化服务体系",提出:

---

① 李长春.关于《中共中央关于深化文化体制改革推动社会主义文化大发展大繁荣若干重大问题的决定》的说明[EB/OL].[2011-10-27].http://politics.people.com.cn/GB/1024/16033350.html.

“要引入竞争机制，推动公共文化服务社会化发展，鼓励社会力量、社会资本参与公共文化服务体系建设。”[①]十八大以来，文化工作受到各级政府前所未有的重视，2015 年中共中央办公室和国务院办公室发布《关于加快构建现代公共文化服务体系意见》，在第三大条“增强公共文化服务发展动力”里边的第（十）条提出“推广运用政府和社会资本合作等模式，促进公共文化服务提供主体和提供方式多元化……创新公共文化设施管理模式，有条件的地方可探索开展公共文化设施社会化运营试点，通过委托或招投标等方式吸引有实力的社会组织和企业参与公共文化设施的运营”[②]。部分专家将之解读为“激活社会力量参与公共文化服务”[③]。此外，一些政协委员也在会议中提出“引导和鼓励社会力量参与公共文化服务的提案”。2015 年 5 月，国务院办公厅转发了文化部等四部委起草的《关于做好政府向社会力量购买公共文化服务工作的意见》，用改革的思维对今后一段时期内国家公共文化服务供给模式创新进行了专题部署。由此可以看出，国家对民间参与公共文化服务已经提升到发展动力的高度，认为民间力量在公共文化服务体系构建中的作用不是可有可无的，也不是边缘化和补充性的，而是一种内生动力。

在此背景下，河南省委、省政府对贯彻落实上述意见精神高度重视，省委常委、宣传部长赵素萍、副省长张广智对贯彻落实文件精神做出具体指示。根据文件精神和省领导要求，省政府办公厅转发了省文化厅等《关于做好政府向社会力量购买公共文化服务工作的实施意见》和河南省购买目录，省财政设立了“政府购买公共文化服务专项资金”，扎实推进工作落实。

---

① 《中共中央关于全面深化改革若干重大问题的决定》[EB/OL]. [2013 - 11 - 15]. http://politics. people. com. cn/GB/8198/371536/.

② 《关于加快构建现代公共文化服务体系的意见》[EB/OL]. [2015 - 01 - 15] http://news. xinhuanet. com/zgjx/2015-01/15/c_133920319. htm.

③ 李国新. 激活社会力量参与公共文化服务[N]. 经济日报，2015 - 01 - 16(9).

二、目的意义

（一）推动政府文化管理职能的转变

政府公共服务的重要内容之一就是为民众提供公共文化服务，我国政府也一直扮演着管理公共文化和向公众提供公共文化服务的角色。但随着改革开放和我国经济体制改革的需要，我国政府行政改革也被提上日程，建设服务型政府成为发展目标，我国开始推进由“全能型政府”转向“服务型政府”和“责任型政府”的转变。政府文化管理体制也由“办文化”向“管文化”转变。政府购买公共文化服务是我国政府深化行政体制改革、加快政府职能转变、推进政府和社会合作良性互动的重要途径。这次《实施意见》明确要求各级政府向社会力量购买公共文化服务，将政府管不好、管不了的事情交给专业机构和社会文化组织去做，使政府由公共文化服务的直接提供、生产者，转变为公共文化服务的购买者、管理者和监督者，最终达到政企分开、管办分离。彻底打破由政府大包大揽、垄断包办的传统供给模式，促使政府完成从“划桨”到“掌舵”身份的转变。需要指出的是，政府向社会力量购买公共文化服务，并不意味着政府职责的减轻或转移，政府的职责转化为顶层政策的制定、购买环境的优化、购买主体的培育、购买服务的流程规范、过程监管以及资金预算等，确保政府购买公共文化服务的有效供给，形成公共服务的多元化有效供给机制。

（二）实现文化承担核心价值的功能和作用

公共文化建设的核心应该是思想文化阵地建设，但长期以来由于公共文化产品供给有效性不足，思想文化阵地的内涵发展受到一些限制。这次《实施意见》明确规定：“以人民为中心，坚持社会主义先进文化前进方向，将政府向社会力量购买的公共文化服务与培育践行社会主义核心价值观相结合、与传承弘扬中华优秀传统文化相融合，发挥文化引领风尚、教育人民、服务社会、推动发展的作用。”《实施意见》借助政府公共文化服务购买的渠道，将中华优秀传统文化的传承弘扬和社会主义核心价值观的培育实践融入人民群众的文化消费过程中，充分发挥发挥文化引领风尚、教育人民、服务社会、推动发展的重要作用，推动中国特色社会主义核心价值观和优秀文化不断转化为社会的群体意识和人们的自觉行动，切实为人民日常生活提供精神动力和文化内涵。此外，《实施意见》借助政府向社会力量购买公共文化服务的契机，从转换公共文化服务供给的渠道和路径入手，通过赋予消费者的选择权引导国有文化单位的公共文化生产的方向，促进国有文化单位的内涵发展。

（三）构建公共文化服务体系建设的需要

国家在《关于构建现代公共文化服务体系的意见》明确提出，到 2020 年，基本建成覆盖城乡、便捷高效、保基本、促公平的现代公共文化服务体系。这就要求公共文化服务更加均衡公共文化产品和服务供给更加充实多样，这必将促进公共文化服务发展动力进一步增强。增强公共文化服务发展动力的重要内容之一就是要做好政府向社会力量购买公共文化服务，吸引更多的社会力量参与公共文化服务的提供，调动更多群众自发参与公共文化服务的供给和消费。但一直以来，对于怎样做好政府向社会力量购买公共文化服务工作，公共文化服务需不需要社会力量参与，社会力量能不能参与，能够参与哪些公共文化服务，参与公共文化服务的路径是什么，政府在社会力量参与过程中的作用是什么，政府怎样引导、支持社会力量有序参与公共文化服务，政府对参与公共文化服务的社会力量怎样进行监管、评估等问题，没有明确地阐述和界定，而如今，随着《实施意见》的出台和发布终于有了清晰的思路和举措，同时也为想要参与公共文化服务的各种社会力量提供参与的依据和路径。因此，认真学习和消化《实施意见》，根据要求做好政府购买公共文化服务，必将推动现代公共文化服务体系构建的进程和力度，从而早日实现民众基本公共文化权利。

（四）建立以群众需求为导向的公共文化产品供给新机制

随着经济的发展和人们生活水平的提高，人民群众的文化需求呈现出个性化和特色化，尤其随着网络化和信息化的发展，新时期网络时代群众的文化生活方式和文化消费方式变化很大，人们的文化需求也更加迫切，但现实中很多公共文化产品和服务的提供不能跟上人们的需求，公共文化产品的供给和服务与人民群众的需求没有形成有效的对接。鉴于此，《实施意见》要求坚持需要导向，明确提出建立“自下而上、以需定供”的互动式、菜单式服务方式，改变传统“自上而下”的供给方式。因此，在政府采购框架内，搭建专门的“菜单式”服务平台，为政府向社会力量购买公共文化服务项目提供“自下而上、以需定供”的菜单式服务，聘请第三方运营机构负责菜单信息的采集和发布，负责对社会力量提供公共文化服务进行资格审核，推进政府购买公共文化服务透明化。《实施意见》明确要求制定并向社会公布公共文化服务的“菜单”，让人民群众根据自身需要进行选择，使基层群众真正获得公共文化产品和服务的选择权、决定权。供给主体可根据人民群众要求“量身定做”，通过设计“消费者的投票权”促使供给主体提高供给质量，切实保障人民群众享受公共文化服务的基本权益。

三、框架结构与主要内容

（一）框架结构

《实施意见》基本框架由“3 大章节”构成，提出了政府向社会力量购买公共文化服务的总体要求、主要内容和工作保障,明确了政府购买的“八大主要内容”,即:购买主体、承接主体、购买内容、制定目录、购买机制、资金保障、监管机制、绩效评价。附件《政府向社会力量购买公共文化服务目录》将购买内容细分为“公益性文化体育产品的创作与传播”“公益性文化体育活动的组织与承办”“中华优秀传统文化与民族民间传统体育的保护、传承与展示”“公共文化体育设施的运营和管理”“民办文化体育机构提供的免费或低收费服务”。

(二)主要内容

主要包括谁来买、向谁买、买什么、怎么买、资金来源、保障措施以及购买后效果怎么评价。

1. 购买主体

《实施意见》规定有两大类,一是承担提供公共文化与体育服务的各级行政机关,二是纳入行政编制管理范围且经费由财政负担的文化与体育群团组织。在购买主体上,根据《实施意见》规定,其覆盖范围得到扩展,其可操作性、可执行性和实用性也得到加强,使得在实际工作中遇到的问题,能够得到有效解决。比如,像省文化馆这种公益事业单位,以前要组织社会力量举办文化惠民表演之类的活动,会遇到活动经费来源等难题。《实施意见》出台后,这些问题迎刃而解,如今,他们“经主管部门同意后,在现有财政资金安排内,可借鉴政府购买服务的方式和机制运作”。

2. 承接主体

《实施意见》规定三类,一是具备提供公共文化服务能力且依法在登记管理部门登记或经国务院批准免予登记的社会组织,二是符合条件的事业单位,三是依法在工商管理或行业主管部门登记成立的企业、机构等社会力量。

3. 购买的内容

《实施意见》规定五类,一是公益性文化体育产品的创作与传播,二是公益性文化体育活动的组织与承办，三是中华优秀传统文化与民族民间传统体育的保护、传承与展示，四是公共文化体育设施的运营和管理，五是民办文化体育机构提供的免费或低收费服务等内容。

《实施意见》规定的目录共有五个方面三十八项，前三个方面内容是与人民群众基本文化权益密切相关的公益性文化的创作与传播、组织与承办、运营与管理等；第四个方面是中华优秀传统文化与民族民间传统体育的保护、传承与展示；第五个方面是民办文化体育机构等提供的免费或低收费服务。“指导性目录”根据实施情况进行动态调整。

4.购买规范和流程

《实施意见》规定的规范：第一，要制定面向全省的政府向社会力量购买公共文化服务目录，并实行动态管理；第二，要完善购买机制，采用公开招标、邀请招标、竞争性谈判、竞争性磋商、单一来源等方式确定承接主体；第三，签订购买合同，按照政府采购有关规定，采取购买、委托、租赁、特许经营、战略合作等合同方式购买，同时，严格购买流程，按照选定项目、发布信息、组织采购、项目监管、绩效评价等环节规范购买流程；第四，加强跟踪监管和检查验收，以服务对象满意度为付款的主要依据；第五，建立购买价格或财政补贴的动态调整机制，根据承接主体服务内容和质量，合理确定价格，避免获取暴利。

这部分内容，最有突破性，真正体现了十八届五中全会提出的“坚持创新发展”的号召，真正着眼于提高发展的质量和效率。对购买属于《政府采购法》适用范围的项目，明确可通过公开招标、邀请招标、竞争性谈判、竞争性磋商、单一来源采购等多种方式确定承接主体，这一明确规定，使得目前现实操作中遇到或者可能遇到的一些现实的政策性障碍，都可以顺利解决。更重要的是，《实施意见》中规定，不是买了就算结束了，还要进行检查验收，要根据服务水平、服务对象满意度来确定合理价格，或作为付款的重要依据。

5. 资金保障

《实施意见》规定购买公共文化服务所需资金列入财政预算，从部门预算经费或经批准的专项资金等既有预算中统筹安排。同时逐步加大现有财政资金向社会力量购买公共文化服务的投入力度。对新增的公共文化服务内容，凡适于以政府购买服务方式实现的，原则上都要通过政府购买服务方式实施。

6. 监管机制

《实施意见》规定要从五个层面健全监管机制，一是完善事前、事中和事后监管体系，建立健全政府购买服务的法律监督、行政监督、审计监督、纪检监督、社会监督和舆论监督制度。二是严格遵守相关财政财务管理规定，坚决预防和遏制腐败现象。要求财政、监察、审计等部门要加强对政府购买公共文化服务的监督，民政、工商管理以及行业主管部门要按照职能分工将承接政府购买服务行为纳入年检、评估、执法等监管体系。确保购买行为公开透明、规范有效。三是购买主体要建立健全内部监督管理制度，按规定公开购买服务的相关信息，自觉接受监督。四是承接主体要主动接受购买主体的监管，健全财务报告制度，严格履行服务合同，保证服务数量、质量和效果，严禁服务转包行为。五是逐步建立包括信用档案在内的诚信评价体系，规范购买体系，发现承接主体不符合资质要求、歪曲服务主旨、弄虚作假、冒领财政资金等违法违规行为的，记入信用档案，并按照相关法律、法规进行处罚，对造成恶劣社会影响的，禁止再次参与政府购买公共文化服务工作。提高各个环节参与者的积极性、诚信度，营造良性竞争的氛围。

《实施意见》明确引入诚信评价，可以有效地堵住各种漏洞，消除各种歪风浊流，坚实避免出现“劣币驱逐良币”的不良现象。通过建立诚信档案，倡导大家诚信经营，良性竞争，要想获得更多收益，就要从提高艺术服务水平、提高艺术产品供应量等方面努力，通过这样的监督形成风清气正的整体氛围。

7. 绩效评价

《实施意见》规定三个方面,一是要建立综合评审机制,这里边包含两层意思,一方面评审必须包括购买主体、公共文化服务对象以及第三方参与的共同综合评价。另一方面要按照过程评价与结果评价、短期效果评价与长期效果评价、社会效益评价与经济效益评价相结合的原则,对购买服务项目数量、质量和资金使用绩效等进行综合评价。二是要建立长效跟踪机制,加强对政府购买公共文化服务项目的绩效评价。三是在绩效评价中,要侧重服务对象的满意度评价。四是重视绩效评价结果,要求评价结果要及时向社会公布,并作为以后年度编制政府向社会力量购买公共文化服务预算和选择承接主体的参考依据。

四、主要特点

根据国办发〔2015〕37 号文件精神,结合河南省实际,河南省人民政府制定豫政办〔2016〕68 号文件,认真做好政府向社会力量购买公共文化服务工作,《河南省关于做好政府向社会力量购买公共文化服务的实施意见》在严格执行国家文件的同时,也有一些自己的特色和突出特点,主要表现在:

(一)领导重视

河南省委领导高度重视公共文化建设,推动出台《中共河南省委办公厅河南省人民政府办公厅关于加快构建现代公共文化服务体系的实施意见》《河南省“十三五”时期贫困地区公共文化服务体系建设实施方案》《河南省人民政府办公厅关于做好政府向社会力量购买公共文化服务工作的实施意见》《河南省人民政府办公厅关于推进基层综合性文化服务中心建设的实施方案》等政策文件,为公共文化建设提供政策支持。召开高层次高级别会议推动我省公共文化服务体系建设,2016 年共召开"3 个会议",3 月省文化厅等部门在济源市召开"全省基层综合性文化服务中心建设现场会",4 月省委、省政府在郑州召开"全省现代公共文化服务体系建设推进会",9 月省政府在永城市召开"全省基层公共文化服务体系建设现场会",统一思想认识,明确工作任务,强力推进有关部署落实。

(二)增设政府购买专项资金

根据河南省的实施意见和购买目录,结合河南省文化工作实际,立足于大文化的理念,整合以往的"舞台艺术送农民专项资金""省直艺术创作专项资金""县级公共文化服务设施奖补专项资金"等 6 个专项资金,并新增 4668 万元,设立了 1 亿元的"政府购买公共文化服务专项资金"。这些资金项目资助的范围不再仅仅局限于文化部门所管理的单位,对于社会上所有提供公共文化服务的文化企业、个人、事业单位,只要符合资金扶持资助条件的,专项资金都要给予扶持。

2016 年度和 2017 年度的资金安排已经充分说明了这一点。2016 年扶持的广场文化活动有 10 个项目是资助社会力量提供的服务,共资助金额 20 万元,读书活动中有 7 个社会力量提供的阅读活动项目得到资助,共资助金额 14 万元。古籍保护项目有 2 个社会力量的项目获得资助,分别获得 5 万元。合计 44 万元。2017 年扶持的社会力量提供的广场文化活动增加 6 个,为 16 个项目,共资助金额 32 万元。读书活动中仍有 7 个社会力量提供的阅读活动项目得到资助,共资助金额 14 万元。古籍保护项目仍有 2 个社会力量的项目获得资助,分别获得 5 万元。合计 51 万元。

(三)明确购买内容

河南省《政府向社会力量购买公共文化服务目录》,共涉及 5 个方面 38 项内容,其中涉及文化厅业务方面的有 23 项。政府购买公共文化服务专项资金设立1个亿，主要是通过政府购买服务的方式扶持艺术传承创新发展和文艺创作专项资金（4000万元）和购买公共文化服务及奖补专项资金（6000万元）来分配。

主要资助全省国有和民营文化艺术单位各艺术门类创作、生产、研究、人才培养；省辖市、县（市、区）国有地方戏曲院团的艺术创作、演出设备购置、优秀剧目移植复排、人员演出补贴和地方戏曲优秀青年人才的培养；参加河南省“舞台艺术送农民”活动的省、市、县（市、区）级国有文艺院团及民营艺术院团；全省各级各类群众文化活动项目；各级各类图书馆以及民间组织或个人举办的各类专题讲座、公益阅读等读书活动；省文化厅组织或委托相关机构开展的专题性宣传、研究、第三方评估等相关活动；各级各类古籍保护单位开展的购买保存设备、修复、开发利用等古籍保护项目；县级公共文化服务设施建设；中原文化走出去、非物质文化遗产传承展示，以及省委省政府安排的重大文化活动，都属于政府购买的范围，这些项目在资金安排之前，经过深入调研、广泛论证，同时紧密结合群众的文化需求和河南文化工作实际。

但是，需要指出的是，目前河南省政府购买服务目录中仍有2项没有安排政府购买，一是目录第5方面“民办文化体育机构提供的免费或低收费服务”中“民办图书馆、文化馆、美术馆、博物馆、纪念馆、剧场（院）等面向社会提供的免费或低收费服务”，二是“互联网上网服务场所面向社会提供的免费或低收费上网服务”。

（四）购买资金使用管理规范科学

为提高资金使用效益，规范和加强专项资金管理，河南省在专项资金设立的同时就出台《河南省政府购买公共文化服务专项资金管理办法》（以下简称《管理办法》），《管理办法》由省财政厅会同省文化厅共同制定，从总体要求和基本原则对专项资金使用管理作出规定。其中涉及扶持范围、资金申报和预算下达、资金管理与使用、监督检查与绩效评价以及施行时间等有关事项均有详细规定和说明。比如《管理办法》第四章对于资金管理与使用进行要求,要求专项资金下达后,由省文化厅分类分项目制定年度实施方案,明确当年的年度目标任务、实施进度计划、监督检查办法等事项,还规定专项资金调整、支付和购置形成的固定资产的管理要求。此外,根据《管理办法》要求,省文化厅和财政厅共同拟定具体项目的管理细则,结合各项资金的特点,从项目申报、评审、确定、公示及监督和考评等方面进行了详细的规定,进一步细化了专项资金的使用范围和分配程序,以保证资金分配更加规范合理、资金使用效益最大化。

(五)购买资金的监管措施得力

河南省从两个方面入手来确保专项资金效益得到有效发挥。一方面通过提前制定管理办法和项目管理细则明确详细规定。如《管理办法》第五章规定,专项资金管理和使用应当严格执行有关法律法规、财务规章制度和本办法的规定,接受财政、审计、监察等部门的监督检查。省文化厅按照实施方案的监督检查办法,对项目进展实施全程监督。并于次年初,会同省财政厅将对照预算报告和实施方案,对上一年度专项资金管理使用情况进行监督检查验收、考核评价,并将检查和评价结果作为以后年度分配专项资金的重要参考依据,并规定违反规定的行为的处罚措施。《项目管理细则》进一步强调项目资金严格按照《管理办法》的要求使用、管理和考评,并进一步细化了监督检查的程序。

另一方面在实际工作中进一步加强监督和监管。在资金的分配环节、项目评审过程以及资金使用各环节都加强监督,纪检监察部门和财务部门全程参与评审专家的选定、项目评审、确定等各个环节。通过这两方面的努力,确保专项资金合规、合理、安全使用,最大限度地发挥专项资金的效益。

五、存在问题与改进措施

(一)培育文化类社会组织,激发其活力

由于我国公共文化对私营领域开放的时间不长,文化类社会组织的现状与政府向社会力量购买公共文化服务的需求还不相适应,据统计,西方发达国家每万人拥有的社会组织数量大多在50个以上,而我国内地每万人拥有的社会组织数是2.7个[①]。此外,由于社会文化组织自我成长时间较短,能力积攒不足和资源掌握匮乏,造成事实上承接主体相对缺乏。尤其是河南省处于中西部地区,尽管全省公共文化领域目前也有多支文艺团队,群众业余文艺团体,以及以"文化能人"为核心的自发文艺组织,但真正符合依法在登记管理部门登记、具有比较健全的内部治理结构和管理制度、具有独立承担民事责任能力要求的社会组织,为数还很少。即使有一些社会文化组织无论是竞标能力还是谈判技能都不成熟,更普遍缺乏规模较大和生产运营能力强的私营社会文化组织,难以形成政府购买公共文化服务所需要的多元化承接主体竞争的局面,不利于这一机制的健康持续发展。2016年河南省政府购买服务目录中有2项服务没有安排政府购买,其中一个就是"民办文化体育机构提供的免费或低收费服务"中"民办图书馆、文化馆、美术馆、博物馆、纪念馆、剧场(院)等面向社会提供的免费或低收费服务"。之所以没有这项购买项目,后来省文化厅相关负责人解释就是我省缺乏相应的民办图书馆、美术馆、文化馆等相关社会文化组织能够成为事实上的承接主体。

要实现多元主体供给公共文化服务,保障政府向社会力量购买公共文化服务持续健康推进,必须要有大批独立的社会文化组织,因此,必须加大

① 张龙,陆宁.政府购买公共服务的学理因由、现实困境与推进策略[J].现代商业,2017(3):47-49.

对民间社会文化组织的培育和支持，尤其对于河南省这种民间力量薄弱，民间社会组织匮乏的省份，更应该在后续的工作中强力推动。首先要优化承接主体的外部环境。政府对待民间社会文化组织要一视同仁，不能将其是国有还是私营作为购买公共文化服务的考核要素，要保证他们能获得同等的政策、制度、财政等条件，要保证它们享有充分的发展空间与增长空间，赢得公共文化服务供给的机会。其次，要出台配套措施来激活民间社会文化组织的活力。要保证政府购买公共文化服务顺利进行，必须需要大量具有灵活机制，数量繁多的社会文化组织积极参与，因此，要通过宣传教育使自发、松散型的兴趣团队向组织化的社会团体转化，使其具有组织化、专业化能力，为现代公共文化服务体系建设奠定思想基础，同时需要配套措施来激发和保障，比如多元供给主体的协调合作方法、透明公开的扶持奖励办法、社会捐赠的激励政策、促进社会文化组织的条例等措施来激发社会文化组织的积极性。再次，简化文化类社会组织的登记手续，并做好宣传普及工作。明确文化类社会组织属于《国务院机构改革和职能转变方案》中所说的“公益慈善类”社会组织，申请登记时可以直接向民政部门申请，降低社会组织注册门槛，简化文化类社会组织的登记手续，有利于提高文化类社会组织进行慈善捐赠活动的开展。最后，要建立动态考核评估制度，强化监督考核机制。政府要做好顶层设计，实施政府购买公共文化服务的全过程绩效管理，科学规范绩效评估指标体系，强化公共文化接受方评估话语权，对政府购买公共文化服务的质量进行全过程动态评估，指导文化类社会组织建立健全内部治理结构，当社会文化组织不能履行正常的购买合同时，要及时发现问题，进行严厉的处罚和追究相关责任。

（二）加大地方政府的主动性，灵活购买机制和途径

公共文化服务购买是一项复杂的制度改革，由于我国东中西部经济发展的不平衡，造成中西部公共文化服务供给的现有基础与东部地区公共文

化服务基础差别很大，各地开展政府购买服务的措施和途径也不尽相同。此外，公共文化服务购买也是一个复杂的系统工程，涉及资源配置方式的转变，权力的转移、共享、运用和监管，还涉及传统文化队伍的思维惯性等。为完善各地的监管有力，国务院办公厅转发文化部等四部委起草的《关于做好政府向社会力量购买公共文化服务工作的意见》，提出要“建立健全‘方式灵活、程序规范、标准明确、结果评价、动态调整’的购买机制”，支持地方政府研究制定向本地社会力量购买公共文化服务的具体办法，明确购买重点、购买价格、购买责任。

河南省在购买服务上，明确表明凡是购买服务属于《政府采购法》适用范围的项目，可通过公开招标、邀请招标、竞争性谈判、竞争性磋商、单一来源采购等多种方式确定承接主体，对于不符合《政府采购法》的公共文化服务项目没有明确的规定，不利于一些公共文化服务项目的购买。而一些其他省份，比如山东省在制定《山东省关于做好政府向社会力量购买公共文化服务的实施意见》时，就立足本地实践，通过调研确定，对于不属于《政府采购法》的项目，也明确了购买办法，明确表明非《政府采购法》的项目可以通过“定向委托”等非常灵活的方式拓宽购买渠道。这种开放灵活的方法不仅大大提高效率，更能增加购买主体的自主性。因此，河南省未来也应深入调研，继续在政府购买公共文化服务的可操作性上下功夫。既对规范购买公共文化服务制度进行顶层设计，议定基本原则，同时又允许各地根据原则要求突出地方特色，支持地方政府研究制定向社会力量购买服务的具体办法，在具体操作上把购买公共文化服务的选择权、监管权和评价权交给地方，充分调动地方政府的积极性。

（三）创新供给模式，以满足群众需求为主构建多层次多元化供给体系

目前，国家高度重视文化工作，国家层面实施文化信息资源共享工程、非物质文化遗产保护、农村书屋等一系列文化惠民工程，公共文化服务能力和

水平得到较大提升。但这种单一的自上而下的供给模式提供的文化产品形式较为单一，主要是戏曲、歌舞等文艺表演，针对性较差，不能满足不同层次群众的切实需求，对群众的吸引力不大，造成政府提供的公共文化产品群众参与度低，而一些群众自发组织的社团，如龙灯队、花轿队、腰鼓队、晨练队、合唱队等是群众真正感兴趣积极参加的。政府购买公共文化服务成为解决群众多元化需求与政府单一供给之间的矛盾的主要途径，因此，《河南省关于做好政府向社会力量购买公共文化服务的实施意见》明确提出要以满足人民群众基本公共文化需求为目标，将建立“自下而上、以需定供”的互动式、菜单式服务方式，推动公共文化服务供给与人民群众文化需求有效对接作为重点。

河南省在创新公共文化服务供给模式上，2016 年做出了一些成绩，如郑州的 6 路公交车沿线有 10 多所小学、中学和大学，车长崔振勇将书架搬上公交车，免费为乘客提供服务，这种公交“书吧”很受学生乘客的欢迎，书香公交真正成为活动的图书馆。2016 年焦作市“百姓文化超市”惠民工程受到中央政治局委员、书记处书记、中宣部部长刘奇葆的认可，认为焦作市“百姓文化超市”是文化精准扶贫的典型案例，将群众文化需求以“订单”的形式，通过网站和手机客户端等平台发布，能够做到整合利用设施资源，创新服务方式，促进供需有效对接，让群众用得上、用得好。洛阳市涧西区图书馆 2016 年 3 月 7 日正式开馆，占地面积 1500 平方米、藏书 85689 册，但全年图书借阅量已达 86526 册次，图书流通率为 100.9%。一个区级图书馆通过新书推荐、专家讲座、老年文化沙龙、绘本故事会等活动吸引不同年龄段、不同群体的读者走进图书馆，主动服务使区级图书馆的流通率达到 100%。这些都是公共文化服务供给侧结构性改革的成功实践经验，这也很好的说明，只有创新供给模式，以读者需求为重点和出发点，一定能够提供优质的符合群众需求的公共文化产品和服务。

虽然随着中央《关于做好政府向社会力量购买公共文化服务的实施意见》和河南省《河南省关于做好政府向社会力量购买公共文化服务的实施

意见》的出台，购买公共文化服务程序方面出台了指导性和原则性意见，但市县一级只有少数地方出台了结合本地情况的实施细则，其余多是对上级政府意见文件的翻版和简单复制，具体可操作性不强。为进一步加大创新供给模式的力度，在政府购买公共文化服务中增强政府购买服务的规范化和透明度，以公共性和公益性为目标，健全地方政府购买公共文化的信息发布机制，要公开透明的进行信息发布，严禁小范围内发布购买信息。地方政府在购买公共文化服务过程中，杜绝一些权力寻租空间，不能通过指定性、限定性招标的方式，或发布不完整的购买需求，建立有效的刚性约束制度，杜绝“运动式”“命令式”购买服务的现象，严格完善政府购买公共文化服务制度，进一步提升开放程度，进一步扩大购买范围，让所有掌握公共文化资源、拥有服务能力的社会组织都能进入到政府购买的范围。

总之，政府向社会力量购买公共文化服务，是深化文化体制改革、丰富公共文化服务供给、提高公共文化服务效能、满足人民群众精神文化的一个复杂的系列工程，尤其我省还面对民间社会文化组织数量不足、地方政府的积极性有待调动、公共文化服务供给模式还需创新以及绩效评估中量化指标的设置随意性较大和缺乏群众满意度的反馈指标等问题，但随着中央《关于做好政府向社会力量购买公共文化服务的实施意见》和《河南省关于做好政府向社会力量购买公共文化服务的实施意见》的出台，各地加大学习力度，积极创新供给模式和建立以读者需求为核心的公共文化产品和服务供给，同时政府做好监督和监管，从而确保通过政府向社会力量购买公共文化服务顺利推动，加快河南省现代公共文化服务体系的构建。从而确保到2020年，在全省基本建立比较完善的政府向社会力量购买公共文化服务体系，形成与经济社会发展水平相适应、与人民群众精神文化和体育健身需求相符合的公共文化资源配置机制和供给机制，社会力量参与和提供公共文化服务的氛围更加浓厚，公共文化服务内容日益丰富，公共文化服务质量和效率显著提高。

《河南省“十三五”时期贫困地区公共文化服务体系建设实施方案》政策解读

陈关超　邵飞飞*

为推动河南省贫困地区公共文化建设跨越式发展，促进贫困地区整体脱贫致富，实现到2020年全面建成小康社会的目标，根据中共中央办公厅国务院办公厅《关于加快构建现代公共文化服务体系的意见》和文化部等7部委《“十三五”时期贫困地区公共文化服务体系建设规划纲要》等文件精神，省文化厅、发展改革委、民委、财政局、体育局、新闻出版广电局、扶贫办等7部门结合我省实际，研究制定了《河南省“十三五”时期贫困地区公共文化服务体系建设实施方案》(以下简称《实施方案》)。为了便于广大读者尤其是文化工作者更好地理解这一政策，本文就其实施的背景、目标、重点工作任务、突出特点、主要特色、采取措施、意义作用等，进行简要的政策解读，希望对推进河南省贫困地区公共文化服务体系建设尽微薄之力。

一、政策实施的背景

党中央、国务院高度重视贫困地区公共文化建设工作。党的十八届三中全会提出“加快构建现代公共文化服务体系”“促进基本公共文化服务标准化、均等化”。十八届五中全会明确提出“坚决打赢脱贫攻坚战”“引导文

* 陈关超，河南省公共文化专家委员会委员、河南省公共文化研究中心研究员、中国文化报河南记者站站长；邵飞飞，郑州大学历史学院在读研究生。

化资源向城乡基层倾斜”。中办、国办印发的《关于创新机制扎实推进农村扶贫开发工作的意见》《深化文化体制改革实施方案》和《关于加快构建现代公共文化服务体系的意见》等一系列重要文件都对加强贫困地区公共文化服务体系建设做出具体部署。这为推动贫困地区公共文化建设提供了遵循,指明了方向。

河南省现有8100多个贫困村、570多万贫困人口,河南公共文化扶贫也存在着一些问题。一是公共文化服务设施不足。公共文化设施是推进贫困地区公共文化扶贫的物质基础,是公共文化服务的“根”,然而目前河南基层公共文化服务设施大多陈旧老化,或文化设施总量不足。虽然有些公共文化设施硬件基本达标,但像农家书屋、乡镇文化站等内部的软件设施还显不足,文化活动场所建设则较为落后,布局不够合理。在有些贫困偏远山区甚至没有现代公共文化服务设施,难以满足贫困群众的文化需求。

二是公共文化服务活力不够。公共文化服务是文化扶贫的重要抓手。公共文化服务的重要特性在于“服务”,然而贫困地区乡镇综合文化站“空壳”化现象严重。文化站设备陈旧,有名无实,几乎没有与当今时代发展密切相关的书籍,或仅有几本多年前的图书。大多数农民对文化站这样的公共文化服务机构知之甚少,即使有文化需求也很少去乡镇文化站寻求文化扶贫。农家书屋利用率低,尽管农家书屋提供实用图书、报刊、电子音像制品借阅服务,但管理不善,人气不足。农家书屋图书被借出的频率不高,甚至有些电子音像制品没有启封。基层公共文化服务机制不健全,基层公共文化条块分割,服务资源分散。服务组织方式单一,服务理念偏于传统,服务质量不够高,优秀文化产品供给不足,缺少统筹协调,多头管理,甚至出现“官本位”的服务理念,淡化了公共文化服务意识。

三是公共文化专业人才匮乏。贫困地区公共文化服务体系建设在很大程度上取决于专业文化人才的专业素养和服务精神。河南贫困地区大多在大别山、伏牛山和桐柏山区,由于受多方面因素限制,无法吸引和留住高端专业人才,更别说在基层工作的文化人才,一些优秀的民间艺人也因后继无人而难以有所作为。虽然某些地区也对文化工作人员进行了上岗前培训,由于缺乏系统严格的规范程序和标准,往往收效甚微,影响了公共文化服务的满意度。

四是公共文化服务效能有待提高。虽然国家对“2131 工程”投入较大,但“2131 工程”服务效能甚小。国家“2131 工程”是一项 21 世纪的电影工程和文化建设项目,是国家广电总局、文化部和国家发改委共同实施的一项农村电影工程和基层文化建设项目。“2131 工程”即是在 21 世纪,落实执行“送电影下乡”活动,广大农村每月每村至少放映一场电影。由于互联网时代的到来和高科技的发展,即使在贫困地区农民也不再局限于电影这种文化传播渠道,因此对这种服务方式不太认同。这就制约了公共文化服务功能的发挥。

近年来,河南各级党委政府都非常重视公共文化扶贫,并针对以上的现状与问题,研究制定了《实施方案》,《实施方案》的内容包括:总体要求、阶段目标、重点任务和保障措施四大方面。《实施方案》针对河南省贫困地区公共文化服务体系短板,按照中央贫困地区公共文化服务体系建设“服务大局,统筹规划、因地制宜,精准建设、突出重点,讲求实效、改革创新,激发活力”的基本原则,提出了采取精准措施构建公共文化服务体系,以期到 2020 年,实现全省贫困县基本建成覆盖城乡、便捷高效、保基本、促公平的现代公共文化服务体系,实现贫困县县乡村三级公共文化设施网络全面覆盖、互联互通,公共文化服务的内容和手段更加丰富,服务质量显著提升,公共文化管理、运行和保障机制进一步完善,政府、市场、社会共同参与公共文化服务体系建设的格局逐步形成,人民群众基本文化需求得到更好满足,基本文化权益得到更好保障,基本公共文化服务均等化水平稳步提高。

二、政策实施的目标

与全面建成小康社会的总目标相适应,《实施方案》明确提出了到2020年河南省贫困地区公共文化服务体系建设的总体目标:公共文化服务能力和水平明显改善,基本公共文化服务主要指标接近全国平均水平,群众基本文化权益得到更好保障,公共文化在提高群众科学文化素质、促进当地经济社会全面发展方面发挥更大的作用。

《实施方案》把这一总体目标进一步分为四个阶段目标,首先是从2016年7月至2016年12月,为制定方案阶段。这一时期的目标是对贫困县、乡、村三级公共文化设施、服务资源、人才队伍等基本情况开展专项调查,摸清公共文化服务和资源底数,明确突出矛盾和问题;并对照我省重点工作任务,逐项测算服务和资源缺口,列出公共文化建设项目清单。各贫困县也要因地制宜地制定本地“十三五”时期公共文化服务体系建设实施方案,从而可以明确工作措施,建立工作台账,分年度确定重点解决事项和工作内容,形成可操作、可检查、可评估的工作计划、时间表和路线图。

其次是从2017年1月至2017年6月,为重点任务试点推进阶段。这一阶段要求各贫困县要结合我省贫困地区公共文化重点任务,建立工作试点,建设工作领导机构,制定具体建设实施方案,按照相关标准开展建设工作,为在全省贫困地区推广总结试点成功经验。

再者是从2017年7月至2019年6月,为重点任务全面建设阶段。这一为期两年的重要阶段,要求各贫困县要在试点建设的基础上,加快建设进度,全面推进当地公共文化服务体系建设,而这一阶段对于提升公共文化硬件设施水平和服务水平,推动当地公共文化服务明显提升有着不可替代的关键作用。

最后就是从 2019 年 7 月至 2020 年 12 月，为重点任务巩固提高阶段，也是政策实施的结尾阶段。这一阶段结合我省贫困地区公共文化建设的重点任务，在定期考核评估的基础上，对贫困地区公共文化服务体系建设进行全面检查督导，查漏补缺，确保 2020 年实现河南省贫困地区公共文化服务体系建设的总体目标。

这四个阶段目标作为《实施方案》的一个亮点，使得这几年政策的实施有条不紊，并且这对河南省贫困地区公共文化服务体系建设的有序完成，有着不可代替的关键作用。

三、政策实施的重点工作任务

《实施方案》从完善设施网络、推动均衡发展、增强发展活力、提高服务效能、推进数字文化、加强队伍建设、加大文化帮扶、推动脱贫致富 8 个方面提出了具体要求。重点突出了以下 5 个方面的任务：

一是保障基本、促进均等。针对河南省贫困地区公共文化基础设施网络不完善、基本公共文化服务不健全的问题，《实施方案》提出，根据国家基本公共文化服务指导标准和地方实施标准，对河南省县级公共图书馆、文化馆等公共文化设施“填平补齐”、消除空白，加快建设基层综合性文化服务中心，以县为基本单位推动落实基本公共文化服务项目普遍达标、全面覆盖。同时，强调要加快推进边疆民族地区公共文化建设，切实保障特殊群众基本文化权益。

二是增强活力、提高效能。针对河南省贫困地区公共文化发展活力不足以及服务资源分散、效能不高等问题，《实施方案》提出，通过创新服务供给方式、支持群众自主参与、推进政府购买服务、鼓励社会力量参与等多种形式激发基层公共文化发展活力，通过提高公共文化机构服务能力、加强基层公共文化资源整合、创建“按需点单”公共文化服务模式等多种方式提高基层公共文化服务效能。

三是科技提速、人才支撑。按照“反弹琵琶”的工作思路,《实施方案》强调运用现代技术手段推动贫困地区公共文化数字化建设,从畅通传输渠道、加强资源供给、提升数字化水平、提高现代传播能力等方面提出了具体要求。同时,注重发挥公共文化人才队伍的支撑作用,在落实人员编制、加强队伍培训、培养乡土人才和加大人才培养等方面提出了要求。

四是加大帮扶、推动发展。针对河南省贫困地区经济社会发展水平低、自身公共文化发展能力不足的现实情况,《实施方案》将文化帮扶作为支持贫困地区公共文化发展的一项特殊措施并提出了具体任务,主要包括大力开展文化志愿服务、建立文化结对帮扶工作机制、动员社会各界参与帮扶等。同时,按照中央扶贫开发工作的总体要求,《实施方案》提出将推动群众脱贫致富作为贫困地区公共文化建设的一项重要任务,通过创造脱贫致富有利条件、促进地方特色文化保护和发展、推进生态文化建设等措施,充分发挥“文化育民、文化富民”的积极作用,促进贫困地区经济社会全面发展。此外,在整合文化、新闻出版广电、体育等部门现有项目的基础上,《实施方案》针对河南省贫困地区公共文化建设亟须解决的突出问题,配合贫困地区公共文化建设的主要任务设立了专栏,从公共文化基础设施建设、基本公共文化服务内容、公共文化服务效能、公共数字文化、人才队伍建设、文化帮扶等方面策划了具体的项目,作为推动落实贫困地区公共文化建设主要任务的具体抓手。

《实施方案》对河南省贫困地区公共文化服务体系建设最关键的问题,是提出了一系列促进跨越式发展的政策、措施、项目和方法路径,体现了鲜明的问题导向、突出重点的特色。

四、政策实施的突出特点与主要特色

贫困地区公共文化服务体系是现代公共文化服务体系建设的重要末端，是中国文化建设的重要平台，只有打通现代公共文化服务体系的“最后一公里”，现代公共文化服务体系才能真正得以完善和健康发展。在《实施方案》中也可以看到方案的时代性、创新性、均等性、共享性和开放性等特征。

（一）以创新理念谋新篇

创新是推进河南贫困地区公共文化服务体系建设的第一动力，以理念创新引领实践创新，以创新理念引领创新行动。党的十八届五中全会指出：“让创新贯穿党和国家一切工作，让创新在全社会蔚然成风。”创新公共文化服务理念，以新的内容、新的形式、新的载体去继承和弘扬优秀传统文化。

创新公共文化服务机制。创新公共文化服务方式，探索建立“按需点单、以需定供”的互动式、菜单式公共文化服务方式，推动公共文化服务供给与人民群众文化需求有效衔接。整合河南基层公共文化服务数据资源，加快“文化河南”云平台建设，让人民群众在“云端”上尽享标准化、均等化的公共文化服务。创新公共文化服务供给机制，扩大公共文化服务供给主体，支持群众自主参与、鼓励社会力量积极参与公共文化服务，积极引入市场机制，研究制定政府购买公共文化服务的指导性目录。创新公共文化服务载体建设，载体建设是文化创新的重要方式，文化通过有形或无形的载体得以呈现，利用好“互联网 + 文化服务”，正如习近平总书记指出：“当高楼大厦在我国大地上遍地林立时，中华民族精神的大厦也应该巍然耸立。”

创新人才培养机制。文化人才是公共文化服务体系建设的第一资源。

探索培养政治强、业务精、作风硬，与农村基层公共文化服务相适应的文化人才，建立健全基层公共文化服务人员配置，为文化人才提供发展机会和平台。着力扶持基层文化骨干，推进立足基层、结构合理的懂管理、善工作、能创新的基层公共文化服务队伍建设。建立基层文化人才定期培训制度，强化培训，使其更新知识以适应现代公共文化服务的需要。建立培训基地，培养专业的能够理论联系基层实际的文化人才，强化问题意识、公共服务意识，以提高大数据时代基层文化工作者素养和创新能力。依托河南高校、科研机构，培养参与基层公共文化建设的专业人才。挖掘乡土文化能人。乡土文化能人是最“接地气”的文化人才，能够直接接近群众，了解群众的文化需求，懂得群众的文化喜好，也最受群众欢迎。现代公共文化服务体系构建的价值实现在农村基层，文化发展的根在群众，充分挖掘乡土文化能人迫在眉睫。

（二）以协调理念共赢城乡一体化发展

协调发展理念与习近平总书记关于“四个全面”的战略部署一脉相承，就是着眼于贫困地区公共文化服务体系建设的实际，补齐文化短板，实现城乡公共文化服务均衡协调发展。统筹好现有的城乡公共文化资源和文化设施，加快推进基层综合文化服务中心标准化建设，促进贫困地区公共文化服务体系建设。利用河南基层公共文化服务设施、人才、形态、品质的优势，推动公共文化服务均等化发展。把贫困地区群众需求和文化特色结合起来，推进城乡文化发展一体化，均衡配置公共文化资源，实现城乡资源整合和共用共享。坚持以人民为中心，加强文化扶贫，把贫困地区公共文化建设与新农村建设协调发展结合起来，谋划实施重大项目，加快推进贫困地区公共文化服务体系建设。切实保障特殊群体的基本文化权益，服务资源向特殊群体倾斜，加强对残疾人、留守儿童、留守老人和留守妇女的优质公共文化服务。建立标准化公共文化服务机制，形成文化配送服务网络。完善公共文化服务体系建设协调机制，整合基层公共文化服务资源，探索实现共建共享的方式和途径，完善城乡联动机制和城乡帮扶机制，真正建成互联互通、城乡一体化的现代公共文化服务体系。

（三）以绿色理念弘扬生态文化

公共文化服务体系建设必须以培育绿色生态文化理念为重要取向，坚持可持续发展。党的十八届五中全会首次把“绿色”作为未来5年五大发展理念之一。在公共文化服务体系建设中要真正嵌入绿色元素，搭建好绿色文化建设平台，弘扬生态人文精神、绿色文化生活方式，提升文化品位。开展绿色文化创建活动，消弭“低俗、媚俗、庸俗”之风，增强环保意识，倡导绿色消费。建设绿色文化市场，加大文化治理力度，特别是加强对互联网、图书、音像制品等的综合治理。开展“美丽乡村，文化乡愁”农村文化品牌活动。以社会主义核心价值观引领现代公共文化服务体系建设，传播当代中国价值观念，体现中国精神，讲好中国故事，回应国际社会关切。强化“绿水青山就是金山银山”理念，在实践中化为生动的现实，成为广大人民群众的自觉行动，使广大人民群众尊重自然、顺应自然、保护自然。良好生态环境是最公平的公共产品，是最普惠的民生福祉。为广大人民群众提供更多的思想性、艺术性、观赏性有机统一的绿色文化作品，以健康积极向上的绿色生态文化满足广大人民群众日益增长的精神需求。

（四）以开放理念扩大文化交流

文化的魅力在于包容，文化的特性是开放。以开放的理念统筹推进河南贫困地区公共文化服务体系建设，建立起开放包容、兼收并蓄的精神家园。大力实施文化“走出去”和“引进来”战略，扩大不同地区、城乡之间公共文化交流与传播，使贫困地区广大群众拓宽文化视野，提高公共文化服务效能，以增强河南文化的感染力和吸引力。积极引导社会力量参与河南贫困地区公共文化服务体系建设,进行文化交流活动,积极引进优秀文化文艺产品,汇聚文化正能量,给贫困地区人民群众以价值引导、精神引领。积极打造河南贫困地区文化传播平台,提升文化的传播力和影响力,温润心灵、启迪心智,使河南贫困地区人民群众感受到文化的力量。

(五)以共享理念惠民生

发展为了人民,发展依靠人民,发展成果由人民共享,以共享理念将公共文化服务均等化落到实处。贫困地区公共文化服务体系建设是一项惠民工程,更是我国打赢脱贫攻坚战的关键,以公共文化服务标准化、均等化、多元化、社会化、数字化、现代化为原则,坚持政府主导、社会参与、共建共享,统筹发展,加快形成覆盖城乡、便捷高效、保基本、促公平的河南现代公共文化服务体系,构建城乡一体、人人共享的新格局。加大对贫困地区的文化扶贫工作力度,力争“村村通”互联网,让贫困地区广大人民群众能够共享我国文化发展成果。以文化人,润物无声,广大人民群众在共享发展中有了更多获得感,积极性被调动了起来,就会产生更大的文化创新能力,进而创造更多的社会成果,增强“文明河南”建设的内生动力。

五、政策实施采取的措施

《实施方案》是河南省多个部门关于公共文化的政策、项目、资源在贫困地区的集中施策。为推动河南省贫困地区公共文化服务体系建设任务的贯彻落实,《实施方案》从加强组织领导、推进精准建设、加大财政投入、加强考核评估 4 个方面提出了保障措施。

在组织领导方面,强调要按照中央统筹、省负总责、县抓落实的总体要求,推动地方各级党委和政府把贫困县公共文化建设作为扶贫开发重点工作,纳入重要议事日程,纳入经济社会发展全局,纳入评价地区发展水平、发展质量和领导干部工作业绩的重要内容。依托公共文化服务体系建设协调机制,建立完善党委和政府统一领导、文化部门组织协调、有关部门分工负责、社会力量积极参与的工作格局。

在精准建设方面,强调要对贫困地区县、乡、村三级公共文化设施、服务资源、人才队伍等基本情况开展专项调查,摸清公共文化服务和资源底数,以县为单位制定实施方案,形成可操作、可检查、可评估的工作计划、时间表和路线图。

在财政支持方面,强调落实国家安排的公益性文化建设项目,取消县及县以下和集中连片特困地区地市级资金配套的政策,加大相关转移支付资金对贫困地区公共文化建设的支持力度,运用村级公益事业建设一事一议民主决策机制,开展农村公共文化项目建设,提高资金使用效益。

在考核评估方面,强调各级政府要把《实施方案》落实情况作为政府督查督办事项,对《实施方案》实施进展、质量和成效进行动态监测评估,将结果作为对下一级政府绩效考核的重要内容。市、县级公共文化服务体系建设协调领导小组要及时研究解决方案在实施过程中出现的新情况新问题,定期向省级公共文化服务体系建设协调领导小组、当地党委、政府汇报实施情况,文化部将会同有关部门对《实施方案》的实施情况进行动态监测,适时开展中期评估和后期评估。

六、政策实施的作用与意义

(一)作用

习近平总书记指出:“全面建成小康社会,没有老区的全面小康,特别是没有老区贫困人口脱贫致富,那是不完整的。”贫困地区公共文化服务体系是为基层群众提供公共文化服务和教育的综合平台，是我国文化建设的重要阵地，是广大基层群众充分享有文化权益和共享文化成果的重要渠道，是减贫脱贫根本之举。推进贫困地区公共文化服务体系建设符合我国全面建成小康社会的要求。而且，加快推进贫困地区公共文化服务体系建设，探索贫困地区基本公共文化服务规律，也是实现公共文化服务体系建设的必然要求。近年来，在党中央、国务院的高度重视下，在地方各级党委和政府的大力支持下，贫困地区公共文化投入逐步增加，公共文化设施网络基本建立，重大文化惠民工程深入实施，基层公共文化人才队伍不断壮大，公共文化服务效能逐步提高，对丰富群众精神文化生活、促进经济社会发展、维护边疆稳定和社会和谐发挥了重要作用。但由于贫困地区公共文化服务体系建设起点低、基础差、投入不足，公共文化服务水平总体不高，在设施建设、管理运行、人才队伍、服务效能等方面，与发达地区的差距仍在持续扩大。而河南省在“十三五”时期，加快推进贫困地区公共文化服务体系建设，是服务脱贫攻坚大局、构建现代公共文化服务体系的重要任务，也是统筹城乡区域文化一体化发展、维护国家文化安全、保障人民群众基本文化权益、促进全体人民共享文化改革发展成果的重大举措，更是全面建成小康社会、构建社会主义和谐社会的迫切需要。

公共文化服务体系建设是“十三五”期间的头等大事和第一民生，其目的是文化“精准扶贫”、“精准脱贫”。国家和地区要层层把关，落实好扶贫开发工作机制，做到分工明确、责任明晰。除此之外，更重要的是要调动贫困群众用自己的辛勤劳动创造地区的文化发展繁荣景象，重视基层干部群众的参与作用，动员全社会力量支持文化扶贫事业，坚决打赢文化“精准扶贫”攻坚战。

在全面贯彻落实党的十八大和十八届三中、四中、五中全会精神下，河南省按照促进贫困地区脱贫致富和如期实现全面建成小康社会的总体要求，以社会主义核心价值观为引领，以完善公共文化设施网络、提升服务效能、促进均衡发展为主线，加大政策和资金支持力度，创新公共文化服务体制机制，建立适应河南省情和市场经济要求、符合文化发展规律、具有中原特色的现代公共文化服务体系，促进基本公共文化服务标准化、均等化，推动中原文化大发展大繁荣，为建设“美丽乡村”、促进贫困地区文化建设与经济社会建设协调发展做出积极贡献。

（二）意义

1.理论意义

贫困地区全面有效精准扶贫是实现共同富裕的内在要求，是推动全面建设小康社会的必经之路，是构建社会主义和谐社会的重要抓手。贫困地区的文化建设是贫困地区从贫穷走向富裕、从落后走向发达的重要内容，而公共文化服务体系建设又是文化建设的一个重要方面。十八届三中全会提出“加快构建现代公共文化服务体系”“促进基本公共文化服务标准化、均等化”；十八届五中全会明确提出“坚决打赢脱贫攻坚战”“引导文化资源向城乡基层倾斜”；中办、国办印发的《关于创新机制扎实推进农村扶贫开发工作的意见》等一系列重要文件都对加强贫困地区公共文化服务体系建设做出了具体部署。加快建设贫困地区的公共文化服务体系，对于满足基本文化需求，真正实现“精准扶贫，精准脱贫”具有十分重要的意义。

总体来看，当前河南省贫困地区的公共文化服务体系建设取得了一定的成绩，在肯定成绩的同时，我们也要清醒看到，由于我国仍处于社会主义初级阶段的基本国情没有根本改变，社会的基本矛盾仍然是落后的社会生产力与人民群众日益增长的物质文化需求之间的矛盾没有根本改变，我们的文化建设尤其是贫困地区的公共文化服务体系建设的任务还相当艰巨。因此，加快建设贫困地区的公共文化服务体系，已成为当前一个重大课题，必须引起高度重视并认真加以研究。

2. 现实意义

构建贫困地区公共文化服务体系有十分重要的战略意义和价值导向。一方面，满足随着竞技水平提升带来的公共文化需求的增长；另一方面是河南省参与国家竞争和政府提高执政水平的需要。公共文化服务体系具有“凝聚核心价值、巩固共同理想、培育精神文明、促进文化认同，协调利益诉求的价值引导功能，为个人全面发展和社会全面进步提供精神动力和智力支持”的多重意义。同时，公共文化服务体系在满足全体公民的基本文化需要的同时，肩负着弘扬优秀民族文化，促进先进文化传播的重要任务。

河南省在贫困地区构建公共文化服务体系，是贯彻落实党中央、国务院决策部署的重要举措，有利于完善基层公共文化设施网络，补齐短板；是加快推进现代公共文化服务体系，打赢脱贫攻坚战的必然要求，有利于统筹利用资源，提升贫困地区公共文化服务效能；是打通公共文化服务“最后一公里”，提升贫困地区群众“获得感”的有效途径，有利于丰富群众精神文化生活，凝聚人心，促进社会稳定。从发展全局的高度，充分认识加强贫困地区公共文化服务体系建设的重要性和紧迫性。

地方实践

安阳市政府—高校—社区“321”公共文化共建项目建设实践

安阳市文化广电新闻出版局

构建现代公共文化服务体系，是党的十八届三中会上提出的战略目标。加快构建现代公共文化服务体系建设，是保障和改善民生的重要举措，是全面深化文化体制改革、促进文化事业繁荣发展的必然要求，是弘扬社会主义核心价值观的重大任务。近年来，国家在公共文化硬件基础设施建设投入不断加大，市、县、乡、村各级公共文化阵地已逐步健全，但长期以来，我国公共文化人才队伍建设，特别是基层文化人才队伍发展相对滞后，专业文化服务人才匮乏，部分基层文化阵地甚至成为“空壳”，名存实亡，群众的文化需求得不到有效满足和保障，城乡公共文化服务体系建设发展失衡。如何解决基层文化队伍人才匮乏的问题，是打通基层公共文化服务“最后一公里”的前提，也是核心和关键。

一、项目建设背景

作为现代公共文化服务体系建设的重要组成部分，基层文化阵地建设始终是党和国家重要的精神文化建设内容，特别是党的十八大提出“要加强重大公共文化工程和文化项目建设、完善国家公共文化服务体系”，把基层公共文化建设提升到一个新的高度，其重要性不言而喻。2011 年，安阳市基层公共文化阵地体系基本建成。如何更好地利用和发挥这些基层公共文化阵地作用,特别是解决好当前基层公共文化建设普遍存在的"专干力量缺乏、服务水平不高"和群众文化培训"师资力量不足、培训内容单一"等制约基层公共文化体系发展建设的关键性问题,成为全市公共文化事业发展建设的重中之重。为有效解决以上问题,安阳市政府高度重视,专门组织相关力量对本市的基层文化馆(站)进行了摸底调研,市文广新局的工作人员也多次深入基层与群众面对面的深入座谈。在深入调研研究论证的基础上,安阳市创新性地提出了政府—高校—社区"321"公共文化共建的基层公共文化建设新模式。

本文以国家级公共文化服务体系示范项目:安阳市政府—高校—社区"321"公共文化共建项目为研究对象,对项目建设的实践展开理论研究与经验总结,探索解决基层社区对音乐文化工作的人力资源需求,以及地方高校音乐、表演专业学生实习和实践的新途径、新模式,采取政府购买服务、文化志愿服务、校地共建等方式,搭建由政府主导,高校参与,社区共建的新型音乐文化共建平台,使政府、高校和社区形成优势互补、各取所需、三方共赢的"321"共建平台。该模式盘活高校、地方公共文化存量资源,有效解决高校、地方音乐文化建设短板,丰富完善音乐社会学科的内涵,针对现代公共文化服务体系人力资源不足的问题形成持续性的补充机制,切实保障基层广大群众的公共文化权益,有效推动公共文化服务体系建设的均衡发展。

二、项目内涵

政府—高校—社区"321"公共文化共建项目,是安阳市为有效解决地方基层文化骨干"文化专干不专""专业人才缺乏"等问题,采取与安阳师范学院、安阳工学院、安阳职业技术学院等高校合作的形式,联合启动的大型群众公益文化项目。

项目的内涵包括:“3”指的是政府、高校、社区三方联合合作,开展公共文化活动;“2”即是指打造公共文化实践基地、培训基地两个平台;“1”指一个核心;即为群众提供能满足其文化需求与满意的公共文化服务。

该项目旨在通过政府、高校、社区三方合作,充分调动社会力量,挖掘与发挥校地师资资源,全力打造公共文化实践基地、培训基地两个平台,以期能够有效解决基层专业文艺辅导人才缺乏的问题,为群众提供满意的公共文化服务。

三、项目概况

2013年,安阳市首先在文峰区石袁社区、汤阴县城关镇文化站、安阳县水冶镇文化站进行了试点建设。通过以点带面,2014—2016年在全市范围进行普遍推广。项目运行期间,通过政府、高校与社区三方共建的形式,将政府的组织协调功能、基层文化阵地设施和高校的优质师资资源相整合,实现需求互补,多方共赢,很好地解决了基层文化建设存在的问题,较好地满足了基层群众的文化需求。2013年4月,国家文化部调研组入驻安阳市,专门到文峰区石袁社区进行实地调研,文化部公共文化司张永新司长、周广莲副司长,计划财务司赵雯司长,省文化厅崔为工副厅长等领导皆对项目给予了充分肯定与赞赏。

安阳市的政府—高校—社区“321”公共文化共建项目,紧盯群众文化需求,创新思路,拓宽渠道,打造平台,实施项目品牌建设,以特色取胜,不断扩大活动影响力和覆盖范围,推动项目的标准化、体系化、常态化发展。主要品牌项目包括:

(一)社区公益课堂

安阳市依托基层文化阵地,开设“321”社区公益课堂,结合各地特色,实施定点培训,并形成活动品牌。比如,文峰区文化馆的手风琴培训、梯家胡同社区的芭蕾舞培训、殷都区文源社区的模特培训、林州市文化馆的红歌培训、汤阴县城关镇文化站的岳飞战鼓培训等。社区公益课堂的活动丰富多彩,紧扣居民文化需求,群众的参与热情与积极性高涨,活动效果佳,群众满意度高。2015 年,由安阳职业技术学院手风琴教学室主任段君杰任教的文峰区文化馆手风琴培训班,参与韩国亚太国际手风琴艺术节,获得中老年开放组金奖的荣誉。

(二)社区公益舞台

该项目采取共建汇报演出、文化进社区、周末百姓大舞台等文艺形式,组织开展社区文化演出活动,打造“321”社区公益舞台,让社区居民近距离就可以观赏喜闻乐见的文艺节目。迄今,安阳市共组织社区汇报演出 60 余场,县区汇报演出 20 余场,全市汇报演出 2 场,丰富多彩的演出节目满足居民群众的基本公共文化需求,并且进一步激发群众参与热情,扩大了项目活动的影响。

(三)弱势群体援助

弱势群体更需要人文关怀。安阳市政府高度重视贫困人群的文化需求与权益保障,精心打造文峰区宝莲寺镇中心小学、安阳县后白璧村、内黄县井店镇东江村留守儿童培训班和文峰区“心声家园”残疾人培训班等,专项开展弱势群体援助活动,在丰富日常生活的同时,增强他们的文化、技术学识。迄今,安阳市先后培训留守儿童、务工子弟 600 余人次,残疾人 100 余人次。着力满足残疾人、进城务工人员、农村留守儿童等弱势群体的文化需求,促进基本公共文化服务均等化与普遍化。

(四)文化干部学校

安阳市充分利用地方高校丰富的师资资源,系统设置培训课程,每年定期开展全市社文股长、图书馆、文化馆(站)长培训。将高校专业特长与完善的基础设施和政府公共文化服务水平提高的需求相连接,互教互长,互惠互利。迄今,累计完成培训5期,培训人次600有余;开展群众文化骨干培训220余期,培养基层文艺骨干8000余人次,迅速壮大基层文化骨干人才队伍,进一步提升了基层文化工作者的专业素质。

(五)文化赛事活动

依托项目建设,安阳市大力开展全市范围的“广场舞大赛”“合唱大赛”等大型文化赛事,培养壮大群众普遍化的文化队伍,提升居民群众参与文化活动的积极性与文化水平。迄今,先后举办3届广场舞大赛,1届合唱大赛,累计参赛群众队伍1500余支,参赛人数5万人,其中,更涌现出诸如凤舞美韵艺术团、草根艺术团、炫舞飞扬舞蹈队、小玮舞蹈队、和谐艺术团等一批群众明星团队,起到了居民参与公共文化的模范带头作用,有效激发了人民群众参与文化活动的兴趣与积极性。

四、项目效果

政府—高校—社区“321”公共文化共建项目创建工作在安阳市运行以来,取得了一定成绩,总结如下:

(一)形成了三方共赢的运作模式

项目将政府、高校、社区三方纳入公共文化创建体系,共同承担主体责任,运行模式如下:定期召开联席会议,民主协商与决议;制定工作台账,规范管理;劳动分工明确,职责清晰;沟通顺畅,运行高效。“321”共建模式既满足了政府提升公共文化服务效率的目标,又达到了高校培养符合社会需求文化人才的要求，更为社区提供了丰富、居民喜闻乐见的多样化文化服务，形成了互利共生，多方共赢，持续发展的良性循环。

（二）提供了菜单式的多样化服务

项目紧盯群众文化需求，开展“菜单式”服务。项目活动开展以来，累计完成2000多份群众问卷调查。基于调查数据分析，根据群众需求，有针对性地配备大学生教员，进一步优化培训计划和培训教案。比如，针对汤阴县岳飞战鼓队需求，专门配备打击乐教员；针对殷都区文源社区合唱队需求，专门配备声乐和合唱指挥教员等。基本上，安阳市共建项目初步做到了“群众需要什么，我们就提供什么”“群众喜欢什么，我们就培训什么”，实现供需匹配和平衡，公共文化服务的水平与效率提高就是水到渠成。

（三）扩大了项目影响和覆盖范围

4 年来，通过项目带动，安阳市公共文化服务项目的影响和覆盖范围不断扩大。一是参加共建的高校，从 1 家增加到 4 家；二是参加共建的学生，从 2013 年的 15 人，累计增加到现今的 280 人；三是培训内容从声乐、舞蹈等几个专业，增加到器乐、书法、摄影、国画等 10 余个专业；四是群众受益人数从 2014 年的 6 万人次，增加到现今的 20 万余人次；五是共建社区从最初的文峰区 2 个社区，发展到现今的县市区全覆盖，形成文化服务活动遍地开花的良好态势，安阳市基本形成城乡普遍化的公共文化服务网络。

（四）进一步壮大了群众文化队伍

项目通过引入高校等社会力量的广泛参与基层公共文化建设，进一步壮大了全市“三支队伍”的数量，有效提升了全市公共文化服务效能。项目启动以来，累计开展各类群众文化培训 320 余期，培训群众文化骨干 1 万余人次，发展文化志愿者 1.2 万余人，新增基层文化服务队伍 80 余支，组织开展各类汇报演出70余场,有力推动了群众文化活动的深入发展。近年来,在安阳市开展的“春满中原”“百城万场”“唱响安阳——公益·周末百姓大舞台”等系列文化活动中,参加项目的群众队伍发展势头迅猛,正在逐步成为文化服务活动的主力军和排头兵。在连续举办3年的广场舞大赛和合唱大赛中,有60%的群众队伍参加过项目培训,参赛队伍的专业性、欣赏性均得到了较大提高。

五、问题与应对措施

安阳市开展“321”公共文化共建项目以来,虽然成绩喜人,但依然存在一些问题。一是“321”公益课堂常态化有待进一步加强。目前参加社区共建活动的主要力量是高校学生,受高校实习时间限制,“321”社区公益课堂仅能安排在3—6月份,总体上时间安排较短,培训的常态化还有待进一步加强。二是项目理论成果有待进一步整理与提高。今年,安阳市即将迎来文化部项目检查验收,项目相关实践经验有待于进一步进行理论论证与研究。目前,已委托安阳师院音乐学院原副院长杨相勇教授开展项目的课题研究,并针对文化部公共文化类创新项目进行课题申报,相关研究成果有待进一步整理与提高。

针对以上问题,安阳市将在以下几个方面进行完善:一是进一步壮大基层文化骨干和志愿者队伍,发展社区文艺辅导员;充分整合政府、高校与社区的资源共享与合作,进一步拓宽合作渠道,打造沟通与服务双平台,引入更多的社会培训机构与其他社会力量的加入,壮大公益教员队伍,推动“321”社区公益课堂的常态化、规范化发展,打造出安阳市十大群众明星团队。二是进一步加强项目成果研究工作,并推广理论成果,应用于实践,指导具体工作,从而形成一系列基层公共文化服务体系创新成果。

六、结语

构建现代公共文化服务体系，政府和社区工作的重点是推进基层公共文化服务建设，难点是社区公共文化骨干与人才队伍培养。2016 年 12 月颁布的《中华人民共和国公共文化服务保障法》，正式提出国家要“鼓励和支持文化专业人员、高校毕业生和志愿者到基层从事公共文化服务工作”。由此，地方基层公共文化服务建设鲜明地提出了工作目标和方向，并为高校等社会力量纳入基层公共文化服务体系建设范畴，项目的深入发展提供了政策支持与法律依据。安阳市创新基层公共文化服务的模式，以政府、高校与社区三方力量联动合作为主要形式，广泛利用社会力量，充分发动群众参与文化活动的积极性，打造出一批特色品牌文化项目，彰显出安阳地方特色，不断推地动公共文化服务体系建设。“321”公共文化共建项目在实施中虽然成绩有目共睹，但毕竟还处在探索阶段，问题的存在不可避免，项目活动的常态化发展、理论成果的进一步完善与推广等工作仍然任重而道远。随着项目的继续开展，安阳市基层文化服务的实践经验再积累，沟通平台的逐渐完善，政府、高校与社区的合作机制会越来越顺畅与成熟，“321”公共文化共建项目的活动会发挥出更强的文化功能，进一步满足广大人民群众的文化需求，提高对地方政府公共文化服务体系建设的满意度。

"幸福漯河"文明和谐
——漯河市公共文化服务体系发展报告

漯河市文化广电新闻出版局

河南省漯河市于2011年启动了"幸福漯河"系列活动,2014年11月,成功获批第二批河南省公共文化服务体系示范项目。两年来,围绕"幸福漯河"创建项目,扎实有效地开展工作,取得了比较突出的创建效果。使各项文化活动和文化资源得到了合理的整合和有效的利用,人民群众的文化生活更加丰富多彩、健康繁荣、规范有序。本文从整体建设、项目创建、过程管理、项目效果四个方面,就漯河市公共文化体系建设情况报告如下:

一、漯河市公共文化服务体系建设整体情况

(一)健全完善公共文化服务网络

漯河市辖3个市辖区、2个县,共有7个街道、48个乡镇,1261个行政村。截至2016年年底,市级设有漯河市文化馆、漯河市图书馆,漯河市博物馆;区级设有3个文化馆、2个图书馆,县设有2个文化馆、2个图书馆,设置率分别达100%、83%;乡镇(街道)综合文化站48个,设置率87%;村(社区)文化活动室(大院)890个,设置率达70.5%。出台了《漯河市基层综合性文化服务中心建设实施方案》,计划2016年年底新建改建村级综合文化活动场所(大院、广场)1261个,实现全市行政村的全覆盖。

(二)加大政府支持力度,投入稳定增加

2014—2016 年,全市市县(区)两级"两馆一站"免费开放财政经费总投入 1080 万元,其中市级群图两馆 200 万元,县区文图两馆 400 万元,乡镇综合文化站 480 万元。免费开放资金按来源分,其中中央、省财政补助资金 810 万元,地方配套资金 270 万元,100% 落实到位,所建成的文化馆、图书馆等全部免费开放。

(三)设施完备,极大改善服务条件

截至 2016 年 11 月,全市共有国家二级文化馆 2 个(舞阳县文化馆、临颍县文化馆),国家三级文化馆 2 个(源汇区文化馆、郾城区文化馆);有国家一级图书馆 2 个(市图书馆),国家二级图书馆 2 个(郾城区图书馆、舞阳县图书馆),国家三级图书馆 1 个(临颍县图书馆)。同时漯河市正在按照国家一级馆标准建设新的市级文化馆、图书馆。这些场馆的建成,将极大改善群众的服务条件,促使漯河的文化事业具有崭新的发展。

(四)健全服务队伍,满足群众的文化需求

经过积极地引导培育,特别是开展创建工作两年来,全市形成了一支专业人员引领、志愿者支持、业余文化骨干热心组织、市民群众广泛参与的公共文化服务、文化活动队伍。据统计,目前队伍中拥有群众文化专业技术人员 85 人,拥有有舞蹈艺术特长的志愿者 110 多人,拥有业余文化骨干 2000 余人,各种内容的群众文化活动队伍 1800 多支。这支队伍承担起了全市性与区域性公共文化活动的组织举办、群众艺术教育培训、群众文艺创作辅导、非物质文化遗产保护展演、群众文化理论研讨,以及参加省级赛事活动、开展对外文化交流的重要任务。

（五）成效显著，活动内容丰富多彩

“幸福漯河”示范项目创建两年来，市、县区共举办大型展演比赛活动18次，创编健康舞蹈三套，开展培训基层业务骨干6万人次，建有活动队伍1400余支，参与群众2000万人次。以“幸福漯河健康舞”为龙头，周末沙澧文化超市、幸福漯河春满园、幸福漯河梨园情、漯河市家庭才艺大赛、漯河市书香家庭评选、幸福歌儿唱起来广场歌咏比赛、民间艺术大赛、少儿艺术节、优秀群众文艺节目展演、百城万场广场文化活动、校园艺术节等多种形式和内容的文艺演出、比赛展演、培训辅导、文化讲座等层出不穷、多姿多彩，全市群众文化活动形成了常态化、特色化、品牌化发展局面，培育出了富有漯河特色、叫响全省全国的“中华经典诵读”“周末沙澧文化超市”“幸福漯河健康舞”等群众性文化活动品牌，被誉为公益文化惠民的“漯河模式”在全省推广。

二、漯河市公共文化服务体系建设项目创建

（一）提升参与度，主体体现群众性

“幸福漯河”系列群众文化活动坚持群众既是文化的享受者，又是文化的创造者。在实际工作中，始终坚持以群众为主体，让群众成为舞台的主角，让群众在活动中自我展示、自我娱乐、自我教育，通过“幸福漯河”系列文化活动构建群众展示自我的舞台，实现了群众参与文化建设的心理需求，激发了群众参与活动的热情，增强了“幸福漯河”系列文化活动的生命力。我市仅“幸福漯河”健康舞一项活动直接参与群众就达60万人。舞阳县保和乡共38个行政村，组建了39支队伍。“周末沙澧文化超市”演出的节目大多来自群众自创，舞蹈由社会上艺术水平较高的舞蹈队伍选送，其他节目

由全市几十家表演团体和个人义演。通过“幸福漯河”系列文化活动开展，全市形成了“我参与我幸福，我创建我快乐”的文化建设氛围。

（二）依托文化名城，特征体现地域性

漯河地处中原腹地，是一座钟灵毓秀的新兴城市。总面积2617平方公里，总人口270万人。淮河的两大支流沙河、澧河贯穿全境并在市区交汇，是北方少有的水韵城市。凭借亲水融绿、环境秀美的独特城市风貌，漯河先后摘取国家园林城市、全国绿化模范城市、中国特色魅力城市、国家森林城市、中国人居环境范例奖等桂冠。漯河也是历史悠久的文化名城。裴李岗文化早期的舞阳贾湖遗址出土的刻画符号和七音骨笛，将中国的文字史和音乐史向前推进了3000年以上。漯河是字圣许慎的故里，字学宗师许慎编撰了世界上最早的字典《说文解字》。丰厚的文化底蕴，造就了漯河文化的多样性，形成了传统文化、通俗文化、流行文化交相辉映的文化发展局面，主要有地方色彩浓厚的豫剧沙河调、沙河船工号子、享誉国际舞台的漯河杂技以及列入国家、省级非物质文化遗产的舞阳农民画和心意六合拳等。漯河还是中国首家“食品名城”。

自2003年以来，漯河市已连续举办十三届中国（漯河）食品博览会，成为引领国内食品产业走向的“风向标”。在大力发展经济的同时，漯河市高度重视文化建设。2007年以来，市委、市政府从建设中原地区富有魅力的生态宜居城市、打造豫中南地区综合交通枢纽和现代商贸物流中心的战略高度，大力推进沙澧河综合开发建设，先后投入40多亿元，沿沙澧河构建起风景长廊、生态长廊、文化长廊、休闲长廊，景区内建成活动广场150多个，全部免费对市民开放。良好的生态环境，催生了群众自发的广场文化活动。漯河市顺应群众的文化需求，按照“让艺术走进群众，让群众享受艺术”的思路，依托沙澧河沿岸的文化广场、市区城区的中心广场和大型社区广场，相继推出了以舞蹈为主体的“幸福漯河”健康舞、以综艺节目为主体的“周

末沙澧文化超市”、以节庆文化为主体的“幸福漯河”春满园、以戏曲为主体的“幸福漯河”梨园情、以电影为主体的“幸福漯河”少年梦等系列群众文化活动。“幸福漯河”主要在沙澧河景区、城市游园开展有组织的活动,已经成为漯河一道新的城市景观,丰富了沙澧河景区生态长廊、文化长廊、风景长廊、休闲长廊的人文内涵。

(三)突出时代气息,规划体现创新性

2014 年 11 月,“幸福漯河”系列文化活动被确定为河南省第二批创建公共文化服务体系示范项目后,市政府高度重视,2015 年就把这项活动纳入市政府重点督办的 15 件民生实事之一,定期督查活动开展情况,及时解决工作推进中遇到的困难和问题,并拨款 50 万元作为健康舞活动的启动资金。市文化局成立创建工作领导小组,局主要领导任组长,分管领导任副组长,有关业务科室和单位负责人为成员,整合全系统资源,形成工作合力,制订了《项目创建规划》,设计了时间表、路线图和工作台账,明确了各项活动的具体责任人,为活动开展奠定了坚实基础。经过 2015、2016 连续两年的创建,项目建设规划中的阶段性目标已经完成,主要表现为以下几个方面:

一是形成了完善的工作机制。系列活动开展纳入各级文化部门和文化单位年度绩效考核指标,项目活动经费纳入市级年度财政预算,全市各级文化部门指导、各级文化单位具体组织实施、市、县区、乡镇、村四级网络联动的公共文化工作机制全面形成。

二是深化了公共文化服务公益性理念。坚持政府引导、社会参与、群众受益的举办原则和目标,让群众享有便捷均等的文化权益,让公共文化实现公益本质的理念进一步明确。

三是丰富和拓展了公共文化服务的内涵和外延。通过创建,更多群众文化活动品牌在项目实施和创建工作中得到培育和显现,弘扬中华传统美德、倡树时代新风的内容更加突出,社会主义核心价值观方面的宣传教育得

到加强，市民群众追求健康文明生活方式的价值取向更加明确，推动公共文化服务的整体效果更加凸显。

四是探索了公共文化新型发展模式。专业工作者、文化志愿者、社会文化队伍共同承担项目服务任务，社会资本介入破解了公共文化政府投入不足问题，推动漯河公共文化服务活动形式更加多样，活动方式和手段更加异彩纷呈。

（四）满足群众文化需求，内容体现导向性

项目创建认真研究群众文化的需求，以群众文化的需求为指引和努力方向，以满足群众精神文化需求为出发点和落脚点，鲜明地体现了公共文化面向群众、服务群众的导向。项目创建以公益服务为目的，坚持面向基层、面向群众，坚持城乡一体联动，确保公共文化接地气，体现了公共文化公益性、均等性导向。项目创建坚持立足漯河沙澧河开发建设成果和厚重的历史文化，以遍布全市的大小广场、游园为活动场地，因地制宜、特色取胜，坚持了群众文化基本性、便利性的导向。健康舞寓健于美，寓教于乐，让广大市民群众养成了健康文明的生活方式，营造了积极向上的社会文化氛围，体现了以先进文化占领公共文化阵地、丰富市民精神文化生活的导向。项目创建贯彻政府引导、社会参与、群众受益的理念，政府投入、市场介入和群众参与三体互动，推动活动持续健康开展，体现了公共文化必须注重可持续发展的导向。

（五）创建品牌，实践体现带动性

创建工作开展以来，创建项目得到规范培育和品牌化发展，全面带动了漯河市公共文化服务体系建设步入快车道。一是形成了“幸福漯河系列”文化活动品牌。以该示范项目为带动，幸福漯河春满园（双节活动）、幸福漯河梨园情（戏曲艺术）、幸福漯河书香城（图书阅读）、幸福漯河少年梦（公益电影放映）等品牌文化活动相继推出，形成了“幸福漯河系列”集束式发

展现象。二是带动群众文化活动的蓬勃开展。以“幸福漯河健康舞”为龙头和带动,全民阅读、经典诵读、群众歌咏、群艺舞台演出、戏迷票友擂台赛、少儿艺术、校园文化等多种内容和形式的活动丰富多彩。三是带动城乡文化基础设施不断健全完善。2014年2月,总投资5.6亿元,总建筑面积达3.5万平方米的市图书馆新馆、市博物馆、市群艺馆A馆B馆开工建设,计划2016年至2017年建成投入使用。2015年,漯河市通过加大投入、以奖代补等方式,新建改建农村文化活动中心700个,巩固发展了基层文化阵地。2016年将进一步加大投入,再新建改建基层综合性文化服务中心500个,基本实现全覆盖,打通公共文化服务群众最后一公里问题。四是带动公共文化服务体系建设提档加速。项目创建明确了责任主体、具体实施单位、配合单位,创建经费纳入各级财政预算,公共文化活动开展纳入各级文化部门、文化单位年度工作目标和考核体系,纳入专业技术人员年度绩效考核指标,带动漯河市公共文化服务体系建设进入快速发展轨道。

(六)不断创新,研究体现科学性

一是“幸福漯河健康舞”科学编排,常跳常新。“幸福漯河健康舞”脱胎于中国舞蹈家协会创编推广的“百姓健康舞”,通过精心选编和整理、创新创编舞曲、精选组合动作而成,编排规整,简单易学,载歌载舞,其乐融融,非常适合广场学习和使用,迎合了市民群众健身舞蹈的需求。项目推广普及过程中,学习借鉴了黑龙江佳木斯市“快乐舞步健身操”活动的做法和经验,实行“四免费”(免费赠送健康舞音乐和示范DVD、免费学习培训、免费赠送音响器材、免费赠送服装)、“五统一”(统一时间、统一地点、统一音乐、统一动作、统一服装)的活动推广和组织模式,为活动开展奠定了良好的公益形象。活动地点选定市区广场、景区游园,解决了广场舞蹈场地选择不当、音乐扰民的问题。及时创编新动作和音乐,先后推出了三套舞蹈动作,确保健康舞常跳常新。

二是“周末沙澧文化超市”科学谋划，实现每周演出一场。“周末沙澧文化超市”是漯河市2011年推出的一项文化惠民活动。活动之初，每周在剧场举办一场文艺演出。不论是漯河人还是外来人员，凭身份证等有效证件就可免费领取门票进场观看。演出的节目主要是立足我市现有文化资源，以戏曲、歌舞、曲艺、武术、杂技、民间艺术等为主，适时推出综艺专场晚会。2014年以来，为拉近剧场与群众的距离，增加演出场次，“周末沙澧文化超市”走出剧场，走进农村、社区和企业，广泛向社会招募文化志愿者。只要爱好文艺表演、拥有一技之长，都可以走上文化超市的舞台，实现自己心中的艺术梦想，既体现了大众化、本土化、平民化的舞台风格，又为活动开展补充了新生力量，提高了演出场次，有时每周演出2到3场。越来越多的市民投入“沙澧文化超市”的表演舞台，其中不仅有中老年戏迷，也有大批热心表演艺术的青年人，有效扩大了活动的影响力。该活动推出以来，“周末沙澧文化超市”先后演出300余场，直接参与群众近2万人次，观看演出的群众达20万人次以上。

三是“幸福漯河春满园”科学组织，活跃节日文化生活。“幸福漯河春满园”是利用元旦、春节、元宵节等传统节日，在广场、公园、社区、乡镇等场所组织开展民俗文化活动。通过活动开展，弘扬优秀传统文化，营造欢乐祥和的节日气氛。创建工作开展以来，我们把这项活动推广到清明节、劳动节、端午节、儿童节、中秋节、国庆节、食品博览会等重大节日、重大活动和重要纪念日。每逢传统节日或重要纪念日，都要举办文艺晚会、文艺比赛、非遗展示等形式多样的文化活动，丰富群众的节日文化生活。党的十八大以来，我们以“唱响中国梦”为主题，推动“幸福漯河春满园”活动内容创新、节目创新。在抓好基层活动的同时，注重举办主题文艺晚会。2016年元旦春节期间，漯河市以“唱响中国梦”为主题，先后举办“优秀群众文艺节目展演”“漯河春晚”“漯河迎新年音乐会”等9场文艺活动。今年“七一”前夕，漯河市结合十八大理论宣讲，举办“共筑中国梦”“唱响漯河未来”“经典戏曲汇演”3场主题晚会，受到省委宣传部、漯河市委宣传部有关领导好评。三年来，“幸福漯河春满园”共演出132场，收到良好的社会效果。

四是“幸福漯河梨园情”科学传承，倾心传承经典艺术。“幸福漯河”梨园情是以戏迷票友和戏曲爱好者为服务对象的公益性群众文化活动。我们坚持“政府主导，剧团演出，传承经典、群众受益”的原则，组织市豫剧团利用不外出演出的空档时间，精选优秀剧目、经典唱段在沙澧河沿岸的12个固定活动点，免费为群众演出。并利用这个平台，免费对全市戏曲爱好者、戏曲器乐爱好者进行辅导培训，不定期地开展“教你一招”活动，组织专业演员与戏迷朋友开展互动演出。2013年以来，共辅导培训戏迷6000多人次、演出130余场。连续举办了五届“幸福漯河”梨园情戏迷擂台赛，先后有3300余名戏迷参与大赛。目前，市豫剧团正在筹备戏曲进校园工作，力争年内把“幸福漯河”梨园情活动送进中小学校，在校园内普及戏曲知识，传承经典艺术。河南省戏曲评论家刘景亮对漯河市开展“幸福漯河”梨园情活动给予了高度评价，称它是戏曲文化普及推广的新模式。

五是“幸福漯河少年梦”科学实施，营造积极向上文化环境。“幸福漯河少年梦”是以中宣部推荐的百部青少年影片为主体，以“共筑中国梦”为主线，每周为广大青少年学生放映公益电影的活动。我们围绕“爱党爱国”“励志奋进”“快乐成长”“崇尚科学”4个主题，精选优秀影片，每周六、周日下午和晚上各播放两场，全市青少年学生及学生家长、教师、教育工作者均可免费观看。创建工作开展以来，我们延伸活动范围，把电影放映送进校园。两年来共放映电影3300余场，观看学生30多万人次。每年暑假期间，开展“优秀影片天天看”“学生电影专场”公益放映活动，两年暑期共放映248场。同时开展公益电影进社区、进农村、进社会福利机构活动，为广大居民、农民、特殊人群送去优秀影片100多部。“幸福漯河少年梦”公益电影放映活动开展两年来，漯河市为城乡居民、广大青少年放映优秀电影4484场，受益群众约80万人次。

三、漯河市公共文化服务体系建设过程管理

（一）建立健全领导机制

漯河市将公共文化服务体系建设列入全市第一批深化改革重点事项，近几年连续列入政府民生实事，给予高度重视，切实加强领导。成立了全市开展“幸福漯河”系列文化活动领导小组，由市委常委、常务副市长任领导小组组长，市政府分管副市长任副组长，宣传、文化、教育、财政、沙澧河建管委等部门为成员，明确了责任分工，加强了对创建项目的组织领导，推动了创建项目的广泛深入开展。成立了漯河市文化新闻出版局项目创建工作领导小组，主要领导任组长，分管领导任副组长，有关业务科室和机构负责人为成员，加强了对项目创建工作的策划组织和过程实施。两级领导小组定期召开会议，协调解决创建工作中的问题，推动创建工作深入扎实开展。

（二）建立联络员制度

为加强工作联系，掌握工作动态，市文化馆、市豫剧团、市文化活动中心主要负责人担任子项目联络员，负责与市局“幸福系列”项目创建工作领导小组工作衔接与信息沟通，协调落实有关创建工作具体事宜。市文广新局“幸福系列”项目创建工作领导小组每季度召开一次创建示范项目联席会；每半年开展一次创建示范项目工作督导行动，各项目创建单位在项目实施过程中积累资料、健全档案，随时备查。

（三）建立经费管理制度

建立了严格的项目经费管理制度和使用办法，保证上级财政补助资金和地方配套资金按时拨付到位，专款专用。2013—2015 年，国家下拨创建

资金50万元,漯河市级财政共下拨"幸福漯河系列"品牌文化活动经费133万元,企业赞助资金200万元,全部用于创建活动开展。两年来,经审计未发生违规使用经费情况。

(四)加强项目的督导检查

为扎实推进"幸福漯河"项目创建,确保创建各项工作落到实处,创建领导小组落实季度督导、半年讲评、年终总结的方法,多次深入基层,开展实地督导,对项目的普及推广、活动开展、设施建设、队伍建设、经费保障等进行专项的评估检查,发现问题及时提出,督促整改。特别是将项目创建作为全市文化重点工作予以安排推进,将活动开展作为全市"两馆一站"业务考评的主要内容进行重点督查。

(五)建立项目信息报送制度

组织人员及时撰写报送"幸福漯河"活动信息,争取和引起各级领导重视支持和群众关注参与。据统计,两年来我市各级文化部门和文化单位共向上级宣传文化部门、市委、市政府报送创建专题信息50余条,做到信息月月报、季季送。

(六)加大项目宣传力度

高度重视通过宣传造势造局,扩大影响,精心策划实施了一系列项目宣传活动,大剂量、全景式宣传项目创建情况。制订了专题宣传工作方案,明确了宣传目的、宣传内容、推广策略、媒体选择等。邀请中央、省重点新闻媒体来漯进行活动开展采访报道,中央电视台、人民网、新华网、《中国文化报》、河南卫视、《河南日报》《东方今报》《大河报》、网易、搜狐等省内外主流媒体多次进行采访报道,其中中央电视台《晚间新闻》栏目予以报道,《中国文化报》2013年8月22日以《不单热闹更有门道河南漯河文化惠民大戏有看头》为题进行报道,《河南日报》2013年8月13日以《漯河模式点亮我省文化惠民工程》为题配发大幅图片予以报道;河南电视台进行采访报道并制作了电视专题片;《河南文化通报》2013第24期专题刊发《漯河市扶持群众文化发展情况调研报告》;《决策探索》杂志刊发《舞出和谐新漯河——漯河市推出"幸福漯河健康舞"打造文化惠民新品牌纪实》《文化惠民的生动实践——漯河市创建河南省首批公共文化服务体系示范项目工作纪实》两部长篇通讯予以报道;人民网2014年8月20日以《"幸福漯河梨园情"成为群众文化新品牌》对漯河市"幸福漯河系列"群众文化品牌予以报道;河南文化网2015年5月28日以《打造文化品牌构筑幸福漯河》对"幸福漯河系列"品牌文化活动予以报道。两年来,中央、省、市新闻媒体对"幸福漯河"的宣传报道达1000多条次。

四、漯河市公共文化服务体系建设项目效果

(一)扩大项目受益人群

"幸福漯河"系列文化活动以"让艺术走进群众,让群众享受艺术"为宗旨,以公益服务为实践模式,坚持"政府引导、社会参与、群众受益"的原则,形成了天天有活动、周周有演出、城乡一体化的群众文化活动新局面,带动漯河公共文化服务迈入更开放、更便民、更均等的新层次。据统计,2013—2015年,全市共举办各类群众文化活动超过2000场次,参与群众175万人次。截至2015年年底,全市人口270万人,参与率达到65%。

(二)打造文化活动品牌

经过几年大规模、有计划的培育和推广,"幸福漯河"已成为代表漯河群众文化开展和组织水平的品牌活动,不但在漯河市家喻户晓,而且还影响

辐射到平顶山市、周口市以及省外地市,先后有来自甘肃、内蒙古、江苏的一些市县前来考察学习。2013 年,“幸福漯河健康舞”被评为河南省首届“群星奖”优秀公共文化服务项目。2014 年 11 月,以“幸福漯河健康舞”为主导的“幸福漯河系列”群众文化活动成功创建河南省公共文化服务体系示范项目,漯河市郾城区成功创建河南省公共文化服务体系示范区。2015 年 11 月,河南省文化厅在漯河市郾城区召开了公共文化示范区创建现场会,对漯河市创建省级公共文化服务体系示范区(项目)的经验和做法予以在全省推广。

“幸福漯河”示范项目的创建促进县区基层文化活动全面繁荣。各县区结合各自实际,也创新推出了一批有影响的文化活动品牌,主要有:郾城区的戏迷乐园、周末戏迷秀、情暖农家,舞阳县的农民春晚、农民画大赛、中国象棋公开赛、戏迷擂台赛,临颍县的戏迷俱乐部、漯河歌、漯河美,源汇区的舞动漯河大家跳、激情广场大家唱、河上街庙会,召陵区的民间艺术大赛等。

(三)引入社会力量参与

“幸福漯河”示范项目在创建过程中,加大政府扶持力度,充分调动社会力量参与的积极性。一是由政府向全社会征集剧本,鼓励剧本创作。二是加强演出舞台建设,完善市、县、乡、村四级演出阵地。三是广泛吸引社会资金。通过现场悬挂宣传标语、在服装器材上印压企业标志等,吸引企业参与,实现互惠共赢。

(四)壮大公共文化队伍

成立了漯河市社会文化协会,对市区健康舞队伍进行了规范,市区登记在册、有一定规模和组织的健康舞活动队伍 350 多支。郾城区全区 178 个行政村共建立健康舞队伍 260 多支,舞阳县保和乡 38 个行政村已组建健康舞活动队伍39支。综合各县区统计数字,全市健康舞活动队伍达到1400多支。漯河市文广新局专门下发通知开展文化志愿者招募工作,动员县区、市直单位、高等院校的专业文化艺术工作者、有一定艺术特长的文艺爱好者、群众文化热心人进入文化志愿者队伍,主要承担公共文化服务宣传推广、群众文化活动演出服务、艺术培训与辅导、图书阅览服务等公益性文化志愿服务。经过动员发动,共登记文化志愿者1320人。在“幸福漯河”示范项目推广普及中,文化志愿者热情参与,发挥了重要作用。

(五)提高群众知晓率

“幸福漯河”系列文化活动作为一项政府引导、群众受益的大型公益文化品牌活动,高树目标、倡树品牌,扎根基层、服务群众,以有效的引导组织和培训推广在全市开花结果,其舞蹈艺术魅力和健身功能深受群众喜爱,品牌化、群众性、普及性得到了进一步的提升。几年来,按照乡镇初赛、县区复赛、全市决赛的模式,漯河市连续三届在沙澧河景区红枫广场举办全市健康舞大赛和集中展演,连续五届组织开展戏迷擂台赛和优秀群众文艺大赛,吸引全市300多支优秀队伍参赛,时间长,活动多,规模大,影响大。经新闻媒体现场抽样调查,“幸福漯河”系列文化活动群众知晓率超过80%,群众对项目实施满意度达到95%。

(六)提升业余文化团队数量

坚持“政府主导、群众主体、社会参与、市场协作”方式和“政府搭台、群众唱戏”的办法推进民间文化活动广泛开展,采取资金(给予活动经费、提供活动器材等)扶持、辅导支持等办法,组建、培育民间文化团队,年均开展群众文化辅导活动300余场次。以临颍县戏迷俱乐部、古乐社、舞阳县戏迷宣传队、保和舞蹈队、召陵区银河之星舞蹈队、天桥义工舞蹈队等为代表具有地方特色的民间文艺队伍逐渐壮大。全市共培育出腰鼓队、太极拳队、空竹队、合唱队、夕阳红文艺队等社区文艺队近百支，兼职演出人员2000多人。2015年以来，全市共开展各类社区、广场文化活动1000多场，参与群众50多万人。各县区社区文化、广场文化活动开展各具特色。源汇区以各类广场、游园为依托，建成了固定社会文化广场18个，沿河文化活动中心6个，10多个企事业单位文化活动中心无偿向社区群众开放，相继成立了柳江社区"腰鼓队"、老街社区"夕阳红文艺队"、新华社区"小蜜蜂曲剧团"、受降路社区"普法文艺队"等特色文艺团队27个、民间艺术队63个，组织群众参与舞蹈、歌唱、戏曲、秧歌、腰鼓等活动演出160多场次。召陵区分别在社区和广场举办了"唱响召陵""军歌嘹亮""迎接建国周年大庆社区戏曲展演"等活动140多场。临颍县以组织民间文艺团体参加广场活动为载体，以组织调演活动为抓手，在县城文化广场分别组织民间艺术团文艺调演及群众性文化活动60多场，提升了广场文化活动的艺术质量和欣赏价值。舞阳县充分利用各种活动载体，不断掀起群众性消夏文化活动的新高潮，先后举办了民间艺术大赛、家庭才艺展演、"四进社区"文体展演、书画展览等活动，组织县文化馆、豫剧团等文艺团体，精心创作了一批群众喜闻乐见的文艺节目，深入各文化广场巡回义演40多场。全市正逐步实现"乡乡有群众队伍，村村有文艺演出"的目标，"政府搭台、群众唱戏"的活动方式将使民间文化活力不断释放，文化供需机制有效建立。

（七）增加财政直接投入

漯河市人民政府高度重视示范项目创建工作，连续两年将其列入民生实事，纳入财政预算，每年财政直接拨付创建资金100万元，用于项目的推广普及。市政府专门下发通知，部署"幸福漯河"系列文化活动在全市48个乡镇的推广普及工作。推广普及以各级文化馆、文化站为主体，以专业文化工作者、文化志愿者、文化热心人为骨干建立舞蹈教学队伍，全部实行公益免费培训。推广普及共培训群众6万人次，配备音响1400套，配备服装15万套。

平顶山“文化客厅”公益课堂的地方实践

平顶山市文化广电新闻出版局

为全面贯彻落实党的十八大精神，大力实施“文化强市”战略，平顶山市确立了“文化产业大发展、文化事业大繁荣、文化名片大彰显、文化设施大建设”的发展目标，把文化工作放到突出位置，积极实施“文化民生”工程。“文化客厅”公益课堂作为“文化民生”工程的一项重要组成部分，坚持以文化人，持续开展“无障碍、零门槛”的系列公益辅导、培训、讲座、展演和展示，彰显了文化工作“引领风尚、教育人民、服务社会、推动发展”的作用。在“文化客厅”公益课堂中，群众既是受众群体，也是志愿者和参与者，通过角色互换和互动参与，一起学习交流，感悟文化，品味文化。自 2014 年项目创建以来，经过三年来的不懈努力，“文化客厅”公益课堂的规模不断扩大，培训质量不断提升，项目建设日益完善，已成为全市人民心目中的“百姓课堂”，受到社会各界的高度好评。

一、“文化客厅”公益课堂的创设背景

（一）城市的多元性文化需求

平顶山位于河南省中南部，辖 2 市 4 县 4 区，面积 7882 平方公里，总人口 535 万，中心城区人口约 100 万。西周时期，平顶山地区为武王宗室应侯封地——应国。古应国以鹰为图腾，在我国古文字中，应国的“应”字与“鹰”字为同一个字，因此平顶山市又称鹰城。

作为一座古老的城市，平顶山的历史文化具有自身独特的区域性特征：观音文化由此起源，墨家文化影响深远，曲艺文化独树一帜，陶瓷文化地位显著，酿酒文化历史久远，姓氏文化源远流长。另一方面，平顶山也是一座年轻的城市：1957 年才由国务院批准设立，是新兴的资源型工业城市。煤的开发吸引了四面八方的人会聚到这里，形成了这座典型的移民城市——平顶山。不同的移民承载不同的文化，造就了移民文化的包罗万象，丰富多彩。不同群体和阶层的多样性及文化的多元化，也产生了多样的、不同的文化需求。这些客观状况决定了平顶山独特的文化特点：古地新城，历史文化厚重，但挖掘整合不够；文化门类较多，但知名度不高；有广泛群众文化基础，但层次水平较低。

针对平顶山文化的这些特性，“文化客厅”公益课堂立足公益，让市民相聚在一起，学习、交流，感悟文化，品味文化。通过开设内容丰富、形式多样的公益培训课程，满足不同层次人群的文化需求，提高公共文化服务能力，实现文化成果人人共享。

（二）创新公共文化服务的需求

平顶山是河南省中原城市群九个中心城市之一。近年来，平顶山市坚持从资源型城市实际出发，深入贯彻落实科学发展观，推动了经济建设快速健康发展，使人民群众的物质生活水平有了明显的提高。随着文化事业发展的推进，平顶山先后共取得中国曲艺城、中国书法城等 10 个“城市文化名片”，有全国文化先进单位 4 个、2014—2016 年中国民间文化艺术之乡 2 个，河南省文化先进县 5 个、民间（文化）艺术之乡 13 个、文化先进乡镇（办事处）35 个、群众文化活动先进社区 13 个；先后承办了中国曲剧艺术节、中国书法兰亭奖等多个“国字号”大型文化活动，举办了多场大型专场文艺晚会，提升了城市形象和文化品位，使广大人民群众畅享文化盛宴；连续多年举办“欢乐中原”群众文化活动，每年举办各类民俗文化活动 600 多场次，广场文化活动集中展演150多次，群众自娱自乐文艺演出及各类比赛3500多场(次)，直接受益群众220多万人次，为广大群众提供了丰富的精神食粮；建立了演艺人才资源库，全市现有声乐、器乐、戏曲、舞蹈、曲艺、小品、魔术八大类专业文艺人才近千人，为文化繁荣发展积蓄了后备力量。但仍存在一些问题，农村之间、城乡之间、城市之间仍然存在较大差异，部分基层公共文化单位活动不足，开展服务不够，形式单一，缺乏应有的活力，无法满足人民群众日益增长的精神文化生活需求。“文化客厅”公益课堂坚持文化惠民、以文化人，创新公共文化服务方式，充分发挥其文化示范引领作用，更好地满足人民日益增长的文化需求，提高人民的幸福生活指数。

(三)提升文化品位的需求

2011年，文化部、财政部下发了《关于推进全国美术馆、公共图书馆、文化馆(站)免费开放工作的意见》，这对公共文化服务单位如何为大众服务提供了更为具体的举措。作为政府公益性文化事业单位，如何保障人民群众基本文化权益，让公民能够享受文化、参与文化，成为新时期工作的新课题。近年来，平顶山市大力推进“文化强市”建设，不断加大对文化建设的投入，先后投资近5亿元建成平顶山博物馆、平顶山市文化艺术中心、平顶山市美术馆等标志性公共文化服务设施，面向广大群众开展一系列免费开放服务，开创了平顶山市文化事业的新局面，群众文化工作呈现出勃勃生机。平顶山市“文化客厅”公益课堂正是在这样的背景下应运而生。

二、“文化客厅”公益课堂的具体实施

创建河南省公共文化服务体系示范项目是一项涉及面广、综合性强的工作，必须凝聚合力、明确责任、创新举措、有效推进。为此，平顶山市从资

源型城市实际出发，在努力提高人民群众物质生活水平的同时，不断加大公共文化事业投入力度，全市建成了基本完善的市、县、乡、村四级公共文化服务设施网络，图书馆、文化馆、文化站、文化广场等公共文化设施覆盖城乡。“文化客厅”公益课堂在原有活动基础上，按照创建目标要求，立足本市特点，着眼群众需求，不断扩大服务阵地，丰富课堂内容，灵活培训方式，拓展服务范围，在全省打造了具有一定影响力的公共文化服务品牌。

（一）完善制度，为创建工作提供坚强有力的保障

1. 健全领导机制

为了加强对项目创建工作的领导，平顶山市文化广电新闻出版局成立了由局长任组长，主管局长任副组长，局办公室、计财科、社文科、市群众艺术馆、市文化艺术中心、市图书馆、市电影公司和各县（市、区）文化（文广）局负责人为成员的“文化客厅”公益课堂创建河南省公共文化服务体系示范项目领导小组，开展各项创建工作。领导小组下设三个工作组，负责“文化客厅”公益课堂创建工作的组织、协调、会务、档案、宣传、信息报送等具体事宜。领导小组定期听取工作汇报，研究解决创建工作中的重点难点问题，确保创建各项工作顺利有序进行。

2. 建立联络员制度

建立了平顶山市文广新局河南省公共文化服务体系示范项目联络员制度，由文广新局副局长担任联络员。联络员在创建工作中切实发挥了桥梁纽带作用，配合创建领导小组开展各项工作，及时将“文化客厅”公益课堂项目创建工作的进展情况、重要举措和典型经验上报省创建办，并积极协调、督促、落实有关创建具体工作事宜。

3. 建立经费管理制度

建立平顶山市文广新局河南省公共文化服务体系示范项目经费管理制度，制定了省补助资金和地方创建资金管理使用办法及经费使用方案。市

创建办负责协调财政局等部门,积极争取本地创建经费的落实,为创建工作提供经费保障。同时加强对上级财政补助资金的管理,在补助资金使用过程中遵循"规范公平、鼓励先进、引导投入"的原则,保证专款专用,确保使用效果。

4. 建立督导检查制度

"文化客厅"公益课堂项目创建办公室制定了督导检查制度,每半年就创建工作进展、公共文化服务供给、专项资金落实、宣传报道等重点工作进行自查,报省创建工作领导小组。

5. 建立信息报送和宣传评分制度

要求各县(市、区)文化(文广)局和市创建工作领导小组成员单位定期向市创建办汇报创建工作情况。由市创建联络员负责,每季度向省创建工作办公室报送创建进展情况,每半年报送一次深度工作进展情况和阶段性创建成果。

(二)精心组织,确保项目创建工作扎实推进

1. 完善硬件设施

作为"文化客厅"主阵地的平顶山市文化艺术中心,建筑面积两万多平方米,设有多功能展厅、艺术长廊,为书法、绘画、摄影、剪纸等艺术作品提供展览场地。一层的多功能剧场,是举办音乐、舞蹈、戏曲、朗诵等动态艺术展演的专业一流演出场所,二楼设有少儿阅读区,爱国主义电影教育基地,四楼有功能齐全的综合排练厅、摄影创作室、书画创作交流室、多媒体教室等各类培训教室 20 多间。另外,文化艺术中心内设中央空调,环境宜人,这些良好的硬件设施为"文化客厅"公益课堂的创建活动提供了坚实的基础保障,确保了创建工作规范有序开展。

2. 丰富课堂内容

"文化客厅"公益课堂作为首批河南省公共文化服务体系示范项目,在

创建过程中立足平顶山地域特色和经济发展实际，坚持以人为本，与群众需求有效对接，依托市群艺馆、文化艺术中心良好的场地设施，开设了文化艺术类、生活知识类、健身活动类、手工技艺类等四大类近50门课程，具体内容包括器乐、声乐、舞蹈、摄影、美术、书法、戏曲、播音与主持、文学欣赏、文化遗产保护、民俗、服饰、礼仪、科普知识、心理咨询、亲子教育、烹饪技巧、瑜伽、跆拳道、太极拳等。

同时，考虑到市民多样性、个性化的文化需求，公益课堂在开展常规培训的基础上，适时增加了“阅读不止”公益读书、“五色花”少儿梦工厂、“同心文化·大讲堂”系列活动、“香山历史文化”系列专题讲座、“名师讲堂”系列讲座、“珍惜生命，关爱健康”科普知识讲座、“唤醒孩子的生命优势”大型公益讲座、“情至真时词自华”歌词创作专场讲座、“茉莉芬芳”系列音乐会等内容。另外还开设了少儿兴趣班、英语口语推广公益培训、艺术类考生高考专业报考指导与就业方向专题讲座，举办了“中华经典”亲子诵读活动、少儿讲故事大赛等。另外，常年开设爱国主义电影教育基地，培养市民高尚的人格操守和道德情怀；成立了“摄影俱乐部”，开展专题讲座并定期举办摄影沙龙活动。公益课堂开班以来期期爆满，使我们强烈感受到了广大群众对文化的渴望和期盼，也充分认识到了国家推进公共文化设施免费开放的必要性。

在市级公益培训的带动指导下，各县(市、区)相继开展舞蹈，声乐、戏曲、书画等公益培训活动，形成了上下联动，以点带面的全市公益文化培训群众文化活动的新局面。

3.灵活培训方式

“文化客厅”公益课堂除了采用专家授课、课堂交流、艺术采风外，还采取“请进来”和“走出去”相结合的方式，丰富服务形式，提高服务水平。“请进来”是指请社会知名学者、教授开设高端讲座，以提升公益课堂层次，“走出去”是指定期把公益课堂送到社区、村镇、学校、军营，让更多基层群众享受到文化发展成果。通过这项举措可以让“文化客厅”流动起来，使文化服务的重心更多向基层倾斜、向贫困地区倾斜、向特殊群体倾斜，提供菜单式服务，让百姓真正成为“享受文化、参与文化”的文化惠民政策的受益者。

2015年，平顶山市群众艺术馆和平顶山市房产管理中心联手打造的“文化客厅——小区公益课堂”活动启动。此次活动通过对居民小区的入户调查，有针对性地为小区居民安排相应的公益培训内容，市房产管理中心协调小区相关物业公司提供场地、服务，市群艺馆组织老师先后到平煤劳模小区、九天鹤小区、阳光花园小区、檀宫小区、山水华庭小区等十余个小区为广大业主进行培训。其中，山水华庭小区热爱戏曲的业主多，市群艺馆抽调戏曲业务骨干为他们培训，由于受培训场地所限，有时他们就在小区露天场地培训，辅导老师认真敬业的教学态度赢得了业主们的赞扬。每期培训结束，在小区内还组织举办戏曲培训成果展演，学员们在老师的带领下，把培训成果展示出来，迎来了更多的戏曲爱好者前来参加，从而实现了“文化客厅”小区培训“常态化”。

留守儿童、残疾人等弱势群体也是“文化客厅”公益课堂关注的重要群体。2016年5月，当了解到山区留守儿童急需文化艺术培训而又苦于师资匮乏时，项目组选派具有扎实专业背景的文化志愿者担任教师，来到留守儿童占比近70%的鲁山县库区乡第十三中学，与其结成对子，在该校开设了“文化客厅”公益课堂关爱留守学生基层培训点。老师们根据孩子们的业余兴趣爱好开设了声乐、美术、葫芦丝等课程，还捐赠了乐器、画笔、画纸等学习用具。通过专业文艺工作者送文化进校园，一方面培养了孩子们的兴趣爱好，发现文艺新苗，更重要的是对师资队伍的引领和帮扶，为基层打造一支“永远不走”的农村文化师资队伍。这种“送文化”和“种文化”相结合的方式，得到了全校师生的积极响应和一致好评。2016年10月，公益课堂来到平顶山市专门针对残疾人的专业培训学校——善邦职业培训学校，举行葫芦丝公益培训活动。此次活动除了组织安排市卓越古筝艺术中心提供公益任课教师外，市群艺馆还向善邦职业培训学校捐赠了20把葫芦丝、20个谱架和20套葫芦丝教材，受到一致好评。

4. 保证教学质量

随着“文化客厅”公益课堂知名度的逐步提高，广大市民的文化需求也在不断增加，为了满足群众多元化的文化诉求，公益课堂进一步完善了人才数据库，在以专业老师教学为主的基础上，面向社会公开招募了一大批热心公益文化事业的“文化志愿者”，并建立了“文化志愿者人才库”，目前入库人数达500余人，组成了“专家服务团队”“文化志愿者服务团队”“辅导员服务团队”。专家服务团队主要由文化系统专业人才组成，文化志愿者服务团队主要由平顶山市高校、专业院团、企事业单位的专家学者和经验丰富、具有一定专业水平的社会培训机构的老师组成。老师们在教学过程中秉承志愿服务精神，对教学质量精益求精，许多老师们为不影响已定的教学计划，克服临时出现的各种困难，甚至带病坚持上课，感人事迹不胜枚举。辅导员服务团队是从培训中挑选出有一定专业水平，热心公益的优秀学员，他们参与班级管理及专业基础辅导工作，并积极投身社会公益文化活动中，为提升公益培训质量做出了积极贡献。

公益培训面对的群体人员结构复杂，管理起来难度大，在初期问题凸显较多。为此，公益课堂专门制定并出台了《“文化客厅”公益课堂学员管理制度》，按照管理制度解决遇到的各种问题，化解各种矛盾，保证教学质量。另一方面，随着志愿者数量的不断增加，人才库的入库存量也与日俱增。由于志愿者们的专业特长和服务对象各有不同，为了能够让他们更好地发挥潜能，公益课堂制定并出台了《“文化客厅”公益课堂文化志愿者管理制度》，对志愿者的主要职责、招募条件、培训方法、激励措施等进行了规定。另外还先后制定了《“文化客厅”公益课堂阵地管理制度》《“文化客厅”公益课堂社会文艺团队管理制度》等，新增《基层培训点准入制度》等，确保公益课堂规范有序、数质兼优，保障了课堂持续、有序、健康的发展。

(三)加强宣传,提升项目社会美誉度

“文化客厅”公益课堂项目创建办公室结合创建工作实际,不断挖掘创建工作中的特色、亮点,通过电视台、报刊、网站、微博微信等宣传平台,多渠道开展创建宣传报道工作,取得了显著效果。国家、省、市领导多次莅临指导并给予了高度评价,《中国文化报》《文化月刊》《河南日报》《河南文化网》《平顶山日报》《平顶山晚报》、平顶山电视台、平顶山教育电视台等国家、省、市媒体对创建活动进行了专题报道。

2016年3月24日,《中国文化报》以“平顶山‘文化客厅’公益课堂内容丰富”为题,对“文化客厅”公益课堂的培训内容、培训规模、社会影响等进行了报道。其中,对活动的示范性、带动性给予了肯定:“由于‘文化客厅’公益课堂活动形式丰富多彩,平顶山市文化艺术中心由此成为风景优美的新城区的另一处‘风景’。而许多学员在满足了自身爱好的同时,回家后还成为社区文化活动的组织者和带动者。由优秀学员组成的舞蹈团、合唱团、葫芦丝乐团、摄影俱乐部等经常深入社区和农村,进行公益表演或创作。”

国家级综合文化刊物《文化月刊》于2016年第8期刊登文章,对平顶山市群众艺术馆努力打造公共文化服务体系示范项目“文化客厅”公益课堂的背景、具体举措、建设成果等分别进行了阐述。

2015年4月22日,新华网、河南教育网等以“‘文化客厅’迎‘客’两万多人”为题,介绍了“文化客厅”公益课堂开设的具体课程、课堂教学效果等情况,并对平顶山市文广新局局长肖元欣进行了采访。文章指出:“从‘文化客厅’公益课堂走出去的很多学员已成为当地群众文化活动的‘火种’和骨干,有的人还在外界出了彩:在3月底举行的全省音乐舞蹈大赛中,由16位中老年学员编演的舞蹈‘赶摆的女人’获得三等奖。”

2015年至2016年,《平顶山日报》《平顶山晚报》多次报道了公益课堂采取“走出去”策略,向基层倾斜、向贫困地区倾斜、向特殊群体倾斜,提供

菜单式服务，让百姓真正成为“享受文化、参与文化”的文化惠民政策的受益者。同时，《平顶山日报》《平顶山晚报》还定期刊登公益课堂课程安排表，方便市民查阅。平顶山电视台新闻综合频道也对“文化客厅”公益课堂进行了多次深入专题报道。

另外，各参与创建单位的微信公众号也在宣传工作中发挥了极大作用，有关活动信息发送达上千条，使广大市民通过手机更加灵活、便捷地了解活动信息，使“文化客厅”公益课堂的社会关注度和品牌美誉度持续提升。

（四）举办展演，扩大项目社会影响力

随着活动的不断深入，为了展示培训成果，“文化客厅”公益课堂在每期结束时，都举办形式多样、内容丰富的展示活动。声乐班、芭蕾形体班、琵琶班、钢琴班、书法班、葫芦丝班、摄影班等分别以各自的教学特点举办小型展演展示，学员们在一起交流学习，达到了相互促进、共同提高的效果。另外，利用广场文化活动和节假日，在广场、社区、学校、农村等公共场所，相继举办了“欢乐鹰城”公益课堂汇报演出、“迎新春”新年音乐会、公益课堂戏曲汇报演出、葫芦丝汇报演出、书画摄影成果展、摄影沙龙活动、“心随舞动——拉丁舞汇报演出”“丝弦声声——古筝专场汇报演出”“盛夏之夜——少儿艺术广场展演”“迎新春”少儿钢琴演奏会、“志愿者之歌广场文艺演出”等大型文艺活动，受到了群众的热烈欢迎，这些展演展示宣传了“文化客厅”公益课堂培训成果，产生了积极的社会影响。此外，“红色情·中国梦”——平顶山市纪念红军长征胜利 80 周年合唱音乐会的承办、“2016 文化客厅公益课堂培训成果展”等活动的举办，得到了群众的热爱和社会的好评。

经过努力，“文化客厅”公益课堂荣获第十届中国艺术节项目类“群星奖”，2014 年被列入河南省第一批公共文化服务体系示范项目，2015 年被列入国家级公共文化服务体系示范项目。

三、"文化客厅"公益课堂取得的成效

"文化客厅"公益课堂坚持"以文化人、以技传人、以艺娱人",持续开展"无障碍、零门槛"的系列公益辅导、培训和讲座等活动,项目运行模式日益规范化、科学化,彰显了文化"引领风尚、教育人民、服务社会、推动发展"的作用。

(一)取得了良好的社会效果

截至2016年,平顶山市"文化客厅"公益课堂项目的运行模式已日益成熟,全市讲授课时累计20000余节次,成果展演展示活动达100余场,其中进社区、进乡村等基层展示展演20余场,培训活动阵地近300个,受益群众近百万人次,为弱势群体服务达上千人次。前来上课的学员来自社会各个阶层,涵盖不同年龄段,上至两鬓斑白的老者,下至满脸稚气的幼儿,他们从四面八方早早赶来参加培训。有些教室已经坐满,他们就自觉地站在后面,或听,或弹,或唱,或舞,一板一眼,一招一式无不流露出专心致志、求知若渴的神情。随便打开一间教室,都会看到专业教师与广大学员通过公益课堂相聚在一起,交流学习,教学相长,提升艺术修养,感悟文化魅力,提高综合素质,充分体现出"文化惠民"政策的显著成效,也使"文化客厅"公益课堂逐渐成为鹰城人民的精神乐园,其深厚的群众基础性和广泛参与的大众性特点日益显现。

(二)壮大了文化志愿服务团队

"文化客厅"公益课堂自开办以来,始终坚持面对群众"零门槛"进入,免费举办各类培训、专家讲座和其他专题活动。时间长了,简单的基础培训

已经不能满足部分老学员的文化需求了。这样如何提升公益培训的内容就成为新问题。通过长期的工作经验积累和一些老学员的学习经历发现，采取组建社会艺术团体，以团代训，可以较好地解决这个问题。通过对社会艺术团体的更加深入的专业辅导，培养项目的志愿者团队，深入基层走进社区、文化大院、学校、广场做宣传演出和公益活动。这种方法一方面使团员们得到了提升自我艺术水平的机会，一方面展示了社会艺术团队的风采，给团员们创造了一个展示自我、体现自我价值的舞台，使他们满怀自信投入志愿者活动中来。

“文化客厅”公益课堂在创建过程中，相继组建了“平顶山民族乐团”“常青中老年舞团”“少儿舞蹈团”“平顶山合唱团”“葫芦丝艺术团”“星空女子室内合唱团”“明之星青年舞团”“少儿戏曲俱乐部”“摄影俱乐部”“女子瑜伽表演队”“七彩梦”儿童故事剧坊等社会文艺团队 11 支；各县（市、区）成立了金韵红艺术团、欢乐盘鼓队等 19 支业余文艺团队，这些团队的参与者不仅在公益培训的课堂上收获了专业知识，提升了专业水准，同时又作为志愿者服务团队参加各种公益活动和相关赛事。截至 2016 年，业余文艺团队共参加公益演出数百场，参加各项赛事数十次，通过这些活动，既锻炼团队，也提升了艺术水平。如市群艺馆葫芦丝艺术团参加 2016“新丝韵”葫芦丝巴乌艺术节全国邀请赛荣获银奖。

（三）发挥了示范引领作用

1. 引领了积极健康的社会文化风尚

“文化客厅”公益课堂在创建过程中，坚持与群众需求有效对接，开设了健康积极、丰富多彩的课程。课程内容涉及文化艺术类、生活知识类、健身活动类、手工技艺类等等。这些活动，引领了社会大众的精神导向，弘扬了社会主旋律，唱响了社会主义核心价值观，使广大群众在健康快乐的学习中提升了艺术修养，提高了综合素质，起到了文化育人的良好社会效果。

2. 培育打造了优秀公共文化服务品牌

为了提升公益培训活动整体艺术品位，使鹰城市民享受到更高端、更专业的文化艺术培训形式，“文化客厅”公益课堂着力打造了“茉莉芬芳”系列音乐讲座和“平图讲坛”公益讲堂等优秀活动品牌。其中，“茉莉芬芳”系列音乐讲座除了整合艺术类专业人才登台演示，还先后邀请了多位在国际音乐领域具有一定知名度和演奏水准的音乐家参与其中，他们现场对优秀的声乐、器乐作品进行精彩演绎，并结合演出为观众介绍讲解音乐知识，使普通市民可以零距离对话具有国际水准的音乐大师，提高音乐修养。这种独创的公益音乐讲座在社会上引起强烈反响，收获众多好评，中国音乐教育网、河南文化网和平顶山市多家新闻媒体对音乐会进行了专题报道。经过两年的培育，“茉莉芬芳”系列音乐讲座已被广大群众高度认可，成为有口皆碑的品牌文化活动，2016 年被评为河南省第三批公共文化服务体系示范项目，为“文化客厅”公益课堂进一步探索发展道路、找准突破口与着力点起到了积极的引领作用。

3. 充分发挥了志愿者的示范带动作用

“文化客厅”公益课堂在创建过程中注重志愿者队伍建设，充分发挥志愿者的示范带动作用，使志愿者不再仅仅是简单的符号，而成为一种责任和义务。在每一个活动现场，在每一次授课过程中，都能看到志愿者们忙碌的身影。志愿者们在从事相关服务工作过程中，一方面传播了志愿精神，即乐于付出的奉献精神，这是精神文明建设的重要组成部分，为扩大“文化客厅”公益课堂的知名度和美誉度做出了积极贡献；另一方面也使自身得到了完善和提高，收获了辛勤付出之后的幸福感，使自己的思想境界得到升华，弘扬了社会正能量。

4. 吸引社会力量参与公共文化服务

“文化客厅”公益课堂在搞好文化服务工作的同时，也在思考如何进一步扩展公益课堂项目辐射力，形成长效机制。项目创建组通过对社会各阶层人群的调查走访，决定吸引平顶山市社会艺术培训领域具有一定规模和口碑的培训机构作为“文化客厅”公益课堂基层培训点。这样既可以使“文化客厅”公益课堂扩大辐射面，增强辐射力，同时也可以引进社会优秀志愿者入库，加强人才队伍建设。这些培训机构分布于全市三个辖区，可开设的培训项目包括器乐、声乐、舞蹈、美术、书法、播音与主持等十几个门类，通过与这些培训机构的合作，市民可根据自身情况就近选择所需的公益培训项目，这一举措大大缓解了阵地服务的局限性和单一性，更好地发挥了公益课堂的示范引领作用。2016 年，经实地考察在市区吸纳 7 家社会培训机构成为“文化客厅”公益课堂基层培训点，定期开展免费公益课程训。随着活动的进一步开展，今后还将在县（市、区）逐步增设基层培训点，使更多的群众参与到活动中来，使“文化客厅”公益课堂真正体现社会化，均等化、大众化。

5. 为基层文化馆（站）建设提供了借鉴模式

“文化客厅”公益课堂以市群艺馆为中心，市文化艺术中心、市图书馆、市电影公司，各县（市、区）文化馆、乡文化（站）联合参与，上下联动，逐步形成了全市范围内的群众文化公益培训平台。公益课堂在培训内容、服务形式和传播方式上给基层文化馆、文化站提供了学习和借鉴模式，并定期对这些基层单位进行培训辅导，推动基层群众文化工作健康发展。在“文化客厅”公益课堂的带动下，全市公益文化培训活动广泛开展，基本形成了自上而下、以点带面、覆盖市县的公共文化培训格局。

四、“文化客厅”公益课堂的发展规划

“文化客厅”公益课堂在创建河南省公共文化服务体系示范项目过程中取得了一些显著成果，但是随着项目的深入开展，也逐渐凸显出了一些问

题，如基层服务有待进一步拓宽、管理制度有待进一步完善、课程设置缺乏机动性、数字化服务有待提升等。针对上述问题，今后将在培训范围、规范管理、创新服务、问题解决、可持续发展上，全面提升项目整体服务质量。

（一）拓展公益培训新阵地

"文化客厅"公益课堂要在原有的文化阵地建设基础上，拓宽思路，积极探索，寻求新的阵地。在充分利用好市、县、乡、村四级公共文化设施的基础上，进一步吸纳企事业单位文化场馆、社会艺术培训机构作为公益培训网点，激发社会力量办文化的热情，不断拓展公益课堂培训阵地。要加强宣传力度，力争在省级、市级宣传媒体上持续性对该项活动进行报道，提高群众知晓率，扩大活动的影响力。

（二）持续加强规范化管理

随着"文化客厅"公益课堂活动的深入开展，无论是学员、志愿者、还是成立的社团、场地、基层培训点等等，各项工作都需要规范的管理体制。目前，"文化客厅"公益课堂已经制定了《文化志愿者管理制度》《基层培训点准入制度》《社会团体组织管理制度》等，这些制度对于公益课堂的有序运行发挥了巨大的作用。但是，随着工作的深入开展和课堂规模的不断扩大，不可避免地会遇到一些新情况、新问题，这时就要思考解决这些问题的新办法、新途径。今后我们将在原有的管理制度上，不断完善，形成一套科学、规范的管理体系，以保证项目的持续健康发展。

（三）不断创新服务模式

随着物质生活水平的不断提高，人们的文化需求也在不断提高，有些旧的服务方式、服务内容会随着时间被淘汰，一些新的需求会不断被提出。因此，"文化客厅"公益课堂要根据群众的需求，及时调整培训方案，灵活服务方式，将项目创建与群众需求有效对接，通过召开座谈会、调研会、发放调查问卷等，让群众参与到项目建设管理中来。群众需要什么，政府就提供什么，使“文化客厅”公益课堂真正成为百姓课堂。同时，也要充分考虑到科学技术的发展和人们生活方式的转变，要加强项目数字化建设，扩充升级网站，添置专业设备，及时通过媒体、网站、微信平台公布授课计划及内容，以满足广大群众不同层次、不同爱好的精神文化需求，以多种行之有效的举措推动项目的创新与拓展。

（四）及时发现并解决具体问题

随着“文化客厅”公益课堂的持续开展，各种新情况新问题会不断出现，如随着近年来“文化客厅”公益课堂在广大群众中知名度的增加，各班开班后学员爆满，已影响到教学质量和课堂纪律；开展高端专题讲座时，如何维护良好的课堂秩序等。这就需要我们不断创新工作思路，积累工作经验，采取免费领票、发放听课证，建立班长管理制度等方式。充分调动各方面的积极性，及时解决各种可能出现的问题，努力形成政府主导、社会支持、全民参与的良好氛围。

（五）实现公益课堂可持续发展

随着培训活动的普及与深入，简单的基础培训已无法满足学员的需求。面对这一现状，我们将以基础培训为依托，挑选优秀学员，组建更多的业余文艺团队，通过进一步的专业辅导，使他们在提高艺术水准的同时又作为志愿者团队参加到公益活动中来，并以此作为今后项目转型发展的新目标。这种做法一方面使培训成果形成良性循环，另一方面又给团员们提供了一个锻炼、展示、提高的舞台，既有基础培训，又有高水平的展演展示，从而使培训活动形式多样，培训效果显著提高。

“淇水亲子故事乐园”
——建设现代公共文化服务体系的鹤壁实践

鹤壁市文化广电新闻出版局

“淇水亲子故事乐园”项目是在鹤壁市图书馆 2009 年以来组织举办的“小读者之星”亲子故事比赛的基础上发展而来的，2015 年，鹤壁市文化广电新闻出版局组织有关单位和专家，把“小读者之星”故事比赛提升为“淇水亲子故事乐园”系列活动。活动对象为全市少年儿童，活动以阅读为核心，以讲故事为载体，以小手拉大手的形式，带动全民阅读。

一、“淇水亲子故事乐园”系列活动形成的背景

（一）深厚的文化底蕴催生亲子阅读活动浪潮

鹤壁历史悠久，文化灿烂。所辖浚县古称黎阳，是国家首批历史文化名城和中国民间艺术之乡；依山兴起的浚县古庙会自隋唐时期延续至今，是了解中原民俗文化的“活化石”，被誉为华北第一古庙会。所辖淇县古称朝歌，演绎了《封神榜》的故事和传说。境内的云梦山被称为“中华第一古军校”，战国时期的思想家、纵横家、军事家鬼谷子王禅曾在此授徒讲学，苏秦、张仪、孙膑、庞涓、毛遂等名士都出自他的门下。得益于浓厚的文化氛围，鹤壁人民养成了经常读书的好习惯。每逢周末，很多市民带着孩子到市图书馆看书、学习，亲子阅读热潮由此方兴未艾。

(二)丰富的文化活动与亲子阅读活动形成良性互补

近些年,鹤壁文化活动方兴未艾,文化氛围日渐浓厚,针对各类群体的各种文化活动逐渐形成地方品牌效应,为当地人民群众提供了丰富的特色文化盛宴。

1.“芝麻官大舞台”

豫剧牛派艺术发源于鹤壁,戏曲电影《七品芝麻官》家喻户晓。为进一步传承弘扬牛派艺术,打造“芝麻官”艺术品牌,自2014年8月以来,按照鹤壁市委、市政府的要求,由市委宣传部牵头,市文化广电新闻出版局和市豫剧牛派艺术研究院组织实施的“芝麻官大舞台”,坚持每周固定时间、地点常态演出,截至目前共演出140余场。深受鹤壁市民和周边地市戏迷的欢迎和好评,已经逐步成为具有鹤壁地域特色的文化品牌。

2.“欢乐鹤壁”文化艺术节

鹤壁市广场文化艺术活动从1996年开始举办,以后通过逐年的组织、引导示范,不断探索,全市的广场文化活动逐步走上了规范化、制度化、经常化的轨道。特别是2000年鹤壁市新世纪广场建成后,新世纪广场作为文化工作“贴近群众、贴近实际、贴近生活”的一个大舞台,平均每年广场文化活动的实际演出场次达200余场,受益群众100多万人次。鹤壁市的广场文化活动,已成为城镇居民文化生活中不可缺少的部分,成为鹤壁市公共文化服务体系建设中靓丽的风景线,先后荣获“河南省十佳文化广场”、首届“全国特色文化广场”的荣誉称号,形成了在全省乃至全国具有较高知名度的文化广场品牌。

3.中国(鹤壁)民俗文化艺术节

鹤壁市从2009年起,以弘扬春节文化为主线,以浚县正月古庙会为依托,连续举办了九届中国(鹤壁)民俗文化节,通过民间社火表演、地方戏曲展演、中原非物质文化遗产展演等,集中展示中原民俗文化,至今仍完整地保持着明清特色；庙会期间，舞狮、舞龙、高跷、旱船等民间社火异彩纷呈，泥玩、古陶、石刻、木雕等民间工艺品交易活跃；从正月初一至二月初二，历时一个月，吸引了周边省份 20 多个县市及海内外游客前来观光、祈福，日游客量最高达 30 余万人次。浚县正月古庙会被专家誉为民俗文化的活化石，为国家级非物质文化遗产保护项目，也成为鹤壁市群众文化精品名片。

4. 鹤壁樱花文化节

鹤壁从 2015 年起，在 3、4 月份定期举办樱花文化节。樱花节由鹤壁市樱花文化产业协会主办，坚持“政府引导、协会主办、社会参与、市场运作、创新提升、协调发展”的原则，以“浪漫樱花，幸福鹤壁”为主题，以赏樱花、花车巡游，广场欢乐月、樱花文化节特色展等特色活动为主要内容，音舞表演、诗歌朗诵、戏曲演出，琴棋书画、太极瑜伽、茶艺体验、真人动漫等表演精彩绝伦，文化内涵丰富，精品亮点纷呈，助推鹤壁文化产业快速发展。2016 年 4 月，鹤壁樱花大道被中国樱花产业协会授予“中国最美樱花大道”称号，樱花文化节已成为河南省文化厅“百城百场”系列广场文化活动之一。

5. 中原（鹤壁）文化产业博览会

中原（鹤壁）文化产业博览会经河南省委办公厅批准，至今已成功举办三届，每年 10 月份开幕，共有河北邯郸、邢台，山东聊城、菏泽、临清，山西长治、晋城和河南省 18 个市及 10 个直管县的 765 家参展商参展，形象展馆 40 多个，标准交易展位 1000 多个。内容涵盖非物质文化遗产、工艺美术、影视动漫、书法绘画、体育户外等 20 多个门类。文博会充分展示中原地区文化产业发展成果，突出了展示与交易，凸显了浓厚的中原味道，有效聚集了人气，拉动了文化消费，受到社会各界的广泛好评，成为鹤壁市的文化盛宴，为广大群众了解文化产业、文化产品、文化服务打开了窗口，也为周边地市文化交流搭建了良好平台。鹤壁文博会正努力把鹤壁打造成中原文化产品的集散地。

6.“淇水亲子故事乐园”

自2009年开始,鹤壁市图书馆“小读者之星”故事比赛至今已举办了六届,每届确定一个主题。故事比赛以“小手拉大手”的形式,家长和孩子共同参与,通过家长声情并茂的投入,孩子们生动活泼的互动表演讲述,进一步激发少儿的阅读兴趣,带动家长共同阅读,增进了家长与孩子的亲子感情,创造了良好的家庭阅读环境。活动创办以来,得到了社会的广泛关注和支持,受到小读者和家长的热烈欢迎,读者参与积极性很高,已形成一定的品牌效应。

虽然“小读者之星”故事比赛备受关注和喜爱,但内容上还显单一,参与面相对较窄,赛事水平比较低。为充分体现活动的社会性、广泛性、带动性,打造少儿活动品牌,充分发挥典型的示范、影响和带动作用,为公共图书馆开展少儿服务活动探索路径、积累经验,2015年“小读者之星”故事比赛提升为“淇水亲子故事乐园”系列活动,并申报成为第一批河南省公共文化服务体系示范项目。

(三)完善的公共文化服务网络为亲子阅读搭建了平台

鹤壁市下辖2县3区,41个乡镇(街道办),973个行政村(社区),目前,覆盖全市的市、县、乡、村四级公共文化服务网络初步形成。市级有公共图书馆1个、博物馆1个、市艺术中心1个、群艺馆1个;县(区)级有公共图书馆3个、文化馆5个;乡镇文化站21个,街道办事处文化中心10个;村(社区)有农村文化大院973个,在全市所有行政村建立了文化信息资源共享工程基层服务网点。市图书馆、博物馆、群艺馆,县(区)公共图书馆、文化馆,乡镇综合文化站均实现了对外免费开放。2016年,鹤壁市群艺馆被文化部评定为市级一级馆,浚县文化馆、淇县文化馆、山城区文化馆、鹤山区文化馆被文化部评定为县级一级馆;浚县伾山街道办事处、浚县屯子镇、淇县西岗镇、山城区石林镇4个乡镇(街道)被评为“河南省民间文化艺术之乡”;浚县黎阳镇西杨玘屯村、淇滨区九州路办事处福田社区、淇县西岗镇郝街村、淇县桥盟街道办事处泥河村、山城区鹿楼乡肥泉村、山城区石林镇时丰村 6 个村(社区)被评为“河南省特色文化村(社区)”,宋学海、鄢陵英魁、张希和、王占江、张亚南 5 人被评为“河南省百佳民间文化能人”。

特别是作为鹤壁人获取精神食粮的主阵地的鹤壁市图书馆,以“做群众身边的图书馆”为目标,以“读者至上、用心服务”为标准,不断创新服务理念,拓展服务功能,延伸服务网络,丰富服务内容,打造服务品牌,提升服务品质。2010 年以来,接待读者 100 万余人次,外借图书 200 万余册次,建立分馆、基层服务点 40 余个,举办公益讲座、展览、读书征文等读者活动 200 余次,注册读者 1.2 万人,文献流通全年约为 50 万总册次,先后荣获群星奖首届服务奖、省全民阅读活动先进单位、河南省先进图书馆、省市爱国主义教育基地、全市文明巾帼示范岗等 20 多项荣誉。

完善的公共文化服务体系为亲子阅读的广泛开展搭建了很好的平台。多重感知方式相结合的亲子阅读,对于儿童建立“意义的世界”,促进语言和思维发展,形成良好阅读习惯,从而推动全民阅读发展具有重要意义。鹤壁市图书馆根据少儿读者阅读需求,开设了少儿借阅室、亲子阅览室,并根据少儿特点创造性地开展了各种形式的丰富多彩的少儿活动,积极为少年儿童健康成长营造良好的文化氛围。“小读者之星”故事比赛就是其中的一个活动品牌。

二、“淇水亲子故事乐园”系列活动的规划设计

(一)项目目标

“淇水亲子故事乐园”系列活动的总体目标是通过活动的开展,实现“淇水亲子故事乐园”社会性、广泛性、带动性,激发少年儿童阅读的兴趣,

提高口语表达能力与演讲能力，活跃少年儿童的文化生活，为少年儿童搭建才艺展示平台，弘扬优秀传统文化，传承地方特色文化，提高少年儿童文化和道德素质，提高民族自信心和自豪感，实现“讲好鹤壁故事、传承淇河文化、践行社会主义核心价值观、做文明有礼鹤壁好少年、好儿童”的目标，打造公共文化服务品牌。具体目标如下：

(1)激发兴趣。通过活动开展，激发少年儿童阅读兴趣，提高口语表达与演讲能力，活跃少年儿童的文化生活，为少年儿童搭建才艺展示平台，让更多的孩子爱上阅读。

(2)提高参与度。实现“淇水亲子故事乐园”的社会性、广泛性、带动性效应，达到市区和县城学校全参与，乡镇区学校全知晓、农村学校学生有代表，争取实现全市少年儿童直接参与率达到30%。

(3)建立文化自信。弘扬传统文化，传承地方文化，提高民族自信心和自豪感。同时带动家长的阅读兴趣，让更多的人走进图书馆、爱上图书馆，树立全社会学习风尚。

(4)提高文化素养。创新教育方式方法，践行社会主义核心价值观，提高全市广大少年儿童道德素质，达到“讲好鹤壁故事、传承淇河文化，践行社会主义核心价值观、做文明有礼鹤壁好少年、好儿童”的育人目标。

(5)提升公共文化服务效能。实现公共图书馆在服务少年儿童、开展特色活动的创新，形成部门之间互动、公共机构与少儿互动、少儿与家长互动、公共服务机构与教育部门互动、新闻媒体与社会公众互动的有益探索。

(二)项目内容

(1)举办“我是小小文学家”故事创作大赛。每年确定不同主题，举办全市少年儿童故事创作比赛，激发孩子的想象力、提高写作能力。通过评比表彰，把优秀作品向全市小朋友推荐，把获奖故事结集出版，作为讲故事的基础,扩大创作成果影响。

(2)组织“我是小小故事家”故事讲演大赛。根据不同年龄分成不同组别,每年举办全市少年儿童讲故事大赛,授予“小故事家”称号,激发孩子的演讲表达能力,培养热爱阅读兴趣,接受文化熏陶。

(3)举办“我是小小美术家”故事绘画大赛。每年根据不同主题(如鹤壁历史故事、童话故事等),组织全市少儿绘画故事美术作品征集,对获奖作品进行评比表彰,授予“绘画故事小美术家”称号,提高孩子对故事的理解能力、想象能力和美术表达能力,提高对故事、对美术的爱好。

(4)开展“我是小小艺术家”故事表演大赛。通过家庭成员互扮角色、一起表演故事的亲子故事会,加强父母与孩子的亲情;通过同学扮演不同角色一起表演的班级故事会等,增强少儿之间的友情与团队意识,提高活动的参与性、趣味性和互动性。

(5)组织举办“我是小小歌唱家”故事演唱大赛。旨在以故事性、叙事性和其他优秀歌曲的演唱,给喜欢音乐和唱歌的孩子以充分展风采的机会,引导更多孩子从演唱故事歌曲中受到启迪,更加努力学习知识和热爱阅读,成为德智体美全面发展的优秀人才。

(6)编写《鹤壁好故事》系列丛书。根据鹤壁的历史故事,成语典故、历史名人、道德楷模、自然传说等,按照弘扬优秀文化的要求,针对少年儿童的接受能力和阅读习惯,组织一批作者,精心编写出一批普及读物,供全市少年儿童阅读。

(7)发行项目系列成果。根据活动开展情况,出版一批画册集、故事集、歌曲集、摄影集,创作一批小话剧、情景剧,录制一批影视资料等。

(三)保障措施

(1)组织保障机制。为加强该活动的组织领导,成立鹤壁市“淇水亲子故事乐园”示范项目工作领导小组,由市宣传、文化、团委、妇联、文联、新闻等相关单位人员组成，下设办公室，办公室设在市图书馆。举办活动时，成立专项活动领导小组；根据活动开展，成立专家委员会，提高活动举办水平。

（2）制度保障机制。建立工作机制，制定《鹤壁市“淇水亲子故事乐园”示范项目实施方案》等相关制度，建立联席会议制度、例会制度、联络员制度等，确保工作有序开展。

（3）投入保障机制。由市文广新局、财政局拿出专项资金，图书馆投入专项经费，确保活动开展。市县（区）各级财政加大投入力度，根据当地活动参与度、规模大小、档次高低等进行预算，列入财政投入规划，并付诸实施。

（4）督查考评机制。由市文广新局牵头，成立专项工作督导组，加强统筹协调，加强各相关部门的沟通，为“淇水亲子故事乐园”示范项目提供坚强保障。

（5）舆论宣传机制。成立宣传信息工作领导小组，做好新闻媒体和网络媒体宣传，扩大社会影响和知晓率；做好中小学校、幼儿园等定向宣传，提高适龄少年儿童参与率，扩大覆盖面。

三、“淇水亲子故事乐园”系列活动的组织实施过程

（一）活动的组织过程

“淇水亲子故事乐园”系列活动共分启动、创作征集和比赛、总结三个阶段。启动阶段主要是召开动员会，全面安排部署；创作征集和比赛阶段主要是组织作品创作、征集和收集整理，开展各项比赛、展演、展示等活动；总结阶段是示范展演，展示活动成果。具体开展情况如表 1 所示：

表 1　2015 年、2016 年“淇水亲子故事乐园”的组织过程表

活动项目	活动时间	参赛单位和人数	获奖(成果)情况
我是小小故事家	2015.3—2015.6	海选:100 多家单位 10000 余人 复决赛:19 个单位 283 名选手	幼儿组的 9 名、少儿组有 27 名选手荣获一、二、三等奖;36 名选手获优秀奖;60 名老师荣获优秀教师辅导奖
	2016.3.20—2016.6.5	海选:100 家单位 10000 多人 复决赛:24 个单位 275 个节目	幼儿组 12 个节目,少儿组 38 个节目荣获一、二、三等奖;43 个节目获优秀奖;4 名老师荣获教学标兵,12 名老师荣获先进个人称号
我是小小文学家	2015.3.20—2015.8.31	海选:100 多家单位 复决赛:300 余篇作品	一等奖 6 篇,二等奖 12 篇,三等奖 18 篇;优秀奖 36 篇;39 名老师荣获优秀教师辅导奖
	2016.3.20—2016.6.30	海选:100 多家单位 复决赛:190 余篇作品	一等奖 10 篇,二等奖 12 篇,三等奖 15 篇;优秀奖 19 篇;7 名教师荣获教学标兵,12 名教师荣获先进个人称号
我是小小美术家	2015.3—2015.6	海选:1000 余人 复决赛:400 余篇作品	幼儿组的 18 名、少儿组有 36 名选手荣获一、二、三等奖;50 名小选手获优秀奖;40 名老师荣获优秀教师辅导奖;获奖作品于 2015 年 11 月份起在全市巡回展出,并出版画册
	2016.3.20—2016.6.30	海选:1000 余人 复决赛:300 余篇作品	一等奖 12 幅,二等奖 16 幅,三等奖 18 幅;优秀奖 20 幅;8 名教师荣获教学标兵,12 名教师荣获先进个人称号;获奖作品于 2016 年 11 月份进行了展出,并出版画册

续表

活动项目	活动时间	参赛单位和人数	获奖(成果)情况
我是小小艺术家	2015.3— 2015.10	海选:100 多家单位 复决赛:14 家单位 60 个节目 300 名选手	一等奖 2 个节目,二等奖 3 个节目,三等奖 5 个节目;优秀奖 6 个节目;13 名辅导老师荣获优秀教师辅导奖
	2016.3.20— 2016.10.2	海选:100 多家单位 复决赛:17 家单位 36 个节目	一等奖 3 个节目,二等奖 5 个节目,三等奖 8 个节目;优秀奖 10 个节目;6 名教师荣获教学标兵,6 名教师荣获先进个人称号
我是小小歌唱家	2015.10.6— 2015.10.24 (复决赛)	海选:100 多家单位 复决赛:复赛 120 名 决赛 33 名	一等奖 2 个节目,二等奖 3 个节目,三等奖 5 个节目,优秀奖 6 个节目,13 名辅导老师荣获优秀教师辅导奖
	2016.3.20— 2016.10.3	海选:100 多家单位 500 余名选手 复决赛:19 家单位 103 名选手	一等奖 3 首,二等奖 6 首,三等奖 9 首;优秀奖 12 首;3 名教师荣获教学标兵,6 名教师荣获先进个人称号
颁奖活动	2015.10.24	“我是小小文学家”“我是小小美术家”“我是小小艺术家”和“我是小小歌唱家”四项活动的颁奖仪式,山城区教科局等 9 个单位荣获优秀组织奖	
	2016.11.13	5 项活动获奖选手以及获得优秀组织奖的单位、获得教学标兵和先进个人的辅导教师进行了表彰和颁奖	

(二)活动的主要做法

1. 领导重视,保障有力

鹤壁市委、市政府高度重视“淇水亲子故事乐园”系列活动,认为其是坚持践行“社会主义核心价值观”,凝魂聚气、强基固本的基础工程,是贯彻从娃娃抓起、从小抓起的具体体现,是使社会主义核心价值观的种子在少年儿童心中生根发芽、真正培育起来的有效载体。市里专门成立了活动领导小组,并组建以市委宣传部、市文明办、团市委、市妇联、市文联、市教育局、市财政局、市文广新局、鹤壁日报社领导为成员的活动组委会,全面负责活动的总体策划、协调督查,确保示范项目顺利实施。

省文化厅领导多次对项目实施给予指导和帮助,省文化厅专家委员会、省文化厅公共文化处、省图书馆相关领导等先后到鹤壁指导创建工作。鹤壁市委、市政府经过项目筹备、参加创建示范项目答辩会、项目实施动员会,为创建工作的顺利开展,奠定了良好的基础。

2. 精心准备,分工明确

为举办好系列活动,鹤壁市委宣传部、市文明办、团市委、市妇联、市文联、市教育局、市财政局、市文广新局、鹤壁日报社 9 家单位连续两年专门联合印发了《鹤壁市“淇水亲子故事乐园”系列活动实施方案》,明确活动的总体目标、活动主题、活动对象、实施步骤、方法和相关单位的具体责任,同时要求按照活动总体方案,各部门再细化每项具体活动方案,认真组织、强化措施、狠抓落实,确保各项活动顺利进行。要明确领导、专人负责,提前筹划,保证人员、时间、经费三落实。各单位之间做到既分工负责,又密切配合,形成各司其职、各负其责、协调联动的良好工作格局。要定期研究,狠抓落实。自 2014 年 10 月份活动创建以来,市图书馆在市文化广电新闻出版局领导下,多次召开专题会议,前后召开局领导会 10 余次,专家协调会 15 次,专题讨论会 30 余次。专题研究,落实任务,并形成活动办公室定期召开例会制度和每周定时汇报等工作制度,确保活动顺利实施。

3. 专家指导,规范公正

为确保“淇水亲子故事乐园”示范项目全面、规范地实施,从项目立项时,就成立了项目专家委员会领导小组,并邀请市委宣传部、市教育局以及市作家协会、市音乐家协会、市美术家协会、市戏剧家协会、市朗诵协会等部门的专家学者，成立了“淇水亲子故事乐园”系列活动专家委员会，以各自拥有的专业知识，对系列活动的开展进行专业指导。

4. 广泛宣传，营造氛围

充分发挥新闻宣传主阵地作用，2015 年 4 月 14 日、2016 年 3 月 18 日在鹤壁日报、淇河晨报上刊登了“淇水亲子故事乐园”系列活动的活动通知与参赛方式，同时印制活动宣传海报和宣传页在全市进行张贴和发放。大力宣传开展该活动的重要意义和主要内容，广造声势、扩大影响，营造良好的社会舆论氛围，让更多的市民和儿童了解并参与到系列活动中来，扩大活动的参与度。每次具体活动举办都得到了新闻媒体的积极关注，给予充分报道。

四、“淇水亲子故事乐园”系列活动的典型特色

（一）活动规格高

活动从一开始就立足于高起点。借助于“淇水亲子故事乐园”系列活动被列入第一批河南省公共文化服务体系示范项目之机，鹤壁市委、市政府立足于把它打造成为鹤壁的文化品牌。市里明确一名市委常委和一名分管文化工作的副市长为组委会主任，市政府副秘书长、市委宣传部副部长、市文广新局局长为副主任，市委宣传部、市文明办等 9 家单位为成员单位。这样的规格，在鹤壁举办的活动中也是非常少见的。

（二）整体规划好

活动涉及故事讲演大赛、故事创作大赛、故事绘画大赛、故事表演大赛、故事演唱大赛五个部分，写、讲、演、画的活动形式符合中小学生兴趣特点和

学习需求,活动生动活泼,容易接受,对提高他们的创作能力、演讲表达能力,表演能力,理解能力、想象能力和绘画能力,演唱能力等具有一定的促进作用。

(三)活动对象明确

举办活动的目的就是以小手拉大手的形式,带动全民阅读。活动名称为淇水亲子故事乐园,定位就是亲子故事,就是以故事为媒,以活动为纽带,让孩子和家长共同分享在活动中学习、成长的乐趣。通过学龄前儿童和中小学生参与活动,带动家长与社会的学习热情。

(四)活动主题明确,内容积极向上

活动的主题就是阅读实现梦想,健康快乐成长,以热爱家乡、宣传鹤壁、树立形象、弘扬社会主义核心价值观为主要内容,以淇河文化为地域特色,提高少年儿童文化和道德素质,提高民族自信心和自豪感,实现"讲好鹤壁故事、传承淇河文化、践行社会主义核心价值观、做文明有礼貌鹤壁好少年、好儿童"的目标。

(五)活动接地气,社会覆盖面广

形式呆板、内容空洞的活动往往引不起参与者的兴趣。"淇水亲子故事乐园"系列活动脱胎于"小读者之星故事比赛",有着非常广泛的活动基础,非常接地气。"我是小小文学家"故事创作大赛,可以激发少年儿童想象力,提高写作能力;"我是小小故事家"讲故事大赛,可以激发孩子的演讲表达能力,培养阅读兴趣,接受文化熏陶;"我是小小美术家"故事绘画大赛,可以提高孩子对故事的理解能力、想象能力和美术表达能力,增强孩子对故事和美术的爱好;"我是小小艺术家"故事表演大赛,可以增强亲子之间、少儿之间的亲情、友情和团队意识,提高活动的参与性、趣味性和互动性,带动更多儿童爱阅读,提升整体素质;"我是小小歌唱家"故事歌曲演唱大赛,用

优美动听的故事歌曲旋律开启少年儿童心灵，达到德育、美育、智育兼收并举之效。活动涉及面广，可以满足不同儿童的不同爱好，有着广泛的社会参与度，社会覆盖面非常宽。

(六)充分发挥利用各方面的优势和资源

"淇水亲子故事乐园"系列活动共有9个单位作为主办单位，承办单位为市图书馆、市文联各相关协会，各县区文广(文教体、文体)局，协办单位为县区公共图书馆，涉及的面比较广，这为活动的成功举办提供了保障。市委宣传部、市文明办组织、协调各县区部门单位，市文广新局组织文化部门及所属机构参与活动，市财政局为活动的经费提供保障，市教育局负责组织各学校的中小学生参加活动，鹤壁日报社负责活动的宣传报道、营造氛围、扩大知名度，市文联负责组织协调专家委会员中的市作家协会、市音乐家协会、市美术家协会、市戏剧家协会、市朗诵协会的专家学者参与活动，团市委、妇联负责组织广大青年及妇女参与活动。市图书馆针对写、讲、演、唱、画活动，利用馆内"鹤图讲坛"阵地，举办了"教你如何讲故事""教你如何画故事"等系列讲座和专业培训，受到小读者的热烈欢迎。同时，市图书馆专业人员、公共图书馆志愿者、文化业余骨干等都积极参与，其中市图书馆招募的专家型和服务型志愿者、少儿志愿者，各大中专院校图书管理员，音乐、舞蹈、美术、书法、摄影等文艺家协会会员和其他各领域专家学者的参与更让活动增辉不少。

五、"淇水亲子故事乐园"系列活动取得的社会效果

(一)提供少年儿童快乐成长专属平台，创作鹤壁特色少儿作品

"淇水亲子故事乐园"系列活动最成功之处就在于它广泛利用故事这

种形式，深深地吸引着广大青少年和学龄前儿童，让他们在讲故事、写故事、演故事、唱故事、画故事中得到快乐，在快乐中得到锻炼和成长，在快乐中增长才干和能力。通过系列活动的开展，共收集整理了《2015年“我是小小故事家”故事讲演大赛获奖选手作品集》《2015年“我是小小文学家”故事创作大赛和“我是小小艺术家”故事表演大赛获奖选手作品集》《2015年“我是小小美术家”故事绘画大赛获奖选手作品集》和《2016年鹤壁市“淇水亲子故事乐园”系列活动的获奖选手作品集》，不仅是近两年举办活动成果的展示，也为今后长期举办活动提供了作品范本和依托。

（二）丰富了市民文化生活，带动了全民阅读活动的广泛开展

在少儿的影响下，不少家长和孩子一起到图书馆看书学习。2016年鹤壁市“淇水亲子故事乐园”系列活动——“我是小小艺术家”故事表演大赛、“我是小小歌唱家”故事演唱大赛决赛分别在国庆假期市图书馆报告厅举行，原来习惯于这一时间旅游、休闲或外游玩的家长和孩子，如今找到了新的娱乐方式，图书馆报告厅内挤满了前来参赛或观看比赛的孩子和家长，既可以给孩子加油助威，还可以借此到图书馆看看书、“充充电”。“爱读书、爱学习”的阅读氛围愈发浓厚，全市文化生态得到充分涵养，书香在鹤城传递，绵延到每个角落。

（三）弘扬和传递了社会正能量，践行了社会主义核心价值观

“淇水亲子故事乐园”系列活动参赛作品内容积极、健康向上、催人奋进，大部分是反映民族精神和不同时期的童话故事、民间故事、启智故事，也有的是以鹤壁市淇河文化为主线，以英模、先进人物和道德楷模为原型创作、改编的少儿故事。还有的内容是反映爱家乡、家人民、爱父母、爱同学、家庭美满、生活幸福、学习愉快等等，从不同的方面弘扬和传递社会正能量，宣传、践行了社会主义核心价值观。

（四）形成了文化活动品牌，扩大了鹤壁当地文化影响力

“淇水亲子故事乐园”系列活动，不仅在活动形式和内容上有新的拓展，而且活动时间贯穿全年，活动地域辐射到新乡和安阳。在画故事活动中，主办方专门邀请安阳市滑县图书馆和新乡市牧野区图书馆参与，他们首先在馆内组织作品征集、评选，选出优秀作品报到鹤壁参加整个活动评选。可以说，“淇水亲子故事乐园”系列活动，已成为鹤壁的拳头文化产品和文化活动品牌，扩大鹤壁文化在全市范围的影响力和对周边地区的辐射作用。

（五）提升了鹤壁图书馆的知名度和影响力，壮大了公共文化服务人才队伍

系列活动的成功举办，积累了一些开展公共图书馆少儿服务活动的经验，如开展少儿服务活动的策划、组织以及活动内容的确定和方式方法，锻炼了一批开展公共图书馆少儿服务的专业人才，让鹤壁图书馆的作用得以充分发挥，图书馆的资源得以充分利用，提升了鹤壁图书馆的知名度和影响力。各县区市直各学校公共文化志愿者队伍服务水平和能力得到明显提升，文化志愿者队伍数量显著增加，提升了业余文化团队数量。通过项目创建，吸引更多群众参与文化活动，鹤壁市图书馆业余文化团队数量较创建前增加30支。

六、举办“淇水亲子故事乐园”系列活动的启示

（一）活动经验

（1）活动要得到市民的认可，必须要接地气，符合当地实际。“淇水亲子故事乐园”系列活动能够成功举办，主要是得到了广大市民的认可和肯定。活动的主角，不是什么大牌角色，而是最普通的中小学生和学龄前儿

童。活动的内容和形式也不是什么高、大、上，而是这些中小学生讲故事、写故事、演故事、唱故事、画故事，用身边的人讲身边的故事，用身边的故事教育身边的人，乡土气息浓厚，符合鹤壁实际，接地气，有人气，容易引起鹤壁人的共鸣，更易为大家接受。

(2)活动要取得成功，必须要突破樊篱，大胆创新。“淇水亲子故事乐园”系列活动就是在原有已举办六届的“小读者之星”故事比赛的基础上大胆创新的结果。要大胆创新活动理念。坚持超前活动理念，坚持把社会效益放在首位，突出活动的社会性、广泛性、带动性，突出地域文化特色。“淇水亲子故事乐园”系列活动坚持把社会效益放在首位，加强活动的引导，坚决抵制庸俗、低俗、媚俗之风，更好地发挥文化引领风尚、教育少儿、服务社会、推动发展的作用。立足现有基础，充分挖掘、传承、弘扬淇河文化，努力形成鲜明文化形象和特色文化品牌，增强活动的影响力，走出独具特色的地域文化普及之路。要大胆创新体制机制。适当引进“社会文化社会办”运作机制，打破文化部门单打独斗局面，争取宣传、教育、工会、团委、妇联、文联等部门的支持参与，形成党委宣传部门引导、文化教育部门实施、工青妇参与、新闻部门联动、全社会广泛参与的局面。要创新方式方法。“淇水亲子故事乐园”系列活动就是由原来的单纯“讲故事”，扩展到讲故事、写故事、演故事、唱故事、画故事，使活动的社会性、广泛性、带动性大大增加。

(二)不足之处与改进措施

(1)存在的不足。一是宣传不到位。通过市级媒体刊登活动方案，张贴海报、发放宣传彩页，到县区各学校、社会培训机构、幼儿园进行动员，多数仅仅限于市县单位，偏远地区学校宣传不足，参与度不高。二是各县区、单位重视程度参差不齐。重视度高的，参与面广、获奖率高、选手水平高，反之亦然；个别单位对活动意义，实现全民阅读认识不到位，部分教师对活动的积极性还不高；相比之下，社会培训机构参与度相对较高。三是培训面小。仅仅利用鹤壁市图书馆馆内“鹤图讲坛”的平台，邀请志愿者针对“说写演唱画”五项活动开展专题讲座，受益人数有限，培训面不大。

（2）改进措施。一是改进奖项。为引起教师队伍的高度重视，2016 年在活动的设奖上，把优秀教师辅导奖改为教学标兵和先进个人奖，以提高其积极性；规定仅获得一等奖的选手辅导老师才能评为教学标兵，既控制了名额，又促使赛事水平的整体提高。二是出版成果宣传。为进一步打造和宣传“淇水亲子故事乐园”活动品牌，提高其影响力，通过活动的组织落实，出版“获奖故事集”“优秀绘画集”以及视频资料，并进行发放；制作绘画作品展板，除在市图书馆展出外，巡回到县区和市直学校进行展出。三是加大培训力度。为全面宣传全民阅读，以说、写、演、唱、画为载体，让培训走出图书馆，深入县区、学校和社会培训机构，以全面提高全市少年儿童参与度。四是加大督导力度。为使各县区学校引起足够的重视，大赛组委会将制定工作措施，加大督导力度，促进全市的平衡发展。

信阳市“豫南民舞广场化”的地方实践

信阳市文化广电新闻出版局

2014 年，信阳市申报的“豫南民间舞蹈广场化”被省文化厅、省财政厅批准为“河南省公共文化服务体系示范项目”。两年多来，信阳市以省级示范项目创建标准为依据，坚持“突出地方文化特色，引领文化繁荣发展”工作思路，制订了《信阳市 2014—2016 年“豫南民间舞蹈广场化”公共文化服务体系示范项目创建规划》；成立了《信阳市豫南民间舞蹈广场化示范项目创建工作领导小组》；全市组织举办豫南民间舞蹈广场化示范项目培训班 98 期，其中，市群众艺术馆举办市级骨干培训班 16 期；完成了 15 个豫南民间舞蹈音乐教学光碟的资料下发，为全市学习和推广豫南民间舞蹈提供统一音乐；多次组织开展豫南民间舞蹈广场化示范项目推广活动，为 12 个民间舞蹈队免费发放音响设备和表演道具。据统计，此项目实施前，全市学跳豫南民间舞蹈的人数不足 2000 人，到 2016 年年底，全市学跳豫南民间舞蹈人数已达 10.2 万人，项目受益人群不断在扩大，参与人数继续在增加，形成了良好的发展态势。

一、实施背景

信阳素有“河南歌舞之乡”的美称，民间舞蹈存量丰厚，源远流长，是豫南民间舞蹈的发源地，有资料显示，这些优秀的民间舞蹈最早可以溯源至西周以前，在汉代以前可以找到雏形。新中国成立前后豫南民间舞蹈加入了一些新的音乐和舞蹈元素,使原生状态的民间舞蹈在被收存保护的过程中有所变化。20世纪80年代,在全市范围内开展普查,豫南民间舞蹈有80多个舞种,120多个演出形式,400多个传统节目,3350多个演出班社,占当时河南省舞蹈演出班社的1/3以上,信阳文化部门加大对豫南民间舞蹈的深度挖掘,发现和整理一批在全省乃至全国颇具体影响的豫南优秀民间舞蹈,编撰出版了《河南民族民间舞蹈集成——信阳地区卷》和《信阳民间舞蹈》等专著。

(一)群众基础广泛

信阳是豫南民间舞蹈的发源地。市辖7县2区、6个管理区和开发区,共有198个乡镇、21个办事处、241个居民委员会、3026个村民委员会,总面积1.89万平方公里,总人口860万,全市已建成乡镇综合文化站149个、村农家书屋2365个、县级文化信息资源共享工程支中心9个、村级站点2365个、全市有1600多个文化广场,有4800多个民间舞蹈团队的100000多人参加活动,随着国家和社会的不断进步与发展,广大人民群众的文化需求不断攀升,休闲时间跳跳舞,已成为越来越多人的自觉行动,这说明了人们健身意识的增强。因此,选择在全市推广豫南民间舞蹈广场化普及活动就显得很有必要。每天傍晚,男女老少聚集在城乡文化广场翩翩起舞,成为市区和城乡一道靓丽的文化风景。

(二)公共文化服务设施日趋完善

市及县(区)乡镇各级党委、政府多措并举,切实加强对豫南民间舞蹈广场化示范项目创建工作的领导,为民间舞蹈表演团队提供政策支持,拨专款建设群众文化广场,帮助解决实际问题。目前,全市已经建成文化广场1600多个,待建的10多个,有的文化广场还配有灯光、音响设备和观众座凳等。占地91亩、建筑面积4.7万平方米、投资3.6亿的市级重点文化工程博物馆、图书馆已建成对外开放，市群众艺术馆在免费开放的同时，于2014年完成三楼展览大厅的装修改造工程，并多次举办展览；信阳市艺术中心活动大厅和胜利大舞台建设正在进行之中。县区一大批文化基础设施建设初具规模：平桥国际会展中心（含大剧院、图书馆、文化馆）、浉河区“两馆”（图书馆、文化馆）、潢川县文化会展中心（含剧院、电影城）、商城县文化中心、罗山县文化中心、淮滨县淮河博物馆、平桥区城阳城址博物馆、新县鄂豫皖将帅馆等相继建成投入使用。现已建成乡镇综合文化站、村农家书屋和县级文化信息资源共享工程支中心，坚持常年开展活动，惠及千家万户。实现9815个20户以下自然村通广播电视。每年在2365个行政村放映公益电影28380场、组织优秀电影在全市文化广场和农民工聚集地放映近千场。“舞台艺术送农民”活动实施7年来，已累计开展2100场次，在此基础上，实现市级政府采购60场文艺演出送到基层。两年多来，全市每年开展文化“五进”活动达2600场次以上，全市建成高标准文化广场98个，公共文化服务设施的不断完善，为豫南民间舞蹈广场化提供了坚实的设施保障。

（三）社会力量积极参与

通过大力宣传豫南民间舞蹈广场化的活动增强了社会的影响力，吸引更多的社会资本参与到信阳市公共文化服务体系建设之中，以文化产业园、文化产业有限公司等知名企业为基础，积极开展社会力量联动，做大、做强、做实、做活公共文化服务体系项目，要切实加强和积极引导民间资金，特别是社会团体和个人积极参与公共文化服务体系建设。

二、主要做法和成效

“弘扬民族艺术，培育民族精神”，这是先进文化建设的重要任务，是一个民族赖以生存和发展的不竭动力,也是一个民族自立于世界民族之林的根本源泉。实施豫南民间舞蹈广场化示范项目是以信阳地域文化作为基石,是在传承基础上的发展。豫南民间舞蹈产于自然,生于劳作,表情达意,喜闻乐见,它融乡土、乡情、乡音、乡风为一体,体现了普通百姓的审美追求,淳朴而丰厚。显然,豫南民间舞蹈广场化示范项目的有效推进,具有深刻的现实意义和深远的历史意义。

(一)健全组织,规范管理

信阳市委、市政府高度重视全市公共文化服务体系建设工作,把豫南民间舞蹈广场化示范项作为一项重要工作来抓。市委宣传部多次召开会议,研究部署相关工作任务,分工专人负责,定期召开会议,听取工作汇报,现场解决工作中遇到的实际问题,确保豫南民间舞蹈广场化示范项目创建工作取得实效。一是成立领导小组。为确保“豫南民间舞蹈”广场化示范项目落地生根,健康发展,成立了“信阳市豫南民间舞蹈广场化示范项目创建工作领导小组”,市文化广电新闻出版局党组书记、局长张冬梅任组长,两位副局长任副组长,社会文化科科长、艺术科科长、市直文广新局相关二级机构负责人和县、区文广新局(文新局)一把手为成员,下设创建工作办公室。同时,制定了创建工作实施方案,组织专家在调研的基础上开展豫南民间舞蹈广场化试点工作,及时召开现场经验交流会,有计划、有步骤在全市推广“豫南民间舞蹈”广场化示范项目,有组织、有规划协调相关活动内容,解决实际问题。二是组织专业人员深入县区和乡镇开展调查和搜集工作,然后组织专家对豫南民舞进行甄选、整理,编撰出书。三是开展豫南民间舞蹈学习推广活动,举办市、县(区)乡镇骨干培训班和辅导班86期,培养人员3000多名,新增民间舞蹈表演团队118个。四是建立信阳市民舞人才档案库,经常组织全市民舞艺人开展学习交流和展示活动,并选派优秀民舞骨干到外地培训,不但提高舞蹈技能。

(二)认真学习,全力推广

为认真做好豫南民间舞蹈广场化工作,市文化广电新闻出版局组织全市作曲家、舞蹈专家,对豫南民间舞蹈伴奏音乐进行整理、改编以适应广场化的需要,同时对部分优秀豫南民间舞蹈进行编创,2015 年完成了豫南民间舞蹈辅导教学视频光碟的制作任务,免费下发县区、乡镇和机关学校,供全市示范学习和推广使用。市文明办、市文化广电新闻出版局等单位根据全市文化工作会议精神,联合在全市开展"文明信阳 · 美丽茶都"群众文化活动,2014 年 5 月 23 日在琵琶台广场隆重举行浉河带状公园"豫南花扇"广场舞推广活动启动仪式,为 12 支代表队免费发放了专用音响设备和舞蹈道具。浉河带状公园"豫南花扇"广场舞推广活动共开辟 12 个广场活动点,规模分小型广场和大型广场,定时定点开展经常性广场活动。以此为契机推动全市豫南豫南民间舞蹈广场化活动的全面展开,让信阳独特的"花棍舞""火绫子""花伞舞"等优秀民间舞蹈走进广场,服务社会,使得广大老百姓乐于接受,便于参加,愉悦身心,强身健体,全力打造本土化群众文化活动品牌。

县区的各项工作也扎实推进。潢川县举办了豫南民间舞蹈培训班,以豫南民间扇舞为基础,抽调 30 人集中排练,在送文化下乡活动中进行巡回展演;商城县举办了豫南民间舞蹈广场化推广启动仪式,来自全县 20 支舞蹈队以及自由广场舞爱好者共 500 余人参加与了启动仪式,县文化馆还派出 3 名骨干为李集乡 6 支广场舞舞蹈队进行豫南民间舞蹈教学辅导,先后举办 10 多期培训班;罗山文化馆在县世序广场进行了 10 多期豫南民间舞蹈广场化培训;平桥区以豫南民间舞蹈扇为基础进行了 8 期培训,组织参加送文化下乡和明港镇庆"七一"大型演出;浉河区文化馆举办 9 期群众文艺骨干培训班,并将参培骨干分派到全区 16 个广场进行辅导传授,影响人数近万人。区文化馆每周 2 个晚上派专业舞蹈老师到各广场点辅导示范豫南民间舞蹈;息县文化馆紧紧围绕“魅力息县·美丽乡村行”文艺轻骑下基层活动,并以“教你一招”为载体,举办豫南民间舞蹈培训班8期。

(三)加强保护,重视传承

在普查、整理、编撰出版豫南民间舞蹈集成丛书的同时,有重点的培养和推出一批优秀的豫南民舞,并通过信阳电视台等新闻媒体进行广泛宣传,扩大社会影响面。并把豫南民间舞蹈纳入全市非物质文化遗产保护范围,信阳市申报的民间舞蹈《花挑舞》《火绫子》等被河南省人民政府公布为省级非物质文化遗产保护名录;《信阳民间舞蹈》《板凳龙》《打六扇》等被信阳市人民政府公布为市级非物质文化遗产保护名录。同时开展的优秀豫南民间舞蹈的音像摄录工作,作为非物质文化遗产传承与保护的有形舞蹈资料,现已完成了潢川火淋子、潢川十把扇子、商城花伞舞、六把扇等10多个民间传统舞蹈拍摄与制作任务。

(四)丰富形式,有序开展

信阳市以豫南民间舞蹈广场化为重点的公共文化服务体系示范项目开展形式多种多样。全市组织举办98期“豫南民间舞蹈广场化示范项目”舞蹈培训班,其中,信阳市群众艺术馆举办了16期“豫南民间舞蹈广场化示范项目”舞蹈专干培训班,参加培训人员300多名,培训后的学员在基层担任教员开展“豫南民间舞蹈广场化示范项目”辅导培训工作,使“豫南民间舞蹈广场化示范项目”在全市普及推广。2015年6月、2016年10月,市群众艺术馆组织信阳群星艺术团民乐团、合唱团于深入商城县双椿铺镇、伏山乡里罗城村开展“文化走基层.民歌民乐进乡村”和“豫南民间舞蹈广场化示范项目”表演、推广演出活动,现场表演了“豫南民间舞蹈广场化示范项目”广场舞32步《游春》和广场舞64步《十二月点点》等,受到3000多名农民朋友的热烈欢迎。信阳市群众艺术馆连续两年组织“豫南民间舞蹈”专业表演人员走进信阳电视台演播大厅，主讲新编“豫南民间舞蹈”广场舞，现场录制后已在信阳电视台多次播出，为全市舞民学练“豫南民间舞蹈”提供视频资料，开展“教你一招——豫南民间舞蹈电视教学活动”，进一步营造了宣传、学习和普及学练“豫南民间舞蹈”的良好氛围。2016 年，举办信阳市豫南民间舞蹈大赛，共 15 个代表队的 300 多名舞蹈队员参加了决赛，获奖队选送参加 2016“幸福河南”河南省首届艺术广场舞展演活动获优秀展演奖和集体组织奖。

信阳市严格按照《信阳市 2014—2016 年“豫南民间舞蹈广场化”公共文化服务体系示范项目创建规划》的标准实施过程管理。建立跟踪辅导和协调机制。为扎实推进“豫南民间舞蹈广场化示范项目”在有序开展，确保项目效果，市创建工作领导小组组织专家小分队，深入市直单位和县（区）乡镇进行现场检查，跟踪辅导，规范和统一舞蹈动作，及时纠正不良表现，同时，认真做好市派舞蹈专家分县（区）乡镇辅导、培训等相关协调工作，确保豫南民间舞蹈广场化示范项目在全市同步发力，整体推进。建立联络员制度。建立了信阳市“豫南民间舞蹈广场化”示范项目联络员体系，市文广新局党组成员、副局长梁光旭同志为全市联络员负责人，各县文广新局、区文新局分管副局长为联络员，并坚持召开工作会议，交流经验、互通情况。建立经费管理制度。市、县区、乡三级财政积极响应市委、市政府关于加强全市公共文化服务体系建设工作的要求，对豫南民间舞蹈广场化示范项目给予政策和资金支持，建立起全市公共文化服务体系基础设施，每年上级拨付的“豫南民间舞蹈”广场化示范项目补助资金全部用于项目建设上，所有开支坚持集体研究决定，确保经费管理公开、透明，坚持开展督导检查。为进一步强化政府对“豫南民间舞蹈广场化”示范项目的主导职能，市创建工作领导小组办公室连续三年组织 5 个专家小组共 12 次深入市直单位和县区、乡镇进行实地督导检查，进一步规范舞蹈动作，认真总结经验，及时发现问题和解决问题。建立信息报送制度和信息宣传工作评分制度，市、县区创建工作联络员坚持定期报送相关活动资料，重要活动坚持及时报送，完成了年度报送工作信息任务，编印《豫南民间舞蹈广场化创建工作简报》，建立信息宣传平台，扩大社会影响面。

三、经验启示

信阳市于2014年向省文化厅申报了“豫南民间舞蹈广场化”示范项目，并被省文化厅、省财政厅批准为“河南省公共文化服务体系示范项目”。三年来按照省文化厅、省财政厅创建公共文化服务体系示范项目要求，结合信阳市公共文化服务体系建设现状和发展需要，坚持“突出地方文化特色，引领文化繁荣发展”的工作思路，狠抓创建工作机制建设、严格创建规划实施、认真开展深层次调研，以此为切入点切实加强过程管理，全面推广豫南民间舞蹈等地方优秀文化产品，提升信阳公共文化服务体系建设模式和进程，助推全市文化事业的繁荣与发展。豫南民间舞蹈屡获国家、省级赛事大奖，多次亮相央视和省台，社会反响良好。通过市、县区文化部门的努力，全市学跳豫南民间舞蹈队伍不断扩大，人数快速增加，过去跳广场舞多为中青年妇女，现在不少老年人、年轻人甚至中小学生也参与其中。形成了一个庞大的学跳豫南民间舞蹈队伍群。总结“豫南民间舞广场化”建设经验及取得的成绩，有以下几个方面的启示：

（一）群众的文化需求是发展公共文化的动力保障

在组织实施豫南民间舞蹈广场化示范项目活动中，坚持既抓项目主体，又抓细枝末节，及时跟进管理，注重效果。豫南民间舞蹈是信阳地域环境文化、宗教文化、民俗文化等众多因素综合影响下所形成了豫风楚韵文化，历史悠久，有着广泛的群众基础，深受大家的喜爱。信阳人能歌善舞，生来好动,加之现在人们生活富足,娱乐与健身已成为当代人的自觉选项,只要相关部门或民间组织加强宣传、正确引导、疏通管理,豫南民间舞蹈广场化项目坚持长久会吸引更多的群众参与。坚实的群众文化基础奠定了豫南民间舞蹈不断创新与发展的民间土壤,彰显着顽强的生命力、永恒非凡的魅力和广阔的发展空间。

(二)正规化和常态化管理模式是发展公共文化的体制保障

开展豫南民舞广场化示范项目的辅导与教学活动,强化体制机制建设,建立豫南民舞广场化培训与管理正规化和制度化模式,使该项活动成为有组织领导、有专人负责、有固定场所、有相对稳定的活动群体的文化品牌项目,通过豫南民间舞蹈广场化示范项目联络员体系,坚持定期报送相关活动资料,重要活动坚持及时报送,通过《豫南民间舞蹈广场化创建工作简报》,建立信息宣传平台,扩大社会影响面。确保工作活动透明、渠道畅通、情况准确、及时跟进,《信阳日报》《信阳晚报》、信阳电视台、信阳文化网等新闻媒体开辟豫南民舞广场化专题栏目,全面介绍豫南民舞广场化示范项目创建工作的意义、豫南民舞相关知识等,营造了良好的社会氛围。为进一步发展公共文化、提升社会风气和人民群众的文明程度,营造社会安定、家庭和睦、安居乐业的良好氛围提供坚实的体制保障。

(三)打造本土文化服务品牌是发展公共文化的品质保障

信阳市在有效实施豫南民间舞蹈广场化示范项目的活动过程中,通过举办豫南民间舞蹈广场化大赛、专场晚会等形式,做大市场,发现和培养新人,同时,组织专家研究开展豫南民间舞蹈广场化新方法、新途径,并采取互动交流、总结提高等多种形式,不断完善管理制度,逐步实现了豫南民间舞蹈广场化阶梯式发展的框架构想。通过项目的创建与实施,完成了从资源搜集整理、社会影响扩大到人气聚集增容,豫南民间舞蹈丰富了全市广场舞内容,提升了广场舞的社会地位,使豫南民间舞蹈广场化完成了量的积累与质的飞跃,平台越做越大,队伍不断扩大,人数快速增加,豫南民间舞蹈《山乡渔歌》参加第二届中国艺术节北京主会场演出;舞蹈《锣鼓十八番》获首届中国农民艺术节“银穗奖”、大型器乐舞蹈《鼓娃闹茶乡》在全国第三届少儿才艺展演大赛上获最高奖“国星奖”;舞蹈《一把伞》等参加全国汇演、调演比赛均获大奖。《花挑舞》参加全国民间音乐舞蹈比赛荣获创作大奖,同时还参加了 1993 年世界旅游日开幕式表演,博得中央领导及中外游客的一致赞赏。2000 年,民间舞蹈《锣鼓闹秧》荣获全国社会文化最高奖——群星奖。“豫南民舞广场化”成为信阳公共文化服务体系新的品牌。

提升服务效能，深化文化内涵，打造文化品牌
——洛阳市涧西区公共文化服务体系示范区建设研究报告

洛阳市涧西区文化广电新闻出版局

涧西区地处历史文化名城——洛阳市的西部，因居涧河之西而得名。1955年，国务院批准涧西建区。辖区面积90平方公里，辖12个街道办事处，1个省级产业集聚区，73个社区（含18个村改社区），总人口约81万，其中常住人口约59万。涧西区是洛阳市的人口大区、经济大区、驻军大区、工业大区、科技大区和传统商贸大区，悠久的历史孕育了涧西丰厚灿烂的文化内涵。实现涧西文化崛起，再造涧西文化新的辉煌，是区委、区政府和80多万涧西人民孜孜以求的目标。

涧西区高度重视公共文化服务体系示范区的创建工作，将其列为重点工作之一，列入年度目标考核。以“文化惠民”为目标，以“涧西申报、洛阳创建、省里支持”为基本模式，按照洛阳市政府的总体部署，根据《国家公共文化服务体系示范区创建标准》《河南省公共文化服务体系示范区创建标准》及《洛阳市创建示范区考核细则》的要求，在各级文化行政部门的关怀和支持下，累计投入两千余万元，加强网络建设，提升服务功能，深化文化内涵，努力打造“设施网络化、供给多元化、服务均等化、活动品牌化、机制长效化”的公共文化服务品牌。

2014至2016年，是涧西区现代公共文化服务体系建设蓬勃发展的一个时期。在“文化强市”战略的推动下，涧西区已基本形成文化设施配套齐全、文化市场繁荣有序、区域文化特色鲜明、文化产业基础优势明显和群众文化丰富多彩的文化发展大格局，圆满完成了创建规划任务，全面达到了示

范区创建标准,公共文化服务体系建设迈上了新台阶。对照《河南省公共文化服务体系示范区验收标准》,指标完成率100%,其中共88项指标,79项优秀项,优秀率95%,9项达标项,达标率100%,创建成效显著,群众满意度高。

在创建活动中,涧西区按照构建现代公共文化服务体系的要求和国家中部地区创建标准,结合实际,大胆创新,在设施布局、服务供给、管理体制、运行机制、队伍建设和社会参与等方面,进行了积极创新和实践,形成了许多工作特色和亮点。

一、推进文化设施建设,建立"四位一体"公共文化服务网络

公共文化设施是组织群众开展文化活动、满足群众文化需求、保障群众基本权益的物质基础。涧西区在创建公共文化服务体系示范区工作中,紧紧抓住基础设施建设龙头,以政府为主导,以督查为助力,以机制为保障,努力提升辖区文化设施。涧西区委、区政府召开全区动员大会,与各相关部门签订目标责任书,旨在通过开展创建活动,彻底改变涧西区公共文化基础条件相对薄弱的状况,为群众文化活动发展、繁荣打造大舞台。

一是强力推进区级文化活动设施建设。近年来,区委、区政府高度重视"两馆"建设工作,区政府先后投入资金800余万元用于两馆软硬件设施建设。

二是区图书馆改造提升。按照创建标准要求,原图书馆面积未达到创建国家公共文化服务体系示范区建设标准,通过区政府协调,将原区行政服务中心全部腾出,作为图书馆扩建新址,丰富了区公共文化场馆资源。

三是基础文化设施建设。创建工作开展以来,区政府对12个办事处文化服务中心投入资金360余万元,对73个社区文化活动中心投入资金730余万元用于基层文化设施建设。目前,涧西区办事处文化服务中心应建总

数为 12 个,已建数为 12 个,社区文化活动中心应建总数 73 个,除拆迁社区外,其他社区均已建立文化活动中心。

四是打造微型文体活动圈。在街道社区文化阵地基本达标的基础上,每个街道重点打造 1 处规模超过 1000 平方米的文化活动中心,统一配备设施,完善功能,形成了“10 分钟文体活动圈”。

近年来,涧西区基础设施建设不断完善,已逐步形成以区文化馆、图书馆为龙头、以街道文化活动中心为支撑、以社区文化服务中心为基础、以社会资源为补充的“四位一体”公共文化服务网络。

二、创新管理机制,加大公共文化服务保障力度

建设网络健全、结构合理、发展均衡、运行有效的公共文化服务体系是区委、区政府执政为民的职责所在。涧西区结合城市转型发展实际和群众精神文化需求,突出顶层设计,着力建机制、强基础、扩投入、惠民生,形成了政府统一领导、部门配合联动、全民积极参与的创建工作氛围。

(一)统筹推进,突出顶层设计

区委、区政府把公共文化建设纳入涧西区总体发展规划,成立了由区长为组长,各相关单位负责人为成员的创建工作领导小组,制定下发了《过程管理实施意见》和《工作会议制度》,及时对辖区文化设施情况进行了摸底清查,对照国家创建标准,查找差距,列出本区的设施建设任务,制定详细规划,该新建的新建、该扩建的扩建、该整修的整修。区委、区政府先后召开 3 次全区性高规格会议、10 次联络员会议、8 次工作例会,部署推进示范区创建工作,研究解决创建工作中存在的问题,确保了各项创建活动科学安排、统筹推进。

(二)完善机制,健全制度体系

涧西区全面贯彻落实中办、国办《关于加快构建现代公共文化服务体系的意见》,结合本区实际,印发了涧西区实施意见和实施标准,对公共文化服务体系建设进行全面部署。先后出台了《涧西区公共文化建设工作考核办法》《推动社会力量参与公共文化服务实施办法》《政府向社会力量购买公共文化服务实施办法》等20余个规范性文件,为公共文化服务体系常态化建设提供了政策保障。围绕"构建现代公共文化服务体系"的总体目标,成立了由12个相关单位参加的区公共文化服务体系建设协调领导小组,建立了议事机构,明确了部门职责,对全区重大公共文化服务工作定期研究部署,形成了统一协作、资源共享、融合发展、服务高效的公共文化服务工作局面。

(三)广泛宣传,营造浓厚创建氛围

涧西区制定印发了《示范区创建宣传工作方案》和《宣传信息工作部署》,对宣传任务进行细化分工、量化考核。在媒体上开辟公共文化服务体系公益广告宣传,截至目前,在《人民日报》《河南日报》《洛阳日报》和《涧西要闻》等媒体上已发布600余条宣传信息。此外,各企事业单位临街LED显示屏上24小时全天候滚动播放创建示范区工作内容;建筑工地围墙上安置图说创建工作;区政府投入40万,在银川路建设全长1300余米的创建文化长廊,展示涧西区创建公共文化服务体系示范区成果。通过设置公益广告牌、制作宣传栏,印发宣传册等形式,广泛开展社会宣传工作,营造全民了解创建、支持创建、参与创建的浓厚氛围。

(四)加大投入,夯实创建基础

涧西区坚持文化惠民原则,2014年,全区文化支出796万元,增幅比例

为 55.8%;2015 年,文化支出 896 万元,增幅比例为 12.6%;2016 年,文化支出 1160 万元,增幅比例为 29.5%。

(五)严格奖惩,增强创建动力

涧西区将示范区创建纳入政府目标管理,每季度对辖区各办事处、社区创建工作进行考核并通报工作进展情况,对排名靠前的单位进行奖励,排名末位的单位通过《工作提示函》,规定时间节点,督促整改,并不定期对服务单位免费开放情况进行暗访督导,有好的做法的单位在全区推广,对行动迟缓及存在其他问题的单位,进行领导约谈。由于措施到位,促进了设施建设的顺利开展。涧西区的图书馆、文化馆按照时间节点建成,并实现了免费开放,受到辖区居民的赞扬。

(六)创新基层公共文化运行管理机制

在社区群众中蕴藏着参与健康向上文化生活的积极性。涧西区创新公共文化运行管理机制,发挥基层群众自治组织的作用,推动开展公共文化服务参与式管理,推动群众评议等行之有效的做法,健全民意表达和监督机制,引导社区居民参与公共文化服务项目规划、建设、管理和监督,维护群众的文化选择权、参与权和自主权。调动社区、企业和社会组织等多方面力量,统筹资源,共同参与基层文化的管理和服务,形成多元联动格局,扎实推进了社区文化志愿服务活动的开展。推进将公共文化服务纳入基层社区服务网格进行管理,培育了社区互助文化,为营造和谐社区注入了新活力。

(七)完善公共文化服务评价工作机制

以效能为导向,制定政府公共文化服务考核指标,作为考核评价领导班子和领导干部政绩的重要内容,纳入科学发展考核体系。建立公共文化机制绩效考评制度,考评结果作为确定预算、收入分配与负责人奖惩的重要依据。加强对重大文化项目资金使用、实施效果、服务效能等方面的监督和评估。完善服务质量监测体系,研究制定公众满意度指标,建立群众评价和反馈机制。涧西区探索建立公共文化服务第三方评价机制,增强公共文化服务评价的客观性和科学性,为繁荣基层群众文化生活奠定基础。

三、打造特色品牌,激发公共文化服务体系发展的内在动力

创建基础工作的强化,加强了公共文化服务供给,保障了公共文化服务均等化、特色化、品牌化工作开展。涧西区以区域特色和民间文化为依托,坚持"按需提供、流动服务、政府购买、免费开放"原则,全力打造区域文化特色品牌。

涧西区在坚持一手抓好硬件设施完善的同时,努力促使服务能力提升,增强创新意识和实践,激发公共文化服务体系发展的内在动力,努力形成责任明确、行为规范、富有效率、服务优良的管理体系和运行机制。同时,解放思想、先行先试、引进现代信息技术、革新服务理念,丰富服务内容,完善服务供给方式,不断加大创新力度,积极探索新模式、新思路、新方法、新举措,着力形成推动公共文化服务体系建设长效机制,增强可持续发展能力。

涧西区高标准推进创建工作落实,初步构建起了网络健全、结构合理、发展均衡、运行有效的公共文化服务体系,公共文化服务效能全面提升。过去那种开展活动缺场地,服务手段落后的状况得到了改变。

涧西区现有图书馆、文化馆、12 个乡镇(街道)综合文化站、50 个社区文化服务中心,3 个爱国主义教育基地,1 个国学剧院,53 个文化广场及 4 个影院(万达影院、卢米埃影城、奥斯卡影院、格调影城)等公共文化服务设施。全区已经形成以"区级两馆"为龙头,其他公共文化机构为补充的完善的公共文化服务设施网络。各类公共文化设施设置完备、布局合理,使用率

高，能够充分满足辖区群众的读书、文化活动、业务培训、参观学习等各类需求。

（一）推广全民阅读，提升公共文化素质

1. 构建以“总分馆”为支撑的公共文化阅读体系

涧西区图书馆位于涧西区嵩山路 29 号，交通便利，方便群众就近参与各项活动。馆舍面积 1500 平方米，内设图书阅览区、报刊阅览区、少儿活动区，设置电子阅览室、残疾人阅览室等 5 个阅览区域，配有书目检索机，数字音频阅读机，自助借还机等 6 台先进阅览设备，阅览座椅 80 余个。截至目前，全区图书馆（室）现有各类藏书 41.5 万余（415738）册；全年全区图书馆（室）共流通藏书 29.2 万余（291998）册；全区图书馆（室）共新增图书 4.4 万余（44170）册；全年全区图书馆（室）各窗口共接待各类读者 20.4 万（204344）人次；区图书馆数字资源量达到 3TB。图书馆五项指标全部达标。

涧西区图书馆现已建成以“区—街道—社区”三级总分馆图书一卡通借阅网络，并纳入全市“中心馆—总分馆”服务体系。图书馆建立健全各项管理制度，坚持开展丰富多彩的文化活动，不断提高文化活动质量。建立经常开放制度和流动服务制度，定期向群众公布活动内容、方式和时间，在群众中增强了吸引力。群众借阅图书可以在就近图书馆还书，还可以在网络上延续借阅时间，极大地提高了图书的借阅率且方便了群众。图书馆于 2016 年 3 月 7 日正式开馆，目前，图书借阅量已达 86526 册。

涧西区图书馆坚持公共文化服务向基层延伸，以区馆为总馆，把 12 个乡镇综合文化服务中心、50 个社区文化活动中心纳入公共图书馆网络管理，改变了过去区图书馆图书无统一标准、阅读活动缺乏常态化、为读者服务效能不高、乡镇综合文化服务中心和社会文化活动中心形同虚设的现状。

2. 顺应读者兴趣特点，让读者点单

作为老工业基地，涧西区汇集了从北京、上海、黑龙江、辽宁、吉林等地引进的很多专家和知识层次较高的工人,如今这批人都已退休在家,他们对于获取新知识的渴望高于普通百姓,成为涧西区图书馆的常客。鉴于此,涧西区图书馆通过积极征求读者意见来确定期刊、报纸订单。

此外,在2017年寒假来临前夕,涧西区图书馆特意采购一批图书助力孩子们过“文化年”。在采购图书时,为了达到趣味性,益智性,科学性和知识性的结合,涧西区图书馆主动联系涧西区教育局以及当地知名的中小学的语文老师,组成采购组,有针对性地策划和采购。

3.举办系列活动,营造读书氛围

在涧西区图书馆有老年朋友组建“老来乐文友社”,定期开展“文化沙龙”活动。这些活动的开展,丰富了老年人的文化生活,使他们体验了学习的快乐。这些老人把自己读书中获得乐趣宣传给更多的人,使更多的人了解图书馆,前来借阅图书,养成阅读图书的好习惯。

图书馆根据老人的要求,请来电脑和智能手机行家里手,为中老年人开办了“电脑应用基础知识培训班”“智能手机操作培训班”,使老人们具有基本的信息获取能力,使数字文化在他们的生活中发挥了作用。这些创新活动的开展,使老年朋友的读书得到了深化,提高老年朋友读书学习的兴趣,产生了良好的社会效益。

涧西区的诗歌朗诵团队在图书馆开展过“诗歌朗诵学习交流”活动,诗歌朗诵人员和诗作者在此交流朗诵技巧和诗歌创作体会。这些诗歌朗诵团体多次在洛阳市的诗歌朗诵活动中获奖,有的朗诵者成了涧西区和洛阳市诗歌朗诵活动的骨干,带动了更多的中青年参加到诗歌朗诵的活动中。

4.举办文化主题讲座,丰富读者文化生活

洛阳市59中一位语文老师向涧西区图书馆捐献了自己写的书,并表达了在图书馆举办文学讲座的想法,得到了图书馆的支持。图书馆为她搭建了与文学爱好者交流的平台。此后,她在涧西区图书馆举办三次文学讲座,与文学爱好者进行学习交流,讲解她写书的心得体会,还与文学爱好者建立了朋友关系。涧西区高中语文退休老师宋生俊也曾在图书馆为读者交流讲解语言的魅力、语言的推敲、语言的群众艺术等相关知识。

图书馆借书的老年人多,老人渴望了解健康知识,图书馆就举办了多期“健康知识讲座”。在涧西区图书馆,每月至少有一场不同主题的讲座活动,只要统筹安排好时间和地点,辖区的群众便会自发前来。

5. 努力打造图书馆“五个中心”建设,全面提升服务能力

2016 年 12 月 16 日,洛阳市图书馆长图书管理经验交流现场会在涧西区馆图书馆召开,涧西区图书馆长王娟峰与前来学习观摩的图书馆长们进行了座谈交流。涧西区图书馆创新性的工作在同行中产生了良好影响。

涧西区图书馆已达到国家二级馆标准。涧西区图书馆充分发挥在本辖区的引领作用,图书馆设有残疾人阅览室,针对残疾人特殊性开展无障碍阅读活动,吸引了不少残疾人走进图书馆,使残疾人享受到阅读的快乐。

图书馆还设立了电子阅览室(内设自修区域)、外设流动点、社区图书室以及图书流动服务车等硬件设施为基础,构建出布局合理、动静结合、发展均衡、行之有效的图书服务网络,进一步拓展了图书馆的服务功能和服务范围,让信息交流阵地图书馆成为老百姓享受文化成果的家园。

图书馆利用文化流动服务车,不论严寒酷暑坚持开展“送图书下基层”活动,两年来,累计下基层 120 次,送图书 2.4 万余册,报低杂志约 6000 种,覆盖全区 12 个乡镇(街道)和 50 个行政村(社区),受益群众 13 万人,成为实实在在的惠民服务活动,得到了辖区群众的充分肯定。

近年来,涧西区图书馆努力打造并发挥“五个中心”的作用,即:书目数据中心、资源建设中心、数字资源中心、数字资源中心、业务培训中心、管理与服务中心,使服务水平得到了提升。

(二)丰富文化活动,提升公共文化服务水平

涧西区委、区政府在创建工作之初就明确了建立创新机制的思路。社

区群众既是公共文化服务的对象,也是公共文化服务的主体。应把群众参与作为公共文化服务创新的着力点,不断完善公共文化服务体系。一是推进公共文化服务主体多元化。在坚持政府主导的同时引入市场机制,激发社会主体参与公共文化服务的积极性,使之成为参与现代公共文化服务的重要力量。二是推进公共文化基础设施运营社会化。建立健全社会力量准入、监督和考核体系,探索公共文化设施社会化运营方式,引导和鼓励社会力量以各种形式参与公共文化设施建设,确保公共文化设施更好发挥效能。三是推进公共文化服务群众参与制度化。建立健全群众能参与、好参与、乐于参与的工作机制,激励群众从“旁观者”变成“参与者”,使群众自主参与、自我教育、自我服务,真正成为公共文化的建设主体和服务主体。

满足人民群众日益增长的多样化、多层次、多方面精神文化需求,需要创新公共文化服务供给方式,调动一切可用资源和社会各方面的积极性,提供更加丰富的文化产品和文化服务。一方面,加大文化活动创新、项目创新、载体创新力度,培育多姿多彩的文化活动形态,确保文化活动更好满足群众需求,推出贴近群众生活的文化活动,把“群众演、群众看、群众乐”的文化舞台搭到群众家门口。另一方面,涧西区建立以需求为导向的文化产品供给机制,探索开展“自下而上、以需定供”的互动式、菜单式服务,实现文化产品定制化配送与运营,推动文化服务供给与群众文化需求有效对接;推动各类公共文化设施向农民工、老年人、少年儿童和残疾人等特殊群体开放,通过量身打造的“文化订制”服务,让特殊群体也能享受公共文化服务的阳光。

1. 加大投入力度,全面提升文化馆服务能力

涧西区人民文化馆成立于 2011 年 7 月,区委、区政府高度重视文化馆建设工作,先后投入资金 200 余万元,用于购置文化馆计算机、文体器材等软硬件设施建设。该馆场馆面积约 2800 平方米,内设书画活动室、电子阅览室、文体活动室、非遗展厅、多功能厅等 20 多个活动厅、室,各类器材设备

等30余类，活动项目齐全，基本满足了辖区群众精神文化生活需求。开馆5年来，坚持实行“零门槛”免费开放，每周开放时间42小时，累计接待人数近13万人次，受到了群众一致好评。2011年7月，在第三次全国文化馆评估定级工作，被文化部评定为国家二级馆。连续多年被省文化厅授予“河南省先进文化馆”称号。2014年，省纠风办评为“群众最满意基层站所”。

涧西区文化馆下设乡镇（街道）综合文化站、行政村（社区）文化活动室（文化大院）等文化活动场所。全区12个街道办事处，均设置了面积达到300平方米以上综合文化服务中心，设置多功能厅、图书室、培训教室、共享工程活动室（公共电子阅览室）和室外活动场地；均配置书籍3000册、报纸杂志10余种，电脑10台以上，并支持免费无线上网；音响、乐器等文化演出器材和健身器材全部配置到位。截至2016年，50个社区文化活动中心（共73个社区，拆迁23个社区）均已建成面积100平方米以上的社区文化活动中心，设有图书阅览、文体活动、共享工程等服务项目，备有室外活动场地、宣传栏、黑板报、意见箱等配套设施。共享工程服务点均设置图书阅览室，设置率100%。

2. 依托重大节庆开展各类文化活动，打造传统文化活动品牌

围绕促进城市和市民“文起来、动起来、乐起来”，培育系列品牌文化活动，已成为涧西区提升先进文化引领力、核心价值凝聚力的有力抓手。在涧西区，每当节日期间文艺活动就格外丰富多彩。

（1）欢喜过“双节”，文化活动丰富多彩

涧西区每年元旦、春节、元宵节期间组织开展“魅力涧西迎新春文艺演出”等广场文化演出活动，这些“没有围墙的剧场”演出，不仅弘扬了中华传统文化，培育了特色民间艺术精品，还营造了祥和欢乐的节日氛围。

截至目前，各类活动中仅“双节”期间的演出累计多达50场，参演文艺团队300余支，参与人数近万人，已成为群众最期待的节庆活动。文化活动展现了“全民参与”的态势，重庆路二社区艺术团自编自演的节目《邻里歌》

连续两年参加“全国社区网络春晚”。

“书法家义写春联”活动受欢迎。每年春节前，涧西区组织书法美术家协会成员和辖区优秀书法爱好者在区政府大厅和文化馆，为群众免费送春联。这一公益文化活动，已连续组织14年，赠送书法春联万余副，参与的书法爱好者目前已达450人，区委、区政府将继续传播传统文化的魅力和价值使群众受益。

(2)“河洛欢歌·广场文化狂欢月”展现涧西风采

自2014年起，涧西区每年作为中国洛阳牡丹文化节——“河洛欢歌·广场文化狂欢月”分会场，在牡丹广场开展系列文化活动，分为《综艺专场》《戏曲专场》《乐器专场》等，组织邀请辖区内各类文艺爱好者参与演出，演员们演出的模特表演《牡丹情》、舞蹈《长袖蹁跹》等深受好评。目前共计演出24天，48场，参演群众5千余人，受益观众15万余人，已形成了具有包容性、创新性的涧西特色广场文化品牌活动。由涧西区作为演出主力参加的“河洛欢歌·广场文化狂欢月”活动已被中国群众文化学会评为“全国特色广场文化活动”，荣获文化部“群星奖”。

涧西区以中国洛阳牡丹文化节为龙头，以河洛文化旅游节等节会活动为支撑，不断拓展公共文化活动空间，激发文化活力。丰富的活动内容满足了市民和游客多层次、多样化的文化需求，实现了“以会促建、以会促管、利民惠民、全面提升”的目标，节会文化形成了“涧西特色。”

3. 积极搭建平台，鼓励社区群众自办文化

近年来，涧西区文化馆积极培养各类文艺骨干，使其在基层生根开花。文艺骨干的热情参与，大大调动并活跃了群众自发的文化创造热情，形成了“我的文化，我唱主角”的喜人局面。在辖区内已形成了以区文化馆为龙头，街道、镇综合文化站、村级文化活动室为主体的服务网络，为群众开展文体活动搭建了广阔的平台。

民营文艺表演团体运行机制灵活、演出成本低廉，在基层活动市场如鱼

得水。涧西区百灵艺术团演出人员多是中国一拖公司退休职工，这个团队除配合政府参加重大节日演出外，也为社会各类庆典活动演出助兴，获得收入用于团队各项支出，促进了演出人员参与活动的积极性。在涧西区牡丹广场及洛浦公园、隋唐遗址公园及社区街道等经常有文艺演出活动。演出现场一边是热情洋溢的舞蹈和模特走秀；另一边是京剧班火爆开场，生、旦、净、末、丑各种角色吸引了群众驻足观看。每年的牡丹花会期间，涧西区就会掀起一个文艺演出的热潮，各文艺团体和群众自发组织的文娱活动轮番上演，宛若欢乐的海洋，形成了独具特色的洛阳地方文化。政府倡导的人人参与公共文化活动的美好画卷在此徐徐展开。

4. 推动“欢乐进基层”文化下乡活动，打造流动服务文化品牌

涧西区以政府购买服务的形式，近年来，坚持放映农村公益电影近 432 场，受益观众 11 万人，实现了“每个行政村平均每月放映 1 场电影”的目标；坚持组织开展“舞台艺术送农民”、流动服务车“送戏下乡”等公益性文化演出 90 余场，受益观众 10 万人。在文化下乡活动的示范带动下，基层文化活动质量明显提高。涧西区坚持把“送文化下乡”作为一项重要的惠民工程来抓，经常组织辖区文艺团体到街坊开展演出活动。同时，创新思路，根据社区情况创作小品节目，合唱、舞蹈等。走街串巷为老百姓表演，歌颂如今的美好生活。通过这些活动的开展，为群众送去精神食粮，为人们的生活增添和谐的音符和愉悦的欢笑，营造了积极向上的文化氛围。

5. 关爱弱势群体，致力创建阳光普照文化服务品牌

涧西区将农民工、老年人、儿童等弱势群体及特殊人群的文化工作纳入到《涧西区创建河南省公共文化服务体系示范区工作规划》中，制订了《弱势群体和特殊人群文化活动常态化服务工作方案》，积极举办农民工技能培训、农民工子女专题辅导、少儿读书会、老年人健康讲座、残障人士技能培训等公益性文化活动，活跃特殊群众的文化生活。

2015—2016 年，涧西区文化场馆针对弱势群体及特殊人群共开展文体

活动和专题文化培训 84 次，受益 6000 人次；区图书馆的送书进工地，使文化的阳光照耀到农民工的身上，使农民工读上图书，感受到政府的关爱。文化馆还组织辖区文艺团体为农民工演出等文化服务活动 40 次，惠及群众 8 万余人；利用流动服务车自带放映设备，到辖区 40 个日间照料中心轮流放映保健知识、戏剧和电影等老人喜闻乐见的节目，受到老人的喜爱和欢迎。全区公共图书馆、文化馆、乡镇（街道）综合文化站，100% 开设了面向特殊群体开展公共文化服务的活动区域和项目，共计设置特殊群体活动区域 64 个，面积约 7045 平方米，活动项目 20 个，服务人群 3.2 万人次。把农民工文化纳入公共文化服务体系，是涧西区一直以来努力打造的阳光普照服务品牌。这个群体更需要文化的滋润、文化的关怀，他们也应当享受到和市民相同的公共文化服务。

6. 文化服务实现品牌特色发展，志愿服务常态化

“姚铭工作室”是涧西区典型的文化品牌。洛阳市涧西区居民姚铭，作为文化志愿者，为自己制定了“个十百千万文化工程”目标，即日行一善，编书十本，办报百期，会友逾千，听课万人，赠书万本，送报万份。为此，涧西区文化体育旅游局在涧西区文化馆内，特别为其成立了“姚铭工作室”，通过专项资金购置新图书柜、杂志橱、报纸架，以及桌椅、沙发、电脑、空调等，为姚铭的文化活动创造了良好的工作环境。在区文化馆支持下，“个十百千万文化工程”已超额完成。其中，书籍已编著 14 部，内容包括政治系列书籍 10 部，生活保健知识 4 部，并出版 19000 本免费赠阅，如《史海纵览》《知识撷英》《中国共产党九十年》等；编辑并出版三种报纸共 207 期，共印发 86000 份免费赠阅。“姚铭工作室”组织全市文友文化活动 1300 余人次，并倡议向区图书馆赠书 1800 余本，向群众赠阅报纸杂志上万份。工作室组织“社区讲坛”，向群众讲授爱国主义教育等内容，现已授课 230 场，听众达 22399 人次。截至目前，《光明日报》《工人日报》《河南日报》等国内各大媒体报道姚铭优秀事迹达 170 余次，“姚铭工作室”充分体现了创建公共文化

服务体系示范区的公益性、基本性、均等性、便利性,已成为涧西区特色文化名片。

在“姚铭工作室”的基础上,涧西区成立了老干部义务监督团,对基层文化站点的免费开放、文化活动、群众服务等公共文化服务内容进行明察暗访,并及时将发现问题反馈至区创建公共文化服务体系示范区办公室,为涧西区文化示范区建设贡献力量。现在,涧西区老干部文化义务监督团已由最初的 60 人增加至 148 人。

涧西区文化监督大队由 46 名队员组成,这支老年志愿者队伍坚守着“健康网吧、快乐网吧、知识网吧、文化网吧”的信念,确保青少年健康成长。10 余年中,他们联合执法部门取缔黑网吧 7 家,共检查网吧 13000 余次,未成年人上网率明显下降。

7. 创新思路,引进人才,以“特色诵读”推动“全民阅读”

为响应习近平总书记提出的“全民阅读”号召,打造书香涧西,涧西区邀请“首届 · 中国青年诵读艺术家”张艳艳为核心成员,利用洛阳牡丹文化节、河洛文化旅游节等重大节日,在区文化馆举办各类诵读活动,向基层群众传递文学与诵读的艺术魅力。截至目前,举办艺术讲座、诵读研讨交流会、培训等 60 余次,吸引文学爱好者近 400 人,帮助 3000 余人逐步形成良好的阅读习惯,在全区掀起了“全民阅读、全民诵读”的艺术热潮。张艳艳还建立了“全民诵读”艺术联盟微信群,每天坚持通过“为你读诗”软件诵读诗歌及文学经典,为群众送去正能量,目前,张艳艳已被初评为“省级文化志愿者”。

8. 积极推进创建“洛阳涧西工业遗产街区”

涧西区积极推进“洛阳涧西区工业遗产街区”建设。经过几年努力,已形成以工业遗产博览、城市景观雕塑、文化创意产业、旅游休闲服务为主要特色的全国唯一一条工业遗产街区——洛阳市涧西工业遗产街区,入选 2011 年第三届中国历史文化名街。它包含多处洛阳市“一五”期间的重点建设项目、配套生活区和科研单位,是国内典型的具有新中国成立初期苏联工业建筑风格的集中区,也是中国历史文化名街评选开始以来首条入选的工业遗产街道。

9. 抢救保护非物质文化遗产,确立特色文化品牌

在国家“抢救保护非物质文化遗产”的背景下,涧西区中州西路小学将“剪纸”确立为特色品牌项目,并不断探索创新,采取多种举措推进特色工作。目前,创编剪纸教材 2 册;培训多名专业剪纸老师;举办了三届“剪纸文化节”;建成了洛阳剪纸艺术馆;每年多次开展剪纸教学进课堂、剪纸大赛、剪纸文化进社区活动等。《中国教育报》《光明日报》《洛阳日报》《洛阳晚报》《东方今报》《大河报》及洛阳电视台、河南电视台等国内多家新闻媒体对剪纸活动宣传报道达 70 余次。

10. 引进特色文化品牌项目,丰富群众的文化生活

2014 年 4 月,涧西区政府引进的文化品牌项目——《功夫诗 · 九卷》正式进驻洛阳涧西国学剧院,它是国家重点文化出口剧目,也是中国首部国学修行剧目。《功夫诗 · 九卷》进驻涧西区后,不仅填补了洛阳夜间旅游消费的空白,拉长文化旅游产业的链条,更提升了洛阳的城市品位和对外影响力,已成为全市文化旅游领域一张崭新名片。另外,重点引进《牡丹花仙》实景演艺项目,投资 13 亿元建成集大型山水实景演艺舞台配套文化演艺核心区、文化休闲生活区、文化产业综合配套区为一体的综合文化产业项目。众多文化品牌不仅丰富了群众文化生活,也提升了城市品位和对外影响力。

涧西区还积极打造文化产业项目反哺公共文化服务供给的机制。正在建设“书香涧西”公共文化服务项目、洛阳星光歌剧院项目、中国文化艺术网项目,涧西区政府以政府购买服务形式购买 300 万元演出票,通过办事处文化专干、社区文化管理员举办各类活动时全部免费发放给辖区群众,得到了群众的热烈欢迎,使群众切切实实享受到文化发展成果。

四、加强人才队伍建设，确保公共文化活动持续开展

（一）强化公共文化人才队伍建设

通过落实编制、政府购买服务，涧西区“两馆”工作人员由创建前 11 人增加至 20 人；12 个乡镇（街道）综合文化站均配备 3 名文化管理员，负责文化站对群众日常免费开放工作以及其他文化活动；50 个社区文化活动中心均配备 1 名享受财政补贴的文化管理员，配备率 100%。除此之外，全区 96 名文化管理员均享受每月每人 150 元的财政补贴，并对其半年一考评，一年一总结，进行奖优惩劣。

（二）业余文艺团队、志愿者团队不断壮大

为了大力发展民间文艺团队，创新社会组织建设与管理，涧西区制定了《关于群众业余文艺队伍发展的意见》，从场地设备、队伍培训、平台搭建等方面予以支持，全区业余文艺团队 112 支，成员共有 2779 人，各办事处文化志愿者团队共 81 支，成员共有 1492 人，民间文化团队已成为涧西区公共文化建设的一支强大力量。

近年来，随着涧西区公共文化服务体系建设的快速推进，大大调动了群众自发的文化创新作热情。各文艺演出团队演员自己购买演出服装，乐器，音响，各艺术团队加强演练，不断推出独创节目，形成了相互学习，自我管理，相互争先的局面。

（三）重视文化人才培训，提高文化队伍素质

2015—2016 年文化专干培训共开展了 30 天，192 人次；业务骨干人员每年下基层培训 20 次，培训文艺团队 216 支，服务人数 3516 人次；组织基

层文化队伍培训48期，累计培训5000人次；组织开展文化志愿者培训12期，参与人数1651人，旨在提高文化志愿者的综合文化素质及服务能力。通过培训，提高了文化队伍整体素质，使文化工作“盲人”变成了文化工作“能人”。

加强人才培养和内容建设，是为了防止设施“空心化”。公共文化服务没有相应的内容保障或内容保障不到位，就如同无米之炊。涧西区政府出台政策，要求图书馆、文化馆为群众提供高效服务，让“两馆”成为人们向往去的活动场所，这就必须依靠业务骨干的引领作用。没有人才资源的保障，设施就发挥不了应有作用。涧西区对各类人才的培养强化了服务能力，提高了综合服务效益。

（四）加强文化艺术团队建设，确保公共文化服务社会化

涧西区持续加强文化工作者和文艺团队建设、不断提升各类艺术团队规模与素养，打造了一批极具影响的精品团队。重点做了四方面工作：一是扶持自娱自乐活动者协会，探索管理运行新模式，在场地、资金等方面给予倾斜支持。二是发展业余文艺团队，搭建平台，完善机制，分类建档，评星晋级，提升水平。三是壮大文化志愿者队伍，鼓励专业文化工作者和社会各界人士参与基层文化建设和群众文化活动，实现文化志愿服务人才资源互联互通。四是推动社会组织参与文化建设，引导社会组织积极搭建公共文化服务平台，提供文化产品，保障公共文化活动的持续开展。

五、探索“涧西模式”，打造文化志愿服务体系

近年来，涧西区的文化志愿服务事业，从摸索到创新、从单一到多元，不断发展壮大，逐步成为市民参与度最高、辐射面最广、影响力大的公益事业。

涧西区的志愿服务受到中央文明办、中国志愿服务联合会高度关注和评价。2015 年 4 月 26 日,《光明日报》以《古都洛阳又一花》为题,对洛阳市及涧西区文化志愿者情况进行了专题报道。

(一)涧西区文化志愿服务的主要特点

1. 文化志愿服务基础坚实

涧西区志愿服务发展氛围浓厚,2010 年 6 月,涧西区在全省率先成立覆盖全市各行各业志愿服务的志愿者联合会,是河南省唯一的中国志愿服务联合会成员单位。涧西区积极探索了文化志愿服务"三级管理、精准增援、典型示范"路子,形成了志愿者服务管理的"涧西模式"。区、街道办事处、社区建成了三级文化志愿者服务网络,志愿者团队由创建前的 124 个增至 320 个,注册人数由 1423 人增至 4423 人,增长 3. 1 倍。建立了文化志愿服务社区网络,开展了"文化下基层"巡演活动、书画公益培训、歌舞培训等活动,带动了数以万计的群众参与到文化志愿服务中来,使人人享受文化成果的同时,为社会上的"文化洼地"提供了文化志愿服务精准增援。志愿者常年坚持开展各种活动,文化爱好者自发参与到了文化志愿活动当中,为涧西区文化志愿服务活动提供了坚实的群众基础。

2. 文化志愿活动内容丰富

涧西区凭借洛阳悠久的历史,丰富的文化遗产和非物质文化遗产,开展了各种各样的文化志愿活动。2014 年,涧西区开展了"中国梦"文化志愿服务基层行系列活动,包括"河洛欢歌"系列广场文化志愿者服务活动、"传递书香见证成长"公共图书馆志愿服务活动、"精彩生活幸福使者"文化馆(站)志愿服务活动、"共享历史,感受快乐"博物馆志愿服务活动、"文化惠民,为您服务"文化惠民工程志愿服务活动、"文化暖心,点亮生活"关爱特殊群体文化志愿服务活动、"欢乐节日,爱我中华"节日纪念日文化志愿服务活动、"文化公益社会责任"企业文化志愿服务活动八大类。

3. 文化志愿服务品牌众多

涧西区社区春晚节目选拔赛，受到社区群众广泛好评，获得了中国志愿服务联合会、河南省委宣传部和河南省文化厅领导的高度赞扬，名列2014年中央文明办、文化部组织的“文化志愿服务推进年”示范项目。“四合如意”传统文化公益大讲堂、“星期六文化公益论坛”“姚铭工作室”、文化志愿服务“金种子”计划等也都成为涧西区文化志愿服务的知名品牌。

4. 文化志愿队伍参与广泛

2014年，为了进一步鼓励社会力量参与文化志愿服务，涧西区出台了《关于在业务主管民间组织中招募文化志愿者团队的通知》，倡议参加的文化志愿者要结合自身情况和专业特长，每年至少自行开展两次文化志愿服务，文化志愿服务开展情况将作为年度审核时评定的重要依据。该举措获得民间组织的热烈响应。涧西区每年开展各类公益辅导、文化展览、艺术讲座百余场次。近年来先后成立洛阳百灵艺术团等公益性质的民间组织，致力于开展公益文化事业。这些艺术社团的成立已经成为涧西区文化志愿服务领域的骨干力量。

（二）涧西区文化志愿服务体系的具体内容

1. 建立明确的政策导向

（1）出台相关政策

结合洛阳实际，在《洛阳市志愿服务管理办法》《关于推进洛阳市志愿服务制度化的实施意见》的基础上，出台了相关文件，对加强制度建设、队伍建设和组织建设提出明确要求，规范了文化志愿服务活动的内容和工作流程，明确提出志愿服务按照规范机构、采集需求、招募注册、组织培训、开展活动、建立台账和激励嘉许等7个程序提供服务，推动文化志愿服务工作制度化、长效化。

(2)发挥政策导向作用

把包括文化志愿服务在内的志愿服务的具体要求细化量化为考核标准,纳入文明城市、文明村镇、文明单位《测评体系》,促使社区各单位高度重视并切实做好志愿服务工作。鼓励社会团体、企事业单位和其他组织招聘人员以及学校招收学生时,在同等条件下优先录用、聘用、录取有良好志愿服务表现的志愿者。

按照属地管理与方便快捷相结合、长期服务与短期服务相结合、系统服务与专业服务相结合原则,涧西区通过三级文化志愿者梯队,搭建文化志愿服务管理框架。文化志愿者服务队由区、街道办事处、社区三级文化志愿者服务队,成立涧西区文化志愿者工作管理指导办公室,负责本区文化志愿者工作的备案、管理。

各综合文化馆(站)、各街道文化活动中心设立文化志愿者工作站,负责对文化志愿者工作的管理。此外,各级公共文化服务单位(包括各级公益性文化场馆)普遍设立文化志愿者工作站,在本级文化志愿者工作管理指导办公室的指导下,招募、组织文化志愿者从事相应的文化服务,实现文化志愿者招募和服务工作的便利化。各县(市、区)按照每个行政村(社区)3 名以上的数额,依据文化志愿者招募条件,组织开展招募注册工作,做好文化志愿者的招募、培训、组织工作,促进了基层文化工作的开展。

2. 建立规范的运行机制

(1)建立招募注册制度

坚持以需求为导向,根据群众的实际需要,由社区(村)、志愿服务组织、公益慈善类组织、社会服务机构等,通过志愿者招募注册信息化平台洛阳志愿者注册管理系统,或各单位文明网、社区网站、论坛、QQ 群、微信、微博等媒介,及时发布文化志愿者招募信息,明确所需的条件和要求,吸纳公众参加文化志愿服务活动。

（2）建立培训管理制度

坚持培训和服务并重的原则，针对志愿服务需求项目，制订年度培训计划。依托志愿服务组织、公益慈善类组织、社会服务机构等，采用集中辅导、座谈交流、案例分析等形式，开展志愿服务文化培训、相关知识培训以及管理能力的培训，从而有效提高志愿者的服务能力和水平。

（3）建立激励回馈制度

根据参加文化志愿服务的时间和质量，开展评星定级。以志愿者日常服务记录、团队评价、服务对象评价为主要考评依据，定期对志愿者工作绩效进行考评，对志愿者和志愿者团队进行褒扬和嘉奖、嘉许，授予荣誉称号。建立志愿服务回馈制度，志愿者利用参加志愿服务的工时，换取所需的社区服务。

（三）涧西区文化志愿服务活动的社会效果

志愿服务队伍的扩大，为基层公共文化活动注入了活力。涧西区登记在册的文化志愿者 1480 名，文化志愿者团队 60 支。文化志愿者队伍扩大，在一定程度上缓解了公共文化服务人才紧缺的问题，成为基层公共文化服务的重要力量。

志愿服务活动的开展丰富了群众文化活动。文化志愿者服务内容涵盖书画艺术，小品、舞蹈、戏曲、合唱、器乐等表演，排鼓、腰鼓、狮舞、秧歌、旱船等社火，舞剑、太极拳等健康体育，图书整理、借还书服务读者，各景区的志愿讲解等。通过传统节假日、牡丹文化节、河洛文化旅游节、文化遗产日等广泛开展活动，推动了群众文化活动蓬勃开展。

志愿服务活动促进了良好的社会风尚的培育。文化志愿服务以自愿、无偿、利他为基本要求，把服务他人、奉献社会与实现个人价值有机结合起来，引导人们在做好事、献爱心的过程中陶冶情操、提升境界，增强了人们的社会责任感和奉献精神，促进了涧西区公共文化服务体系创建和提升。

志愿服务活动健康开展,提升了公共文化服务水平。文化志愿服务拓展了群众文化供给的渠道,带动了涧西区各级公共文化服务机构功能的发挥。依托文化单位、公共文化服务数字平台、基层文化阵地,实现了文化志愿服务与公共文化服务有效融合,提升了公共文化服务整体水平。

焦作市解放区推进公共文化发展的成功实践

焦作市解放区文化广电新闻出版局

改革开放以来,我国经济社会发展取得了举世瞩目的伟大成就,人民群众生活水平显著提高。在物质生活不断改善的同时,人民群众的精神文化需求也日益增长,丰富精神文化生活越来越成为我国人民的热切愿望。这对文化建设提出了新的更高的要求。党的十七届六中全会《决定》提出"满足人民基本文化需求是社会主义文化建设的基本任务",加强现代公共文化服务体系建设,维护社会公众的基本文化权益,是今后我国经济社会发展的一项长期战略任务,是各级文化部门的重要任务。焦作市解放区充分认识到,满足人民群众日益增长的精神文化需求,需要采取有效措施推进文化大发展大繁荣,而加快构建公共文化服务体系是推进文化大发展大繁荣的重要内容和途径。对此,区委、区政府严格按照省、市要求,全力拔高工作标准,全面部署创建任务,深化基层文化建设服务网络,扎实推进基层综合性文化服务中心工作,着力打造"快乐365"文化服务品牌。并通过创建省公共文化服务体系示范区来全面推进本地现代公共文化服务体系建设。

一、基本情况概述

解放区是焦作市的中心城区,是全市的政治、经济、文化中心,总面积67平方公里,辖9个街道办事处,1个健康产业园区,23个行政村,34个社区,人口30万。

近年来，解放区坚持将文化事业发展作为民生工程的重点，加大资金投入，完善服务体系，实施了一系列文化惠民工程，全区文化设施明显改善，文化队伍不断壮大，群众文化活动蓬勃发展，先后获得多项国家级荣誉，电建社区、花园街社区被授予全国文化先进社区；区文化馆被评定为国家一级馆，2014 年再次成功创建全国文化先进单位。2014 年 10 月，解放区成为首批河南省公共文化服务体系示范区 6 个创建县（市）区之一。

二、切实提高基层公共文化服务能力

焦作市解放区坚持把创建工作当成重大民生工程来推进，营造了党委政府齐抓共管、社会力量共同支持、辖区群众积极参与的良好氛围，保障各项工作推进有力、群众受益。

（一）党委政府的高度重视

焦作市解放区成立了以区长为组长，分管领导为副组长，区直相关部门和各街道行政正职为成员的区创建工作领导小组，举全区之力协力配合、有条不紊地展开各项创建工作。各街道、社区（村）相应成立了相关创建领导小组和办公机构，为创建工作夯实了组织基础。区委常委会、政府常务会定期听取工作汇报，研究解决创建过程中的重大问题，营造了党委政府齐抓共管、社会力量共同支持、辖区群众积极参与的良好氛围。

（二）健全工作机制

焦作市解放区将公共文化服务体系建设列入全区《国民经济和社会发展规划》，制订印发了《解放区创建河南省公共文化服务体系示范区建设规划（2014—2016）》《解放区公共文化服务体系建设协调领导小组议事规则》

等系列文件，成立解放区公共文化服务体系建设协调小组，逐级分解细化创建任务，做到与全区中心工作同部署、同推进、同落实。

（三）持续加大投入

焦作市解放区建立了以财政投入为主、多渠道筹措为辅的文化投入体制，采取政府购买、项目补贴等方式，支持文化事业发展，按时足额拨付。近年来，我区文化事业投入逐年递增，文化事业费增幅均高于当年财政经常性收入增幅。

（四）深入宣传动员

焦作市解放区制订了《解放区创建河南省公共文化服务体系示范区宣传工作方案》，采取设置广播、报纸等宣传专栏、开辟文化墙、印制《解放区文化体育设施分布图》等形式，广泛开展示范区创建的宣传活动，最大限度地扩大创建工作的社会影响和公众知晓率，引导更多的居民参与到创建中来。

三、丰富公共文化产品和服务供给

近年来，随着人们收入水平的不断提高和物质生活质量的逐步改善，城乡居民越来越重视精神文化生活，并呈现出需求多样性、多元化的态势。

（一）“零距离”服务——加快推进“百姓文化超市”建设

焦作市解放区以区文化馆为依托，开展数字文化服务，通过线上与线下公共文化服务和配送服务产品的有效结合，梳理归类文化服务资源（免费类开放服务、政府补贴类服务、商业演出类、便民服务项目），形成解放区

“百姓文化超市总菜单”。建立社区(村)、街道、区三级人工服务平台,服务群众点单,及时配送文化产品和服务。通过“你点我供”的形式对基层文化站进行全方位的辅导,将文化服务的主动权交到群众手里,使老百姓参与活动更便捷、更实用、更接地气儿。截至目前,每年举办不同形式、不同内容的艺术培训讲座 100 余期,累计参加培训人员 8000 余人。

(二)“零距离”建设——全面推进基层综合性文化服务中心

焦作市解放区坚持重心下移、资源下移、服务下移,制订了《解放区基层综合性文化服务中心建设试点工作方案》,选定上白作街道上白作村、王褚街道锦祥花园社区、七百间街道西城美苑社区、新华街道鸿源社区等 10 个基层先行试点,全面推广“4 +7”服务模式(“4”:综合服务楼、户外活动场、文化宣传墙、群众舞台;“7”:有组织、有制度、有账户、有专干、有队伍、有活动、有品牌),形成了覆盖城乡、便捷高效、人人共享的公共文化服务体系。我区电建社区、上白作村基层综合服务性文化服务中心被选入焦作市基层综合服务性文化服务中心“五朵金花”之列。

(三)“零距离”参与——文化活动队伍延伸楼院里

焦作市解放区积极探索群众文化建设“四个一”(即动员群众“加入一支文体队伍,学会一类健身方式,培养一种文艺特长,坚持一项志愿活动”),强化对文化社会组织的引导、扶持和管理,先后出台了《解放区社区社会组织备案管理暂行办法》《解放区加快社会组织发展实施方案》《解放区创建美丽楼院实施方案》等指导性文件,区财政每年拨付 100 万元社会组织发展基金,扶持文体队伍发展。目前,全区备案的文化类社会组织共 200 余家。以美丽楼院创建为契机,组建了区、街道、社区、楼院四级文化服务网络,全区 428 个楼院议事会均配备了文化专员,目前我区共拥有秧歌、戏曲、歌舞、书法、绘画等各类文体协会 26 个,各类文体队伍 300 余支,三级以上社会体育指导员2400余人,群众文化骨干3000余人,注册的文体志愿者500余名。

(四)“零距离”借阅——文化图书建设实现共建共享

焦作市解放区以“打造群众身边的图书馆”为目标,结合数字化、电子化、信息化建设,在全市率先推行全市图书馆藏资源共建共享。建立区级图书馆总分馆制,将社区图书室、区中心馆与市级图书馆数据库对接,与河南理工大学万方科技学院共建解放区图书馆,实现图书资源通借通还。区政府每年拨付专款用于提供阅览服务、订阅社会文化生活类期刊、报纸。依托资源,年开展世界读书日、图书馆服务宣传周、全民读书月、暑期阅读等系列活动70余场次。

四、开展公共文化需求反馈机制研究

焦作市解放区在加快构建现代公共文化服务体系建设的进程中,群众文化活动日益丰富,公共文化服务效能方面也快速提升,但仍存在着提供的公共文化服务产品不能满足群众日益增长的多样化需求,需求反馈工作机制不完善,供需不对称,信息反馈处理不及时等问题。所以,《解放区公共文化需求反馈机制研究》这一课题的研究实施,既是认真落实党和国家关于公共文化服务体系建设的重要指示,也是不断提升解放区基层公共文化服务供给水平的实际举措。同时,也为其他城区建立公共文化服务需求反馈机制提供路径和经验。把制度设计研究与公共文化服务体系建设紧密结合,相互促进,相互提高,为公共文化服务体系建设提供有益的理论依据、实践经验和发展路径。

(一)课题研究实施概况

根据河南省创建公共文化服务体系示范区要求,焦作市解放区高度重视制度设计课题研究工作,把课题研究与公共文化服务体系示范区创建工作同步部署,同步实施,相互推进,相互提高。

一是成立课题研究组织。解放区成立了以区政府分管领导任组长,文体局长为副组长,从宣传、文化、街道等创建成员单位抽调 6 名同志为组员,组成解放区课题研究小组;聘请河南省公共文化服务体系专家委员会委员和焦作市群艺馆的专家学者们担任课题组顾问,并邀请郑州大学和焦作市委党校教授、专家老师全程指导课题研究工作。二是制订课题研究方案。根据创建工作要求,结合解放区公共文化建设发展现状,制订了翔实的课题研究方案。三是财力保障课题研究专项经费。为保证课题研究顺利推进,区财政拨付了课题研究专项经费,以保证课题研究任务的顺利完成。四是扎实推进课题研究工作。组织课题组成员认真学习文件,领会精神,组织人员深入街道、社区(村)、楼院进行调查研究,梳理问题,分析原因,寻求对策,使课题研究更具有针对性。课题形成初稿后,专门请专家、学者来解放区把脉问诊,研究指导。同时,根据两次专家点评会上各位专家针对该课题研究提出的意见,课题研究人员认真地进行了修改和完善,力求课题研究达到预期效果。

(二)课题研究报告的主要内容

该课题研究报告主要是对解放区公共文化需求反馈机制的调查与分析,具体内容包括:第一,2013 年、2014 年公共文化财政投入及设施建设情况调查;第二,公共文化人才队伍建设情况调查;第三,群众文化活动参与状况调查;第四,村(社区)文化活动开展情况调查;第五,群众对现有公共文化需求反馈机制的调查;第六,群众满意度调查。

通过大量的数据调查及对相关数据的比照、分析，尤其是对居民公共文化需求反馈等情况进行了研究，从调查的情况可以看到：其一，人民群众的文化需求呈现出多元化特征；其二，基层公共文化设施与人才队伍建设不能满足群众需求；其三，群众文化需求反馈渠道建设还不够完善；其四，公共文化产品供给与公众文化需求不对称、不适配。

（三）解决公共文化需求反馈机制问题的对策及建议

针对公共文化需求与反馈中存在的问题，焦作市解放区党委政府高度重视，并在制度设计研究中提出如下解决问题的对策：第一，注重学习，领会精神，增强政府责任意识；第二，注重宣传，提高素质，增强民众参与热情；第三，注重适配，供需对称，建立多元服务模式；第四是注重效率，履行职责，增强快速反应能力。

五、公共文化服务体系探索创新

（一）"331"服务模式实现公共文化服务共建共享

焦作市解放区以美丽楼院创建为载体，以全区 9 个街道和 1 个园区所属的居民楼院为单位划分成 428 个文化服务网格，每个楼院网格均配有文化网格员，即"331 公共文化服务工作模式"。第一个"3"即：三个层面共同发力。将党委政府主导推动、居民群众主动参与与社会力量协同推进有机结合，从而实现公共文化服务共建共享的创新机制建设。第二个"3"即："三上三下"的机制创新（"三上三下"机制创新，也就是把群众的文化需求通过各种方式收集上来，把讨论形成的初步服务方案公布下去；把对初步服务方案的意见收集上来，把完善的最终方案公布下去；把对方案落实情况的反馈意见收集上来，把最终整改的情况公布下去，实现群众需求与政府文化产品提供的有效对接)。"1"是最终达到"一个满足"的工作目标("一满足"就是最大限度满足群众的公共文化需求,提高人民群众的幸福指数,切实保障群众基本公共文化权益)。

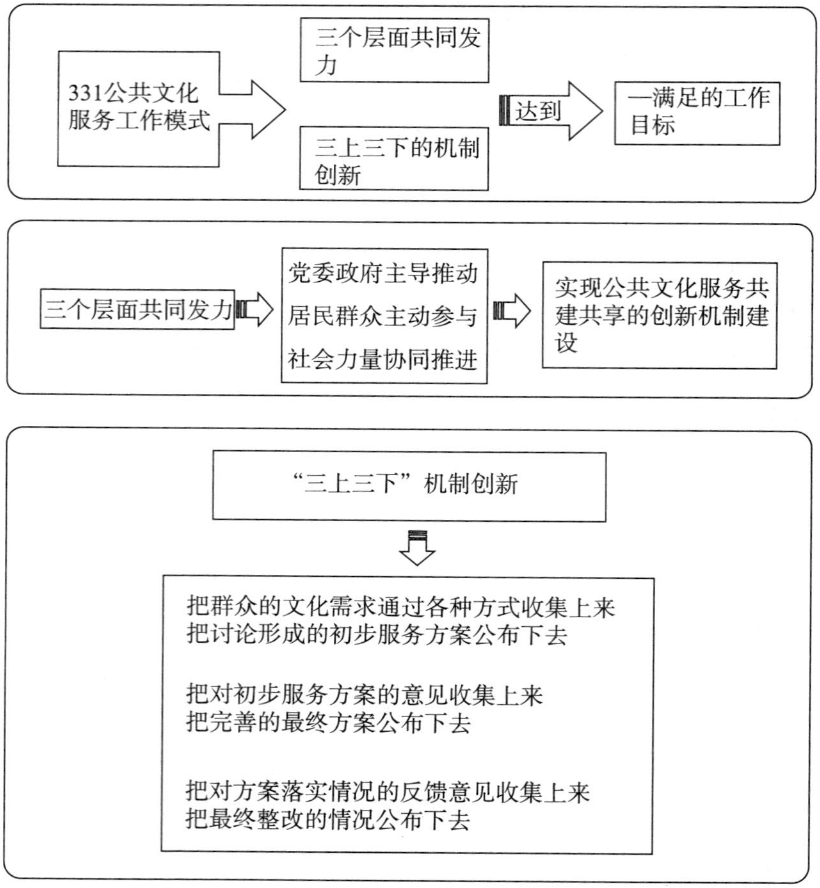

"331"服务模式的建立,极大地调动了楼院居民参与文化活动的积极性,充分挖掘了楼院内的文体人才资源,培育发展了文化体育志愿服务类社会组织。同时,通过及时有效收集群众文化需求,开展以群众需求为主导的文化活动,最大限度丰富了居民的业余文化生活,提升了居民幸福感和归属

感。2014 年以来,区财政累计投入 2000 余万元,用于基层文化设施建设,楼院根据群众喜好特长都相应组织成立了文体队伍。每年区、街道、村(社区)在楼院开展活动上百场。并根据群众需求,在楼院安装健身器材 636 件,为打造楼院“5 分钟文化体育活动圈”创造了条件。

(二)构建“百姓文化超市”,满足群众多元化公共文化需求

焦作市解放区创新了互联网 + 公共文化服务的新路子,满足了居民多元化精神文化需求。“百姓文化超市”,是以政府为主导,以群众需求为根本,以各级各类公共文化场所为阵地,引导和鼓励社会力量参与,运用“互联网 +”理念,在整合全区文化资源的基础上构建一张互联互通、共建共享、异彩纷呈的文化惠民大网。

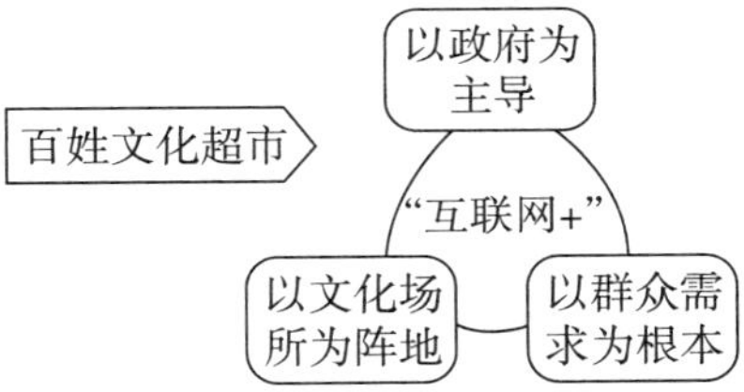

“百姓文化超市”通过优化整合全区范围内的文化服务品牌、优秀文化人才、文化活动阵地、非物质文化遗产、免费开放服务项目、优秀图书资源和数字电影等群众需求的文化资源整合到该网络平台,以及科技、卫生、工青妇、司法、农技等部门的惠民便民资源也整合到该网络平台。通过线上与线下公共文化服务和配送服务产品的有效结合,采用“超市化”供应、“菜单式”服务、“订单式”配送的方法,补齐短板,打通公共文化服务“最后一公里”,实现服务网点“超市化”、服务形式订单化、服务平台数字化、服务信息公开化、服务保障机制化,服务方式便捷化。以多样化服务满足多元化需求,以精准精细化服务满足个性化需求,让广大人民群众基本文化权益得到更好保障。实现公共文化服务供给和需求信息的实时对接、传递和反馈。

具体成效表现在两个方面：一方面是拓宽需求通道。通过百姓文化超市服务网络平台，让更多的群众共享方便、快捷的公共文化发展成果。充分运用文化主题微信公众号，PC 客户端、APP 移动软件等，向社会提供全方位公共文化服务信息。通过文化服务菜单功能便捷地"选文化"和"淘文化"，使群众对公共文化服务的知晓率和参与率逐步攀升。另一方面是实现精准惠民。网站内容设立了文化服务供需平台和文化知识普及平台两大部分。其中在供需服务平台方面，设立"服务项目总菜单""订单收集""信息发布"和"信息反馈"四个版块。

第一版块，"服务项目总菜单"平台，按免费开放类服务项目、省市配送服务项目、政府补贴类服务项目、商业演出类服务项目、便民服务类项目 5 种类型。囊括线上、线下服务菜单，让百姓和社会力量根据"菜单"下单选购。

第二版块，"订单收集"平台，主要是建立群众文化需求收集平台。按"我要看演出""我要看电影""我要看图书""我们要培训""我们邀专家"5 个栏目，让群众方便表达文化诉求，随意选择服务项目，实现问需于民、以需定供、按需配送，据统计，2016 年 7 月至今收集群众订单 150 多条。

第三版块，"信息发布"平台，主要有两部分组成，一部分是对线上线下文化资源实施网络发布，让百姓根据意愿"选文化""淘文化"。另一部分对收集的信息及百姓意愿，进行归类梳理，实施网络发布。"百姓文化超市"网站信息发布设置固定版块每月进行"文化信息大发布"，形成信息预告常态化、固定化；在此基础上，进一步扩大信息发布渠道，利用辖区中心广场等重要地段的电子大屏和电子滚动显示屏随时发布文化信息；每季度对下季度要开展的重大活动、重大节日、乡俗民情等固定的文化活动项目、时间、地点，通过多种形式向社会发布，扩大百姓知晓率和参与率，做到家喻户晓，人人皆知，通过线上订单，参与和享受线下服务，让文化的阳光雨露滋润每个角落。

解放区百姓文化超市页面

第四版块，“信息反馈”平台，主要是建立群众评价和反馈机制，探索建立公共文化服务评价机制，增强公共文化服务评价的客观性和科学性。同时通过受惠方的“点赞”和意见建议，加大对线上线下服务效能的监督和评估。

为了实现供需对接，“百姓文化超市”，其一，依托区文化馆、图书馆、街道综合文化站、基层综合性文化服务中心等线下文化阵地，统筹“线上”“线下”基层群众的文化需求，使线上数字文化服务平台与线下主题活动互为补充，相得益彰；其二，明确专人负责，设立文化咨询服务热线，随时收集分析整理文化信息，及时做好信息发布和供需对接工作，及时解答相关问题，处理好个性化需求的服务工作；其三，安排好小群体文化需求的对接工作，衔接好大众需求的文化派送工作；其四，积极做好动态需求和固定需求的供给工作，最大限度地满足不同层次、不同人群的精神文化需求，及时为百姓提供多元化、个性化的文化信息。

（三）倡导“四个一”，充分发挥社会文化组织和文化志愿者作用

所谓“四个一”即：动员辖区群众“加入一支文体队伍，学会一类健身方式，培养一种文体特长，坚持一项志愿活动”。解放区在公共文化服务体系示范区创建过程中，重视加强对文化类社会组织的引导、扶持和管理，促进规范有序发展。先后出台了《解放区社区社会组织管理暂行办法》、《解放区加快社会组织实施方案》、《解放区创建美丽楼院实施方案》等文件，区财政每年列入财政预算 100 万元的社会组织发展基金，扶持文体队伍发展。在倡导群众文化“四个一”活动中，社会文化类组织和群众文化志愿者在其中发挥着积极重要作用。起到了承上启下、上情下达、下情上传的作用。通过文化组织、文化志愿者，我们能够及时了解群众所思所想，并根据群众不同的文化需求，动态调整公共文化产品的配送，以精准服务满足居民多样化、个性化需求。目前焦作市解放区构建了区、街道、村（社区）、楼院四级文化志愿服务网络，全区备案的文化类社会组织 120 余家，三级以上社会体育指导员和群众文化骨干 5000 余人，文化馆由国家二级馆提升为国家一级馆，馆办团队由 2014 年的 15 支发展为现有的 33 支，常年开展各类文体志愿服务，服务人次由 2014 年的 5 万人次增加到 13 万人次，极大地丰富了人民群众的精神文化生活。

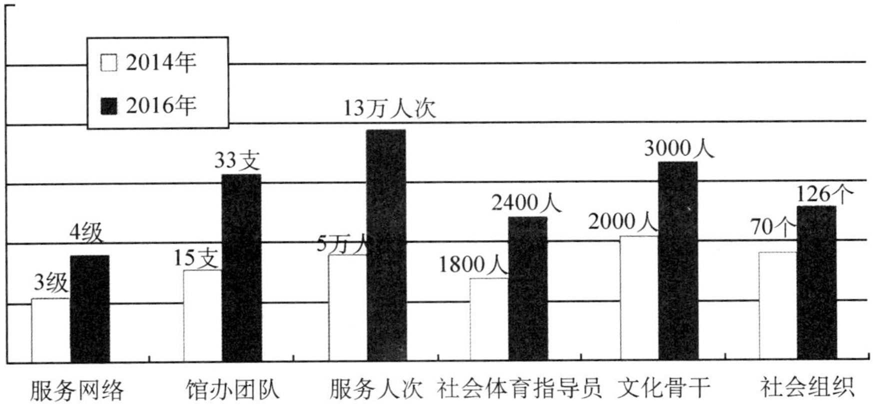

公共文化服务体系建设对比情况

（四）建立图书馆总分馆制，实现图书借阅一卡通

为更好地满足群众就近、便利借阅图书的需求，焦作市解放区区委、区政府高度重视区图书馆建设，在人员编制紧张的情况下，经区编委会批复，优先解决了图书馆 5 个财政全供编制，同时，还以政府购买社会公益岗位方式招募了 9 名专职社区图书管理员，根据群众居住区域分布，在花园街、陶瓷路、世纪新区、电翔、民权街、锦祥花园六个社区建立了社区图书馆分馆，真正将图书馆建在了居民身边。

焦作市解放区文体局与焦作市图书馆达成了共建合作协议，投资 30 余万元，建立了集中式图书管理系统平台，依托市图书馆庞大的图书管理数据库，将解放区图书馆和社区图书室分馆纳入市级图书管理系统，借助市级馆藏资源形成统一办证，统一管理，达到全市通借通还、资源共享目标。在服务措施上，根据群众需求，开展了错时和延时服务，极大地方便了居民就近借阅图书。同时，在引导和鼓励社会力量参与公共文化服务，不断拓宽图书馆服务领域和范围，在辖区 5 个网吧建立了图书流通点。还积极与社会组织“逐梦书屋”有效结合，多次开展了图书进山区、图书进建筑工地等活动，为山区孩子和外来务工人员提供优秀的精神文化食粮，开阔了孩子们的视野，丰富了工友们的业余文化生活。目前，解放区图书馆文化服务网络向上可延伸至市图书馆，向下可延伸至辖区内 6 个社区图书馆，横向又可延伸至辖区内的高校图书馆，区域服务网络构建已基本完成。

（五）制作发放公共文化地图，方便居民按需享受公共文化服务

为方便城乡居民走进公共文化场所，就便享受公共文化服务，焦作市解放区投资近 5 万元，在全区率先组织编印了《解放区文化体育设施分布地图》30000 份免费发放给群众。该地图以解放区地图为基础，精准的标注了辖区所有文化体育健身站点、公共文化服务机构，文化娱乐场所，从名称、详细地址，到设施负责人的名字和电话均用黑体字突出标示，群众通过地图可以就近选择文体活动。这一举措既扩大了公共文化设施知晓率的宣传，又方便了居民便捷地享受公共文化服务。

（六）打造公共文化品牌，提升公共文化服务效能

在公共文化需求反馈机制建立过程中，焦作市解放区注重公共文化服务创新，不断打造品牌亮点，有效提升了公共文化服务水平和能力。具体而言，可概括为如下方面：

一是打造了社区文化活动品牌，连续举办了十届“社区文化体育节”，尤其举办 2016 年的第十届社区文化体育节，在充分征求群众需求的基础上，把活动时间、参演节目形式、内容进行动态调整。活动时间由过去 5 天增加至 30 天，参与人数较往年明显增长，达到 5 万人次。各社区积极开展独具特色、丰富多彩的群众文化活动，举办的“邻里节”“幸福重阳”“最美焦南人”等活动，既展示了群众的文化风采，又增进了邻里交流，促进了社会和谐。2016 年 7 月，解放区文化馆打造了一档大型群众草根文化活动“解放区社区欢乐总动员才艺大比拼”，共吸引全区 400 多个楼院，3000 多位群

众演员的226个节目参加了比赛，整个赛事时间跨度6个月，成为解放区集中展示群众文化风貌的一场盛宴。近两年来，解放区创作了大批群众文艺作品，小品《帮扶》获得省小戏小品赛金奖，舞蹈《爱莲说》《祖国的歌》《摆手女儿家》以及声乐《调色板》等在省少儿文化艺术节中均获得金奖，舞蹈《盛世秧歌》获“幸福跳起来”全省广场舞比赛一等奖。

二是打造传统文化活动品牌。例如，“民生道德讲堂”是由政府支持引导，民间爱心人士发起的公益组织，以弘扬中华优秀传统文化和传播正能量为宗旨，以宣传身边的榜样，大力践行社会主义核心价值观为主题，在全社会营造文明和谐、爱国敬业、诚信友善的厚重文化氛围。再如，民生街道居民王三留（感动焦作十大人物）敬老、孝老先进事迹报告会；胡荣老师做的“践行弟子规，构建幸福人生”的课程；杜建新老师做的“素食与环保”课程；任小光老师做的“儿童读经典的意义”课程；感动中原十大人物之一的李玉萍老师“情系失足人员，700余人迷途知返”的报告；蔡礼旭老师的“细讲弟子规”及“做孩子一生的贵人”等主题报告。自2014年10月迄今，焦作市解放区举办以中华优秀传统文化普及课堂、身边的榜样先进事迹、养生健康、国学经典诵读等多题材的主题报告会50余期，受益人群达到7000余人次。

三是打造青少年文化活动品牌。解放区针对辖区未成年人在节假日和放学后无人管理的情况，在花园街社区文化活动中心“开办四点半学校”，开展“学校放学，社区开学”活动；组织文化志愿者担任义务文化辅导员，教室配备了桌椅、黑板、儿童书报、空调等设备，每天下午四点半后，孩子们都可以在志愿者的带领下学习、娱乐，解决了家长的后顾之忧。在寒暑假，社区联合文化志愿者还开办了“雏鹰”培训班，开设国学课堂，为辖区小学生免费发放《弟子规》等国学典籍1000余本，组织志愿者每周六和寒暑假开展国学诵读德育课堂，传承传统道德知识，目前已服务未成年人4000余人次。这样一系列富有实效性和吸引力的活动内容，使先进的思想和文化占领未成年人课外活动阵地,把孩子们吸引到一个健康成长的环境中,寓教于乐,寓德于乐,让社区文化活动中心成为未成年人健康、快乐成长的温馨港湾。

四是打造为老服务"幸福重阳"文化活动品牌。解放区焦西街道电建社区按照"因地制宜、打造品牌,突出特色、构建和谐"的总体思路,充分利用资源优势,针对辖区老年人居多的特点,全面推进社区开展乐老、孝老服务。根据老年人的文化需要,整合社区资源,改善服务设施,丰富服务内容,拓展服务领域,提高服务能力。文化活动中心实施全天免费开放。利用合唱、戏曲、乒乓球活动室等活动阵地和社区现有资源,广泛开展各类健康有益的文体活动。例如台球、乒乓球、棋牌类活动都采用周周有比赛,月月出冠军,年度举行总决赛的方式,吸引老年人参与其中,乐在其中。利用农历九月九传统的重阳节,由辖区团队、居民自编自导自演的文艺演出已连续举办了 16 届,打造了"幸福重阳"品牌活动。真正将重阳节这个老年人特有的节日快乐传递深化到每个居民。目前,社区结合实际,针对居民的兴趣、爱好和特长,先后成立夕阳红合唱队、老年舞蹈队、秧歌队、戏曲队等 23 个社区文体组织,文体队伍人数达 600 余人。通过以点带面,将文化活动的氛围延伸到楼院及居民家中,每月经常到社区文化活动中心参与文体活动的群众达到 3000 余人次,营造了天天有活动,月月有安排,全年不断线的良好氛围。

六、全民文化行动实施——快乐"365"

第一是围绕"快乐 365",以点为支撑,普及好日常活动。焦作市解放区在辖区居民楼院、街心游园等场地开展以广场文化、游园文化、楼院文化和家庭文化为主要内容的文化娱乐活动,注重在普及活动中培育精品,目前,每年举办大小型广场文化活动 50 余场次。将农村数字电影放映工程列入民生工程，在全区23个行政村实施“一村一月一场”的电影放映工程，全年安排276场。建立特殊群体公共文化服务机制，将老年人、未成年人和农民工文化服务纳入文化工作计划，建成各类中老年活动健身站点128个。区图书馆与焦作市追梦公益爱心会结对子开展志愿服务，深入建筑工地、山区开展图书流动服务，为外来务工人员与山民提供优秀的精神文化食粮。采取政府购买文化服务的方式，在23个村开展“送戏进万家”活动，丰富了村民的文化生活。

第二是围绕“快乐365”，以线为贯穿，组织好节庆活动。在元旦、春节、“七一”等重要节日，深入组织开展“万人长跑”“春满中原”“百城万场”优秀文艺节目展演、庆“三八”家庭才艺擂台赛、教师节少儿文艺专场演出等群众文化活动。积极开展送文化下基层及慰问演出活动，每年组织馆办团队在“端午节”“中秋节”“重阳节”“春节”等节假日及双休日深入农村、社区、监狱、养老院等开展慰问演出送温暖活动20余场次。

第三是围绕“快乐365”，以面为覆盖，开展好社区活动。坚持每两年举办一届社区文化体育节，至今已成功举办了十届社区文化体育节，活动时间、参演节目、参与人数逐年增长。同时，各社区积极开展独具特色、丰富多彩的群众文化活动，各社区举办的“邻里节”、包饺子大赛、剪纸比赛、趣味运动会等活动，既展示了群众的文化风采，又增进了邻里交流，促进了社会和谐。近年来，焦作市解放区创作了大批群众文艺作品，小品《帮扶》获得省小戏小品赛金奖，舞蹈《好一片艳阳天》获得省“群星奖”金奖，舞蹈《爱莲说》《祖国的歌》《摆手女儿家》以及声乐《调色板》等在省少儿文化艺术节中均获得金奖，舞蹈《盛世秧歌》获“幸福跳起来”全省广场舞比赛一等奖。今年7月份，解放区与焦作电视台合作，打造一档大型群众综艺活动“解放区社区欢乐总动员才艺大比拼”，共吸引全区400多个楼院，3000多位群众演员参加了海选，整个赛事时间7个月，成为解放区集中展示群众文化风貌的一场盛宴。

淮阳民俗文化推动公共文化建设持续发展

淮阳县文化广电新闻出版局

2014 年 11 月,淮阳县被列为河南省首批公共文化服务体系示范区创建县。结合当地实际,淮阳县坚持公益性、基本性、均等性、便利性,在满足群众基本文化需求的基础上,积极探索如何形成网络健全、结构合理、发展均衡、运行有效、惠及全民的公共文化服务体系,进一步推动公共文化服务广覆盖、高效能,为构建基本完善的公共文化服务体系提供实践示范和制度建设经验。

经过两年的努力,创建工作已取得了明显成效;一是建立了覆盖城乡、结构合理、功能健全、实用高效的公共文化设施网络;二是建立了比较完善的公共文化服务人才、资金和技术保障体系;三是建立了比较完善的公共文化产品服务供给体系;四是建立了比较完善的公共文化服务组织支撑体系;五是建立了公共文化服务绩效评估制度;六是特别在民俗文化推动公共文化建设方面持续发展发展方面进行了制度设计,并将设计成果形成资源共享机制。

一、淮阳公共文化建设典型特色:丰富而精美的民俗文化推动公共文化建设持续发展

淮阳历史悠久,丰富而精美的民俗文化,是中原文化的重要内容,也是淮阳公共文化示范区建设的重要内容和抓手。淮阳人民群众对本地民俗文

化有深厚的感情，这些民俗文化渗透到人民群众的文化生活中，是人民群众文化生活当中重要组成部分；民俗文化能够更广泛、更深入地把人民群众聚合在文化设施周围，让文化设施产生应有的作用。通过不断地增加民俗表演团队，丰富民俗文化表演内容，来促进淮阳公共文化服务的不断提升。

淮阳民俗文化资源在中原乃至全国具有重要影响。在创建公共文化服务体系建设中，如何吸纳民俗文化的合理资源，进而实现二者的相互推动是值得认真研究的现实课题：民俗文化需要借助公共文化服务体系平台，导入公共文化的价值理念，以实现文化转换与创新，而民俗文化更是公共文化的根基和源泉，公共文化也必须建基于民俗文化的土壤才能获得持久深入的健康发展。淮阳借助公共文化服务体系示范区创建，选择《淮阳民俗文化推动公共文化服务体系建设持续发展研究》这一课题进行制度设计研究，其主旨是通过民俗文化与公共文化服务的对接和互动而形成新的合力，这样不仅能够使淮阳民俗文化得到更好的保护、传承和发展，而且推动淮阳公共文化服务体系建设持续有力发展。

（一）淮阳民俗文化与公共文化建设基本情况调查

淮阳古称宛丘、陈、陈州，历史上曾三次建国、五次建都，据传6000年前，太昊伏羲氏和神农氏，先后在此建都，肇始了华夏文明。淮阳地处河南东南部、周口市腹心，辖18个乡镇，467个行政村，人口130万，面积1320平方公里，2015年全县国民生产总值201亿元，地方财政收入6.7亿元。淮阳既是农业大县、人口大县，也是文化资源大县。先后获得文化旅游资源大县，全国文明县城、全国首批旅游标准化示范县、中国长寿之乡、河南省文化改革发展试验区、省级历史文化名城。2014年12月，淮阳县正式启动河南省公共文化服务体系示范区创建工作，为全面了解淮阳民俗文化和公共文化资源，有针对性地做好课题研究工作，县创建办在专家的指导下，采取问卷调查、实地了解、会议座谈等形式，发放调查问卷800份，调查乡镇18

个,行政村 260 多个,人员 1800 多人次,基本摸清了淮阳民俗文化和公共文化资源家底,为淮阳县公共文化建设课题研究掌握了第一手资料。

1. 公共文化设施和队伍建设情况调查

公共文化设施和队伍建设是公共文化服务体系示范区建设的重要内容,为搞好制度设计课题研究,课题组成员对淮阳公共文化设施和队伍建设情况进行了认真调查摸底。截至 2015 年 3 月,县本级有图书馆 1 个,面积 6782 平方米,为国家一级馆;文化馆 1 个,面积 6782 平方米,为国家一级馆。文化广场 285 个,面积 9.6 万平方米。全县建有 300 平方米以上、单独成院的文化站 9 个,覆盖率 50%;建有 100 平方米以上村级文化大院 201 个,占全县行政村的 43%,100 平方米以下村级文化大院 266 个,占全县行政村的 57%。全县有基本文化艺术团队 299 个,从业人员 9568 人,种类含艺术创作、戏曲表演、音乐舞蹈、活动策划、图书采编、文化管理等门类;全县有民间文化艺术团队 235 个,从业人员 7520 人,种类含戏曲、舞蹈、杂技、魔术、武术等门类。全县文化志愿者团队的专业有戏曲表演、音乐演奏、舞蹈编排、活动策划等门类。

2. 民俗文化项目情况调查

淮阳历史悠久、文化资源丰富,民俗文化是其重要文化与特色,也是淮阳文化品牌和标志,淮阳民俗文化蕴含了淮阳的伏羲民俗文化、农耕民俗文化、诗经民俗文化、社会民俗文化、节庆民俗文化、庙会祭祀民俗、社会多姿多彩的生活民俗等。这些民俗文化是淮阳建设公共文化体系的重要资源和内容,体现了淮阳公共文化体系建设之美。课题组成员,先后三次组织了规模较大的民俗文化普查。着重对民俗文化的种类、数量、分布情况、生存环境、生存现状等进行记录、建档和数据库建设,运用图文声像等视觉和听觉形象配置,较好地记录和保存民间艺术的原始形态,建立规范的档案资料,落实有关可行的保护措施,为全面做好保护与利用工作奠定了基础。现系统登记民间艺人 687 名,配套录入 306 人的图文声像电子素材资料。建成非遗数据库1个,电子素材达12T以上。建成非遗档案室1个、建档56卷,非遗展厅1个,展出项目实物150多件。项目遍布全县20个乡镇(街道),187个行政村,编辑编印《河南省淮阳县非物质文化遗产普查资料汇编》8册,镇级汇编本19卷。

3. 民俗文化团队和人才队伍建设情况调查

淮阳共有299个民俗文化团队,分别是民间艺术表演队235支、乡村流动舞台车63辆、健身舞舞蹈队26个、戏曲表演队5个。从业人员有9568人,其中民间艺术表演队7520多人,乡村流动舞台800多人,健身舞舞蹈队700多人,戏曲表演队270多人。深入基层常年服务于人民群众,每年演出10万多场次,受益群众3000多万人次,为活跃人民群众的精神文化生活发挥了重要作用。

4. 民俗文化产品情况调查

淮阳县历史文化厚重,手工技艺项目众多,工艺美术类等民俗文化产品独具特色。淮阳民俗文化产品泥泥狗、布老虎、玉雕、木雕、砖雕、编织、芦苇画、黑陶、石刻、雕塑、葫芦刻画、陶埙、剪纸、盆景、园艺等30多项是其中具有代表性的项目。其中,比较有特色的项目如下:

"淮阳泥泥狗"是河南省淮阳县的特产,是豫东一带妇孺皆知的泥塑艺术品。是淮阳太昊陵"人祖会"中泥玩具总称,是一种原始图腾文化下产生的一种独特的民间艺术,又称"陵狗"或"灵狗"。其表现的题材十分广泛,天上的飞禽,地上的走兽无所不有,造型虚幻、神秘。林林总总的怪异形体中有九头鸟、人头狗、人面鱼、猴头燕、蟾蜍、蜥蜴、豆虫、蝎子等,还有各种抽象、变形的多种怪兽复合体共约200余种。淮阳泥泥狗的制作主要分布在淮阳县太昊陵以东及东北的淮阳县城关镇和白楼乡大连乡的十几个村庄,最出名的有金庄、许楼、武庄、陈楼、丁楼、王坑、石庄六个村庄。淮阳泥泥狗2014年列入国家级非物质文化遗产保护名录,现有省级传承人3人,市级传承人7人,知名民间艺人30余人。淮阳"泥泥狗"曾多次参加全国和国际工艺美术展，多次获金、银奖。1994 年参加中国民间艺术一绝大展，并获文化部颁发的银奖。曾赴法国、日本、韩国、欧盟进行现场捏制表演，引起极大轰动。

芦苇画是中国传统民间艺术精品中的一朵奇葩。据传，它兴盛于唐，流行于明清，后因种种原因一度濒临失传。当今的芦苇画是葛磊在继承老一辈民间艺术家优秀文化传统的基础上，大胆创新，运用现代特质工具对其制作工艺进行改进，创作出了既有传统艺术美感又有现代生活气息的芦苇画。芦苇画既具有浓厚的传统文化内涵，又极富装饰性和欣赏性，最能体现中华民族自古就有的精巧技艺和聪明才智。淮阳金穗子芦苇画作为宾馆、会堂、家庭装饰品不仅在国内享有盛名，还深受国际友人的青睐，享誉国内外。

黑陶制作技艺是淮阳县新一代陶器制作传承人张辉十多年努力挖掘和研究古陈国（今淮阳县）黑陶烧制技艺，2010 年成功复建陈州官窑，其黑陶精品销往欧美等国，深受收藏者青睐。2013 年，成功为伏羲祭祀大典特制黑陶礼器，2014 年 4 月，成功为黄帝拜祖大典特制黑陶礼器，2014 年 5 月，成功为嵩山少林寺水陆大法会特制黑陶法器。人民网、新华网、凤凰网、光明网、《河南商报》《东方今报》《郑州日报》等媒体相继报道。2014 年 9 月，张辉被评为河南省陶瓷设计艺术大师。所创作品“少林香薰”被评为精品奖。

5. 社会力量参与公共文化服务情况调查

淮阳社会力量积极参与公共文化服务，利用场馆和技艺为人民群众提供公共文化服务。淮阳县文化艺术学校、陈州画荷艺术部落、叶桐轩美术馆、豫东少林武术院以及陈楚古街—中原民俗体验园等民间投资主体兴办的文化场馆能够免费开放，提供公共文化服务。

随着人民群众生活水平的提高，对文化的需求越来越高。根据调查，31% 的群众喜欢文化、健身活动，20% 的人群喜爱看戏看电影，读书和棋牌、游戏、娱乐分别占12%和18%，有科普技能培训需要的占10%，其他占9%。群众的需求呈现出多层次、多方面、多样化的特点。

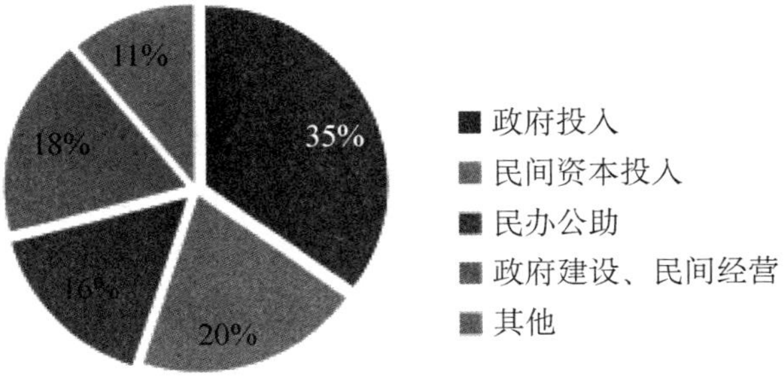

图1　淮阳县公共文化服务体系建设资本投入情况一览表

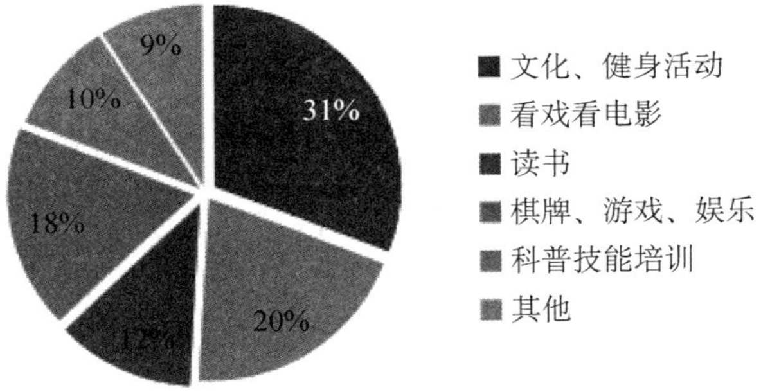

图2　人民群众文化需求情况调查

通过对淮阳民俗文化和公共文化现状调查结果进行分析，可以得出淮阳民俗文化门类繁多，是公共文化不可缺少的一部分，是淮阳公共文化的重要内容；民间文化队伍是淮阳公共文化服务的中坚力量；淮阳县社会力量积极参与到公共文化服务体系建设；人民群众的文化需求呈现出多层次、多方面、多样化的特点；淮阳在民俗文化保护传承和发展，推动公共文化服务体系建设，保障人民群众基本文化权益等方面取得了显著成效，但也存在一些不容忽视的问题和原因。

(二)淮阳民俗文化推动公共文化建设持续发展存在问题及原因

1. 存在问题

(1)公共文化服务设施体现民俗文化功能仍需提升。近几年,伴随着公共文化服务体系示范区创建,县、乡、村三级都建成了公共文化服务设施,但大多文化站(室、院)体现民俗文化的不多,除县文化馆建有民俗展馆外,乡镇以下基本没有民俗文化展馆(室)和村史馆(室),这对于民俗文化的保护传承、宣传教育将带来不利影响。

(2)民间民俗文化的传承后继乏人。民间传统文化通常只存在于某一独特地域和人群当中,尤其是一些民间传统技艺,基本上都掌握在少数才艺精湛的艺人巧匠之手,大多以口传心授的方式代代相传。但是受市场经济的影响和外来文化的冲击,青年一代大多外出务工,受都市文明影响,对民俗文化技艺兴趣不高,即使是留在乡村的年轻人,也不愿学习和继承投入较大而获利微小的传统技艺。加之学习民俗文化技艺难度高、耗时长、收入低,需要下苦功夫,令很多年轻人望而却步。如根雕、刺绣、剪纸等传统工艺大多需要几个月甚至几年才能学会。这就使一些民间传统文化的传承和发展面临后继无人,令人担忧的处境。据我们对黄集乡的三个行政村民间文艺技能调查时发现:会民间文艺技能的村民中,50 岁以上的占 53.9%,30 岁至 50 岁的占 31.3%,30 岁以下的占 14.8%,在"泥泥狗"制作工艺盛行的 5 个自然村中,70% 为 60 岁以上人员,民间民俗文化的传承后继乏人问题很严重。

(3)民间民俗文化保护和发展的资金不足。传承与保护民间民俗文化,尽管近几年引起了政府部门的重视,但是没有用于专门研究、挖掘、整理民间民俗文化的专项资金。传统文化传承保护政策扶持力度不够。对于具有地方特色的文化资源,特别是专业性较强的民俗技艺,没有出台针对性和操作性强的传承保护办法。对民间民俗技艺艺人、大师的挖掘和扶持力度不够，在政策完善和资金保障等方面力度不大。在民俗文化基础设施建设资金的投入上，民营资本投资民俗文化建设的数量仍显不足，特别是缺少大手笔的项目。

（4）民俗文化对公共文化的推动力还不够强。民俗文化是公共文化的重要内容并融为一体。民俗文化是根系文化，是文脉文化，是基因文化，也是独具特性的魅力文化；它和民族文化、民间文化交融一体，民俗文化是公共文化的重要内容与公共文化交融为一体。但是，在发展社会主义市场经济的大背景下，民俗文化日渐金钱化、商品化、庸俗化、舞台化，原本淳朴的民俗风情已荡然无存，见利忘义等现象日渐突出。而真正优秀的、富于文化内涵的东西却没有得到应有的重视和挖掘，使民俗文化的价值受到损害和贬低，其公共服务的功能不能得到很好的呈现，推动公共文化服务体系建设的功能不能得到很好的体现。

2. 主要原因

（1）民俗文化思想认识的误区。从社会认知和社会观念上看，对民间传统文化的重要性认识不足、存在偏差，使人们把民俗文化被误解为没落文化遗留，是农民、陋民、落后人群的专利，认为民俗文化对现实和现代化进程没有意义，与现代公共文化服务体系建设完全隔离开来。于是在人们的思想意识方面对民俗文化没有好的感觉。不会在认识方面给予过多的探讨与关注，遏制了民俗文化前进的步伐。这种对民俗文化极端性的认识，将会使民俗文化的可持续发展面临着被遗弃的考验。

（2）经济社会快速发展的冲击。经济社会的快速发展，使得传统的生产生活方式日渐消远，原有农耕社会的文化形态和方式逐渐消退，人们物质消费方式和生存观念也发生了巨大变化。而我们的传统民俗文化大多是植根于传统农业的，是农业社会和农耕文明的产儿。培育传统民俗文化“土壤”的退化，让越来越多的人渐渐漠视于传统民俗的文化和精神价值，这是许多传统民俗文化被逐渐“淡化”与“矮化”的一个重要原因。

(3)现代文化生活方式的挑战。随着现代化浪潮的涌起、市场经济的深入和信息的快速更替,社会成员在大量接触外来文化后,开始认同现代文化和现代生活方式,尤其是年轻人大多钟情于现代艺术,追求时尚,对传统艺术和技艺不再有昔日的热情。加之学习传统技艺需要下苦功夫,难度高、耗时长、收入低,令很多年轻人望而却步。如根雕、刺绣、剪纸、竹纸等传统工艺大多需要几个月甚至几年才能学会,太苦、太难,年轻人自然不肯问津。由此可见,农村传统文化的传承,在现代化的冲击下受到了严重影响,面临诸多威胁,的确令人担忧。倘若听之任之,许多宝贵的民间文化传统将迅速消亡。

(4)政策机制配套完善的缺乏。有利于民俗文化发展的有关政策不配套,在民俗文化人才培养保护、税收、土地、政府补贴、社会融资及建立多元经费投入机制等方面还缺乏完善的配套政策和措施。

二、淮阳民俗文化推动公共文化建设持续发展的对策和措施

淮阳县政府高度重视淮阳民俗文化推动公共文化服务体系问题,会同有关部门认真研究分析,结合淮阳实际,采取了了解决存在问题的对策及措施。

(一)加强民俗文化宣传教育,培养全民保护发展民俗文化的意识理念

十七届六中全会提出,“坚持保护利用、普及弘扬并重,加强对优秀传统文化思想价值的挖掘和阐发,维护民族文化基本元素,使优秀传统文化成为新时代鼓舞人民前进的精神力量”,“深入挖掘民族传统节日文化内涵,广泛开展优秀传统文化教育普及活动”。保护民族民间文化是全社会的共同任务,政府要发挥主导作用,部门通力合作,调动各方力量参与,培育全民保

护民族民间文化的意识，通过文化持有者和文化共享者的共同努力，才能使民族民间文化得到有效保护和传承。建立多渠道、多层次的民间民俗文化传承教育体系，培育全民保护民间民俗文化的意识理念。一是发挥学校教育、社会教育和民间培训机构在人力、智力以及创造力方面的优势，鼓励各种教学机构开办兴趣班，引导更多的人传承学习民间民俗文化。鼓励各种教育机构和民间艺术协会、戏曲班、积极传承本土民间民俗文化的社团组织，制定民俗文化重要项目传承计划，加快普查、挖掘、整理、研究、传播民俗文化遗产。二是采取政府主导、学校实施的办法，以课堂教学为平台，以主要传承人为领头，以普及和传承为目的，让民族民间传统文化进校园进课堂。结合教学特点开设民间舞蹈、民间手工艺等相关课程。中小学校可以兴趣小组为载体，成立具有本地域民间民俗文化特色的各种传习班、民乐队等，让中小学生加深对民间民俗文化的认识，从小培养热爱民间民俗文化的感情，达到传承有土壤、后继有新人。三是调动民间文化老艺人的积极性，鼓励他们发挥传、帮、带的作用，建立各种民间民俗传统文化传承班，选拔优秀的本土艺术苗子进入传承班，为大力弘扬和培育以爱国主义为核心的民族精神，传承中华民族文化的优秀传统，推动社会主义文化的发展繁荣做出贡献。

（二）提升公共文化设施功能和服务水平，为民俗文化保护发展创造环境平台

淮阳借助创建省公共文化服务体系示范区，县、乡、村三级公共文化设施实现了全覆盖，但是，设施的功能还不够完善，尤其是民俗文化的宣传展示和服务功能还不完善。一是完善提升公共文化设施功能。在现有基层公共文化服务设施建设的基础上，进一步完善和提升民俗文化宣传展示功能，在有条件的乡镇和行政村建设民俗馆、镇史馆和村史馆，为人民群众传承发展民俗文化提供环境条件。二是注重民俗文化生态保护。在城镇化建设过

程中，要强化基础设施的改造和完善，在保护传统文化建筑和场所的同时，为当地群众创造更加“宜居”的生活环境，避免群众因自行改善居住条件而造成对传统民居和习俗的破坏，最大限度地保存民俗文化的真实性、多样性和原生形态的历史文化记忆。三是提高公共文化服务能力。重视对传统文化资源的开发和利用，将优秀传统文化精神内涵的宣传和弘扬、传统技艺的传授和展演，纳入当地公共文化服务的重要内容，增强公共文化服务的特色和吸引力。四是推动民俗文化遗产记忆工程。对在城镇化进程中不便保护或不可避免要消失的文化遗产，及时以影像、声音、实物等多种形式，在博物馆、图书馆等合适场所留存和展示，为民俗文化保护传承和发展提供更多更好的环境和平台。

（三）加强民间文化艺术人才培养和管理，提升公共文化服务水平和效能

加强民俗文化保护、传承和发展，推动公共文化服务效能提升，队伍是保证，人才是关键。近几年，淮阳文化艺术团队快速发展，2016 年较 2012 年翻了一番，人员也由 5600 余人增加到 1.2 万余人。但应当看到，与现代公共文化服务体系建设要求相比仍存在力量不足，结构不合理问题，民间文化艺人和文化活动积极分子仍是基层群众文化活动的中坚力量，加强民间艺人、传承人、乡土能人的培养，提高能力素质，是公共文化服务体系建设亟待解决的问题。一是要构建推进民间文化人才建设的长效机制。加强的民间文化人才队伍建设的组织领导，努力形成党委政府统一领导、有关部门各司其职、全社会共同参与的格局。要加强实施民间文化人才队伍建设规划，加强对民间文化人才队伍的管理引导、教育培训、扶持服务，建立对民间人才的保护、培养和激励机制，落实民间文化人才优待措施，以此推动民间文化人才队伍建设。要成立相应管理机构，加强民间文化人才库建设积极探索体制外聘用人员的新路子，突破身份和编制的束缚，聘用一批有文艺技能，热心基层文化工作乡土艺人充实乡镇文化专干和村文化管理员，充分发

挥他们在推动基层公共文化建设中的重要作用。二是要着力搭建民间文化人才施展才华的广阔平台。要建立和完善政府、社会、用人单位和个人多元化投入机制,通过政府投入、社会筹集、个人自筹等方式,加大对民间文化人才的投资力度,设立民间文化人才专项经费,主要用于民间文化人才的培养和资助、民间传承单位和传承人的补助、民间重大文化项目研究等。对一些表演类的集体文化项目,可由政府出资向文艺团体购买演出,从而在保障人才队伍的同时,丰富基层群众文化生活。三是要着力提升民间文化人才的综合素质。党委政府要树立人才是第一资源的观念,加大民间文化人才的培养力度,努力营造民间文化人才脱颖而出的环境。要优化培养模式,建立系统的民间文化人才培训体系,通过政府培训、学校培训、社会培训相结合的办法,培养一批民间文化人才。要拓宽培训形式,加大对民间文化项目的开发和建设力度,通过举办特色文化活动、文艺汇演和比赛等举措,在充分发挥乡土艺人、民间艺人活跃农村文化生活、传承和发展民俗文化的同时,使民间文化人才在活动中经受锻炼和提高。

(四)加大政策扶持和资金支持力度,为民俗文化保护发展提供保障

近几年,淮阳县委、县政府为民俗文化保护传承与发展,相继出台了一些文件和办法,发挥了一定作用,但是,还没有构成系列体系,落实还不够到位。建议在已经出台文件、意见的基础上,进一步出台更加细化的配套政策,形成完整的民俗文化保护政策体系。一是优秀民俗文化发掘保护政策。文化主管部门以政策待遇鼓励考古研究人员,认真发掘发现我们已经遗失或没落的优秀民俗文化,来重新评估他们的价值,对优秀者加以继承和弘扬。教育和宣传部门认真做好民俗文化的教育宣传和保护工作。如在学校、图书馆、文化馆等公益性事业单位进行民俗文化教育,增强民俗文化意识,培养优秀民俗文化人才,提高受教育者的民俗文化素质。二是优秀民俗文化项目产业税收优惠政策。税收政策取向直接影响民俗文化的发育程

度、发展趋势和结构变动。从基本税制体系角度看,虽然对民俗文化及产业采取了轻税政策,但对于民间民俗文化来说仍然力不从心。建议县委、县政府,协调相关部门进一步出台民俗文化及产业项目的所得税、流转税、财产税等更加优惠的政策。如民俗文化项目单位自用的房产、土地可免征房产税、城镇土地使用税。这些政策若能得到很好落实,将会对民俗文化的保护传承和健康发展发挥重要作用。三是优秀民俗文化资金保障政策。建立规范有效的筹资机制,形成多渠道投入的体制。要以政府投资为主体,建立优秀民俗文化发展专项资金,对发展势头好,公共文化服务能力强的项目进行扶持,尤其是对一些濒危灭绝的项目和传承人给予抢救性扶持。同时,鼓励和引导企业和社会捐赠赞助,助推优秀民俗文化快速发展。

(五)注重民俗文化改革创新发展,为推动公共文化持续发展注入活力

在民俗文化中,有些内容具有很强的价值,可以世世代代继承和发扬下去。但同时我们应当认识到,民俗文化是在长期的封建主义和小农经济的背景下产生的,也有一些陈腐的东西,我们不能全盘照搬,不能全盘传承和弘扬,我们应当通过合理的分析,取其精华,去其糟粕,不断创新发展,为公共文化服务通过强劲动力。一是要建立保护传承工作领导机制。民俗文化的保护发展,必须坚持政府为主导,宣传、文化、广电、教育、旅游等部门形成合力,建立健全组织领导机构,要全面规划和通盘考虑,要将民俗文化遗产保护工作纳入全县国民经济和社会发展整体规划,及时研究制定有关政策措施,尽快制订和完善保护规划,明确保护范围、保护对象以及保护措施和目标。应运用大文化的视野,通过制度设计,努力突破体制障碍,推进跨部门、跨领域、跨系统的交流与合作。在文化主管部门的引导下,一方面打破不同部门或个人所拥有的民俗文化资源的边界,实现共同分享;另一方面,让不同部门都参与到民俗文化资源的挖掘和保护中,建立文化联盟、部门联姻、服务联动,有效建立统筹协调机制。二是要以现代文化为引领。民俗文

化发展必须扎根本土，扩展根系，在融合中发展，在开放中传播。保护发展并不意味着因循守旧、墨守成规，而是要学习和理解民俗文化，又要赋予传统文化以鲜明的时代特征，广泛从优秀民俗文化中吸取智慧和力量，取长补短，兼容并蓄，推进民俗文化的现代转型，使民俗文化融入现代社会，融入一体多元化发展的大盘中。以现代文化为引领，就是用社会主义核心价值观引领多样化的社会思潮，通过挖掘和传承民俗文化的精华，创造性吸收和融合优秀文化成果，不断与当代社会相适应、与现代文明相协调，实现民俗文化和现代文化的有机结合和交相辉映，在尊重多元的基础上强化一体，把社会主义核心价值体系真正化为人民群众的坚定信念和自觉行为，使中华民族优秀民俗文化的基因与当代文化相适应、与现代社会相协调，使人民群众享受更加丰富的精神文化生活。三是要不断推进改革创新。文化的精髓在于传承，传承的基底是不断创新。文化是历史的积淀，文化更是生活的升华。我们在开展民俗文化活动中，除了要继承优秀民俗文化，保留独特的地方风韵外，更要紧跟时代步伐，为其输入时代的新鲜血液，赋予民俗文化以新的内涵。只有这样，我们的民俗文化才能更加符合时代发展的节拍，才能为更多人所接受，才能有一个更为广阔的发展平台。当然，创新发展并不是对民俗文化的否定，而是一种扬弃，是在继承和发扬其优秀、独特的地方风韵的基础上的再创造。要立足丰富的历史文化资源和丰厚的人文精神开展文艺创作，将这些精神内涵以文化元素的形式融入老百姓的生活中去，让老百姓既能看到一些耳熟能详的传统节目，又能欣赏到符合时代精神、充满时代气息的特色节目；要定期举办农民文艺汇演、手工艺比赛、书画展览、农民运动会等喜闻乐见的群众文化活动，丰富群众业余文化生活。中原古韵——中国淮阳非物质文化遗产展演活动，已连续成功举办了七届，已成为淮阳的一张靓丽的文化名片，不仅使民俗文化得到了弘扬，而且也推动了公共文化服务能力的提升，极大地丰富了人民群众的精神文化生活。政府部门应加强领导，引导和鼓励社会力量参与，探索市场化运作机制，应多向市场和社会放权，逐步实现由“办文化”向“管文化”转变，以此推动淮阳公共文化服务体系建设持续有力发展。

三、淮阳民俗文化推动公共文化建设持续发展形成的公共文化品牌与成效

近两年来，县委、县政府高度重视民俗文化的发展，成立了淮阳县民俗文化保护与利用领导组及多个民俗文化研究机构，对淮阳民俗文化保护与利用及民俗人才队伍建设制定措施、出台政策，如《淮阳县民俗文化传承与利用意见》《淮阳县关于民俗文化人才、培养保护办法》和《淮阳县关于民俗文化推动公共文化建设政府购买展演办法》等文件。淮阳民俗文化得到了较好的保护和利用，为公共文化建设开辟了新渠道、搭建了新平台、注入了新活力。

（一）太昊伏羲祭典持续举办，为淮阳公共文化开启魅力窗口

伏羲是中华民族文明创始人，他教田渔，造工具，兴农耕，制嫁娶，正姓氏，造书契，通八卦，奠定了几千年中华文明昌盛的根基。为了纪念和彰显伏羲的功绩，后人修建了太昊陵庙，并进行一年一度的祭祀活动。因是中华民族“人文始祖”之陵庙，故称“天下第一陵”。唐太宗李世民颁诏“禁民刍牧”；宋太祖赵匡胤诏立陵庙；明太祖朱元璋自制祝文，亲临致祭，明清各帝王都遣官祭奠。民间祭祀更是代代相承，历久不衰。每天的谒祖朝圣者达数万及数十万之众，其中 2008 年 3 月 22 日，来太昊陵敬香游客创单日人数高达 82.56 万人，创世界吉尼斯纪录。数百万人的客流量，既是巨大的宣传队伍，又给淮阳的文化产业带来了无限商机。

淮阳县政府对一年一度的朝祖会越来越重视，2014 年 11 月以来，淮阳

县开展创建河南省公共文化服务体系示范区工作，便着力把太昊伏羲祭典打造成展示淮阳公共文化魅力的窗口和发展文化产业的平台。为让携儿带女、搀老扶幼、千里迢迢、认祖寻根海内外的炎黄子孙感受上古的遗风，领略淮阳深厚的文化内涵，寻找千百年来中华民族共同的源流和精神支撑点。2014—2015 年的二月庙会及其他月的初一、十五，淮阳文化部门积极引导，组织担经挑、跑旱船、舞狮子、扭秧歌、肘歌、耍龙灯等各种民间动态表演团队有计划、有秩序、分区域、排日程巡游，与广大香客、游客互动，百万群众观看传统文化表演，乐在其中。依托太昊伏羲祭典举办的中原古韵——中国淮阳非遗展演近两年规模越来越大、层次越来越高，已成为淮阳公共文化的主导品牌，在全国影响深远。太昊伏羲祭典及庙会系列的文化活动让广大香客、游客零距离欣赏淮阳公共文化独特的魅力，有力地锻炼了县域内文化表演队伍，培养了基层文化表演从业人员。2014 年，全县民间艺术表演队有 187 个，2015 年，全县民间艺术表演队发展到 299 个民间团队艺术表演，为人民群众提供了丰富的精神文化大餐。县政府在搞好公共文化动态展示的同进，对静态的，也大力发展。如泥泥狗、布老虎。“老斋公，慢慢走，给把泥泥狗，您老活到九十九。”这是一首在淮阳县广泛流传、妇孺皆知的民谣，这首民谣正反映了泥泥狗在当地受欢迎的程度。因此，泥泥狗成为赶庙会的人们必买的吉祥物。2014 年 12 月，在县政府的积极申请下，“淮阳泥泥狗”入选为第四批国家级非物质文化遗产代表性项目名录，大大提高了“淮阳泥泥狗”的知名度、美誉度。在传统做泥泥狗的村金庄鼓励能人办合作社，帮助他们将传统工艺与市场相结合，既注重泥泥狗工艺品属性，又注重包装，在文化市场上十分受欢迎。泥泥狗现在可不只是在庙会上售卖了，目前，已远销美国、日本、东南亚等国家和地区，销售额近千万元，2015 年年底合作社 800 多个品种的泥泥狗就被郑州、开封等城市的买家订购一空，合作社订单多，社员的收益就好，目前合作社拥有社员 126 人，平均年收入都能达 15 万元左右。在金庄村的带动下，全县还有武庄、陈楼等八九个村也在从事泥泥狗专业制作，村民的收入也随着县里文化旅游产业的提升不断地增加。将文化产业做活，许多年轻人也加入了传承人系列，助推了公共文化的发展。县政府还积极引导社会资本建设了水上乐园、中原民俗文化体验园等新时代特色的文化项目，并创建太昊陵 AAAAA 级旅游景区，以期把太昊伏羲祭典打造成展示淮阳公共文化魅力的窗口和发展文化产业的平台。

（二）中原古韵——中国淮阳非遗展演，为淮阳公共文化服务搭建了新平台

2010 年以来，借助二月古庙会，由中国非物质文化遗产保护中心、河南省文化厅、周口市人民政府共同主办，由周口市文广新局、淮阳县人民政府承办的中原古韵——中国淮阳非物质文化遗产展演活动，已连续成功举办七届。展演以国家级非遗项目为主，这些都是百姓喜闻乐见的节目，气氛欢快热烈，并且有着满满的正能量。淮阳非遗展演举办以来，参演省份从最初的 6 个省发展到最多时候的 13 个省，展示内容涵盖传统音乐、传统美术、传统舞蹈、传统戏剧、竞技与曲艺等多个艺术门类，内容丰富，特色鲜明，具有很高的艺术水准。淮阳非遗展演，不仅为广大群众提供了精彩的文化盛宴，感受到中华优秀传统文化的独特魅力，也使千年古庙会焕发出新的活力。展演规模不断扩大，展演内容不断丰富，节目层次和活动组织水平不断提高，已成为中国非遗展演的一面交流窗口和平台，为推动中国非遗保护与传承做出了贡献，也为淮阳公共文化服务建设发挥了积极作用。2014 年以来，借助每年的中原古韵——中国淮阳非物质遗产展演巡游活动，县文化部门在民间文化表演团队中组织选拔赛，推出各乡镇的优胜队参加为期一月的民俗文化巡游活动；每年推选出 300 多支、万余人参与的民间艺术表演队伍轮流在广场、陵区、公园等地表演，贯穿庙会始终；七届非遗展演惠及群众约 2200 余万人次。2016 年第七届非遗展演藤县狮舞、京西太平鼓、长调呼麦、绛州鼓乐……65 个非遗项目，13 个省市、自治区，3000 余名演职员参与。

每年的展演结束后,这些上台和没上台的表演团队始终不愿闲下来,他们就开始活跃在城乡。他们既是演员又是观众,对活跃群众文化生活起到了积极的推动作用,裂变了一场场永不落幕的文化小舞台,这也提高了分布在淮阳县各个乡镇的综合文化中心的利用率。如今每到节假日以及傍晚时候,这些文化广场都遍布民间表演团体。他们担花篮、打腰鼓,自娱自乐,不仅给当地的普通群众带来了公共文化服务,整个淮阳的公共文化服务队伍变得强大起来,非遗展演对淮阳公共文化的发展起到了极大的带动作用。淮阳的非遗展演已成为弘扬传统文化、普及非遗知识、播撒艺术雨露、喜庆祥和、安全文明的文化盛会,不仅推动了民俗文化的保护、传承与发展,而且很好地为淮阳拓展了公共文化服务新平台,让鲜活的群众文化活动惠及百姓的日常生活。

除了动态展演,巡游等活动,展演还进行了民俗文化的技艺交流。2015年活动利用淮阳陈楚古街进行非遗手工技艺类项目集中展示,并举办全省传统美术保护工作培训班暨河南省传统美术抢救保护工程启动仪式。此次展演活动内容丰富,形式多样,不仅普及非物质文化遗产保护知识,同时可以提升中原文化软实力、增强民族文化向心力和凝聚力;2016年,来自全省各地的省级以上传统工艺(饮食类)非遗项目也将在淮阳集中展示,群众可现场观看郑州登封小仓娃韭花、登封芥丝(芥片)、荥阳霜糖(柿霜糖)等30个静态传统工艺(饮食类)非遗项目的制作过程。此外,主办方还举办了河南省振兴传统工艺工作座谈会,全省非遗界专家将齐聚淮阳,研讨新形势下传统工艺保护、传承和发展途径。

(三)淮阳民间民俗文化场馆建设,为淮阳公共文化服务开辟了新领域

为支持民俗文化的发展,淮阳县委、县政府落实文化经济政策,从土地转让、建设规划、水电使用等方面给予优惠,引导、吸引企业家和社会有识之

士兴办民俗文化展馆。近年来，社会力量兴办的民俗文化展馆如雨后春笋般地成长起来，投身到公共文化服务，成绩喜人。如淮阳县文化艺术学校、豫东淮阳少林武术院、杂技学校、宋广福挂历收藏馆。

淮阳县文化艺术学校。该校是一所民办艺术学校。建筑面积12000多平方米，现有38个教学班，在校师生1600多人。自办学以来组织自己的演出团队为社会文艺演出3000多场次；为社会培养艺术特长生千余名，相继培养出了黄智慧、孔莹、熊月影、苗蕾艺、牛欣欣、邓鸣贺、刘奥、王一诺等60多名“梨园春”金银奖明星小擂主；获全国戏曲“小梅花”金奖者20多名；学校还为淮阳县各民间戏曲团体提供了培训及指导。

豫东淮阳少林武术院。该院于1996年春创建，是所民办文武学院。学院现占地面积68000平方米，拥有一座可同时容纳36个班级的教学办公楼，800余平方米的训练大厅，学生公寓、餐厅、实验室、医务室等，训练设施一应俱全。20年间，为国家和社会培养、输送了1万多名文武双全、德才兼备的优秀体育人才。队员曾代表淮阳、河南、北京及中国队参加各级各类武术散打比赛，36次获团体冠军，荣获金牌518枚、银牌566枚、铜牌398枚。培养出了世界散打冠军曹亚光、亚运会散打冠军马超、中泰对抗赛冠军徐超、全国空手道冠军雷丹丹等300名武术散打冠军。

宋广福私人挂历收藏馆。它是宋广福先生在家乡河南省淮阳县揭牌成立的全国第一家私人挂历收藏馆，占地400多平方米，收藏挂历13000万多本，并免费对外开放，受到游客和当地群众的一致好评。

陈楚古街一期。淮阳民间资本投资3亿多元建设的陈楚古街一期以民俗体验为主，项目正在运营，目前以涵养商户，聚集人气为经营策略，对具有本土特色的手工文化产品，如泥泥狗、布老虎等项目进驻到体验园，给予免房租1至2年的优惠，目前该园区已吸引20多个具有当地特色的文化产品落户体验园，立足民俗文化体验和展览，打造旅游亮点。

陈州黑陶工作室。该工作室专业从事黑陶艺术产品制造研发和销售。

工作室包含有：黑陶设计创作室、炼泥车间、雕刻车间、烧制车间、作品库房及作品展厅3处（淮阳县陈州官窑羲皇宾馆展厅、周口市文化馆展厅、周口市师范学院展厅）。该工作室是郑州大学美术学院、周口师范学院美术学院实习基地。学校不定期派学生来实习。与县特殊教育学校联合开办陶艺教学班。免费培训一批陶艺人才（大多是特殊教育学校的聋哑人），帮助他们走上工作岗位。不仅传播了淮阳陶艺文化，也放大了公共文化服务的社会效益。另外还有少儿图书馆、周口杂技学校、叶桐轩美术馆、画荷部落等民俗文化实体场馆开放，积极宣传了淮阳民俗文化，让淮阳公共文化服务空间实现了立体化拓展。

（四）民俗文化学会研究工作，为淮阳公共文化建设丰富了新内容

为推动民俗文化传承发展，丰富公共文化内容，淮阳相继成立了伏羲文化研究会、"陈文化"研究会、泥彩塑文化研究会、淮阳泥泥狗渊源研究会、伏羲八卦研究会、淮阳民间艺术协会等民间文化机构，每年组织若干不同规模的"伏羲文化""陈文化"研讨活动。编辑出版了400万字的《周口历史文化通览民俗卷、文化卷、历史卷、人物卷》《周口神话故事》《周口——三皇故都》《伏羲与中华姓氏文化》《中华民族始祖太昊伏羲》《淮阳伏羲文化研究论文集》《神话与民俗》《公子桃花》等20多部书籍。组织编撰《淮阳县非物质文化遗产汇编》一书，收集整理非物质文化遗产线索15588条，150多万字资料。挖掘整理出一批隐藏民间的优秀文化资源，如：民间舞蹈"担经挑""鸡毛人逗蟾""打铁舞""黄土人"；传统美术"泥泥狗""布老虎""剪纸""芦苇画"；民间曲艺"渔鼓"等。更难得可贵的是，淮阳县域附近有些已经失传的非遗项目，如伏羲八卦拳等在淮阳濒临灭绝的民俗文化，通过这些研究机构的努力重新获得展现。特别是在泥泥狗手工技艺的基础上新创的"泥泥狗舞蹈"，更是将非遗的传承和保护活化起来。在这个舞蹈中，舞蹈表演者身着亲手缝制的各种色彩的泥泥狗服装，打扮成不同造型的泥泥狗，

让观众眼前一亮，煞是喜爱。这些研究工作丰富了淮阳公共文化的内容，彰显了淮阳文化软实力。

（五）民间文艺团队的发展和技艺传承，为淮阳公共文化服务注入了新活力

近年来，由于政府重视，措施得力，全县民俗文化表演队伍由2012年的165支发展到2016年的499支，涉及门类22个，参与人数1.2万多人。真正体现全面办文化、全面享文化的文化自觉。这些“接地气”的艺术人才极大地满足了人民群众的精神文化生活。值得一提的是，这些人才的选拔都是通过一系列群众文化活动，从田间地头发现并挖掘出来而走上淮阳的“星光大道”的。淮阳享誉全国的文化品牌活动，如一年一度的中原古韵——中国淮阳非物质遗产展演巡游活动、“旅游赏荷月活动”等。为全县民俗文化人才展示才艺搭建了平台，淮阳县文化部门以活动为契机抓手，每年通过海选、复赛、半决赛、总决赛层层挖掘出表演人才，将其纳入县文艺人才库。通过举办各类选拔赛，激发了他们的参与积极性和创新意识，使原本只有男性参加的舞龙、舞狮都有女性参加。新站镇的高跷、肘歌，曹河乡的竹马、旱船，王店乡的担经挑，白楼镇的打花提、豆门乡的舞狮、郑集的舞龙以及传统的豫剧、曲剧等项目的表演人才，成为为百姓配送文化套餐的优质资源。政府采用购买服务方式进行“中原古韵——中国淮阳非物质遗产展演巡游活动”“送戏下乡”“送文艺下乡”“相约龙湖——淮阳周末文化广场活动”时优先选用他们。不仅推动了民间文艺团队的快速发展，而且也起到了群众自娱自乐，强身健体的作用，极大了丰富了人民群众的精神文化生活。

为使民俗文化得到更好的传承和发扬，县文广新局组织开展了“民俗文化走进校园”活动，邀请淮阳民间艺人进行专业指导培训。他们把淮阳芦苇画、剪纸艺术、手工艺品等搬进课堂，让同学们在潜移默化中得到民俗文化的熏陶，使师生零距离感受民间艺术文化的魅力。老师和同学们现场创作的一幅幅色彩明快,形象质朴,栩栩如生、惟妙惟肖的十二生肖剪纸和手工艺品用于校园教学、展览、装饰等,成为学校一道独特靓丽的美景。

(六)民俗文化图书和影视作品的出版和播出,为淮阳公共文化服务打造了新亮点

近年来,淮阳县高度重视图书及影视作品的出版、制作和发行工作,以提高淮阳民俗文化知名度和美誉度。相继出版了《淮阳人祖庙会传说故事》《淮阳人祖庙会祭文》《淮阳人祖庙会碑文》《淮阳泥泥狗画册》《中原古韵——中国淮阳非物质文化遗产摄影作品集》等专著;制作了52集国内首部反映伏羲文化的动画片《太昊伏羲》;23集大型神话历史剧《天地传奇》在央视一套已播出六次;在全国观众中引起强烈反响;拍摄了电影《太昊陵》《人皇伏羲》,其中《太昊陵》在中央六台播出。不仅使淮阳民俗文化得到了保护和传承,在全国产生了重大影响,而且为淮阳公共文化服务打造了新亮点。

(七)制度建设逐步完善,成效显著

公共文化服务体系制度设计研究是公共文化服务体系示范区创建工作的重要内容。淮阳作为河南省首批公共文化服务体系示范区创建城区之一,认真贯彻落实河南省公共文化服务体系建设有关要求,把课题研究与示范区创建同步部署、同步实施、同步推进、结合本县实际,以《淮阳民俗文化推进公共文化建设持续发展》为题,深入开展公共文化服务制度设计研究工作,课题组与有关部门一道,边进行课题研究、边进行制度设计,围绕淮阳民俗文化推进公共文化建设持续发展,起草或出台了《淮阳县创建河南省公共文化服务体系示范区建设规划》《淮阳县人民政府印发关于民俗文化推动公共文化建设持续发展的意见》《淮阳县人民政府印发关于加强民俗文化保护与利用的意见》《淮阳县财政局、淮阳县文广新局关于乡镇综合文

化站免费开放补助资金管理办法》《淮阳县人民政府关于印发基层综合性文化服务中心提档升级细化标准的通知》等相关规定、标准、意见、制度、办法等，并以委、区政府及有关职能部门红头文件正式下发，在民俗文化保护传承和发展，推动公共文化服务体系建设，形成了党委、政府工作的长效机制。

淮阳县创建省级公共文化服务体系示范区以来，高度重视公共文化服务体系制度设计研究工作，并将课题研究成果形成制度设计，形成公共文化政策和推动公共文化服务体系建设科学发展的具体举措，并运用于工作实践，取得了良好的制度设计实施效果，《中国文化报》《人民日报海外版》《河南日报》、新华网、光明网、河南政府网等媒体，先后20余次报道淮阳公共文化服务体系示范区和民俗文化保护利用的做法和经验，产生了极大反响，为推动淮阳民俗文化保护传承和发展，推动公共文化服务体系建设发挥了重要作用。

舞钢市公共文化服务体系示范区创建纪实

舞钢市文化广电新闻出版局

公共文化服务体系建设直接关系到人民群众基本文化权益的实现和文化发展成果的共享。自党的十八大和十八届三中全会对建设完备的现代公共文化服务体系做出一系列部署以来，舞钢市针对公共文化服务体系建设中出现的新情况、新问题，不断探索管理机制，提升公共文化服务的均等性、便利性，保障人民群众基本文化权益，探索公共文化建设实践经验，不断提高全市公共文化产品供给与服务水平，并努力形成公共文化服务体系建设的舞钢模式，为全省公共文化服务体系建设贡献一方经验。

一、舞钢市公共文化服务体系示范区的创建背景

（一）舞钢市概况

舞钢市位于河南省中部，总面积 647 平方公里，辖 8 个乡镇、6 个街道办事处，191 个行政村，总人口 32 万。辖区内石漫滩国家森林公园地域宽阔，囊括九头崖、灯台架、二郎山、五峰山、九龙山五大景区，森林覆盖率超过 94%。舞钢市历史文化底蕴丰厚，春秋时为柏子国，战国时属韩国，自古为冶铁重地，以生产利剑而闻名，龙泉、合伯剑产于此，舞钢冶铁文化在中国乃至世界冶铁史上都占有重要地位。舞钢市先后获得中国优秀旅游城市、中国冶铁文化之都、国家园林城市、国家卫生城市、全国文化先进单位、全国科普示范市、全国宜居城市、全国土地资源节约集约模范市等荣誉称号。近年

来，舞钢市努力打造文化舞钢，成功举办了“绿色旅游·和谐舞钢”全国诗歌大赛、中国舞钢冶铁文化节、河南省“全国文化之乡”建设经验交流会，连续 15 年举办河南·舞钢水灯艺术节，举办了 2016 年首届全球舞钢马拉松赛、第十一届全国青少年打击乐比赛暨河南赛区选拔赛等大型赛事活动。

（二）创建示范区之前舞钢公共文化服务的发展

近年来，舞钢市在建设“文化强市”战略的推动下，基本形成了文化设施配套齐全、区域特色鲜明、文化市场繁荣有序、群众精神文化生活丰富多彩的文化发展格局，为舞钢创建河南省公共文化服务体系示范区奠定了良好基础。

1. 公共文化设施逐渐完善

党的十八大以来，舞钢市不断加大公共文化建设的资金投入力度，先后建成了一批公共文化设施：2010 年投资 6000 万元建成了舞钢市文化活动中心大楼，中心占地 15921 平方米，建筑面积 23000 平方米，主体 21 层，裙楼 5 层，集文化行政办公、图书馆、博物馆、文化馆、多功能报告厅、美术馆、少儿图书馆、老干部活动中心等综合文化服务职能为一体的文化中心。又累计投资 2000 多万元，建成了乡镇综合文化站 6 个、新兴农村社区文化广场 10 个、村级示范文化中心 14 个。每个乡镇文化站都设有图书阅览室、电子阅览室、排练厅、多功能服务室；每个村级示范性文化中心都建有图书室、文化活动广场、娱乐室等。农家书屋、文化资源共享工程实现全市全覆盖。

2. 公共文化服务队伍不断加强

服务队伍不断优化。通过招聘考试、选调等形式吸纳 40 多名文艺人才充实到文化专业队伍中来，有效改善文化服务队伍新老交替。2011 年，招聘 16 名戏曲专业人才充实到市豫剧团；2012 年通过全市事业单位招聘，为文化系统输送 8 名文化专业本科毕业生；2013 年广播电视台通过公开招聘选拔 8 名专业播音主持人员；2013 年市政府专题研究成立了舞钢市书画院，财政全供事业编制，引进专业书画家5名。每个建成的乡镇文化站都选配了3名专（兼）文化管理人员，依托市文化馆，加强基层文艺骨干培训。2010年按照“政府扶持、转换机制、面向市场、增强活力”的改制原则，将舞钢市豫剧团挂靠到舞钢市戏曲学校，转为公益性保护、研究和传承机构。

3. 公共文化服务能力增强

2008年开始实施免费送戏曲和送电影下乡活动，每村每年看一场戏，每村每月看一场电影，每年送戏曲下乡300场，送电影下乡2300场。“欢乐中原”广场文化活动每年演出30场以上。图书馆、文化馆、博物馆常年免费对外开放，举办“与经典同行”演讲比赛、“周末喜相逢”送文化下基层、文物知识科普和爱国主义教育等活动。

文化品牌意识增强。以槐花节、水灯节、龙舟赛、铁山庙会、元宵节民间艺术表演赛等活动为基础，打造辐射周边，影响全省的知名文化旅游品牌。2010年舞钢水灯节升格为省级节庆活动，吸引了省内外大批游客观光。

文艺创作精品不断。以全国模范检察官霍新泰为原型的电影《远山》在全国各地公映。长篇小说《淮水春秋》、散文集《北湾》、诗集《舞动的舞钢》、书信集《两岸书》、非物质遗产丛书《风情舞钢》等出版发行。大型现代戏曲《魂归长梦》、动漫《小樱桃之舞钢传奇》分别荣获河南省精神文明建设“五个一工程”优秀剧目奖，小品《贴心人》获河南省群星奖一等奖。

4. 迎接创建示范区的机遇和挑战

舞钢市公共文化服务体系还存在许多不足：图书馆图书仅有7万册，还达不到人均0.5册的要求；市图书馆、文化馆、博物馆还没有建成数字化服务平台；市图书馆、文化馆还没有配备流动服务车；全市8个乡镇只有6个建有综合文化站，既有文化站因设施不完善、人员配备不足，常年处于废弃状态；农村文化资源闲置现象严重，全市191个行政村只有14个村建有150平方米以上综合性文化服务中心，且服务功能不完善；公共文化服务人才比较匮乏，每个乡镇综合文化站人员配备不足2人，村级综合性文化中心管理人员达不到每村 1 人，多数还是兼职，专职人员不足 40%，且年龄结构偏大、文化层次较低。

为缩小城乡公共文化服务设施建设差距，打造“一刻钟”文化服务圈，满足群众多样化文化需求，发挥文化引领风尚、教育人民、服务社会的功能，舞钢市申报“河南省公共文化服务体系示范区”创建，并于 2014 年 11 月获得示范区创建资格。

二、创建“公共文化服务示范区”的总体思路

（一）指导思想

贯彻落实党的十八大，十八届五中、六中全会精神，坚持政府为主导，以公共财政投入为支撑，以全民为服务对象，以基层为重点，按照体现公益性、基本型、便利性、均等性的要求，构建设施先进、服务优质、保障充分，全省一流的公共文化服务体系。

（二）基本原则

（1）政府主导，社会参与。建设政府主导与社会参与相统一的多元化公共文化建设管理体制，充分发挥公共文化单位主体作用，鼓励引导社会单位及成员积极参与公共文化建设，形成多方共建的强大合力，促进公共文化建设工作的提高、创新与发展。

（2）规划先行，加强引导。在认真分析现状的基础上，结合公共文化服务体系示范区创建的需要，制定专项规划，明确发展目标、工作任务和具体措施，保证各项工作的有序推进，取得实效。

（3）统筹协调，资源共享。推进公共文化服务在市镇之间、镇乡之间、乡村之间的均衡发展，加强文化资源及服务的整合，促进不同部门之间资源

共建共享，提高使用效率，形成规划统一、布局合理、管理规范、运行高效的公共文化服务体系。

(4)面向基层，服务群众。体现公共文化服务的均衡性、普及型、便利性，推进基础设施和服务全覆盖，实现公共文化产品的多样化，提升公共文化服务质量。

(三)目标要求

依据河南省公共文化服务体系示范区创建标准，统筹城乡，初步建成符合当地实际、功能完善、覆盖城乡、可持续发展的公共文化服务体系。推进公共文化服务标准化和长效机制的形成，广大群众基本文化权益得到保障，公共文化服务满意度明显提升。实现经济与文化建设共同繁荣，促进市民物质生活质量和文化生活质量同步提高。公共文化设施建设实现全省领先、公共文化服务水平跻身前列、公共文化活动品牌全民共知、公共文化服务长效机制率先建立、公共文化服务体系各项指标达到省先进水平，为全省提供示范借鉴。

三、创建公共文化服务示范区的保障措施

(一)强化组织保障，高度重视创建工作的部署和落实

舞钢市委市政府高度重视创建工作，成立了以市长为组长，主管副市长为副组长，宣传、督查、财政、城建、文化等部门为成员单位的创建领导小组，设立了示范区创建办公室。2015 年 7 月召开了全市示范区创建推进会，安排部署了创建工作，创建任务实行目标管理责任制，层层签订目标责任书，对涉创单位任务进行分解，各相关单位也成立了领导组织。形成了以政府为主导、宣传文化部门牵头、相关部门配合联动、社会力量参与的工作格局，

为示范区创建任务的逐项落实提供了有力的组织保障。

同时，市委、市政府将示范区创建纳入政府重要议事日程，写进政府工作报告，列为 2015、2016 年十大惠民实事之一来办理。书记、市长多次召开会议安排部署示范区创建工作，每月听取一次创建领导小组办公室关于创建工作进度汇报，重点解决创建过程中存在的资金配备、人员配备等问题。同时，市人大常委会每季度听取一次市政府关于公共文化服务体系示范区建设工作开展情况汇报。人大、政协组织人大代表和政协委员对公共文化服务体系示范区创建工作进行跟踪问效，督促检查，有力推动了各项工作的快速进展。督察局对示范区创建进度进行跟踪督查，发现问题限期整改，每月定时对督查结果进行排名通报，增强涉创单位责任感和主动性，有力推动了示范区创建快速进展。

（二）创新工作机制，统筹公共文化设施建设

舞钢市将现代公共文化服务体系建设纳入统筹城乡综合配套改革的统一规划；将公共文化服务体系建设纳入经济社会发展总体规划，公共文化设施建设与新型农村社区建设同步规划、同步推进、同步督导。

建立健全基层公共文化设施建设工作推进机制，成立由书记、市长牵头的工作指挥部，具体指导乡镇（街道）综合文化站和综合文化活动中心建设。将基层公共文化设施建设作为年度考核的重要内容，进行督导考核，并将考核结果作为领导干部奖惩的重要依据，奖优罚劣，统筹推进，为农村文化建设提供坚实的组织保障。为加快乡镇（街道）综合文化站和综合文化中心建设，市政府出台了《舞钢市基层综合性文化服务中心建设奖惩办法》，“对乡镇（街道）综合文化站和综合文化中心建设，实行书记负责制，按时完成任务的，作为提拔重用的依据之一，不能按时完成任务的，单位实行一票否决，本人三年内不得提拔使用”。按照统一规划设计、统一风格标识、统一招标建设、统一设备配置、统一评定等级的“五统一”标准化要求，

统筹推进全市的乡镇(街道)综合文化站和村(社区)综合文化活动中心建设,按照“市级三馆一剧场(文化馆、图书馆、博物馆、剧场)”“乡镇综合文化站”“街道社区文化活动中心”“村级综合性文化中心”的标准对全市城乡公共文化设施进行新建和提档升级,为人民群众享受高质量的公共文化服务提供良好的场馆设施。同时,根据地域和民俗、文化等差异,充分考虑群众需求,按照“基础设施完善,生活环境优美,文化氛围浓厚”的要求,高起点、高标准编制建设规划。目前舞钢市公共文化设施建筑面积达18.7万平方米,万人占有文化设施面积达到5843平方米,高于全省平均水平。

规划设计单位入户调查率达到全市人口的60%以上,充分了解群众意愿,使文化设施规划和建设与群众的需求相匹配。例如,张庄新型社区喜爱戏曲的群众较多,成立有戏迷协会,于是该社区的文化广场建了一座160平方米的戏台,被群众称之为戏台广场。九龙山社区挖掘当地名人文化资源,建设了韩棱文化广场等4个共计1.5万平方米的文化广场,宣传“忠正孝廉”等优秀民族传统文化;枣园社区建设了5000平方米的孝道文化广场,在孝道文化广场长廊上刻印“二十四孝”图和洪战辉等先进人物的孝老爱亲故事,弘扬中华民族传统孝道文化;六合苑社区将名家字画和古诗词搬上文化广场的文化长廊,供群众休闲时学习欣赏。

(三)建立多元投入渠道,完善公共文化服务设施网络

舞钢市积极推进政府主导与社会力量参与的公共文化建设投入机制,一是市财政保证和提高公共文化投入。按照公共文化服务体系建设指标要求,公共财政对文化建设投入的增长幅度高于财政经常性收入增长幅度,不断提高文化支出占财政支出比例。舞钢市政府认真落实文件规定,不断加大文化建设的资金投入力度,建立了稳定的公共文化投入保障机制。市图书馆、文化馆等公共文化机构年度人员经费、业务经费和日常运行经费得到了保障,列入年度预算并按时定额拨付,市财政配套资金给予足额配套。近

三年来，市财政投入 8500 万余元用于文化事业发展，其中，2014 年投入 2820 万元，2015 年投入 2842 万元，2016 年投入 2880 万元，分别增长 3.91%、0.78%、1.34%，均高于财政经常性收入的增幅，三年的人均文化事业经费支出均高于全省平均水平，保障了公共文化服务体系示范区创建任务稳步推进。二是实施以奖代补的激励机制以加快乡镇文化设施建设。凡达到示范文化站标准的乡镇（街道）综合文化站，市财政奖励 20 万元；每个行政村（社区）建成一座标准的综合性文化活动中心，市财政奖补 5 万元，改造或扩建一个奖补 2 万元。目前共奖补乡镇文化站 8 个合计 120 万元；奖补新建综合性文化中心 47 个、扩改建 101 个，合计 400 多万元。截至 2016 年年底，累计完成投资 3000 多万元，建成了乡镇示范文化站 8 个、新型农村社区文化广场 60 个、村级综合性文化中心 162 个。目前，每个示范性综合文化站，都设有图书阅览室、文化信息共享室（电子阅览室）、多功能活动排练厅。图书室图书达到 3000 册以上，电子阅览室电脑 15 台以上；每个综合性文化中心建成了图书室、电子阅览室、活动室和 500 平方米以上文化活动广场。农家书屋、文化信息资源共享工程实现全市行政村全覆盖。枣林镇文化站、尚店镇文化站被评为国家一级示范文化站。三是引导鼓励社会力量参与。各类企业、社会团体、机关事业单位和个人参与文化事业发展。驻舞钢市的河钢集团舞钢公司和安钢舞阳矿业公司，加强与辖区政府联系，动员企业面向社区群体开放自有公共文化设施，推动公共文化服务基础设施建设。经过不懈努力，利用企业资源先后建设了三个街道办综合文化站，四个社区综合文化活动中心。

（四）加大宣传，强化舆论引导

充分利用各类宣传平台，在电视台、网络、舞钢信息等新闻媒体，对示范区创建目的、成果、先进典型进行宣传报道；在各主要路口、广场、街道制作公益宣传广告牌、宣传标语；印制宣传材料，利用大型活动、传统节假日，通过文化志愿者队伍，向群众发放，宣传示范创建有关内容，提高群众知晓率；利用文化系统网站对示范区创建实时动态、先进事迹、特色做法等进行宣传报道；在地市级以上媒体及《中国文化报》刊发示范区创建工作开展情况及典型做法。达到“电视有影、电台有声、报纸有文、网络有评”的宣传效果，在全市营造浓厚的创建宣传氛围。

四、示范区的示范效应

（一）在村级综合文化服务中心建设上形成示范

通过掌握全市村级综合性文化中心分布和现状，在衔接全市经济社会发展规划、土地利用总体规划、城乡建设规划基础上，根据城乡发展和人口分布，按照均衡配置、规模适当、位置合理、经济适用等要求，合理确定了新建设 47 个、改扩建 101 个村级综合性文化中心建设名单。

为确保基层综合性文化中心建设顺利推进，市委出台了《舞钢市基层综合性文化服务中心建设奖惩办法》，按照“市里奖一点、市直单位帮一点、乡镇（街道）出一点、村（社区）筹一点”的资金筹措办法，积极组织筹措资金 3000 多万元，用于基层综合性文化中心建设。对乡镇（办）实行书记责任制，按时完成任务的，作为提拔重用的依据，不能按时完成任务的，单位实行一票否决，本人三年内不得提拔使用。通过市委常委包乡、县级领导干部包片、市直单位一把手分包村建设的举措，对全市需要新建的 47 个、改建的 101 个基层综合性文化中心进行建设，每个行政村都有不低于 500 平方米广场和建筑面积 150 平方米的活动场所。对于每个新建村级活动场所，市财政奖补 5 万元；对于每个改建和扩建的村，市财政给予 2 万元奖补，市财政拿出资金 400 多万元，按时兑现。对没有按期完成新建或改建任务的，市财政不予奖补，分包领导和市直单位延期帮扶建设，这一举措极大调动了基层公共文化服务中心建设积极性，目前，已确定进行新建或改扩建的基层综合性文化服务中心，已全部按要求完成建设并投入使用。

（二）在基层公共文化管理队伍选配上形成示范

创建公共文化服务体系示范区，设施是基础，人才是关键。由于基层专业文化服务人才不足，舞钢市通过招聘考试、选调等形式吸纳 60 余名专业艺术院校毕业的文化艺术骨干人员，充实到广电中心、群众文化艺术中心、文化馆、图书馆、美术馆和乡镇办事处文化站等公益文化岗位，公共文化服务队伍平均年龄也由 45 岁下降到 38 岁，大专以上学历人员占比由 46% 提高到 70%，有效改善了文化队伍年龄偏大、知识结构较低的现状。对引进到公共文化公益岗位上的优秀文艺人才，在待遇上享受提职提干、选拔后备干部优先考虑的优惠政策，现已有 2 名组织能力强、政绩突出的乡镇文化站站长被提拔重用。在基层综合性文化中心管理方面采取以大学生村官、市直单位选派人员为管理主体。在大学生村官、文化管理人员不足的情况下，市委组织部下发文件，对热爱公共文化服务工作、有一定文艺特长的市直单位人员，自愿到村级文化中心工作 3 年以上的，在政治待遇和经济待遇上给予照顾：政治待遇上，一般同志的享受副股级待遇、副股级待遇的享受正股级待遇、正股级待遇的作为后备干部优先提拔；经济待遇上，各选派单位每月解决到基层服务人员交通、办公等费用；同时与舞钢市农商银行协商，本着“互惠互利、服务群众、共生共赢”的原则，给予每个基层综合性文化中心管理员每人每月 500 元金融终端服务费，仅此一项，全市每年支出补助资金 100 多万元。这一举措有效调动了全市热爱文化事业管理、有一定文艺特长的青年干部到基层工作积极性，市直单位共 56 人自愿到基层从事公共文化管理服务工作，为基层综合性文化中心后期管理和服务发挥了重要作用。例如：舞钢市图书馆工作人员王巧玲，利用自己掌握的图书管理知识，主动申请到基层综合性文化中心工作，在尹集镇小王庄村工作期间，在图书借阅管理、金融终端服务、群众性文体活动组织开展等方面，耐心服务、积极组织协调，群众文化生活活跃起来，邻里纠纷少了，婆媳矛盾少了，传播正能量的多了，脱贫致富的多了，村容民风有了质的改观，受到了群众和镇领导的一致以好评。

（三）在公共文化资源整合利用上形成示范

村综合文化中心是开展农村文化建设的载体和基本条件，在调查摸底、充分论证的基础上，舞钢市出台了“资源整合实施意见”，将分布在扶贫开发、科技教育、文化体育等不同部门、分散孤立的基层公共文化资源打捆使用，整合公共电子阅览室和红色网络教育家园资源，实现共建共享；整合文化资源建成了图书借阅室、文体活动室、电子阅览室；整合农商银行金融资源建成了存取款金融终端服务，同时农商银行冠名购置体育器材，由文广局统一调配，发放到基层综合文化服务中心；整合全市警务力量建成了村警务室，实现“一村一警”；整合文化、体育等资源建成群众文化活动广场等。目前，全市已有 162 个村，建成了场所干净、标示统一、制度完善、设施齐全、管理规范，集便民服务、文化娱乐、图书借阅、科技服务、卫生计生、社会保障、警务、金融终端服务等公共服务职能为一体的“综合性文化服务中心”。

（四）在公共文化产品供给上形成示范

文化设施建设为群众开展丰富多彩活动提供了优美的场所，在图书馆、文化馆、博物馆、乡镇文化站、村级综合性文化中心免费开放基础上，实施文化“三下乡”，每年广场文化活动 30 场以上、送电影下乡 2300 场以上、送戏曲下乡 300 场以上。在文化产品多样化供给上舞钢市注重特色品牌的打造，把传统民间文化和现代文化结合起来，吸引群众参加到健康向上的文化生活中。一是数字文化平台提供便捷服务。在已实施文化信息共享、公共电子阅览室等数字化工程的基础上，2015 年以来，舞钢市陆续建设了数字文化馆、图书馆、博物馆等新一批数字公共文化工程,使群众足不出户可以了解、查阅到自己需要的文化产品,进一步丰富了公共文化服务产品的供给。二是“一卡通”,方便就近借阅。2015 年市政府全面启动图书馆总分馆制建设,将市图书馆、乡镇文化站图书室、企业图书室、中小学校图书馆图书资源整合,实行总分馆图书统借统还,全市公共图书馆形成“一张网”服务平台,百姓可就近在任意一家图书馆(室)借还全市整合的 20 个图书馆(室)的 14 万册图书。三是实施“菜单”和“订单”文化服务供给。在寒暑假、春节等特殊节假日,实行免费开放延时服务,提高公共文化设施使用效率,为老年人、未成年人、农村留守人员、残疾人等特定群体提供有针对性服务。加强流动服务,采取走出去的形式,积极开展文化进家庭、进村庄等活动,不断创新文化服务内容,例如:舞钢市图书馆开展的“快乐阅读 · 梦想飞扬”、枣林镇开展“欢乐送基层 · 文化乡村行”群众文化活动、尹集镇开展的“文明鹰城 · 美丽尹集”、尚店镇开展的“富美尚店 · 文化进村”等文化活动,使群众经常有电影看、有书看、有戏看、有活动可参与,真正把他们从牌场里、酒桌上等低俗的活动中解放出来,用文化服务、新风尚占领群众精神家园,提升文化传播正能量的影响力。通过“订单”式服务,实现群众供需对接,发挥互联网现代信息技术优势,为群众免费提供科技咨询、文化娱乐等文化服务项目,满足群众多样化文化需求。

(五)在制度设计上形成示范

作为河南省第二批公共文化服务体系示范区创建单位,舞钢市高度重视制度设计工作。同河南省文化史志学会和郑州大学合作,根据舞钢市情,通过下村走访调研、发放问卷征询意见等形式,确定了《基层公共文化设施管理与服务研究》制度设计研究课题。通过政策支持和制度保障体系的研究和设计,市委市政府出台了《舞钢市关于加快构建公共文化服务体系的实施意见》《舞钢市关于加强公共文化设施管理提升公共文化服务效能的实施意见》《舞钢市基层公共文化服务经费投入管理办法》等37个规范性文件，明确公共文化设施的建设、文化投入的保障、文化活动的开展等相关内容，明确政府在公共文化服务体系建设中的权力、责任和义务，明确文化部门与相关部门的职责分工等。进一步建立健全公共文化设施的建设标准、公共文化服务标准和公共文化经费的保障标准和方式等，从制度上解决基层公共文化设施管理服务中存在的困难和问题，促进文化服务日常化和规范化，提升文化设施利用率。

五、创建取得的成效

自示范区创建以来，我们立足全局着力构建覆盖城乡的公共文化服务体系，以市文化活动中心为龙头，乡镇(办事处)综合文化站为龙骨，农村综合性文化活动中心为龙尾，打造设施齐备、功能齐全、面向基层、覆盖全市的基层公共文化服务体系。舞钢市根据《河南省公共文化服务体系示范区创建标准》，结合实际，制定了《舞钢市创建河南省公共文化服务体系示范区实施方案》，量化工作任务，细化工作责任，对各项工作进行了安排部署，创建任务逐项落实。对照《河南省公共文化服务体系示范区创建标准》，8项创建必备条件，全部按要求或超标准落实到位；88项创建综合指标已全部完成，通过自查，优秀率90%以上。总体来说，通过两年努力，公共文化建设成效明显，创建示范带动效应显现，文化的软实力和影响力进一步提升，示范区创建取得了阶段性成果。

通过两年的创建，投资近亿元的舞钢市党员群众文化艺术中心建成并投入使用；依托广播电视台采编资源优势，建成了舞钢手机台；市政府在财政收入不断下滑的情况下，逐年增加对文化建设的投入，2016年市财政增加投资300多万元，采用政府采购形式，完成文化馆、图书馆、博物馆设备购置和升级改造；整合工会、乡镇文化站、一高、河钢公司图书室等 20 个图书馆（室）的 16 万册图书，建成市图书馆分馆，实施了“一卡通”，全市人均图书由不足 0.5 册增长到 2.1 册，极大地方便了人民群众读书学习，为构建全民阅读城市搭建了良好平台。市图书馆、文化馆、博物馆完成数字化服务平台建设，设施健全、功能完善，满足了群众多样化文化需求；文化馆达到国家一级馆、图书馆达到国家二级馆，市财政拨付专项资金，为两馆分别配备了流动服务车；杨庄乡、铁山乡分别筹资百万元，建成了 300 平方米以上的示范性综合文化站，完善内部服务设施，配备了 3 名专职文化管理员；全市 162 个行政村中，建成广场不少于 500 平方米，综合服务中心不小于 150 平方米，集图书借阅、科技服务、文体活动娱乐、社会保障、警务、金融终端服务等公共服务职能为一体综合性文化服务中心的村，占 85.1%。每个行政村都有 1 名以上专（兼）职文化管理员，组建了村级文化活动队伍 297 支。今天的舞钢，拜神弄鬼的少了，读书看报的多了；吵架斗殴的少了，跳舞健身的多了；赌博打牌的少了，娱乐演出的多了。文化设施的完善，真正把群众从酒桌、牌桌上拉向健康有益的文体活动中去，丰富群众精神文化生活。

公共文化服务体系建设的永城经验

永城市文化广电新闻出版局

永城市地处豫鲁苏皖四省结合部，素有“豫东门户”之称。面积2020平方公里，人口157万，辖29个乡镇，732个行政村。是中国百强县（市）、河南省直管县（市）。永城人杰地灵，资源丰富，历史文化源远流长，以汉兴之地、能源之都、面粉之城、生态之市、长寿之乡“五张名片”远近闻名。近年来，在市委、市政府的正确领导下，在省文化厅的正确指导下，永城市公共文化建设投入稳步增长，公共文化服务效能明显提升，初步建成了市、乡、村三级公共文化服务网络，公共文化服务体系建设成效显著，在保障人民群众基本文化权益，丰富人民群众精神文化生活方面发挥了日益重要的作用。

自2014年10月成功入围河南省公共文化服务体系建设示范区首批创建城市以来，永城坚持统筹城乡、突出特色、保证基本、惠及全民的创建思路，紧紧围绕示范区创建目标，认真贯彻落实国家、省公共文化服务体系建设的文件精神，在优化设施建设、完善保障体系、提升供给能力、推动文化惠民、壮大人才队伍、强化绩效考核等方面进行了有益的探索，积极推动公共文化服务的标准化、均等化建设。尤其在提升公共文化产品和服务的供给能力、打造公共文化活动品牌方面形成了永城特色。

一、永城公共文化服务网络体系

永城通过构建完善的城乡公共文化服务设施网络，推动基本公共文化服务标准化均等化。积极开展形式多样的公益性文化活动,努力为人民群众提供优质公共文化服务和产品。坚持以机制来推动、来规范,促进实现基本公共文化服务标准化。

(一)夯实基础,完善基层公共文化服务设施

坚持城乡统筹,实行重点突破,通过构建完善的城乡公共文化服务设施网络,推动基本公共文化服务标准化均等化。

1. 科学规划建设

在城市规划区内投资建成了体育馆、博物馆、图书馆、科技馆、群艺馆、老年活动中心、青少年活动中心等十大文化场馆和 25 座文化广场。在广场、社区文化示范中心等设立了 5 座 24 小时自助图书馆,在乡镇社区设立了 2 座图书分馆。全市已建成标准乡镇文化站 29 个、达标村级文化大院 700 多个,实现了乡镇文化站、村级农家书屋、文化资源共享工程村级服务点全覆盖。积极推进新型农村社区文化中心建设,目前,全市已建成 5 个示范性农村社区文化中心。

2. 实施提档升级

以省级公共文化服务体系示范区创建为契机,实施“三十百”示范工程,即提档升级 3 个高标准社区文化服务中心,10 个高标准综合性文化站,100 个高标准村级文化大院,以点带面,提升基层文化服务的能力和水平。在全国乡镇综合文化站评估定级中,获得国家一级文化站 8 个、二级文化站 8 个、三级文化站 4 个。未来还将着力打造了 10 个示范性乡镇综合文化服务中心、4 个示范性社区综合文化服务中心和一大批示范性村级综合文化服务中心。

3. 加大财政投入

全市每年投入公共文化建设专项资金 4000 万元以上,并随着正常财政收入增幅逐年递增。实行农村文化基础设施建设以奖代补政策,即除足额

配套上级文化项目建设资金之外，每建成一座乡镇文化站，市财政奖补 10 万元，建成一个村级文化大院，奖补 3 万元，为此市财政投入资金 2400 多万元。

（二）加强供给，提高基层公共文化服务水平

立足群众的基本文化需求和多样化文化需求，积极开展形式多样的公益性文化活动，努力为人民群众提供优质公共文化服务和产品。

1. 开展活动常态化

利用重要节庆日举办文艺联欢、书法绘画摄影展览、戏曲比赛、民间传统文化展示等文艺演出和赛事活动。由戏曲爱好者自发组织，政府部门因势利导，组建了 11 家戏迷俱乐部，常年在街头巷尾、广场社区义务演出，每年多达 1100 多场，成为一道靓丽的文化风景。大力实施“政府买单，群众看戏”文化惠民工程 2016 年，市豫剧团送戏下乡演出就达 260 余场，民营剧团送戏进村演出 1500 余场。

2. 文化服务品牌化

积极打造特色文化活动品牌，形成了诸如“永城之春”广场文化活动、太丘老君堂文化庙会、黄口“三月三”庙会、马桥民间文化艺术节等特色文化活动品牌。依托传统文化资源大力开展文化名镇创建活动，茴村镇被授予“中国民间文化艺术之乡”称号，马桥镇、酂阳镇被授予“河南省民间文化艺术之乡”称号。

3. 特色服务人性化

注重保障特殊群体的文化权益，为老年人、残疾人、农村留守妇女儿童、农民工等提供有针对性的文化服务。有的文化服务中心成立了老年大学、老年书画院、夕阳红艺术团、老年戏迷俱乐部等，让老年人老有所养、老有所学、老有所为、老有所乐。

（三）强化保障，健全基层公共文化服务体系长效机制

1. 强化政策、制度保障

先后出台了永城市《关于加强文化基础设施建设的意见》《关于加强乡镇文化建设的意见》《关于加快构建现代公共文化服务体系的实施意见》等文件规定，为基层文化建设提供政策保障。建立公共文化服务体系建设联席会议制度和协调机制，真正实现权责明确、统筹推进。制定下发了永城市《"两馆一站"免费开放资金使用办法》《农村文化建设专项资金管理细则》及《基层综合性文化服务中心建设标准》等，对基层文化场馆建设和服务进行规范。

2. 强化人才保障

大力开展基层文化专职人员培训，抓住全国基层文化干部远程培训试点市机遇，采取专项培训和"以会代训"的办法，定期开展业务培训和文化政策法规的学习，组织文化馆、图书馆骨干人员开展图书采编、文艺骨干培训、文艺活动指导，有效提升了文化专职人员的业务能力，涌现出一大批热爱文化工作、业务能力出众的文化人才。

二、通过政府购买提升公共文化服务的供给能力

永城主要通过政府购买民间文艺团体演出的方式提升公共文化产品和服务的供给能力，一方面政府鼓励初具规模的各类民间文艺团体到工商部门登记注册，到文化部门申请办理营业性演出许可证。并积极引导民间文艺团体参与节庆广场文化活动及"送戏下乡"演出活动中。另一方面，组织搭建文化艺术赛事交流平台，打造民间文化艺术特色乡村，拓宽民间文化艺术传承发展渠道。使公共文化产品供给更加丰富多彩，民间文艺团体不断

发展壮大，城乡演出市场逐步规范与繁荣，民间文艺团体骨干人才层出不穷。

(一)加强民间文艺团体的规范化管理

2014 年以来，永城文化部门组织开展了全市民间文艺团体摸底调查，引导整合民间艺术资源，组建不同戏曲种类的民间文艺团体，每个乡镇原则上组建一至两家规范性的艺术表演团体，优先组建地方稀有剧种表演团体。定期组织民间文艺团体参加优秀曲目展演调演汇演活动，鼓励支持各类民间文艺团体积极参与公共文化演出活动。

2015 年初，政府开始鼓励初具规模的各类民间文艺团体到工商部门登记注册，到文化部门申请办理营业性演出许可证。凡固定资产在十万元以上，有专用的舞台车辆、服装道具、灯光音响等设备基本齐全，能够满足日常演出的需要，全团相对稳定的演职员不少于 20 人，日常演出的戏曲剧目在 8 台以上，每台戏的演出时长在 2 小时左右，都可到工商部门登记注册，到文化部门申请办理营业性演出许可证。证照办理过程中，不收取任何费用，实行“一站式”服务，15 个工作日内办理完毕。同时，对民营文艺团体法人定期集中开展业务培训，提升其剧团规范管理的能力和水平。在实施公共文化服务项目活动中，把民间文艺团体是否具备演出资格作为参与公共文化服务项目的主要标准之一，优先安排民营文艺团体，选择其优秀文艺节目参加公共文化服务项目的招投标活动。

(二)积极引导民间文艺团体参与节庆广场文化活动

自 2002 年起，永城市开始组织开展各类重大节庆文化活动，如今每年持续开展的有：“永城之春”广场文化活动、永城市春节文艺联欢晚会、“欢乐永城”消夏广场文化活动、永城市民间文化艺术节等。2014 年之前，各类节庆文化活动中的文艺专场多由专业文艺院团参与演出，如今各类重大文化艺术节会扩大了活动规模，增加了演出场次，政府开始引导鼓励民间文艺团体参与到活动之中。

（三）积极引导民营剧团参与“送戏下乡”演出活动

永城市在深入开展“舞台艺术送农民”活动的基础上，又组织实施了“政府买单、群众看戏”文化惠民工程。自 2014 年起，市政府财政、文化等相关职能部门联合组织、深入开展民营剧团“送戏下乡”演出活动，市文化主管部门连续 3 年下发了《关于开展民营剧团“送戏下乡”活动的实施意见》，并逐步建立完善了活动相关的统一招标、规范管理、财政补贴等措施制度。对参加“送戏下乡”活动的民间文艺表演团体，通过以奖代补的方式给予每场 1200 元的演出补贴，全市每年民营剧团“送戏下乡”总计演出 1638 场，财政部门按场次拨付演出资金达 227 万多元。

每年，民营剧团“送戏下乡”演出活动开展之前，市文化部门就组织开展民营表演团体优秀曲目调研活动，对全市数十家优秀民营剧团进行评审与认定，确定其送戏下乡的演出资格。乡镇文化站负责统一组织安排演出场次与场地，在演出结束后及时发放征求意见表和演出效果评价表，填写送戏下乡演出回执单，定期汇总上报审核后，到乡镇财政所统一结算演出经费。

随着“政府买单、群众看戏”文化惠民工程的深入开展，永城逐步创新了公开、公平、公正的政府采购运作机制。在“送戏下乡”活动的公开招标中，一是坚持“优中选优”的原则，二是坚持“质量优先，兼顾价格”的原则，招标采购的演出团体并不是以价格低廉为标准，同类型的剧团比实力，同样的实力比价格，充分发挥市场规律在文艺领域中的激励作用，让市场在公共文化服务资源配置中起决定性作用，让群众决定和选择需要的文化产品，不断满足人民群众日益增长的精神文化需求。

通过政府的积极引导和相关部门的规范管理，参与文化惠民工程项目的民营剧团都能够认真排练参演剧目，根据当地群众的要求，上演许多群众喜闻乐见的传统戏剧和现代小戏小品等曲艺节目，让乡村老百姓过足了戏瘾，娱乐了身心，陶冶了情操。

（四）组织搭建文化艺术赛事交流平台

近些年来，永城市政府依托重大节庆文化活动，积极搭建文化艺术赛事交流平台。在永城市民间文化艺术节、“永城之春”广场文化活动和“欢乐永城”消夏广场文化活动期间，连续交替举办了“想唱就唱”戏迷擂台赛、民间曲艺说唱大赛、民间器乐唢呐大赛、百姓广场舞大赛、青年歌手大奖赛等文化艺术赛事活动。

在各类大赛中涌现了一批集思想性、艺术性、娱乐性于一体的戏曲精品力作，推出了一批地方戏曲文化艺术名人，打造了一批优秀的民营戏曲表演团体，成为助推永城公共文化服务体系建设的重要力量。

（五）打造民间文化艺术特色乡村

近几年来，永城依托民间文化艺术资源，深入开展“河南省民间文化艺术之乡”创建活动。市政府办公室出台了《关于创建永城市民间文化艺术特色乡村的实施意见》，市文化局制订了《永城市民间文化艺术特色乡村创建活动方案》。全市各乡镇掀起了争创民间文化艺术特色乡村的热潮，乡镇政府积极投入人力、物力和财力，普查民间艺术资源，摸清艺术人才底数，着力打造了特色鲜明的戏曲之乡、书法之乡、腰鼓之乡、曲艺之乡、民俗文化村、戏曲文化村、书法绘画村、民间唢呐村、民间杂技村等数十个民间文化艺术特色乡村。

培育打造民间文化艺术特色乡村，有利于民间文艺团体的发展壮大，有利于为公共文化服务提供新生力量，更有利于文化主管部门完成从“送文化”到“种文化”的转变，变以往花钱请节目改为群众出节目，办出了家门口的文化盛宴，让广大人民群众共享了公共文化发展的成果。

（六）拓宽民间文化艺术传承发展渠道

为不断壮大民间文化艺术人才队伍，全面提升民间文艺团体水平，永城市文化局科学规划、精心组织，从市文化馆、图书馆、剧团、影剧院、戏研室等单位抽调业务骨干30余人作为文化艺术培训的专兼职教师，采取集中与分散相结合的方式，组织开展业务技能知识培训、演职人员表演基本功培训、舞美灯光音响操作技能培训。

为弘扬民间戏曲艺术，拓宽传承发展的渠道，市文化局组织创办了地方戏剧曲艺说唱综合性刊物《永城戏曲》，免费发放至市直相关部门、乡镇基层文化单位和各类民间文艺团体。《永城戏曲》内容涵盖文化方针政策、文化活动信息、戏曲文艺作品、各类戏曲论坛、艺术名家推介、戏曲门类介绍、乡村剧团风采等十多个栏目。《永城戏曲》的出版发行为广大人民群众普及了戏曲文化知识，吸引和带动了更多的文艺爱好者了解戏曲、认知戏曲，从而走上了演唱戏曲的道路。

三、公共文化活动品牌化建设

从2003年至2017年，永城连续成功地举办了十五届“永城之春”广场文化活动，成为春节永城一道靓丽的风景。已是一张叫响永城、耀眼中原的文化活动名片。

（一）围绕文化民生，搭建文化平台

春节是中华民族的传统节日，凝聚着劳动人民的文化习俗。节庆文化作为展示传统文化的平台，满足人民群众的精神文化需求，对于推动社会主义文化大繁荣大发展具有十分重要的意义。

“永城之春”广场文化活动是春节期间奉献给广大市民的精神文化大餐。一是举办隆重的广场文化活动开幕式暨大型歌舞演唱会,大多邀请周边省市知名的专用歌舞院团,由市委宣传部、市文化广电旅游局和演集镇政府承办;二是广场文化演出活动每天不少于一个专场,由20多个市直机关企事业单位依次承办;三是阵容庞大水平一流的永城市春节联欢晚会,由市委宣传部、永煤、神火两大集团以及相关部门联合承办;四是永城知名书法家义写春联活动,由市文联组织承办;五是永城市“皇沟御酒杯”歌曲、戏曲、唢呐大赛,一年一届交替举办,由市文化局和河南皇沟酒业集团承办;六是广场文化活动闭幕式暨颁奖文艺晚会,为文化活动画上了一个圆满的句号。

(二)树立活动品牌,营造文化氛围

品牌是一种无形的资产,一个好的公共文化品牌可以给群众带来巨大的收益。品牌具有触发受众心理活动的力量,可以吸引广大群众积极深度地参与到公共文化活动中,使群众真正从公共文化活动中有所收益。

永城市春节联欢晚会可以说集结了地方歌舞戏曲、相声小品等曲艺名人与名家,集中排量了一两个月,配置了一流的灯光、音乐与舞美,呈现了美轮美奂的艺术视觉,掀起了节庆文化活动的高潮。别开生面的歌曲、戏曲、曲艺、唢呐大赛,培育了一批又一批青年优秀文艺人才,有的迈进了专业艺术院校的大门,有的登上了央视频道的舞台。十多年来,历时一个月的“永城之春”广场文化活动,每年演出近30场,吸引观众达10多万人次,累计演出400多场,观众总人数超过了100万人次,让广大人民群众共享了公共文化的发展成果。

(三)围绕文化教化作用,组织文化活动

文化不仅具有传承作用,还具有教化作用,公共文化的建设与发展过程中不能忽视文化的教化作用。“永城之春”广场文化活动,既是欢乐永城过大年的主阵地,也是与教育领导百姓舞台。

戏迷们爱听戏曲豫东调,老百姓爱听柳琴拉魂腔,数十种源于民间的曲艺说唱深受广大市民的青睐。不论是河南坠子、豫东琴书、莲花落,还是豫东大鼓、永城大铙、清音戏,都有各自独特的艺术韵味,有的还被列入了省市非物质文化遗产的保护名录,这么多原汁原味的地方戏曲早已经浸透了家乡的沃土,走进了千家万户。丰富多彩的艺术形式,喜闻乐见的优秀节目,唱出了广大人民的心声,不但可以赢得阵阵掌声,而且能够引起社会的共鸣。特别是红色经典的歌曲、时代动感的舞蹈、惟妙惟肖的民俗、惊心动魄的杂技,还有民间说唱的曲艺,都潜移默化地融入人民群众多样化的精神文化生活。

四、公共文化服务体系建设的永城经验思考

永城从积极引导民间文艺社团登记注册,到多途径多方式购买民营文艺团体的演出服务与群众文化活动,收效良好,既满足了群众的文化需求又培育了更加丰富的文化资源。另一方面,永城在公共文化建设过程中注重品牌建设,通过打造品牌强化公共文化对广大群众心里的触发力,从根本上强化了群众的参与性,最终使政府精心策划提供的丰富多彩的公共文化活动能够真正服务于群众。

(一)领导高度重视

永城市委、市政府领导把加强基层公共文化建设上升到用社会主义先进文化占领阵地,巩固党的执政基础的认识高度,是践行对党忠诚的重要体现。切实加强了对文化工作的领导,成立了公共文化服务体系建设领导小组,统筹协调推进公共文化建设。市委常委会每半年听取一次文化工作情

况汇报，市委、市政府每年召开一次文化工作会议，专题研究部署文化建设工作，分管领导经常深入文化部门开展调查研究，帮助解决文化建设中遇到的实际困难，形成了全市上下重视公共文化建设的良好局面。

(二)完善政策保障

出台了一系列政策，以保障公共文化建设及发展。市委、市政府出台了《永城市关于加快构建现代公共文化服务体系的意见》《永城市关于向社会力量购买公共文化服务的实施办法》《永城市关于引导民营剧团参与公共文化服务的意见》及《永城市推进基层综合性文化服务中心建设实施方案》等文件。业务主管部门出台了《永城市乡镇综合文化站和村级综合文化服务中心建设标准》《永城市新农村(社区)文化服务中心建设标准》《永城市“两馆一站”免费资金管理办法》《永城市农村文化建设资金管理办法》及《永城市“两馆一站”绩效考核办法》等文件，为公共文化建设提供了可靠的政策保障。

(三)拓宽资金投入

一是保证政府投入稳定增长。2015、2016 年分别投入 4460 万元、5006 万元，增幅达 12.2%。二是免费开放资金足额保证。在确保乡镇文化站免费开放资金足额拨付的同时，规定各乡镇每年再按照人均 0.6 元的标准拨付文化活动经费。三是积极引导社会力量参与公共文化建设。采取冠名赞助、单位兴办、项目资助等形式，永煤、神火、皇沟酒业等企业集团每年都提供资金参与“永城之春”广场文化活动、永城市民间文化艺术节等重大文化活动或公共文化服务项目；在村级文化大院升级改建过程中，大力推行“三点筹资法”即：市财政奖补一点、镇村投资一点、本村名人和致富能人捐助一点，有效地缓解了村级文化大院建设资金短缺问题，演集、王集、茴村、太丘等乡镇采用三点筹资法升级扩建了 20 多个示范性村级文化大院。

(四)城乡协调推进

坚持城市与农村并重,协调推进公共文化服务均衡发展。一是基础设施建设协调推进。投资 11 亿元在城区先后建成了文化馆、图书馆、科技馆等十大文化场馆和 20 余处休闲娱乐绿地公园,投资 350 万元,设立了 7 座自助图书馆,形成了 10 分钟文化活动圈,保证了城市居民出门就能参加文化活动。对农村文化基础设施建设实行奖补政策,规定每建成一个文化站,市财政奖补 10 万元,每建成 1 个村级文化大院,市财政奖补 3 万元,掀起了农村文化基础建设高潮,全市 29 个乡镇全部建有文化站,其中国家一级站 8 个,二级站 8 个,三级站 4 个。投资 240 万元建成了 14 个乡镇图书分馆,建成达标村级文化大院 700 个,农家书屋、信息资源共享工程村级服务网点实现了全覆盖。自 2015 年起,连续两年实施了"三十百"提升示范工程,即每年提档升级 3 个社区文化服务中心,10 个乡镇文化站、100 个村级文化中心,以点带面,示范带动,提升基层文化服务能力和水平。打造了茴村、苗桥、马桥等 20 个示范性乡镇综合文化站,演集丰庄、高庄幸福港湾等 6 个示范性社区文化服务中心,演集刘庄、顺河高平房、太丘黄桥等一大批示范性村级文化大院。二是活动开展协调推进。在做好图书馆、文化馆免费服务的同时,高标准、高质量的办好"永城之春"广场文化活动、太丘老君堂庙会,永城市民间文化艺术节等城市文化活动品牌;在做好乡镇文化站免费开放的同时,充分利用传统节日,重要民俗日开展群众文化活动,重点打造了黄口三月三庙会、马桥民间文化艺术节、大王集戏曲文化周、酇阳腰鼓艺术节等乡镇文化活动品牌。三是公共文化服务协调推进。制定了城乡群众基本文化服务内容及量化指标,建立群众基本文化需求的反馈机制和城镇支持农村文化建设援助机制,图书馆、文化馆每年下基层指导不低于 50 次。城乡居民的基本文化权益得到切实保障。

（五）注重示范带动

市委、市政府重点扶持，文化部门重点指导，打造了茴村、太丘、王集3个公共文化建设示范乡镇。茴村镇立足本地丰富的书法资源，成功创建了“中国民间文化艺术之乡”；太丘镇充分挖掘本地丰富的历史文化资源，建成了市第一个民俗博物馆，第一个文化创意产业园，现已是国家3A级景区，促进了文化事业和文化产业的良性互动；王集镇充分发挥基层文化阵地的所用，开展评好媳妇、十星文明户、致富能手、爱岗敬业标兵、无私奉献标兵、十佳少年，创文明村的“六评一创”活动，促进了乡风文明建设，连续多年实现了“零上访”。已经形成了永城文化建设中的茴村、太丘、王集现象。示范乡镇在节约社会管理成本、构建和谐社会、促进经济发展方面的优势日益凸显，极大地带动了其他乡镇公共文化建设的步伐。如马桥镇投入500万元升级了乡镇文化站，新建了现代化的演出舞台，举办了多届民间艺术节；苗桥镇投入800多万元新建了文化站和一批社区综合文化中心；演集、顺和、高庄等乡镇都投入巨资对原文化站进行了升级改造，打造了一大批高标准的村级综合文化服务中心。

（六）提升供给能力

一是积极引导民间文艺团体参与公共文化服务。2015年至2016年，政府购买民间文艺团体下乡演出2928场，促进了农村演出市场的快速发展和传统戏曲创作的繁荣，提升了文化产品的供给能力。二是繁荣艺术创作。先后创作舞台戏剧精品《张娘娘传奇》《王三善与苏三》《梁山伯和祝英台》《太丘令》，新创小戏小品183部；举办大型书法摄影绘画作品展，征集优秀作品参加国家级展览比赛，涌现了一大批艺术名家。三是加快互联网技术的运用。图书馆、文化馆将举办的文化活动通过网站及时对外公示，并提供公益性场馆网上预约租用服务，提升了服务能力。

（七）强化绩效考核

市文化、财政、纪检等部门联合成立绩效考核小组，严格按照《永城市“两馆一站”绩效考核办法》《重大文化项目工作目标考核办法》的规定，对“两馆一站”免费服务、资金使用情况，重大文化项目实施效果进行督查指导。采取实地检查和群众满意度测评相结合的方式，每半年考核一次，将群众满意度作为重要的考核内容，保障了基层文化活动的正常开展和免费开放资金的专款专用，促进了服务效能的提升。

（八）壮大人才队伍

文化要发展，队伍是基础，人才是关键。一是向文化部门充实了 10 名硕士研究生，公开招聘了 7 名专业艺术人才，扩大了文化专业人才队伍。二是实施文化扶贫，豫剧团委培养了 67 名贫困少年儿童到郑州艺术学校和周口杂技团学习培训，为戏曲艺术发展储备优秀人才。三是明确了 4 人的乡镇文化站编制，建设了 116 人的乡镇文化专职队伍；每个行政村配备了 1 名财政补贴的文化协管员，建成了 732 人的村级文化协管员队伍。四是建立了近 2000 人文化志愿者队伍，重点打造了“戏迷俱乐部”文化志愿服务品牌，现已成立戏迷俱乐部 12 个，骨干人员 210 多人，参与演出的文化志愿者达 500 余人，常年在街头巷尾、集镇社区义务演出。

以书香郾城推进区域公共文化建设研究

漯河市郾城区文化广电新闻出版局

公共文化服务体系建设是满足人民群众基本精神文化需求的主要途径，是建设社会主义文化强国的基础工程，是全面建成小康社会的重要内容。党的十八大以来，以习近平同志为总书记的党中央，将加快构建现代公共文化服务体系纳入全面深化改革全局。2015 年初，中办、国办印发《关于加快构建现代公共文化服务体系的意见》和《国家基本公共文化服务指导标准》，对构建现代公共文化服务体系做出了全面部署。在党中央、国务院的重视下，公共文化服务体系建设取得明显成效，对弘扬社会主义核心价值观、促进文化事业繁荣发展、保障和改善文化民生发挥了重要作用。

为了贯彻国家、河南省文化建设的重要战略和决策，认真落实文件精神，扎实推进郾城公共文化服务体系示范区创建工作，在区委区政府的领导下，郾城区组建了公共文化服务体系建设研究课题组，根据郾城区实际，我们把《以书香郾城推进区域公共文化建设研究》作为研究课题，采取背景分析、现状调查、总结经验、查找问题、研究对策等方法，坚持理论研究与现状分析相结合，总结书香郾城建设的文化自信、创新路径，结合当地实际，坚持公益性、基本性、均等性、便利性，不断提高郾城全民阅读兴趣和服务水平，完善提升书香郾城的设施建设，探索郾城全民阅读的文化形式，力求取得新成效、新发展、新跨越，极大地满足郾城人民的多元文化阅读需求，在满足群众基本文化需求的基础上，积极探索如何形成网络健全、结构合理、发展均衡、运行有效、惠及全民的公共文化服务体系，丰富郾城公共文化服务体系的内涵，促进郾城公共文化服务体系建设，为书香郾城建设和区域公共文化服务体系可持续发展提供有益的启示与借鉴。

一、书香郾城推进公共文化建设的背景及意义

学习是人类进步的标志和基本生存方式，阅读是学习的主要途径。倡导全民阅读，建设书香社会是实现中国梦的客观要求。漯河郾城把开展全民阅读作为建设学习型城市的重要载体，推进全民阅读内化为郾城的精神追求、文化品牌、内生动力和创新资源。全民阅读活动的广泛开展，推动了书香郾城建设，以书香郾城推动区域公共文化建设提供了抓手和平台，有力推动了郾城现代公共文化服务体系建设持续有力发展。

（一）党和国家倡导构建书香社会和公共文化服务体系建设的重要精神为课题研究提供了政策依据和理论支撑

开展全民阅读活动是我国构建公共文化服务体系的一项重要部署，对培育和践行社会主义核心价值观，提高国民思想道德素质和科学文化素质，建设社会主义文化强国，增强国家文化软实力，实现中华民族伟大复兴中国梦具有重要意义。国务院总理李克强同志在2016年政府工作报告中提出："倡导全民阅读，建设书香社会"。这既为全民阅读的实现指明了方向，也对于开展全民阅读活动起到了重大推进作用。党和国家关于建设书香社会，构建现代公共文化服务体系的指导思想是相通的，目标任务是一致的。这些重要精神为我们的课题研究提供了政策依据和强有力的理论支撑。建设书香郾城就是要使阅读产品更加丰富，基础阅读设施更加完善、基本阅读需求得到更好满足，社会主义核心价值观深入人心，在郾城形成追求卓越、崇尚文明理念，爱读书、读好书、善读书的理想目标、氛围环境、良好风尚和文明程度，全面提升城乡居民文明素质和文化素养，为郾城经济社会发展提

供道德支撑和精神动力。

(二)书香郾城建设是区委区政府推动公共文化服务体系建设的重要举措

公共文化服务创新是贯彻落实中央决策部署的时代责任,让郾城人民享有健康而文明的精神文化生活,是郾城全面建设小康社会和文化强区的重要内容。区政府把书香郾城推进公共文化建设纳入政府的重点工作,作为建设文化强区的难得机遇。书香郾城建设是满足人民群众全民阅读精神文化需求的重要保证,也是郾城创新、传承和丰富传统文化内涵的实际举措。加快构建现代公共文化服务体系,是郾城全面建成小康社会的必然要求,也是保障郾城人民群众共享文化成果的必然趋势。郾城坚持文化惠民、以文化人、以文育人;读书乐、乐读书,利用公共文化阅读设施平台,开展多种形式的读书文化活动,增强郾城人民的道德自信、理论自信、制度自信的同时,更增强了文化自信。让广大民众认识到、体验到读书贵在明理,以及知行合一,学以致用,业精于勤的生活之道,为郾城公共文化服务体系示范区建设提供精神保障。

(三)书香郾城建设为创建学习型城市,推动郾城公共文化建设提供了动力支持

郾城"十二五规划"提出了"文化兴区"的目标,"十三五规划"继续实施和落实"文化郾城"、"和谐郾城"决策,为了让全民阅读与书香郾城的行为深入到文化修养之中,郾城成功申报为河南省公共文化服务体系示范区,极大地鼓舞了郾城人民积极参加文化建设的热情。创建书香郾城,建设郾城学习型社会,链接国家级公共精品资源共享课,形成人人爱阅读,人人爱学习的良好社会风尚;通过加快基础设施建设、加强文化资源配置、加大文化活动组织,让郾城的百姓"处处能学、时时可学,在学习中唱跳、在歌舞中学习",营建郾城阅读文化、公共文化良好的生态环境和物质环境。依靠文

化兴区，努力实现“实力郾城、魅力郾城、和谐郾城、幸福郾城、文化郾城”的目标，建设公共文化示范区，以开展书香郾城推动公共文化服务体系建设，引导郾城人民关心、重视郾城的文化软实力建设，为促进郾城早日全面建成小康社会，提供强大的动力支持。

（四）书香郾城建设有利于弘扬优秀传统文化，营造健康的文化生态环境

以书香郾城建设推动公共文化建设，有利于保护和弘扬郾城优秀文化遗产和中华传统文化、经典文化，充分利用郾城的文化资源，打造郾城的许慎汉字文化品牌，提升对郾城文化的认知度、知名度和美誉度。以书香郾城为基点，认真梳理郾城的地域特色文化、乡土风情、人文景观，打造“美丽乡村”线路，建设郾城特色文化旅游品牌，让释放的书香在郾城公共文化建设中成为一道亮丽的风景，让郾城百姓共享文化成果和文化福利。郾城利用世界读书日、传统节日等，积极开展的全民阅读、经典诵读、阅读展演等内容丰富、形式多样的宣传文化活动，以书香系列活动推动郾城全民积极参与全民阅读、全民创建活动。书香郾城建设，可以促进更多的“自然人口”转变为“图书人口”。让读书不再是少数人的“专利”，而是当代郾城全体公民的权利，让阅读伴随人生。通过书香郾城建设活动，增强人们的人文知识积累，提升人们的思想道德水准，提高人们的思想深度和精神境界，有效地营造了郾城健康的文化生态环境，推动全区精神文明建设和公共文化建设的健康有序发展。

二、书香郾城与公共文化建设基本情况的调查与分析

郾城地处中原腹地，隶属中国首家食品名城——漯河市，辖7镇和1个办事处，总面积413平方公里，总人口47万，146个行政村，38个社区，是文

宗字祖许慎故里、龙山文化发祥地(之一),拥有早于赵州桥的“天下第一桥”小商桥、800年前抗金名将杨再兴墓等历史古迹,县治历史2000多年,是一座历史悠久的文化古城。2015年国民生产总值164.5亿元,同比增长8.3%,一般财政公共预算收入6.23亿元,增幅17.1%。郾城是全国食品工业强区、全国科普示范区、全省文化先进区,还获得了中宣部“双服务”先进集体、“欢乐中原”群众文化活动先进单位、河南省第一次全国可移动文物普查工作先进单位、河南省先进公共图书馆、河南省先进文化馆等荣誉称号。

2015年3月,为了更好地推进书香郾城和公共文化创建工作,郾城课题组组织人员深入15个机关单位、10个企业、10所中小学校、3个镇、6个社区、20个行政村和驻郾部队分别开展了调查,主要通过问卷式调查、访谈式调查、座谈式调查、随机抽查等方式方法进行,就基础设施建设、阅读兴趣方向、阅读人群结构、阅读满意率及对书香郾城的认知率等进行调研汇总,为创建工作提供数字支撑和科学依据。问卷式调查:一年调查一次。在书香郾城创建中,文化馆、图书馆每年都针对不同人群在学校、机关、企业、社区、农村、军营等地开展问卷调查,主要调查不同职业群体阅读情况、阅读方向、阅读时间以及兴趣等方面,目前共发放问卷5000份,收回问卷4600份。访谈式调查:郾城区每年组织文化工作者走进社区广场、机关单位、企业、学校、图书馆阅览室、书店等不同场所,针对不同人群进行访谈,每次访谈人数达500人。座谈式调查:针对不同群体开展座谈调查,图书馆2次/年、文化馆1次/年,每馆每次邀请座谈人员60人。其中大专程度以上25人,高中程度35人,18岁以下25人,18岁至60岁35人;各镇(办)文化站每年组织开展座谈式调查一次,每个镇每次邀请参与座谈人员70人,邀请对象为各镇工作人员、各行政村图书室管理人员、学校教师及部分行政村农民代表等。

（一）阅读基础设施情况调查

郾城区通过对阅读场所进行摸底调查，得出的数据为：共有 1 个公共图书馆、8 个文化站图书室、146 个农家书屋、189 座学校图书室、37 个机关单位图书室、54 个企业图书室，以及 27 个图书馆馆外图书室，总场地面积达 5 万余平方米，图书总量近 200 万册。各图书馆、室按要求设置，配备有阅览所需的器材、设备、设施等。

（二）阅读人群的结构情况调查

课题组通过对不同年龄的阅读人群分别采访了 100 名读者，就传统阅读方式和电子阅读方式的选择方式上进行了调研。得出的数据为：

人群	纸质阅读（人）	手机、网络阅读（人）	有声阅读（人）	参观阅读（人）
55—70 岁	73	9	12	6
25—54 岁	19	75	1	5
18—24 岁	41	50	0	9
0—17 岁	64	6	17	13

（三）社会阅读兴趣情况调查

通过调查，发现不同年龄、不同层次、不同受众的需求有所差异，兴趣爱好的比例为：

对象	文学、艺术	自然科学、天文学	政治、军事	种植、养殖	其他类
学生	66%	13%	15%	0%	6%
中老年	62%	4%	17%	3%	14%
干部	73%	6%	15%	2%	4%
工人	69%	3%	11%	4%	13%
农民	59%	2%	8%	21%	10%

（四）社会对书香郾城建设知晓率阅读满意率情况调查

郾城区通过对读者对书香郾城活动的了解情况，得出的数据为：

地点	人数	知道	知道不详	不知道
农村	600	36%	39%	25%
社区	150	61%	19%	10%
图书馆读者	200	92%	6%	2%
学校	500	84%	12%	4%
机关单位	300	79%	16%	5%
军营	60	39%	42%	19%
企业	200	55%	29%	16%

（五）郾城区阅读的满意度比率

地点	人数	喜欢阅读	不太喜欢阅读	不喜欢阅读
农村	100	32%	31%	37%
社区	120	50%	34%	16%
图书馆读者	200	92%	8%	0%
学校	200	84%	12%	4%
机关单位	80	61%	28%	11%
军营	30	87%	11%	2%
企业	60	38%	41%	21%

在调查中课题组还发现一些问题：比如有的喜欢阅读，但没有时间到图书馆去阅读；有的由于离图书馆偏远很少到图书馆阅读；还有的在图书馆举办的活动中，例：健康知识讲座中，45.27%的调查对象由于工作太忙没有时间参加，22.8%的调查对象由于讲座活动地点偏远，不能现场参与活动。同时，调查数据还显示，现场参与了1/4场次以上的核心听众仅占16.10%，

25%的调查对象到馆聆听讲座仅1次。

（六）调查结果分析

课题组对书香郾城和公共文化建设的调查进行了认真分析，课题组认为，一是郾城区政府对书香郾城推动区域公共文化建设工作高度重视，积极推动、狠抓落实，发挥了主导作用，但是引导作用还不够，各项制度尚不完善；二是郾城民众对知识阅读的需求很强，阅读基础已具备，但是群众对阅读重要性的认识仍有偏差，阅读的习惯还没有养成，阅读的便利性还不够；三是区、镇、村阅读的三级服务网络已经形成，但是图书资源、阅读场馆、数字化设施还不充足，互联网+全民阅读的开发利用还不够，公共文化服务综合服务功能还不够完善。这些问题务必要引起高度重视，并认真研究加以解决。

三、书香郾城推进公共文化建设的做法与成效

中国有句话叫“忠厚传家久，诗书继世长”，通过读书，使国民素质提高，运用知识信息的能力增强，从而更好地营造美好生活、更好地从事各项工作，这就是书香社会的理想状态。书香郾城建设通过实践与努力，不仅促使郾城的文化环境发生了新变化，也取得了一定的成效。

（一）书香郾城推进公共文化建设的主要做法

郾城区政府以培育和践行社会主义核心价值观为指引，以提升民众思想道德、科学文化素养为目标，广泛深入开展全民阅读活动，有序推进书香郾城建设，激发了公共文化活力，为郾城公共文化服务创建工作奠定了基础。

1. 以“书香郾城”为载体，不断丰富公共文化新内涵

郾城区委、区政府将书香郾城建设纳入政府工作要务，列入“十三五”规划的重要内容。针对当今民众人心浮躁、道德缺失、热衷网络、“低头族”盛行等实际情况，郾城区为打造学习型社会，在全区各个机关、企事业单位、学校、社区大力开展全民阅读活动，号召大家“日读千字、周写一文、月看一书、年学一技”。郾城区政府组织专人对各单位的阅读活动进行督导、检查、评比，通过选树典型、以点带面、有序推进、全面铺开，推动阅读活动遍地开花。为检验全民阅读成果，郾城区还有针对性地举办一些征文比赛、讲故事大赛、演讲比赛、技能比武等，大大激发了广大民众的阅读热情，在郾城形成了人人好读书、人人读好书的良好社会氛围。同时，郾城区从未成年人思想道德建设抓起，以中小学生经典诵读活动为基点，让中华文化经典诵读走进了课堂。其一是将《弟子规》《千字文》《道德经》等经典文化编入校本教材；其二是在每个学校的教室、楼道、墙体上布置“百善孝为先”“上善若水、厚德载物”等经典名句版面；其三是利用学校报刊栏、黑板报、橱窗登载古典文摘选萃，在课间十分钟播放诵读碟片、歌曲，用经典的文化和优雅的旋律陶冶青少年情操，形成古色古韵满溢的文化氛围；其四是通过领读、对读、接龙读、分组读、分角色读和比赛读等方法，大大激发了学生们的诵读热情；其五是将游戏、拍手歌、律动、故事法、绘画法引入诵读活动中，采用朗诵、歌舞、快板、小品、相声、情景剧、诗配画等形式唱诵，使学生们在学中玩、玩中学，从中受益；其六是开展的“过节日、谢父母”感恩主题教育活动，借助春节、端午节、重阳节等传统节日组织中小学生为父母洗脚感谢父母，还号召大家为家长做饭、洗衣、干家务等，通过一系列积极实践与引导带动。郾城区形成了文明和谐的新风尚，有力提升了郾城人民的整体素质和文化自信，为公共文化服务体系示范区的创建提供了智力支持。

2. 以打造优良阅读平台为主旨，不断提升完善公共文化设施功能

书香郾城的形成，需要公共文化基础设施的完善。郾城区根据书香郾

城建设的需求，投资 1.2 亿，规划建设完善提升了一批公共文化场所，为书香郾城建设营造了良好的社会氛围。一是对黄河广场、钟楼广场、历史文化广场、科教文化广场进行全面改造，按照阅读区、休闲区、广场舞区、太极拳区、戏曲演出区、儿童游乐区、体育健身区等分块设置，根据需求配足配齐各类设施、器材，由政法委、城建局、文化局、教体局等部门联合管理，选派志愿者引导各种文化活动的开展，大大提高了群众对这些场馆的使用率。二是对图书馆、文化馆进行升级改建，增设多功能演播厅、读者活动区、读者健身区、小微图书馆、音乐教室等，同时改善了场馆环境，让民众享受更多的文化服务。三是对文化站和基层文化服务中心进行改、扩建，对照“六有”（有灯光、有音响、有设备、有器材、有队伍、有活动）标准高规格建设、全面覆盖，并丰富其文化内涵。

3. 以区图书馆为统领，不断满足不同层次阅读文化需求

在书香郾城推进公共文化建设过程中，图书馆发挥了积极作用。一是发挥窗口作用。按照国家文化部要求，郾城区图书馆向社会免费开放，取消了办证工本费、图书磨损费、电子阅览室上网费等，实现了零门槛无障碍进入，并免费提供办证、验证、存包等辅助性服务，全年 365 天不闭馆采用中午不闭馆、延迟下班时间等方式保证读者借阅时间。年接待读者 13.2 万余人次，外借书刊 18 万册次。二是关爱特殊群体。常年坚持为老年人、残疾人、农民工等特殊群体开展代借代还、预约借书、上门送书服务；为解决残疾人看书难的问题，漯河市成立了首家“盲人有声读物阅览室”，在漯河市特殊教育学校设立流动图书网点。三是图书飘逸服务。为扩大服务范围，区图书馆开展了“书香飘逸”进社区、学校、企业、机关、农村的“五进”活动，先后在东街小学、伊坪小学、岷山路小学、部队、法院、河南省第二强制隔离戒毒所、银行、企业和区直部门等单位设立流动服务网点 27 个，在孟庙镇拦河潘村小学设立“爱心书屋”1 个。为提高全民阅读率，图书馆在做好阵地借阅的同时，成立了 3 支义务送书服务队，每周五下午坚持为各流动服务点送书

一次，成为丰富我区群众文化生活的一道靓丽风景。四是开展读书活动。以书为主线，开展迎“六一”小手拉大手实物制作活动、“写作知识讲座”“抗美援朝离休老干部报告会”活动等系列读书活动。并利用“世界读书日”“服务宣传周”“桃花节”“草莓节”“全民读书月”等开展大型义务书展和送书下乡活动。五是服务基层农民。利用共享工程网站向基层镇、村支中心提供农贸行情及饲养技术等信息，使农民群众不出家门就了解致富技术和信息；每年免费为基层群众播放共享节目、播放百科讲座以及红色电影962场次，受益群众达6289人次。六是延伸服务半径。以图书馆为中心，将图书馆、镇办文化站、农家书屋和机关、学校的图书资源进行整合，由郾城图书馆统一管理、调配，利用流动服务车加快图书的流通与利用，满足不同群体的阅读需求。同时，图书馆除积极做好农家书屋数据上报、信息管理、图书配送、技术辅导等工作，还抽调业务骨干对镇、村级图书室人员进行辅导培训，年业务培训6次，培训骨干226人，规范了基层图书室工作，成为广大民众学习的第二课堂。同时编制二次文献《健康真好》《基层图书室管理手册》《农民致富之友》《农村实用技术》广泛发放，满足了不同层次群众的经济发展和文化需要，让他们享受到公共文化服务带来的实惠。

4. 以《说文解字》汉字文化为品牌，不断增强郾城公共文化的影响力

汉字是中华文明的根基，是中华优秀的传统文化。郾城区通过一系列举措和活动，以许学文化和《说文解字》为基点，加快汉字文化的传承，增加郾城公共文化的品牌影响力。一是成立了宣讲团，聘请了漯河本土以王云英、陈满仓为代表的专家老师，深入各学校、机关、镇（办）开展许学文化巡回宣讲，将《说文解字》和汉字文化与中国传统文化相结合，有效地传播于大众。二是将汉字文化创作成文艺节目呈现给大众，根据许学文化先后创作有小戏、歌曲、快板、舞蹈、朗诵等，让民众了解汉字文化、热爱书香郾城。三是组织校园汉字文化活动。通过书法教育培训、“汉字听写大会”“小篆认读比赛”等形式，激发广大青少年的阅读兴趣以期传承汉字文化。四是

开展《说文解字》大讲堂，先后已邀请了“百家讲坛”著名主讲人南京师范大学教授郦波做了题为《古镜一扫千年尘—字圣与汉字及儒家》的报告、北京大学历史文化研究所所长张希清做了题为《中国古代官员的楷模—范仲淹》的报告、安徽大学原党委书记校长黄德宽做了题为《汉字文明的演进与〈说文解字〉》的报告、中国孔子研究院院长杨朝明做了题为《孔子思想与儒学精髓》的报告，专家们为全区干群进行面对面授课，解析文字奥妙，讲解汉字渊源，引导文字阅读，有力弘扬了许慎精神和汉字文化。五是举办“尚书房大讲堂”。联合漯河国聚天成置业有限公司开展公益教育，邀请了各界人士一起见证纪连海现场剖析《大秦帝国》的兴衰过往，聆听钱文忠讲述《国学与家道》，以此讲解中国传统文化对当今社会的深远影响，带领大家一同感受古圣先哲的智慧，引导各界民众吸取传统文化精髓，传承家道家风。六是举办“春风郾韵”艺术展览。将郾城独具特色的汉字文化、传统文化、地方文化、特色文化在省文化馆展厅进行公开展示，在省城引起了民众的广泛关注，展示了郾城的文化底蕴和成果。

5. 以“郾城八景”文化遗产为资源，不断拓展郾城公共文化新空间

郾城区充分利用“郾城八景”文化遗产等资源，包括郾城籍或者曾在郾城工作、生活过并与郾城有密切关联的历史文化名人充分与当地城市形象和旅游宣传有机结合，在 AAAA 景区沙澧公园、科教文化艺术中心广场、历史文化广场、钟楼广场以及街头游园等处，或利用景观灯箱，或利用墙体、地面，或利用景观石、景观路等，将其生平事迹、伟大贡献和生活故事形式生动地展示出来。在公园、宾馆、社区、街头、游客中心等窗口区域合理布局，设置报刊亭、阅报栏、墙体画等，开辟书香气息浓郁的阅读新空间。通过一系列措施开展的实景阅读活动，营造了郾城浓厚的阅读氛围，拓宽了良好的活动空间，让社会各界在参观这些景观、了解郾城人文的同时，在潜移默化中学到更多知识，不仅提升了郾城的城市形象和品位，同时拓展了郾城公共文化服务新空间。

6. 以“互联网 + 阅读”为引领，不断提高公共文化服务新水平

郾城区在传统的阵地借阅、送书上门、图书飘移等服务的基础上，根据当代科技发展和读者的需求，不断拓展阅读新路径，效果初显。一是注重互动与推广，由政府投资为图书馆购买了小微图书馆等数字化阅读设备及数字化资源，预装1000种图书，每月及时更新内容，读者只需扫描借阅机屏幕上的二维码，即可免费下载海量电子书，让图书馆真正可以装入口袋，实现最新书籍的“指上阅读”，提升互联网 + 阅读体验。二是注重知识的传播，把图书馆数字化资源通过互联网在文化信息共享平台上进行传播，将丰富的知识、技术、信息由图书馆支中心向镇、社区和基层综合文化服务中心传输。三是每月邀请一些专家、学者对郾城区的干部职工进行一次政治、业务或者礼仪等方面培训；对农民进行一次种、养以及加工技术的培训。四是在资源采购方面根据读者所需有针对性地定制数字化资源，内容上力求做到丰富、有价值、实用性强、含金量高。五是建立书香郾城阅读微信群、QQ群，由文化工作者、志愿者通过数字阅读平台连接更多领域，检索更多知识，对广大民众进行引导、传播，让大家获得更全面的知识和技能。通过以上举措，郾城区38万手机用户，41万网民，通过互联网 + 的阅读模式，有力推动了全民数字阅读水平的发展，使数字阅读成为新的全民阅读方式，大大加快了书香郾城建设步伐，也在一定程度上缩小了阅读的贫富鸿沟，推动郾城民众整体素质的提升。

（二）书香郾城推进公共文化建设的主要成效

郾城区按照统筹谋划、整合资源、上下联动、共建共享的原则，整合公共文化服务资源，共同谋划书香郾城和文化事业发展，共同打造文艺精品和文化活动品牌，实现共创、共建、共享，有效地保障了人民群众的基本文化权益，更好地实现了文化惠民。

1. 以"书香郾城"为载体,激发了公共文化发展的新活力

郾城区成立了由区长任组织,宣传部长、分管副区长任副组长,相关职能部门和镇办负责人为成员的组织领导机构,形成了党委统一领导,宣传、文化部门牵头组织,文明办、财政局、教体局、建设局、团委、妇联、总工会及各镇办等成员单位积极参与的联动运行机制,对书香郾城建设和公共文化工作定期调研、定期研究、集中会商,把书香郾城和公共文化建设同部署、同推进、同考核,各职能部门团结协作、密切配合、各履其职、各尽其责、全力支持,推动各项工作有序发展。每个部门都结合单位自身职能,围绕书香郾城开展诗歌朗诵大会、演讲比赛、经典诵读、有奖征文、书香家庭和十大孝子、身边好人、十佳市民评选等丰富多彩的活动,保证了书香郾城建设及公共文化服务创建工作的快速、有序推进。

2. 书香郾城建设,构建了城乡一体、公益普惠的文化服务平台

郾城区根据广大民众的公共文化需求,夯实文化阵地建设,加强文化设施配置,以推进重大标志性公共文化基础设施建设为切入点,不断完善提升各级公共文化服务场馆,推进了黄河广场、钟楼广场、历史文化广场、科教中心广场、红枫广场的改造,推进了图书馆、文化馆的基础设施建设和数字化服务配置,推进了镇(办)、村(社区)文化设施、器材设备的规范、提升,统筹建设了集宣传文化、党员教育、科技普及、普法教育、体育健身等多功能为一体的基层综合文化服务中心。从创建前图书馆阅读设施的不足,到现在的数字化、现代化设备齐全,新书藏量猛增 14%;从创建前基层文化服务中心建设率不足 15%,到现在的全覆盖;从创建前大中型广场只是单一的活动场馆,到现在区域划分合理、设施功能齐全、阅读元素凸显的综合性文化场所,推动了郾城区的公共文化基础设施全面提升。郾城区除图书馆、文化馆、美术馆、许慎纪念馆和 8 个镇(办)文化站、146 个综合文化服务中心免费对社会公众开放外,7 个大型广场、31 个文化休闲小广场、28 个街心花园、172 个居民小区都安装了体育健身器材,最大限度地提升了文化阵地的

辐射面,在郾城已经形成了覆盖区、镇、村三级公共文化服务网络,有力解决了人民群众参与文化活动的场所和设施问题,大大激发了大家参与文化活动的热情。

3. 书香郾城建设,助推了广大民众的道德修养的提升

郾城开展丰富多彩的阅读文化活动,把郾城的时代精神与传统文化有机结合起来,使广大民众在书香活动中受到熏陶、教育、启迪、转变,提高了人们的素质,规范了人们的言行,奠定了人们良好的思想道德基础。比如:通过经典诵读、感恩教育等活动,使学校的风气发生了极大的变化,中小学生的学习态度明显转变,学习成绩大幅提升;通过读书、学习、观看展览、参加文化活动,开阔了人们的视野,积累了人们的知识,丰富了人们的文化底蕴,提升了人们的修养行为,有力地推动了公共文化服务体系示范区建设。

4. 书香郾城建设,彰显了郾城许慎文化品牌的魅力

许慎文化既是书香郾城的品牌,也是郾城公共文化服务体系建设的一大亮点。郾城区根据许慎及其伟大的影响力,将创作的汉字文化文艺节目小戏《许慎故事》、歌曲《许慎之歌》、舞蹈《汉韵新声》《八佾舞》、音乐快板《郾城赞》、模特表演《汉服秀》以集体诵读、诗配画、诵配舞等精彩节目搬上舞台;通过《说文解字》大讲堂、经典诵读、文艺汇演等形式,对广大民众广泛宣传、教育、引导,逐渐使许学知识和汉字文化融入当地百姓生活,使之自觉学习、弘扬许慎文化,传承历史经典名著,形成汉字文化品牌,吸引全国各地乃至世界各国的专家学者和汉字爱好者争相来郾参观学习,让许慎汉字文化这个金字招牌大泛光芒,不仅成为郾城通向世界的一张名片,也让郾城更加光彩、更加知名。

5. 书香郾城建设,丰富了郾城居民的精神文化生活

郾城根据书香建设需求,将阅读创作、编排成戏曲小品等多种形式的文艺节目,利用春节、端午、中秋、重阳等传统节日和“五一”“六一”“七一”“十一”等重大节日,开展有声有色的文艺演出活动,将诗歌朗诵、模特表

演、快板、歌曲、舞蹈、器乐、小戏小品等搬上舞台，开展的节庆文艺晚会、月末广场文艺晚会、“幸福郾城天天唱、和谐郾城大家跳”活动、“周末戏迷秀”“情暖农家”文艺汇演、“千人百村”走基层文艺巡演等文艺演出，让群众从观众变成演员，成为文化的主角，极大地丰富了广大群众的文化生活，让文化融入百姓生活，成为郾城一道靓丽的风景线。以此带动的百姓健康舞、戏迷乐园、周末戏迷秀、心意六和拳、歌迷义演团等活动天展得如火如荼、红红火火，郾城区在漯河市民间艺术大赛、幸福漯河健康舞、幸福歌儿唱起来、职工文化艺术节、职工舞蹈大赛等活动中屡获大奖，在刚刚结束的河南省首届“幸福河南”艺术广场舞大赛中，郾城区爱尚舞蹈队的健康舞《春天》冲进决赛获得优秀展演奖。

如今的郾城，“文艺队伍处处有，每支队伍能表演”，每天清晨、傍晚时分，郾城区大小文化广场、镇村综合文化服务中心，到处都活跃着跳健身操、交谊舞、扇子舞、打太极拳、拉弦唱戏的民众，已实现了“天天有活动、周周有电影、月月有晚会、季季有巡演、半年有汇演”的目标，郾城区也当之无愧地获得了河南省“欢乐中原”群众文化活动先进单位荣誉称号。

四、书香郾城推进公共文化建设存在的主要问题

郾城是一座历史悠久的文化名城，有文采书香的文化基因和文脉，有众多精美的民族民间文化。郾城区虽致力于推动公共文化服务体系建设，但仍存一些不容忽视的问题：

（一）民众阅读兴趣不够浓，全民参与性不够高

目前，虽然图书馆等阅读场馆全部实行了免费开放，社会各界可以零门槛、无障碍进入，但是由于受网络等新生事物的冲击，越来越多的民众更喜

欢把自己的业余生活消耗在网络上,很多人热衷于玩游戏、聊天、看电影等;中小学生忙于学习,阅读的图书大多以教材教辅类为主,阅读范围偏窄,阅读积极性有待提高;老年人则多以棋牌和广场舞为主,对读书看报的热情不足。不少读者主要以泛泛而过的浅阅读、满足好奇的娱乐化阅读和有针对性的功利性阅读为主,与文字只有泛泛之交,在阅读中缺乏理性的思索,阅读的价值与美感荡然无存,导致民众的阅读质量整体偏低,阅读的良好习惯没有养成,全民阅读的氛围仍需提升。在全民参与公共文化建设方面,还存在热情不够高,主动性不够强等问题。

(二)财政投入结构不够合理,城乡公共文化阅读、活动设施有待完善

公共财政支持是公共文化服务体系建设的基础条件,也是政府履行公共文化服务职能的重要体现。在书香郾城建设过程中,虽然郾城区政府对公共文化服务的重视程度明显提高,财政对公共文化服务体系建设的投入力度不断加大,文化投资规模不断增长,但面对公众日益高涨的公共文化需求,仍出现了需求和供给之间矛盾。目前,政府财政投入结构不够合理,注重设施投入,后续管理和运转经费配套不够。就阅读设施而言,还存在图书阅览场馆偏少、数字化服务设施不足、阅读环境不够便利、文化活动场地受限等问题。尤其是镇、村级阅读和公共文化服务设施相对滞后,数字化建设、网络建设仍不健全,数字化服务无法全部实现资源共享、馆际互借等业务难以开展,大型文化活动开展困难,影响了公共文化服务“最后一公里”,制约了郾城民众的阅读和文化活动的开展。

(三)政府引导不够有力,社会力量参与积极性有待充分调动

在书香郾城和公共文化服务体系建设过程中,主要投入仍以政府财政为主,公共文化设施和服务基本上是由政府买单,经费投入渠道比较单一,公共文化产品供给,尤其是公共阅读产品服务等仍显不足,制约了民众阅读

热情，影响了人民群众精神文化生活的满足。政府制定出台的鼓励社会力量参与公共文化服务和书香郾城建设的政策不够完善，优惠措施不够到位，引导机制还不健全，以此导致了民间图书馆、博物馆、展览馆、艺术馆的建设速度较慢，社会团体组织参与公共文化和书香郾城建设的积极性不够高，全民参与公共文化的活力没有释放出来。

（四）文化人才发展机制不够完善，基层文化活动后劲儿乏力

郾城存在基层文化专业人才缺失，人才发展机制不够健全等问题。大部分镇办没有专业创作人才，也没有专业的文艺辅导人才，文化站虽然都按要求配齐了站长和工作人员，但是专业不专现象仍普遍存在，文化站工作人员多数时间是在从事镇办的中心工作，没有专业的文化知识和管理经验，虽然经过短期的文化业务知识等培训，但仍难以独自完成一些文艺创作、辅导、培训等工作任务。加上公共财政的文化人才投入不足，多数只给建设资金和设备购置费用，却没有安排专业人员的工作、培训经费，致使基层文化工作的后劲不够，各项文化活动开展得不够丰富多彩。

五、推进书香郾城公共文化建设路径探析

书香郾城建设唤起了广大民众的温润感、自豪感、责任感，传承和发展了中华优秀阅读文化，促使郾城人民建立了良好的阅读意识和文化习惯，他们认为读书可以安身立命、求知开智、养德修身、求真求善、审美文化；文化活动可以丰富生活、健康体魄、提升修养、增强自信。课题组对书香郾城推进公共文化建设存在的问题进行了认真分析，并会同有关部门一道研究了解决问题及推进发展的对策。

（一）加强保障机制，增强书香郾城和公共文化建设的责任感和影响力

全民阅读是一项长期的任务，要养成良好的学习阅读习惯，关键是要通过有效的保障手段，切实提高全民阅读活动对群众的吸引力和影响力；公共文化服务体系建设是关乎人民群众精神文化需求的民生工程，必须强力推进，常抓不懈。

（1）加强组织保障。把全民阅读活动同推动学习型城市和公共文化服务体系示范区建设有机结合起来，将全民阅读活动纳入学习型城市建设的总体目标，将公共文化服务体系建设纳入城市社会发展总体规划，同步部署，同步推进，要形成统筹协调、整体发动、多方参与的良好局面。

（2）加强制度保障。针对全民阅读活动和公共文化建设实际，尽快出台《关于进一步加强郾城区公共图书馆服务体系建设的意见》，构建以政府主导、公共图书馆为主体、公共图书服务网络为主构架的公共图书服务模式，为方便居民阅读和公共文化服务提供良好环境。

（3）加强舆论保障。充分发挥报纸、广播、电视、手机、互联网等作用，开设多种形式的专栏、专题、访谈节目，开辟专栏持续报道阅读和示范区创建活动情况，提升书香郾城和公共文化服务体系建设的影响力。

（二）加大财政投入，完善阅读设施，健全公共文化服务平台

要坚持政府为主导，进一步加大公共文化事业经费投入，保证对公共文化事业的投入增幅要高于地方财政经常性收入的增长幅度，对文化建设资金足额预算、优先安排、重点保障、按需拨付。重点支持文化事业改革发展，全民阅读、精品创作、人才的引进与培养等方面，进一步加大公共文化基础设施和信息化建设投资力度，例如：加大图书馆、文化馆、美术馆、博物馆建设力度，增加公共文化活动场馆，提高公共场所的阅读资源配置，在宾馆、学校、医院、广场、游园等公共场所设置阅览点、活动点，激发民众文化兴趣。

在大型社区、文化广场、商场、交通枢纽等区域设置自助图书馆，让广大民众在街头自助机上 24 小时借阅、还书，增加对传统图书馆的有益补充。根据群众需求加强场馆配套设施建设，加快区、镇、村三级数字化服务设备普及，真正实现资源共享，为公共文化建设和服务提供有力保障。依托公共数字文化工程建设，征集制作民间传统文化、汉字文化、文化遗产、民俗文化等郾城特色数字文化资源，建设郾城特色文化资源库。通过网络传输、硬盘固化、光盘录制、手机下载等多种方式，推动图书数字文化资源“进村入户”。积极推进“三网融合”，促进高清电视、互动电视、手机电视等图书与阅读新业务发展，推广数字智能终端、移动终端等新兴载体。加强广播电视播出机构阅读文化服务能力建设，全面提高图书数字节目的制播能力和网络数字传输能力，为广大人民提供更加便捷的服务。

（三）完善政策措施，鼓励社会力量参与书香郾城和公共文化建设

政府要转变职能，在公共文化服务提供上引入竞争机制，由办文化向管文化转变，配置资源和提供服务要采取市场机制和市场手段。积极吸取省内、外公共文化发展有益经验，坚持以政府为主导，鼓励企业和其他社会力量积极参与的原则，形成供给主体多元化的新格局。一是制定税收激励政策，引导企业或个人投入公共文化建设。通过给予免税、减税等优惠政策，鼓励不同企业、不同群体积极参与文化建设。二是通过财政补贴政策，支持非营利性文化组织参与公共文化服务产品的生产，采取政府采购、财政补贴、委托生产等途径鼓励企业参与公共文化建设。三是通过土地置换政策，对个人或者企业投资建设公益性公共文化场馆的，在确保其对社会公众免费开放的公益属性基础上，予以大力支持。形成政府主导、社会参与、多元投入、协力发展的公共文化建设新格局。

（四）加强人才引进，健全文化队伍，提升郾城公共文化服务的整体水平

构建现代公共文化服务体系，队伍是基础，人才是关键。根据书香郾城

建设和公共文化的需求，郾城区要加强文化人才培养和引进机制，制定出台加强公共文化机构和队伍建设的意见，落实公共文化人员编制标准和比例，制定公共文化服务人才准入制度，建立公共文化人才评估、考核体系。

一是重点引进。根据书香郾城建设和公共文化体系发展的需要，因需设岗，有针对性地引进一批高精尖文化专业人才。二是强化培训。有计划地对区级文化干部、文化站长、文艺骨干、基层志愿者等开展集中培训，提升其业务技能和水平，着力造就一批爱文化、懂业务、善管理的复合型文化人才。三是整合人才。对各类民间文化、民俗文化、非遗文化、民间艺人、匠人、传承人、文化热心人、文化能人以及文艺专业人才等资源进行整合，列入文化志愿者队伍中来，在职称评定、政府奖励、支持资助、社会荣誉等方面享受优惠政策，发挥他们的特长和优势，使这些人才及其传承项目得到保护、扶持、传承、发扬。四是配齐管理员。政府要为每个行政村配备 1 名文化管理员，拨付管理经费，确保基层群众的基本文化权益得到保障，让广大民众享受到公共文化服务的便利，为郾城公共文化服务备足后劲儿。

郾城区委、区政府以书香郾城推进公共文化建设，统筹谋划、整合资源、上下联动、共建共享，共同谋划全区文化事业发展，课题研究突出了以书香郾城推进公共文化服务建设的原则，整合郾城公共文化服务资源，拓展了郾城阅读服务路径，创新了文化服务模式，丰富了文化活动经验，彰显了郾城公共文化体系特色，完善了书香郾城建设体系内涵，靓丽了郾城文化的特色品牌，审美了郾城文化的人文精神，惠泽了郾城文化的共创、共建、共享，推动公共文化服务标准化、均等化、数字化、社会化建设，促进人才队伍培养，丰富阅读活动内容，提升阅读服务水平，多渠道传播先进文化，更好地保障郾城人民群众基本文化权益，更好地实现文化惠民，提供了书香郾城建设和公共文化服务的有益借鉴启示。

兰考县文化协管员“3+2+1”模式的地方实践

兰考县文化广电新闻出版局

公共文化服务体系建设重点在乡、难点在村、关键在人，这是公共文化建设领域内的共识。十七届六中全会提出要加强基层文化人才队伍建设，把基层文化人才队伍建设摆到了一个更加突出的位置。村级文化队伍建设是构建现代公共文化服务体系的关键环节，也是链接公共文化服务“最后一公里”的桥梁和纽带。为畅通公共文化服务“最后一公里”，兰考县政府于创建示范区初期即成立课题研究小组，就村级文化队伍现状、群众需求等进行深度调研，提出了加强文化协管员队伍建设的“3+2+1”模式，有力推进了公共文化服务体现建设。

一、兰考县文化协管员“3+2+1”模式建设的背景

近年来，党和政府高度重视农村文化建设，通过开展文化科技卫生“三下乡”、组织开展形式多样的农村文化活动等“送文化”的方式，取得了一定成效，农民群众精神文化生活得到改善，农村文化建设呈现较好的发展局面。同时也必须看到，城乡公共文化服务水平差距很大，农村文化建设仍然基础薄弱，特别是村级文化建设仍然缺乏制度性保障，还存在着组织不健全、设施不完善、内容不丰富、投入不足、服务水平不高、社会参与渠道缺乏等问题，尚未形成良性、可持续发展的长效机制，与农村正在发生的深刻变革还不相适应，与农民群众共享改革发展成果的期待还不相适应。要从根

本上改善这一现状，构建农村公共文化服务体系，就必须让优秀文化进入农村大众心灵，实现从“送文化”到“种文化”、“育文化”的转化，这是新的历史时期文化建设所要紧迫解决的重要问题。

随着城市化进程的不断推进，乡村文化开始出现由传统向现代的转型，村民的思想观念更趋复杂，其文化需求趋向多元，他们在求富裕、求平安、求信息的同时，对现实生活中的烦恼倾诉和意见表达都非常渴望，但是往往缺少组织者和引导者，缺少公开畅达的交往平台和文化场所。所以，直接面向当地村民的文化服务需要大力加强，这个重要任务必须要有一支贴近村民，了解村民文化需求的队伍来承担。

在创建示范区之初，课题研究组就村级文化队伍现状、群众需求等进行深度调研。调研发现，村级文化工作在基层并未得到应有的重视。2016年5月份以前，兰考县并未建立村级文化工作者队伍，每村仅有1名农家书屋管理员，且100%由村干部兼任（无专门待遇）。大多数的村干部文化程度为小学或初中，高中以上毕业的仅103人，占22.83%，年龄在50岁以上的269人，占59.64%。由于大多兼职干部文化水平不高、年龄偏大、无待遇等原因，其对如何开展农村文化工作的办法不多，经验不足、工作积极性不高。农家书屋管理员除对农家书屋进行兼顾外，95%的村无人或无心过问其他文化工作，群众的精神文化生活缺少组织引领。

被调查的200名群众中，90%以上的群众要求村内设立专人负责村文化工作，有人组织开展文体活动；建设村文化广场、文化活动室、电脑室，增加文体健身器材；农家书屋能够随时借阅；村里放电影和外来演出有人提前宣传等。62.5%的群众对村干部兼任时期的文化协管员（农家书屋管理员）作用发挥情况不满意，31.5%的群众根本就不知道谁是文化协管员，1%的群众不愿发表意见，5%的群众表示满意。被调查群众的意见主要集中在“想看书找不到人，书屋长期处于关闭状态；想学广场舞、腰鼓等，但村内无人组织、引领”等问题。

二、兰考县文化协管员"3 +2 +1"模式的具体做法与成效

创建示范区后，县委、县政府针对这一现状，认识到该县公共文化服务体系示范区创建的最大障碍是村级没有明确专人负责村内文化工作，乡、村两级文化队伍建设成为困扰当地快速推进公共文化服务体系建设的瓶颈。政府决心投入重金将问题变亮点，在所有乡镇（街道）、村（社区）设立文化协管员队伍，建立起公共文化服务"最后一公里"的桥梁和纽带。兰考县连续下发了《兰考县人民政府关于加强基层文化管理员队伍建设的意见》《兰考县人民政府转发县人力资源和社会保障局等部门关于选聘村级文化协管员的通知》《兰考县人民政府转发县人力资源和社会保障局等部门关于开展乡镇（街道）公共文化工作人员和村级文化协管员培训的通知》和《兰考县人民政府转发县人力资源和社会保障局等部门关于兰考县村级文化协管员管理暂行办法的通知》等指导性文件。同时，要求把文化协管员队伍作为课题进行深入研究，健全一套完善的运行模式，解决公共文化服务体系建设中人才队伍不足的问题。

兰考县创新工作思路和方法，提出了文化协管人员"3 +2 +1"模式。"'3 +2 +1'模式"即以"县聘、乡管、村用"的方式，在全县 16 个乡镇（街道）综合文化站现有 3 名正式在编人员的基础上，分别配备 2 名文化协管员，在 451 个行政村（社区）分别配备 1 名文化协管员，进一步加强乡镇（街道）、行政村（社区）公共文化人员队伍建设，共计 483 名文化协管员。县财政每年拿出 500 万元用于文化协管员补贴，所需经费纳入县财政预算，乡镇（街道）文化站协管员每人每月补贴 1300 元、行政村（社区）协管员每人每月补贴 800 元。文化协管员队伍的建立，有效解决了村内文化工作无人问、服务不到位、公共文化设施管理跟不上、服务群众"最后一公里"不畅通的问题。

(一)具体做法

文化协管员选聘、培训、管理、奖惩等方面坚持“四个原则”,严把“四个关口”,狠抓主要矛盾,解决突出问题,通过严格的管理制度和良好的运行措施,保障文化协管员队伍的整体素质和工作能力。

1. 坚持人员选聘原则,严把用人“入口”

一是严把政治素质关。政治觉悟和思想素质是基层文化队伍的灵魂,在报名之处即进行严格的素质考察,严防“带病”人员和法轮功、全能神等邪教组织人员混入文化队伍,时刻保持队伍的纯洁性。

二是严把人才关。有专长、有文化、年轻化是文化协管员队伍生命力、执行力和办事效力的根本保障。在选聘文化协管员时,将具有一定文化专长的应聘者优先考虑,避免庸人、闲人进入。

三是严把能力关。作为文化工作者,文化程度一定程度上是衡量工作能力的重要指标。招聘时,乡镇综合文化站文化协管员严格控制在大专以上文化程度,村文化协管员在高中以上文化程度。同时对语言表达能力和管理能力进行测试,保障村文化协管员的工作能力和业务水平,做到“能人”随时可进,“庸才”大门常关。

四是严把年龄关。年轻化能够保持文化协管员队伍的活力,在招聘前重点考虑年龄结构,20—35 岁之间重点录用,特殊文化人才适当放宽年龄限制。

五是严把人情关。选聘程序本着公平、公正、公开的原则进行,做到公开报名、公平对待、公正录用(限制村干部兼任)。坚持以成绩论胜负,不以亲疏定输赢,避免用人唯亲,做到用人唯贤。

六是严把考核关。文化协管员聘用采取“个人自荐、村委上报、乡镇审核、县级考核”的方式层层把关,岗前培训考核合格后方可上岗,确保文化协管员来之能干、干之能成、成则高效。

2. 坚持灵活培训原则，敞开培训“窗口”

业务培训是确保文化协管员尽快进入角色，熟练掌握业务技能的重要手段。培训前，做到科学安排培训计划，培训内容具有针对性。培训时，就“文化工作在社会发展中的重要作用、组织开展群众文化活动的方法和技巧、文化遗产普查、巡查、保护、扫黄打非和相关法律法规”等，逐项进行培训。平时敞开培训窗口，县乡两级既有定期培训，又有随机培训，随时满足文化协管员和群众培训需求。特别是舞蹈、声乐、书画、木刻、剪纸等艺术、技能类培训，做到有求必应，及时跟进。

2016 年 5 月 21 日始，对全县 483 名文化协管员开展了为期 4 天的集中培训，各乡镇（街道）分别举办了 3—5 次文化协管员业务培训班。培训分别采取专家讲解、现场互动、实地考察、业务演练等多种方式进行，切实保障文化协管员聘之能用，用之能强。在对文化协管员进行业务培训指导的同时，传授方法和技巧，使其在实干的基础上善于动脑筋、想办法、举一反三，培养其“事干实、用时少、干活多、能干好”的创新能力；培训会后，要求每个文化协管员在一个月内必须组建几个文艺队、必须学会几种广场舞、必须每月上报工作小结等。

通过定任务、压担子，培养其思考问题、解决问题的能力；通过“假、恶、丑”等反面典型事例加强教育引导，培养每一位文化协管员的分辨能力；通过剪纸、书画、舞蹈、声乐等技术或艺术培训，培养文化协管员正确指导农民文艺爱好者提高技艺水平的业务能力。通过多种方式逐步提高文化协管员的综合能力，以便正确引导更多的群众参与到健康的文化活动中来，使“旁观者”成为“参与者”，变“群众看”为“群众唱、群众演、群众乐、健康乐”。

3. 坚持日常管理原则，严防制度“缺口”

兰考县政府下发了《文化协管员管理办法》，办法明确规定了文化协管员选聘条件、主要职责和管理办法。要求每一位文化协管员不但要做好党的方针政策的“宣传员”，更要做好“送文化”的“传导员”、“种文化”的“技术员”和“育文化”的“检验员”，切实把党和国家的方针政策宣传好，文化惠民活动落实好，村内文化工作开展好。为确保管理成效，在建立健全文化协管员日常管理制度的同时，为文化协管员提供人才保障、物质保障和精神保障。人才保障方面，做到广泛吸纳各类高水平文体和艺术人才，建立文化志愿者人才库，随时随地满足文化协管员在组建群众业余文艺团队时对培训老师的需求，帮助文化协管员开展工作，弥补并解决工作任务量过重时的人手不足问题。

物质保障方面，在县乡两级设立各类专项资金的基础上，采取县统筹、乡自筹、鼓励社会力量积极参与的办法募集资金，用于文化基础设施建设。县乡两级设立奖励基金、文化设施设备维护基金等，用于激励文化协管员用心维护、保养和使用村内文化设施设备，积极组织开展文化活动。同时，在文体器材、健身器材、演出服装、道具等方面予以全力资助，满足文化协管员工作需求。

精神保障方面，在培养文化协管员工作能力的情况下，进一步关心其生产、生活，对每一位文化协管员的家庭生活情况做到了如指掌。文化协管员个人或家庭需要政府帮助的时候，及时送去温暖和关怀，让每一位文化协管员时刻感受到党委、政府的关心。经常性开展的送戏下乡、送文艺下乡、送书下乡、送电影下乡等活动，做到均衡分配，全面照顾，切实把上级送下来的“精神食粮”照顾到每一个人。避免因“关系”下乡、“照顾”下乡而导致文化协管员和群众产生不平等情绪，给文化协管员开展工作带来不利因素。同时，充分利用电台、电视台、手机报和微信群等媒体和网络平台，广泛宣传文化协管员在公共文化服务体系建设中的重要作用，增强其荣誉感和自豪感，进一步激发其工作热情。通过新闻媒体的舆论监督，进一步强化责任意识，让每一位文化工作者清醒地认识到“有权必有责、有责要担当，用权受监督、失责必追究”，建立自上而下的组织监督和自下而上的民主监督机制，严防制度“缺口”，保障文化协管员队伍监督无禁区、违规无例外。

4. 坚持考评奖惩原则，严格出入“关口”

建立县文广新局、人社局和乡镇（街道）政府三家联合考评机制。以乡村两级文化基础设施利用率的大小和文化活动开展的多少为标尺，来衡量文化协管员作用发挥的大小。对照量化指标每月进行一次抽查，对连续3次抽查不合格的文化协管员，建议乡镇（街道）及时解聘，重新推荐新的人选，时刻让文化协管员保持一种危机感。考核合格且有突出贡献的，年终予以工资晋级奖励并表彰，培养文化协管员从事文化工作的自豪感，以此进一步激发文化协管员工作热情和执行力，确保人尽其才、物尽其用。年内，20名文化协管员被辞退并进行了重新选聘。

2017年2月16日，全县三级干部会上，对示范区创建工作中涌现出的先进集体和先进个人予以表彰。16名文化协管员获得兰考县人民政府颁发的“优秀协管员”荣誉称号，并分别获得1000元的书籍奖励。全县获得各类先进集体和先进个人荣誉称号者均获得了10000元、5000元、1000元的自由选书卡，总价值130多万元。通过奖励图书，进一步激发全县干部群众的读书热情，丰富了单位、村委、企业、学校等部门的藏书量，为开展全民阅读活动，提高全民素质奠定了坚实基础。

（二）主要成效

在文化协管员的鼓励、引导和组建下，该县业余文艺队伍和特色文艺队伍迅速增加。全县业余文艺队伍由之前的110支3200余人，增加至目前的603支22000余人；特色文艺队伍由之前的11支增加至19支；民间能够表演的艺术团体注册的增加到12个；每年广场舞大赛和文艺会演活动该县都采取“县举办、乡推荐、村参与”的方式进行层层选拔，由文化协管员负责组织的300多支广场舞队，参赛人员有7000多人。能够参加县、乡大型文体赛事活动的村，由66个增加至162个。文化基础实施得以高效利用，能够利用村文化广场、文化活动室组织群众开展广场舞、腰鼓、盘鼓、麒麟舞、踩高跷等演练活动平均每月达20次以上的村65个、10—20次的311个、10次以下的35个。

目前,该县独具地方特色、面向基层、面向群众的品牌文化活动项目有20个。小宋乡的国家级非物质文化遗产项目“麒麟舞”在文化协管员的引导下,年入村巡演80多场次,并走进人民大会堂,为全国观众进行表演。非遗项目展演、高雅艺术进校园、刘岘纪念馆巡展、扶贫专题文艺演出、广场舞电视大赛和电视汉字听写大赛等特色活动层出不穷,深受群众好评。各乡镇(街道)每年5次以上大型文体活动中,文化协管员鼓励村内文艺爱好者积极参与,在挖掘和培养文艺人才的同时,有效提高了参与大型活动的能力和水平,为文化协管员发挥作用提供了更加广阔的舞台。

同时,“2131”电影放映工程、“广播电视村村通工程”“文化资源信息共享工程”和“舞台艺术送农民”“送戏下乡”等惠民活动有了专人监督,避免了“为了放映而放映、为了演出而演出”等应付思想。这支遍布全县的文化协管员队伍也由最初的不会干、无抓手,逐步做到积极、主动干,呈现出了良好的发展势头,突出了自己的特色。据调查了解,现在群众对现任文化协管员的工作态度和工作能力比较满意的62.2%、一般的22.4%、不满意的25.4%;认为现任文化协管员比之前村干部兼任时期作用发挥较好的为85%、一般的15%。群众满意度由之前的0.5%,快速提高到了84.6%。文化协管员已逐渐成为群众倾诉意见、解决困惑、满足文化需求的贴身贴心的“后台”。

三、经验与思考

文化协管员是推动农村文化发展的主力军,是构建农村公共文化服务体系的重要组成部分,必须加强基层文化工作人员队伍建设。兰考文化协管员“3 +2 +1”模式在全省乃至全国具有示范性、推广性、复制性。但在这项工作的推进推广中,我们必须做到“两个注重”。一是注重实际。要深刻认识自身的优势和不足,扬长避短走出适合自己的特色之路。二是注重创新。要创新工作方式方法,才能做到“小钱办大事、没钱办好事”。

村级文化协管员队伍建设是一项长期工程,也是一项惠民工程,下一步政府在文化协管员的甄选、培训、激励方面等方面完善机制,确保常态化,力争把基层文化协管队伍建设做得更好、更实。

(一)完善管理机制,严格甄选与考核

村级文化协管员队伍管理环节最关键是把好考核聘用关。必须严格贯彻县选聘、乡镇管理、村用的原则,逐步形成“县级文化主管部门指导、乡镇文化站管理、任务绩效考聘、服务广大村民”的农村文化协管员管理机制。

村级文化协管员应该是当地的农民群众,而不是下派的干部,他们在当地有根,有源,种文化就种在他们身上,育文化也通过他们教育村民。让农民自己教育自己,他们朝夕相处,彼此你知我知,彼此贴心、亲近。所以必须结合村级文化建设的特点和实际需求,从农村文化热心人、有文艺特长的村民中发现人才;从有志于农村文化事业的大学生“村官”中聘用人才;从退休老干部、老教师中选聘人才。通过绩效考核,选拔并建立一支乐于奉献,愿意服务广大村民的村级文化协管员工作队伍。

(二)完善培训机制,创建交流平台

村级文化协管员是最基层的文化工作者,直接面对广大农村群众,熟悉农村群众的文化需求,是推进农村基层公共文化服务体系建设的主要力量。这支队伍的素质如何,对活跃农民群众精神文化生活、实现农民群众的基本文化权益等方面都起着至关重要的作用。而村级文化协管员大多为当地农民,如何提高他们的素质,是发挥村级文化协管员作用的关键。所以加强村

级文化协管人员队伍建设必须重视培训。下一步要着手编制文化协管人员工作手册，切实推进文化协管人员的培训工作，培训可以示范培训和层级培训相结合，示范培训采用集体上课方式，切实提升农村文化协管员的综合素质和业务能力。层及培训主要是结合当地农村实际情况，结合具体的工作侧重于业务能力的训练。主要采取独办或联办等多种形式，举办规模不一、层次不同的文化协管员培训班。

另外举办竞技赛事，创建交流平台。我们知道，在广大农村，有的普通民众是怀有传承千百年的绝技、特技、秘技的能人，应该让他们一展特技，便于传承、发展，也有利于促进普遍提高村级文化协管员的技能。通过技能比赛等方式，也可以达到促进村级文化协管员勤学苦练业务技能的良好效果。只有大胆使用这支队伍，有效发挥这支队伍的积极性和创造性，在实践过程中不断提高村级文化协管员的综合素质和业务能力。

（三）完善保障机制，构建激励平台

村级文化协管员队伍建设过程中，离不开各级政府的关心和爱护。首先，村级文化工作的现状是缺乏文化活动开展的资金渠道。所以，省、市、县级政府建立农村文化活动专项资金，运用补贴、奖励、项目拨款等方式，加强对村级文化建设的经费支持，可以有效调动村级文化协管员的工作积极性。其次，通过各级政府对表现优秀的村级文化协管员进行先进表彰，树立典型，可以达到鼓舞士气，比学赶超的作用。

随着对农村文化建设重视程度的提高，不同部门的资源部门的资源通过不同的渠道进入基层，各自发挥着重要的作用，但也产生了缺乏资源整合和综合利用的问题；而根植基层的乡村文化资源，需要发掘和整理，这些工作只依靠乡镇综合文化站，是难以承担的，主要还是要由村级文化协管员协助完成。在有效整合农村文化资源的工作和服务过程中提高，亦是村级文化协管员队伍建设的主要途径之一。各级文化主管部门大力鼓励和发动村

级文化协管员投身农村文化建设，投身农村文化资源整合工作中，大胆使用这支队伍，有效发挥这支队伍的积极性和创造性，在实践过程中不断提高村级文化协管员的综合素质和业务能力。

另外，构建农村公共文化服务体系，实现“种文化”“育文化”，需要调动广大农民群众的积极性和参与性，所以农村文化协管员要引导更多的志愿者或热爱农村文化的人士一起来壮大这个队伍，多渠道、多方位，打造文艺骨干队伍，实现农村基层文化建设健康可持续发展。